W0030377

ullstein

Das Buch

Der Abzug der USA aus dem Irak und Afghanistan hinterläßt zerrüttete Staaten, die in Bürgerkriegen versinken. Der Konflikt um Irans Atompolitik spitzt sich gefährlich zu. Pakistan ist ein Pulverfaß. Die arabische Welt befindet sich in Aufruhr, mit ungewissem Ausgang. Die Zahl der »failed states«, Brutstätten des Terrorismus, nimmt beständig zu, vor allem in Afrika. Zu allem Überfluß stolpern Europa und Amerika von einer Finanzkrise in die nächste und erweisen sich international zunehmend als handlungsunfähig. Mit dem ihm eigenen Gespür für weltpolitische Umbrüche begibt sich Peter Scholl-Latour auf eine Tour d'Horizon rund um den Globus und schildert eine Welt aus den Fugen.

Der Autor

Peter Scholl-Latour, geboren 1924 in Bochum. Seit 1950 arbeitet er als Journalist, unter anderem viele Jahre als ARD-Korrespondent in Afrika und Indochina, als ARD-Studioleiter in Paris, als Fernsehdirektor des WDR, als Herausgeber des *stern*. Seit 1988 als freier Publizist tätig. Seine TV-Sendungen über die Brennpunkte des Weltgeschehens finden höchste Einschaltquoten und Anerkennung, seine Bücher sind allesamt Bestseller. Peter Scholl-Latour verstarb am 16. August 2014.

Von Peter Scholl-Latour sind in unserem Hause bereits
erschienen:

Der Tod im Reisfeld · *Arabiens Stunde der Wahrheit*
Die Angst des weißen Mannes · *Der Weg in einen neuen*
Kalten Krieg · *Zwischen den Fronten* · *Rußland im*
Zangengriff · *Koloß auf tönernen Füßen* · *Weltmacht im*
Treibsand · *Kampf dem Terror – Kampf dem Islam?*
Der Fluch der bösen Tat

Peter Scholl-Latour

Die Welt aus den Fugen

Betrachtungen zu den
Wirren der Gegenwart

Ullstein

Besuchen Sie uns im Internet:
www.ullstein-taschenbuch.de

Für die Übersetzung und Deutung der Zitate aus den »Muqaddima«
Ibn Khalduns habe ich mich auf den französischen Arabisten
Vincent Monteil bezogen.
Die nicht mit einer Quelle versehenen, datierten Beiträge
aus den Jahren 2008 bis 2012 sind unter dem Kolumnentitel
»Notabene« in der *Schweizer Illustrierten* erschienen.

Ungekürzte Ausgabe im Ullstein Taschenbuch
1. Auflage November 2013
13. Auflage 2014
© Ullstein Buchverlage GmbH, Berlin 2012/Propyläen Verlag
Umschlaggestaltung: ZERO Werbeagentur, München, unter
Verwendung einer Vorlage von Morian & Bayer-Eynck, Coesfeld
Titelabbildung: ullstein bild/Teutopress
Lektorat: Cornelia Laqua
Satz: LVD GmbH
Gesetzt aus der Janson
Papier: Pamo Super von Arctic Paper Mochenwangen GmbH
Druck und Bindearbeiten: GGP Media GmbH, Pößneck
Printed in Germany
ISBN 978-3-548-37527-4

INHALT

المُقدّمة
EL MUQADDIMA – EINFÜHRUNG 9

Am Rande des Abgrundes 9
Wachablösung in Peking 16
»Bombardiert das Hauptquartier!« 25
»… it's a rich man's world« 34
Ein Mord in Chongqing 42
Buddhismus zwischen Weiß und Rot 46
Von Tsingtau bis Faizabad 55
Halbmond über der Wolga 64
Das Zögern der Ayatollahs 71
Ein Qadi aus Tunis 77
Die Ruinen von Timbuktu 90
Zum Tee bei der »Giraffe« 100
Die Stunde der alten Männer 114
Eine Zarin aus der Uckermark 123
Der Preis der Heuchelei 130

AUFTAKT EINER TRAGÖDIE – 2008-2009   139

Ein einsamer Präsident   139
Somalische Flipflops blamieren Supermächte   144
Zwischen Hamas und Fatah   147
Der Tadel am Heiligen Vater   150
Pakistan birgt die größte Gefahr   152
Der asymmetrische Krieg   155
Die ersten hundert Tage Obamas   161
Endloser Streit um das Heilige Land   164
Gefahr für die Mullahs   166
Clintons Besuch beim »lieben Führer«   169
Noch herrscht in Deutschland Gelassenheit   172
Rätselraten um die Bombe   174
»Eine Hydra mit tausend Köpfen«   179
»Da wird ein Zirkus aufgeführt«   187
Die Schweiz als gutes Beispiel   192
Die Katastrophe von Kundus   195

UNGELÖSTE PROBLEME – 2010   199

Haiti im Elend   199
Der Westen ohne Konzept   202
Keine Hoffnung für Kabul   204
Die europäische Krise   207
»Geblendet in Gaza«   209
Der Kurs der Kanzlerin   212
Nichts ist geklärt in Bagdad   214
Obama in Bedrängnis   218
Der Aufstieg Südamerikas   220
In Deutschland geistert Terrorangst   222
Beginn des Cyber-War   225

DAS ENDE DER WEISSEN WELTHERRSCHAFT 229

Nostalgie und Höhenflug 229
Indianische Wiedergeburt 233
Das Erbe der Portugiesen 236
Ein Moloch namens Chongqing 238
Die Flotte der Ming-Dynastie 242
Ohnmacht und Anmaßung 245
Die Dämonen von Osch 248
Am Grab des Imam Hussein 252
Eine Armee von Tagelöhnern 254
Auf der Höhe 431 255

DER WEG INS UNGEWISSE – 2011-2012 259

Die ersten Wirren in Tunesien 259
Fluchtpunkt Europa 261
Libyen am Abgrund 264
Der Untergang Qadhafis 267
Pulverfaß Nahost 272
Deutschland isoliert sich 275
Was bleibt vom American Dream? 278
Sarkozys Krieg 281
»El Qaida existiert nicht mehr« 284
Obamas zweiter Anlauf 293
Europas Versagen 296
»Gott allein weiß es« 299
Die Macht der Stämme 307
Eiszeit im »Arabischen Frühling« 309
Enigma Nordkorea 317
Mitt Romneys erster Auftritt 320
Der Diktator der Alawiten 322

Der wiedergewählte Zar   325
Wahlkampf in Frankreich   328
Der Neue im Élysée-Palast   331
Ägyptens Generale   334
Deutsche U-Boote für Israel   336
Befreier oder Terroristen   339

»ICH NEIGE NICHT ZUR SENTIMENTALITÄT.«   353

»Das Böse existiert wirklich«   353
Ein rauschhaftes Leben?   358
Reporter ohne Grenzen   364
»Ich war nie Pazifist«   371

المُقَدّمة

EL MUQADDIMA – EINFÜHRUNG

Am Rande des Abgrundes

Ulan Bator (Mongolei), im Sommer 2012

Es mag ein seltsamer Einfall sein, Betrachtungen über die Schicksalswende, der unsere Welt ausgesetzt ist, in der Mongolei beginnen zu lassen. Der zentralasiatische Staat – acht Mal so groß wie Deutschland, aber nur von knapp drei Millionen Menschen bevölkert – ist für die meisten Europäer bedeutungslos. Die Mongolei lebt eingeklemmt zwischen zwei Giganten – Rußland und China. Sie war jahrhundertelang der Einflußnahme dieser beiden expansiven Nachbarn ausgeliefert. Aber von der endlosen Gras- und Wüstenlandschaft ist vor 800 Jahren die Gründung des gewaltigsten Imperiums der Geschichte ausgegangen, das sich – wenn auch zeitlich begrenzt – unter der Herrschaft seines legendären Gründers Dschingis Khan den immensen Raum zwischen Mittelmeer und Pazifischem Ozean unterworfen hatte. Die kriegerischen Horden seiner Steppenreiter, denen keine Streitmacht gewachsen war, haben damals fürchterliche Verwüstungen angerichtet, ganze Völkerschaften ausgelöscht. Der persische und arabische Orient hat sich von den Nachwehen dieser Vernichtung bis auf den heutigen Tag nicht erholt. Dem christlichen Abendland erschienen diese gespenstischen Boten des Unheils als Ausgeburten der Hölle, sie waren »ex tartaro« aufgetaucht, weswegen man sie »Tartaren« nannte.

Ein paar Kilometer von der Hauptstadt Ulan Bator entfernt ragt das kolossale, silbern glänzende Reiterstandbild Dschingis Khans – vierzig Meter hoch, aus 250 Tonnen Edelstahl gegossen – über der Weidelandschaft. Es erinnert die Russen daran, daß die Enkel dieses Gewaltmenschen den ganzen slawischen Siedlungsraum bis zu den Pripjet-Sümpfen Weißrußlands fast drei Jahrhunderte lang unter das Joch der »Goldenen Horde« zwängten. Ein anderer Erbe des in der heutigen Mongolei als Nationalheld verehrten Welteroberers hatte das chinesische Reich der Mitte beherrscht und auf dem Drachenthron von Peking die mongolische Yuan-Dynastie etabliert, über deren Kaiser Kublai Khan und dessen Prachtentfaltung der Venezianer Marco Polo bewundernd und fasziniert berichtete.

Bis an die Schwelle des Heiligen Römischen Reiches waren die unbesiegbaren Bogenschützen vorgedrungen. Im Jahr des Herrn 1241 vernichteten sie nahe der schlesischen Stadt Liegnitz die vereinten Heere der deutschen und polnischen Ritterschaft. Ihr nach Westen vorstürmender Befehlshaber hatte den Feldzug jedoch jäh abgebrochen, um – in Gewaltetappen durch Rußland und Sibirien galoppierend – seine Ansprüche am Hof von Karakorum geltend zu machen, wo ein blutiger Erbfolgestreit ausgetragen wurde. Nur diesen fernen dynastischen Rivalitäten verdankte damals das mittelalterliche Abendland, daß es von der Heimsuchung durch die unheimlichen Krieger verschont blieb, die ihre schamanistischen Kultbräuche sehr bald durch die Bekehrung zum Islam ersetzten.

Es sollte eine lange Frist verstreichen, ehe Europa auf den Karavellen seiner iberischen Conquistadoren zu jener Weltherrschaft des »Weißen Mannes« ausholte, die noch vor wenigen Jahrzehnten mit dem globalen Hegemonialanspruch der Vereinigten Staaten von Amerika einerseits, der weltrevolutionären Sendungsanmaßung der Sowjetunion andererseits ihren triumphalen Gipfel und gleichzeitig ihren Bruchpunkt erreichte.

Vielleicht muß man am Rande der Wüste Gobi vor den Ruinen der Paläste von Karakorum stehen, wo die Großkhane der Mongolen einst ihre Allmacht zelebrierten, um sich des unvermeidlichen Erschöpfungsprozesses, der fatalen Folgen der überdimensionalen Ausdehnung bewußt zu werden, der zunächst die ermatteten europäischen Kolonisatoren, dann die vergreiste Führungsmannschaft der Sowjetunion erlagen, während manche Auguren der USA im Hinblick auf den eigenen Niedergang von bangen Ahnungen heimgesucht werden. Angesichts der sich anbahnenden Verlagerung des globalen Schwerpunktes vom Atlantischen zum Pazifischen Ozean sollten vor allem die Politiker unseres zerstrittenen Kontinents die Bedeutungslosigkeit, die Prekarität der »condition européenne« erkennen. Der Blick auf die Weltkarte, deren fünf Kontinente noch zur Zeit meiner Kindheit in den Farben der europäischen Kolonialmächte koloriert waren, verweist diese erschlafften »Graeculi« der Neuzeit auf die beklemmende Mahnung des französischen Schriftstellers Paul Valéry, daß nämlich Europa nur ein »Kap Asiens« sei.

*

In dem vorliegenden Buch beabsichtige ich nicht, eine ausführliche Schilderung des Schwebezustandes vorzunehmen, in dem sich die heutige Mongolei befindet. Sie sieht sich umringt von der sogenannten Shanghai-Organisation, in der Rußland und China ein opportunistisches Zweckbündnis geschlossen haben. Die Mongolei ist – anders als die zentralasiatischen Nachfolgestaaten der Sowjetunion – diesem lockeren Verbund nur als Beobachter beigetreten. Gleichzeitig pflegt sie ihre Beziehungen zu jener amerikanisch dominierten Gruppierung, die als Gegengewicht zur Einflußnahme Moskaus und Pekings eine De-facto-Allianz mit Japan, Südkorea und Taiwan eingegangen ist. Die folgenden Kapitel stellen sich wie ein Kaleidoskop dar und reihen eine Serie von Kommentaren, Fernsehdokumentationen und Interviews aneinander. Sie sind in chronologischer Reihenfolge ohne jede nachfolgende Berichtigung abgedruckt. Beim Blättern in früheren Notizen bin ich auf einen Text gestoßen, der – obwohl seine Niederschrift etwa zwanzig Jahre zurückliegt – überaus aktuell klingt.

»Es geht um nichts weniger als um die Überprüfung der Pauschalbegriffe ›Menschenrechte‹ und ›Parlamentarische Demokratie‹«, schrieb ich damals. »Auf diese Grundwerte zivilisatorischen Zusammenlebens sollte in unserem christlich-abendländischen Kulturkreis niemand verzichten. Aber die Übertragung dieser westlichen Postulate auf die völlig andersgeartete Staatenvielfalt der sogenannten Dritten Welt verkommt meist zum Zerrbild. Die wirtschaftlich oder strategisch motivierte Heuchelei, eine opportunistisch selektive Einforderung dieser hohen Prinzipien würden von den Betroffenen oft und zu Recht als eine neue Form arroganter Überfremdung, ja des Neo-Imperialismus empfunden.«

»Die Debatte ist angebracht«, so fuhr ich fort, »ob die repräsentative Demokratie, eine Tochter des bürgerlichen 19. Jahrhunderts, nicht ihre Glanzzeit – selbst in Europa und Amerika – hinter sich hat, seit die Omnipräsenz der audiovisuellen, aber auch der Printmedien einer betrüblichen Nivellierung der Meinungs- und Informationsvermittlung Vorschub leistet. Unter dem Druck dieser kollektiven Stimmungsmache, die unseren Volksvertretern oft mehr Furcht einflößt als die Gesinnungsschwankungen ihrer Wähler, könnte der klassische Parlamentarismus eines Tages ersticken oder zum Formalismus werden.«

Seitdem hat eine rasante Fortentwicklung der Elektronik eingesetzt, deren Folgen noch unabsehbar sind. In ihrer umwälzenden Bedeutung hat sie die Erfindung der Buchdruckerei weit hinter sich gelassen und das Tor zu einer unberechenbaren Zukunft aufgestoßen. Seinerzeit erlaubte die Technik Gutenbergs, den Wissens- und Bildungskreis, der bislang auf eine geringe Anzahl von Gelehrten, vornehmlich Kleriker, begrenzt war, auch auf die breiten Volksmassen auszudehnen, was zunächst der rapide um sich greifenden Reformation Luthers und Calvins zugute kam. Heute existiert ein System der totalen Transparenz, die die Schreckensvisionen Orwells in seinem Buch »1984« überflügelt. Es gibt neuerdings keine Privatsphäre mehr, in die man sich flüchten könnte. Die Entwicklung zur absoluten Überwachung – befördert durch den eigenen Hang zum Exhibitionismus, dem nicht nur die sogenannten Prominenten verfallen, sondern in dem sich auch die bedeutungslosen Benutzer von Facebook und Internet zu profilieren suchen – wird gesellschaftliche Verlagerungen nach sich ziehen, die zur Stunde noch unsere Vorstellungskraft überfordern. Schon prophezeien kluge Analytiker eine Verdrängung des Menschen durch die Automatik der Maschinen, eine Vision, die sich bereits zur Zeit der Industrialisierung – als Gerhart Hauptmann »Die Weber« schrieb – ankündigte, die jedoch demnächst in eine Ära der Roboter einzumünden droht.

Der französische Autor André Malraux hatte im Hinblick auf den technischen Durchbruch des 19. Jahrhunderts die Meinung vertreten, daß Napoleon Bonaparte noch mit vergleichbaren Methoden und Konzepten seine Verwaltung ausüben und seine Schlachten schlagen konnte wie der ägyptische Pharao Ramses II. Diese Kontinuität sei jedoch durch den Einbruch des Maschinenalters jäh abgebrochen. Seitdem haben sich die Dinge mit unheimlicher Hast beschleunigt.

Der englische Historiker Niall Ferguson hat diesen Prozeß, diese Abkehr von allen überlieferten Schablonen, wie folgt hinterfragt: »Was wäre, wenn die Geschichte gar nicht zyklisch und langsam, sondern arhythmisch verliefe, manchmal fast stillstände, dann aber wieder zu dramatischer Beschleunigung fähig wäre? Was wäre, wenn die historische Zeit weniger dem langsamen und vorhersehbaren Wechsel der Jahreszeiten entspräche, sondern eher wie die elastische Zeit unserer Träume abliefe? Vor allem aber, was wäre, wenn sich der endgültige Zusammenbruch nicht über Jahrhunderte hinziehen würde, sondern eine Zivilisation plötzlich wie ein Dieb in der Nacht überfiele?«

Natürlich ist die Theorie Fergusons, die sich auf eine Erschlaffung der Vereinigten Staaten von Amerika richtet, in New York und Washington heftiger diskutiert worden als in Europa. Seine Studie »Der Westen und der Rest der Welt« ist im Jahr 2011 erschienen, also zwei Jahre nach meinem auf persönlicher Erfahrung an Ort und Stelle beruhenden Erlebnisbericht »Die Angst des Weißen Mannes«. Meine eher distanzierte Berichterstattung über die Rückschläge der US Army von Vietnam bis zum Hindukusch hat mir den Ruf des Antiamerikanismus eingebracht, als ob die Warnung vor verhängnisvollen kriegerischen Abenteuern nicht als Freundschaftsdienst gewertet werden müßte. Was den befürchteten »decline and fall« der westlichen Führungsmacht betrifft, so werde ich nicht die Torheit begehen, die Fähigkeit der USA zu unterschätzen, sich in Stunden der Not aufzuraffen und mit ungeheurer Kraft zurückzuschlagen. Da kommt mir jene Prahlerei Hermann Görings in Erinnerung, der beim Eintritt des Dritten Reichs in den Krieg gegen die USA behauptete, er sei sich zwar der industriellen Kraft der Vereinigten Staaten bewußt, aber in einem Punkt seien die Amerikaner den Deutschen hoffnungslos unterlegen, sie verfügten über keine vergleichbare Luftwaffe. Man weiß, was aus dieser Fehleinschätzung geworden ist.

Erwähnen wir nur ein paar Beispiele jener radikalen Wandlung, der wir ausgeliefert sind. Im Zuge stupender wissenschaftlicher Fortschritte hat sich das Erscheinungsbild des Menschen unserer Tage und seiner tradierten gesellschaftlichen Strukturen gründlich verändert. Die Lebensdauer zieht sich in die Länge, bewegt sich auf eine Schwelle von hundert Jahren zu. Dabei entsteht jedoch der Verdacht, daß die durch krampfhafte Forschung erzielte Verzögerung des Todes, diese medizinische Mißachtung der bestehenden Naturgesetze keinen wirklichen Segen bringt. Die zunehmende Vergreisung unserer Gesellschaft wird allzuoft von körperlicher Gebrechlichkeit und geistiger Umnachtung überschattet.

Vor allem die Bedeutung des »deuxième sexe« hat zumindest in unserer Region eine Gewichtung gewonnen, die auf lange Sicht das Aufkommen eines Matriarchats nicht ausschließt. Noch mögen zahllose Frauen sich diskriminiert fühlen, aber in der Beziehung der Geschlechter untereinander ist mit der Erfindung der Pille, mit der weiblichen Selbstbestimmung der Schwangerschaft, ein grundlegender Wendepunkt eingetreten. Dazu kommt die Tatsache, daß die männliche Muskelkraft keine Überlegenheit mehr verleiht. Selbst in kriegerischen Situationen hat sich erwiesen, daß eine Soldatin – falls sie eine gute Schützin ist – ihren männlichen Kameraden überlegen sein kann, zumal Frauen häufig über eine stärkere psychische Belastbarkeit verfügen. Im beruflichen Wettbewerb vermögen die Angehörigen des »schönen Geschlechts« sich zudem auf eine atavistische Veranlagung zu List und Verführung stützen, die sich in Jahrtausenden viriler Überheblichkeit zum Instinkt entwickelte. »La femme est l'avenir de l'homme – die Frau ist die Zukunft des Mannes«, sagte schon der marxistische Dichter Aragon voraus.

Zur Divergenz der großen Zivilisationsmodelle lasse ich den amerikanischen Professor für internationale Beziehungen an der Georgetown-Universität, Charles A. Kupchan, zu Wort kommen: »Das 21. Jahrhundert«, so doziert er, »ist nicht die erste Epoche, in der völlig unterschiedliche Modelle des Regierens und des Handels koexistierten: Während des 17. Jahrhunderts betrieben das Heilige Römische Reich, das Osmanische Reich, das Mogul-Reich, die Qing-Dynastie und die Tokugawa-Shogune ihre Angelegenheiten gemäß unterschiedlichen Konzepten von Sitte und Kultur. Aber diese Mächte lebten weitgehend auf sich selbst bezogen und beschränkten sich auf geringe Kontakte untereinander ... Unser Jahrhundert hingegen bringt zum ersten Mal in der Geschichte vielfache Vorstellungen von Ordnung und Modernität in unmittelbaren Kontakt. Es entstand eine ›interconnected world‹. Aus dieser Erkenntnis heraus sollte Washington anerkennen, daß die amerikanische Formel von Kapitalismus und säkularer Demokratie nunmehr auf dem Marktplatz der Ideen mit rivalisierenden Systemen koexistieren muß. Die verantwortlichen Politiker Amerikas erweisen ihrem Land einen schlechten Dienst, wenn sie allzu selbstbewußt ein neues amerikanisches Jahrhundert ankündigen oder fremde Regierungen im Namen einer globalen Ausbreitung westlicher Werte zu Fall bringen.«

Wachablösung in Peking

Das Jahr 2012, das von vielfältigen Phänomenen einer weltweiten Auflösung gezeichnet ist, gilt in Fernost als »Jahr des Drachen«. Das hatte ich im Tischgespräch mit einem hochrangigen Diplomaten der Volksrepublik China in dem weißgekachelten Kolossalbau der Botschaft am Märkischen Ufer in Berlin vernommen. Dieses Fabeltier genießt im Reich der Mitte eine höchst positive Bewertung als Symbol von Kraft und Weisheit, von Harmonie und Macht. Der Kaiser in der Verbotenen Stadt schmückte sich mit dem Titel »Sohn des Drachen«. Als mein freundlicher Gastgeber, ein hochgewachsener, mit perfekter Eleganz gekleideter Mandarin, der in der alten Gründungsmetropole Xian geboren war, mich zu meinem hohen Alter beglückwünschte – in China gilt die Zahl Acht als Glückszahl, und eine doppelte Acht verheiße eine besonders günstige Konstellation –, reagierte ich mit der gebotenen Skepsis.

Es steht mir nicht an, den Inhalt eines vertraulichen Meinungsaustauschs wiederzugeben. Bei allen Kontakten mit ausländischen Gesprächspartnern habe ich bei der Schilderung deutscher und europäischer Verhältnisse – ohne jemals in peinliche Selbstkritik zu verfallen – mich ebenso offen geäußert, wie ich das mit einem deutschen Kollegen täte. So habe ich bei den häufigen Telefonaten aus Teheran, wo sich ein mir wohlbekannter Journalist des staatlichen Rundfunks über die deutsche Reaktion auf aktuelle Ereignisse zu informieren suchte, mit ungeschminkter Auskunftsbereitschaft reagiert, meinen Interviewpartner jedoch stets darauf verwiesen, daß mindestens fünf Geheimdienste unseren Dialog belauschten.

Bei solchen Gelegenheiten habe ich darauf geachtet, nicht in eine Unart deutscher Politiker und Publizisten im Umgang mit Repräsentanten fremder Kulturkreise zu verfallen. Die Pose eines Predigers für Demokratie und Menschenrechte habe ich mir nie angemaßt. Die germanischen Tugendbolde, die sich aufgrund der grauenhaften Last der eigenen Vergangenheit eine gewisse Zurückhaltung auferlegen sollten, formulieren ihre philanthropischen Vorwürfe ja vornehmlich nur gegenüber Vertretern jener Staaten, die sich den strategischen oder wirtschaftlichen Ambitionen der westlichen Welt – zumal des dominanten amerikanischen Verbündeten – entgegenstellen. Was hingegen die gefügigen, positiv bewerteten Regierungen der internationalen »family of nations« – wie die verlogene Floskel lautet – betrifft, mögen sie sich noch so tyrannisch und menschenverachtend gebärden, so bleiben sie in der Regel von diesen heuchlerisch anmutenden Vorwürfen verschont, zumal wenn sie sich als unentbehrliche Rohstofflieferanten empfehlen.

Das Jahr 2012 steht im Zeichen zahlloser Volksbefragungen und Wahlen. Einige haben zum Zeitpunkt dieser Niederschrift bereits stattgefunden, in Rußland, Frankreich und sogar in der abgelegenen Mongolei. Schon wendet sich die Aufmerksamkeit aller Medien und Kanzleien dem Urnengang zu, aus dem ein neuer oder der alte Präsident der Vereinigten Staaten von Amerika als Sieger hervorgehen wird, der »mächtigste Mann der Welt«. Aber auch in der Volksrepublik China, wie ich am Märkischen Ufer in Berlin beiläufig erfuhr, vollzieht sich ein Wechsel der obersten Führungsmannschaft hinter den verschwiegenen Mauern von Zhongnanhai.

Auf welche Weise die personelle Wachablösung im höchsten Gremium der Kommunistischen Partei Chinas erfolgt, läßt sich nur erraten. Zur Stunde geht man davon aus, daß der bislang amtierende Staatspräsident und Generalsekretär Hu Jintao sowie der Regierungschef Wen Jiabao nach schwierigen Beratungen ausgewechselt werden. Innerhalb des Machtmonopols, das die K. P. Chinas ausübt, dürften die Fraktionskämpfe wohl mit ähnlicher Verbissenheit, mit noch gnadenloseren Intrigen ausgetragen werden, als es im pluralen Parteiensystem der westlichen Demokratien der Fall ist. Die höchste Funktion – auch die entscheidende Autorität über die Militärkommission – soll dem eminenten Mitglied

des Politbüros Xi Jinping zufallen. Seit dem Tod Mao Zedongs hat der Wechsel in den obersten Führungsgremien im
Abstand von vier Jahren ziemlich regelmäßig stattgefunden,
was nach dem Ausscheiden des genialen Reformers Deng
Xiaoping immerhin eine gewisse Ausbalancierung der Tendenzen zu signalisieren scheint. Jedenfalls wäre hier der Vergleich mit der weltweit verbreiteten Alleinherrschaft von Mi-
litärdiktatoren und Despoten, die sich zwanzig, dreißig, sogar
vierzig Jahre lang an ihre Willkürherrschaft klammern, völlig
unangebracht.

Wer durchschaut schon die Rangordnung an der Spitze eines
kolossalen Staatsgebildes von 1,4 Milliarden Menschen? Die
Probleme der Volksrepublik lassen sich mit denen keines anderen Landes vergleichen, mit Ausnahme vielleicht des im Westen
überbewerteten Indiens, das im Rufe steht, die »größte Demokratie der Welt« zu sein. Die Unions-Regierung von Neu-
Delhi kann zweifellos auf eine beachtenswerte Zunahme des
Bruttosozialproduktes verweisen. Gestützt auf die hohe Intelli-
genz der technischen Eliten sind dort Ballungszentren modernster elektronischer Industrie und eine futuristisch anmutende
Computertechnologie entstanden. Der Mittelstand hat sich
beachtlich ausgeweitet. Aber die wirklichen Nutznießer dieser
Bereicherung sind immer noch die traditionellen Finanz- und
Industriedynastien, während die Masse der »Unberührbaren«,
der Dalit oder der untersten Kasten in grausamem Elend und
gesellschaftlicher Ächtung verharrt. Unterdessen bleibt die Infrastruktur dieses riesigen Subkontinents weitgehend auf die
inzwischen verrottete Konstruktion von Stromleitungen, Straßen und Eisenbahnen angewiesen, die das britische Empire zur
Zeit seiner Glorie hinterlassen hat.

Der maoistische Leitspruch »Dem Volke dienen«, der einzige chinesische Satz, den ich zu lesen vermag, ist zwar immer
noch an den Eingang aller Kasernen gepinselt. Aber diese von

der proletarischen Revolution inspirierte Parole ist inzwischen einer sehr eigennützigen Realität gewichen. So scheinen die sogenannten »Prinzlinge«, die »Taizi«, Söhne und Enkel der Helden der Volksbefreiungsarmee und Gefährten des legendären »Langen Marsches«, eine unbestreitbare Bevorzugung zu genießen. Doch diese Präferenz schließt den kometenhaften Aufstieg vom einfachen Arbeitersohn zum Mitglied des Politbüros nicht aus, wie sich am Beispiel Wang Yangs erweist, dem verantwortlichen Parteisekretär in der Südprovinz Guangdong, die man früher Kanton nannte. Das dortige Bruttoinlandsprodukt hat dieser Emporkömmling auf das Niveau Neuseelands angehoben. Die Meritokratie, die einst das konfuzianische Auslesesystem der Mandarinats-Prüfungen kennzeichnete und von den europäischen Aufklärern des 18. Jahrhunderts hoch geschätzt wurde, ist offenbar in der postkommunistischen Hierarchie nicht erloschen.

Eine besondere Rolle beim Aufstieg zu prominenten Positionen spielen regionale Seilschaften, die sich ja auch im Regierungssystem westlicher Demokratien wiederfinden. Die Provinzen Szetschuan, Kanton und Jiangsu haben solche Cliquen hervorgebracht, so wie der bisherige Generalsekretär Hu Jintao sich auf seine Gefolgschaft in der Provinz An Huei stützte. Um nicht einer schwärmerischen Voreingenommenheit bezichtigt zu werden, greife ich auf die Mahnung des amerikanischen Zeitzeugen Charles A. Kupchan von der Georgetown-Universität zurück: »Seit den Gründerzeiten haben die amerikanischen Eliten und das amerikanische Volk an die Universalität ihres Modells geglaubt. Das Ende des Kalten Krieges hatte diese Überzeugung noch vertieft. Nach dem Zusammenbruch der Sowjetunion schien es, als sei der demokratische Kapitalismus die einzig akzeptable Formel. Aber ›das Ende der Geschichte‹ – ein Hinweis auf die These Fukuyamas – hat wohl nicht stattgefunden. Die chinesische Entwicklung in den vergangenen dreißig Jahren entspricht in keiner Weise den von Europa und Nordamerika vorgegebenen Normen ... Dennoch und vielleicht aus diesem Grunde hat die Wirtschaft dieses autoritären Regimes die westlichen Konkurrenten überholt, ihre Bourgeoisie bereichert, einen beachtlichen Mittelstand geschaffen und Hunderte Millionen Bedürftige ihrem bisherigen Zustand der Armut entrissen.«

*

Ganz bewußt räume ich den Vorgängen in Fernost die Priorität ein. War das 19. Jahrhundert das »Saeculum« Großbritanniens und das 20. von der amerikanischen Machtentfaltung geprägt, so könnte das 21. Jahrhundert – zumindest in seiner zweiten Hälfte – der Volksrepublik China eine hegemoniale Rolle zuweisen. Nicht von ungefähr widmete der in Hawaii geborene und in Indonesien aufgewachsene Barack Hussein Obama seine diplomatische und strategische Aktivität vorrangig dem pazifischen und nicht mehr dem atlantischen Raum. Die Rivalität zwischen Drachen und Adler muß nicht zwangsläufig zu einer kriegerischen Auseinandersetzung führen. Ein militärischer Sieg des einen über den anderen ist ohnehin nicht vorstellbar, aber der Wettstreit um die Abgrenzung der Einflußzonen ist voll entbrannt.

Der Anspruch der Volksrepublik auf die Archipele Spratly und Paracel im Südchinesischen Meer wäre mit einer Ausdehnung ihrer Hoheitsgewässer bis in die Nähe Vietnams, der Philippinen, Malaysias und Indonesiens verbunden. Es geht nicht nur um die Ausbeutung der dort georteten Reserven an Erdöl und Erdgas. Eine Kontrolle Chinas dieser wichtigsten Schiffahrtsroute zwischen Indien und Japan wäre für Washington unerträglich. Kein Wunder, daß das State Department die Länder der ASEAN-Gruppe an sich zu binden sucht und das Pentagon die Vielzahl seiner Basen auf Okinawa, Guam und den Philippinen durch eine zusätzliche Stationierung von US Marines im nordaustralischen Hafen Darwin ergänzt.

Der Ausbau der chinesischen Marine wird von der US Navy als existentielle Gefährdung der Zukunft bewußt aufgebauscht. Der Armada zahlreicher kolossaler Flugzeugträger, über die die amerikanische Admiralität verfügt, hat China nur ein geringes Flottenaufgebot entgegenzusetzen. Aber die Kapitäne der deutschen Marine haben bei gemeinsamen NATO-Manövern erprobt, wie unbemerkt sie sich an diese »Galeeren der Roboter« – der Ausdruck stammt von Adalbert Weinstein – heranpirschen und sie ins Visier nehmen könnten. Sollte es zum Cyber-War kommen, auf den die Großmächte sich fieberhaft vorbereiten, wäre zudem eine Lähmung der extrem empfindlichen Elektroniksysteme dieser Seeungeheuer nicht auszuschließen. Die Entscheidungsschlacht von Midway, die der Flotte des Tenno zum Verhängnis wurde, gehört einer anderen Epoche an.

Was nun – auf einen ganz anderen Sektor abweichend – die angebliche Überlegenheit der amerikanischen Form des Kapitalismus über alle anderen Wirtschaftssysteme betrifft, so habe ich mich – um nicht der ewigen Schwarzmalerei bezichtigt zu werden – wiederum an angelsächsische Experten gehalten. Ich zitiere Michael Ignatieff, einen eminenten kanadischen Intellektuellen und liberalen Politiker, dem zufolge die Geschichte nicht über ein vorverfaßtes Drehbuch verfügt. Der Westen erliege einer trügerischen Interpretation des Zeitgeschehens, wenn er annimmt, China und Rußland würden sich in Richtung auf eine uns verwandte demokratische Freiheitlichkeit zubewegen. Man sollte sich nicht einreden, daß die Welt zwangsläufig auf eine liberale Gesellschaft zusteuert. »Wir gingen davon aus, daß alle anderen Nationen sich an unserem Modell ausrichten würden. Aber was geschähe, wenn diese Hypothese, die den westlichen Business-titanen so attraktiv erscheint, auf einem grundlegenden Irrtum beruhte?«

Im Rückblick erscheint die Vernichtung der babylonischen Türme des World Trade Centers von Manhattan durch eine Handvoll Fanatiker wie ein Menetekel. Das ursprüngliche, von Calvin inspirierte Gebot der persönlichen Bereicherung, die als Zeichen göttlicher Erwähltheit, der »predestination«, gedeutet wurde, setzte eine strenge puritanische Grundhaltung voraus. Die Kreativität dieser Wirtschaftsform, die Max Weber beschrieben hat, ist spätestens im vergangenen Jahrzehnt durch das frivole Spekulationsfieber der Börsen-Jobber und jene betrügerischen Zocker verdrängt worden, die sich als »masters of the universe« aufspielten und die düstere Lehre des Genfer Reformers durch einen ausschweifenden Hedonismus ersetzten.

Wieder lasse ich einen amerikanischen Kommentator zu Wort kommen: »The two M's – Money and Me – became the loadstone of the Zeitgeist and damn these distant wars« – so schreibt Roger Cohen. Die beiden M's – Geld und Ich – wurden zum Magnetpol des Zeitgeistes – und zum Teufel mit diesen weit entfernten Kriegen!« Gemeint sind wohl die gescheiterten Feldzüge im Irak und in Afghanistan.

Mit Kompetenz und Erbitterung meldet sich der Banker Greg Smith zu Wort, der seinen Rücktritt von dem höchst einträglichen Job als »executive director« von Goldman Sachs wie folgt erklärt: »Es macht mich krank zu hören, wie verächtlich unsere Banker darüber reden, wie sie ihre Kunden ausplündern. Ich habe fünf führende Direktoren in den vergangenen zwölf Monaten getroffen, die ihre Kunden als ›muppets‹ bezeichneten. Von ›integrity‹ ist keine Rede mehr. In den vergangenen Tagen lautete die häufigste Frage, die von Junior-

Analysten über die Bearbeitung von Derivaten an mich gerichtet wurde: Wieviel Geld könnten wir unseren Kunden aus den Taschen ziehen?«

Da mutet es eigenartig an, wenn die amerikanische Außenministerin Hillary Clinton in Ulan Bator noch im Juli 2012 unverdrossen und überheblich den Lobgesang des »american way of life« anstimmte. Den Erben Dschingis Khans rief sie zu, daß wirtschaftliche Liberalisierung nicht ohne politische Liberalisierung zu haben sei. Sie widersprach energisch der wohlwollenden Despotie des großen Staatsmannes Lee Kwan Yew, der den Einwohnern seines Stadtstaates Singapur mit konfuzianisch anmutender Autorität einen Wohlstand verschaffte, der das Lebensniveau des durchschnittlichen Amerikaners weit hinter sich läßt. Lee Kwan Yew, der von Helmut Schmidt aus guten Gründen geschätzt wird, hatte nämlich behauptet, daß die demokratischen Werte des Westens nur für die westliche Gesellschaft tauglich seien.

Hillary Clinton berief sich bei ihrem Referat im Land des gefürchteten Großkhans auf die dubiose Nichtregierungsorganisation »Freedom House«, als sie behauptete, in den vergangenen fünf Jahren sei Asien die einzige Weltregion gewesen, die ständige Gewinne an politischen Rechten und Bürgerrechten zu verzeichnen hatte. Welche Staaten sie damit gemeint hat, bleibt für den Kenner Ostasiens unerfindlich. Vermutlich wollte sie nicht auf das abscheuliche Beispiel der Philippinen verweisen, wo die Formalien amerikanischer Demokratie getreulich kopiert, besser gesagt, karikiert wurden. Im Gegensatz zu den benachbarten kommunistischen Regimen des Festlandes bleiben die darbenden Massen zwischen Luzon und Mindanao unter der Tarnung eines zynisch manipulierten Wahlzirkus weiterhin der Willkür einer ausbeuterischen »Rosca« ausgeliefert. Daß noch im April 2012 der ehemalige mongolische Staatspräsident Enkhbayar unter Anklage horrender Korruption verhaftet wurde, hat Hillary Clinton wohlweislich nicht erwähnt.

Wenn die heutige Mongolei ihre Hauptstadt zu einem architektonischen Monstrum ausbaut, die Hälfte aller Staatsbürger dort bereits im Schatten der Geschäftshochhäuser aus Glas und Stahl zusammengedrängt sind und in ihren planlosen Jurtensiedlungen dennoch ein halbwegs erträgliches Leben führen können, so ist das dem ungewöhnlichen Reichtum dieses Landes an Kohle, Uranium, Gold, Kupfer und Seltenen Erden zu verdanken. Um die Ausbeutung dieser Bodenschätze stehen die amerikanischen Konzerne bereits in erbittertem Widerstreit mit den chinesischen Investoren, womit sich wohl auch das Loblied der US-Außenministerin auf die demokratischen Tugenden dieser Steppenreiter erklären läßt. Von dem Wettbewerb hat eine Anzahl cleverer einheimischer Spekulanten profitiert und ein System der Oligarchie geschaffen, das die parlamentarische Attrappe finanziert und für ihre Interessen einspannt.

»Bombardiert das Hauptquartier!«

In Deutschland hat man den Aufstieg Chinas zur Weltmacht mit Unbehagen und Mißgunst zur Kenntnis genommen. Zwar erinnert man sich an den Ausruf von Bundeskanzler Kurt Georg Kiesinger, der im Jahr 1969 mit dem Satz »Ich sage nur: China! China! China!« unangebrachte Heiterkeit erregte. Auch Helmut Kohl, der bei einer Staatsvisite vor einem Ausflug nach Tibet nicht zurückschreckte, hatte bei aller Bündnistreue zu Amerika die zwingende Notwendigkeit erkannt, mit dem neuen Giganten in Ostasien freundschaftliche und intensive Beziehungen zu unterhalten, wobei ihm das vertrauensvolle Verhältnis zu dem damaligen Botschafter Mei Zhaorong, den auch ich persönlich schätzen lernte, zugute kam. Aber die breite deutsche Öffentlichkeit – stimuliert durch eine voreingenommene und systematisch desinformierte Presse – hat nicht aufgehört, die chinesische Entfaltung kleinzureden und immer wieder zum »China bashing« auszuholen. Als kommerzieller Partner ist China für die heutige Bundesrepublik unentbehrlich geworden. Doch wann immer die Gelegenheit sich dazu bietet und der transatlantische Allianzpartner das zu erwarten scheint, bricht in den deutschen Medien ein Chor der Verwünschungen gegen die roten Mandarine von Peking aus.

Man will in Germanien die globalen Umschichtungen ignorieren und kann nicht begreifen, daß die aus Not und Unterdrückung auftauchenden Nationen anderer Kontinente den Brecht'schen Grundsatz beherzigen: »Erst kommt das Fressen, dann kommt die Moral«, anders gesagt, »dann kommt die Demokratie«. Gewisse deutsche Intellektuelle kommen sich offenbar sehr mutig vor, wenn sie, um die Machthaber der Volksrepublik zu irritieren, dem Dissidenten Liao Yiwu den Friedenspreis des Deutschen Buchhandels verleihen oder dem avantgardistischen Künstler Ai Weiwei eine Berühmtheit einräumen, die er bei seinen Landsleuten in weit geringerem Maße genießt. Gewiß muß man die wackeren Regimekritiker vor der pauschalen Repression durch die Behörden der Volksrepublik zu schützen suchen, aber dabei sollte man die eigene »raison d'état«, die die pragmatisch veranlagte Kanzlerin andernorts sehr wohl zu berücksichtigen weiß, nicht ganz aus den Augen verlieren. Kurzum, die neuen Proportionen einer sich auflösenden Weltordnung bedürfen einer nüchternen Analyse. In der gegenwärtigen Eurokrise, in der unser Kontinent verzweifelt zappelt, wäre eine minimale Rücksichtnahme auf den Staat, der über die weitaus größten Währungsreserven verfügt, ein Gebot elementarer Vernunft und Selbsterhaltung.

Der Justizapparat der chinesischen Kommunisten operiert grausam und bürokratisch. Jede politische Opposition wird brutal unterdrückt. Die Todesstrafe wird oft willkürlich verhängt. Aber – ohne die Vereinigten Staaten schmähen oder eine leichtfertige Parallele herstellen zu wollen – die Perspektive, den Stimmungsschwankungen einer amerikanischen Jury vor Gericht ausgesetzt zu sein, ließe mich auch nicht ruhig schlafen. In den Kerkern Chinas wird gefoltert, doch die Erinnerungen an Abu Ghraib, an Bagram und andere amerikanische Verhörzentren, die Unfähigkeit Obamas, das Straflager von Guantánamo aufzulösen, die Praxis der CIA, verdächtige Terroristen auf dem Weg der »rendition« sadistischen Henkern in orientalischen Vasallenstaaten auszuliefern, gemahnen daran, daß nicht nur das Gute, sondern auch das Böse in jedem Menschen verwurzelt ist. Die Legende von der Erbsünde enthält mehr Wahrheit, als manche Agnostiker eingestehen wollen. Mag der Attentäter Khaled Scheikh Mohammed sich auch schlimmster Terrorakte schuldig gemacht haben, bleibt die Vorstellung unerträglich, daß dieser Mann 183 Mal der Tortur des »waterboarding« unterzogen wurde, einer ausgeklügelten Qual des simulierten Ertrinkens. Eine ähnliche Methode, »la baignoire« genannt, hatte übrigens die Gestapo an französischen Widerstandskämpfern erprobt, was wiederum nicht verhinderte, daß französische Paras – bei der »Pazifizierung« der Kasbah von Algier – auf die gleiche abscheuliche Quälerei zurückgriffen.

Der Europäischen Union unserer Tage steht es schlecht an, sich ihres eigenen Wohlverhaltens zu rühmen. Die Schaffung des Internationalen Gerichtshofs von Den Haag ist alles andere als ein Triumph der Gerechtigkeit. Dort wurden bisher nur mörderische Bandenführer des Balkans oder Anstifter zu Massakern in Afrika verurteilt. Aber es würde doch niemals ein verantwortlicher und schuldiger Kommandeur oder Politiker aus Rußland, den USA, China oder Frankreich dem Urteil eines Gremiums von bunt zusammengewürfelten Juristen ausgesetzt, deren eigene Regierungen allzuoft die Menschenrechte mit Füßen treten. Ein Beweis, wie kontraproduktiv die Einrichtung dieses Tribunals sich erweisen kann, wurde unlängst erbracht, als die deutsche Kanzlerin angeblich Wladimir Putin gefragt hat, ob Rußland nicht dem syrischen Diktator Bashar el-Assad Asyl gewähren könne, um Raum für einen Kompromiß im syrischen Bürgerkrieg zu schaffen. Der russische Außenminister Lawrow hat das ziemlich rüde als einen »Witz« bezeichnet. Aber für Assad existieren vermutlich nur zwei Alternativen: Entweder er wird auf bestialische Weise – wie Muammar el-Qadhafi, den man gepfählt hat – umgebracht, oder er muß den Rest seiner Tage in einer holländischen Haftzelle verbringen. Also dürfte er aller Wahrscheinlichkeit nach Widerstand bis zum letzten leisten und sich dabei erbarmungslos auf den Überlebensinstinkt seines Clans und seiner verschworenen alawitischen Glaubensgemeinschaft verlassen.

Dem Pentagon ist es inzwischen gelungen, die gezielte Tötung von Terroristen auch in fremden Staaten wie Pakistan, Jemen oder Somalia mit Hilfe von unbemannten Flugkörpern, von Drohnen, »Predators« genannt, mit unheimlicher Präzision durchzuführen. Aus einem geheimen Bunker in Kansas oder Nebraska wird die Ortung und die Vernichtung der Ziele vorgenommen. Daß bei diesem Zugriff auch unschuldige Menschen, sogenannte »collateral damages«, die sich in unmittelbarer Nachbarschaft befinden, ums Leben kommen, wird dabei in Kauf genommen. Ich neige nicht zu moralischer Empörung, aber ich empfinde es als unerträglich, wenn in

Talkshows und Regierungserklärungen die todesmutigen Mujahidin Afghanistans, die – lediglich mit Kalaschnikow und RPG 7 bewaffnet – den gepanzerten Kolonnen der NATO entgegentreten, als »Feiglinge« beschimpft werden. Wie nennt man dann die Bomberpiloten, die aus 10 000 Meter Höhe und ohne jedes eigene Risiko verdächtige Menschenansammlungen, die nur oberflächlich als Taleban identifiziert wurden, der Vernichtung preisgeben?

Andererseits kann man den Industrienationen des Westens – dazu gehört paradoxerweise auch Japan – nicht übelnehmen, daß sie den Durchbruch der Volksrepublik China zur führenden Exportnation – dabei hat sie auch die Bundesrepublik Deutschland überrundet – durch Gegenmaßnahmen und sogar diskriminierende Sanktionen einzugrenzen suchen. Die Ingenieure und Arbeiterkolonnen aus dem Reich der Mitte sind inzwischen in jedem Erdwinkel anzutreffen. Peking ist darauf angewiesen, die für seinen Aufstieg notwendigen Rohstoffe und Mineralien weltweit aufzukaufen, offeriert jedoch eine bemerkenswerte Gegenleistung durch den Ausbau gewaltiger Infrastrukturprojekte. Beliebt haben sich die Chinesen, die sich strikt von der einheimischen Bevölkerung abkapseln und ihre Leistungen im Rekordtempo erbringen, in den Entwicklungsländern nicht gemacht. Aber sie sind unentbehrlich geworden.

Man hat dem sensationellen Expansionserfolg der chinesischen Machthaber vorgeworfen, sie würden ihre wirtschaftlichen Abschlüsse mit jeder Art von Regimen tätigen und sich nicht im geringsten darum scheren, ob dort die Menschenrechte und ein Minimum an Demokratie gewahrt werden. Peking lehnt jede Einmischung in die inneren Angelegenheiten seiner Vertragspartner und Klienten ab und beabsichtigt in keiner Weise, durch irgendwelche Ermahnungen oder Pressionen mäßigenden Einfluß selbst auf verbrecherische Sy-

steme zu nehmen. Doch diese an Zynismus grenzende Zurückhaltung und Indifferenz erscheint in mancher Hinsicht
achtbarer und weniger hypokritisch als der amerikanische Anspruch, die »Guten« zu belohnen, die »Bösen« zu bestrafen
und auf die Einhaltung von Menschenrechten und Demokratie zu pochen. Bei näherem Zusehen erweisen sich nämlich
die tugendhaften Forderungen der USA als Instrument hege-
monialer Bestrebung. Was »gut« und »böse« ist, wird nicht
von den selbstgefälligen Zirkeln humanitärer »Gutmenschen«
der sehr unterschiedlichen NGOs entschieden, sondern durch
die nüchterne strategische Lagebeurteilung des Pentagons
oder durch die Profitorientierung global operierender Konzerne.

Francis Fukuyama, der seiner Utopie vom »Ende der Geschichte« längst abgeschworen hat, steigert sich unter Bezug
auf den Vorgänger Obamas zu einer sehr krassen Formulie-
rung: »Die Bush-Administration hat viele Menschen davon
überzeugt, daß der Ausdruck ›Demokratie‹ nur ein Codewort
geworden ist für militärische Intervention und gewaltsamen
Regime-Umsturz.«

*

Der Historiker Leopold von Ranke vertrat die Meinung, daß
ein Mensch alt werden müsse, um die geschichtsträchtigen
Vorgänge deuten zu können, die sich zu seinen Lebzeiten
vollzogen. Im Hinblick auf China hoffe ich – bei aller gebotenen Zurückhaltung –, auf diese Erkenntnis zurückgreifen zu
können. Mein erster Kontakt mit dem Reich der Mitte geht
auf den März 1946 zurück. Ich war damals mit einem Vor-
trupp des französischen Expeditionskorps in der Nähe der
nordvietnamesischen Hafenstadt Haiphong an Land gegangen.
Wir waren dabei vorübergehend unter das Feuer der national-
chinesischen Kuomintang-Armee geraten, die laut interna-

tionaler Vereinbarung in die Nordhälfte von Französisch-Indochina eingerückt war, um dort die japanischen Besatzungstruppen nach der Kapitulation des Tenno zu entwaffnen.

Zum gleichen Zeitpunkt erlagen die Divisionen des Marschall Chiang Kai-shek nördlich des Yangtsekiang dem Ansturm der Volksbefreiungsarmee Mao Zedongs und taumelten von Niederlage zu Niederlage. Im Norden Vietnams übte nicht der Generalissimo Chiang den effektiven Oberbefehl über seine Soldateska aus, die die einheimische Bevölkerung drangsalierte, sondern der eigenwillige Warlord der südchinesischen Provinz Yünan. Um den Abzug dieser plündernden Marodeure zu erreichen, hatte der vietnamesische Nationalheld Ho Tschi Minh mit dem französischen General Leclerc einen seltsamen »modus vivendi« vereinbart. Die kommunistischen Revolutionäre stimmten schweren Herzens der Rückkehr der französischen Kolonialarmee nach Tonking zu. In weiser Voraussicht verließ »Onkel Ho« sich darauf, daß das Zeitalter der französischen Präsenz sich dem Ende zuneigte, während eine militärische Okkupation seiner Heimat durch die Chinesen – welcher politischen Couleur sie auch angehörten – sich zu verewigen drohte. Jahrhundertelang hatte der annamitische Hof von Hue dem »Sohn des Drachen« in Peking seinen Vasallentribut entrichten müssen.

Als ich im Frühjahr 1951 – dieses Mal als Kriegsberichterstatter – wieder in Hanoi eintraf, hatte zwei Jahre zuvor der triumphierende Mao Zedong auf dem Platz des Himmlischen Friedens die Gründung der kommunistischen Volksrepublik China proklamiert. Seinem ideologisch gedrillten Massenheer war es in Korea wider Erwarten gelungen, ohne nennenswerte Bewaffnung und unter grauenhaften Verlusten die bis zur Grenze der Mandschurei vorgerückte US Army auf ihre Ausgangsposition am 38. Breitengrad zurückzuwerfen. Inzwischen hatte die Volksbefreiungsarmee auch die Südprovinzen

Kwangsi und Yünan weitgehend unter ihre Kontrolle gebracht. Nunmehr konnten die Partisanen Ho Tschi Minhs – von ihren kommunistischen Verbündeten aufgerüstet – die französischen Schlüsselstellungen von Langson und Caobang überrennen. Spätestens zu diesem Zeitpunkt hätte die Regierung in Paris erkennen müssen, daß ihr Feldzug in Fernost zum Scheitern verurteilt war. Statt dessen ließ der kommandierende General Navarre den völlig isolierten Talkessel von Dien Bien Phu zur Festung ausbauen in der Absicht, den Vietminh zu einer Entscheidungsschlacht zu zwingen. Trotz aller Bravour der französischen Paras und der Fremdenlegionäre signalisierte der unvermeidliche Fall von Dien Bien Phu das Ende der romantisch verklärten Bindung Frankreichs an seine rebellischen Besitzungen am Mekong und am Roten Fluß.

1972 reiste ich ganz offiziell im Gefolge des damaligen Außenministers Walter Scheel nach Peking. Die maoistische Volksrepublik hatte inzwischen mit äußerster Konsequenz alle Spuren von Kapitalismus und Feudalherrschaft ausgemerzt. Dabei war es zu grauenhaften Phasen ideologischer Verwirrung gekommen. Am verhängnisvollsten wirkte sich der »Große Sprung nach vorn« aus, als Mao Zedong in einer Anwandlung von revolutionärer Verblendung die Agrarproduktion vernachlässigte und statt dessen den Landkommunen befahl, die Selbsterzeugung von Stahl in Kleinsthochöfen vorzunehmen. Diese absurden Maßnahmen sollen angeblich zwanzig Millionen Menschen zum Hungertod verurteilt haben, was eine ganze Reihe von ignoranten Intellektuellen in Europa nicht hinderte, den »Großen Sprung nach vorn« damals als Erfolg zu feiern.

Etwa eine Dekade später holte der »Große Steuermann« zum nächsten vernichtenden Schlag aus. Der vorübergehenden Entmachtung durch seine Umgebung, die seine Extravaganzen zu dämpfen suchte, begegnete er mit einer flammenden Kampagne gegen angebliche Revisionisten und bürgerliche Reformer. Er wiegelte das Volk und vor allem die fanatischen Jugendmassen der Rotgardisten zur »Großen proletarischen Kulturrevolution« auf und gab die Losung aus: »Bombardiert das Hauptquartier!« Gemeint waren die ihm entfremdeten Führungsgremien der eigenen Partei. Die bisherige politische Elite sah sich der rabiaten Verfolgung durch aufgehetzte Horden von Jugendlichen und einer entwürdigenden Umerziehung in Straflagern ausgesetzt. Der Text des kleinen »Roten Buches«, das Mao zur Bibel dieser intellektuellen Entgleisung machte, mußte unaufhörlich studiert und im Ton tiefster Überzeugung nachgebetet werden. Die Zahl der Todesopfer soll dieses Mal etwa fünf Millionen betragen haben.

Zum Zeitpunkt der Aufnahme diplomatischer Beziehungen zwischen Bonn und Peking waren die schlimmsten Auswüchse der Kulturrevolution abgeklungen, aber die Furcht war noch allgegenwärtig. Bei der umfangreichen Reise, die ich mit einem deutschen Kamerateam zwischen Peking und Kanton antreten konnte, meldeten die Jungpioniere mit dem roten Halstuch in schönem Einklang, daß es ihr größter Wunsch sei, heldenhafte Soldaten der Volksbefreiungsarmee zu werden. Vor einer Art Altar, über dem das Bildnis des »Großen Steuermanns« wie ein Götze thronte, führten die Schüler Huldigungstänze auf. Auf sämtlichen Bühnen der Volksrepublik wurden die revolutionären Opern, die die Mao-Gattin Jiang Qing in Szene gesetzt hatte, als exklusives Instrument unduldsamer Indoktrinierung aufgeführt. Gleichzeitig wurde uns jedoch eine erstaunliche Freizügigkeit bei unseren Dreharbeiten gewährt, bei der Darstellung materieller Rückständigkeit, wie sie in den Agrarkommunen auf Schritt und Tritt anzutreffen war.

Die für unsere Begriffe sinnlosen Thesen des Maoismus, die auf so viele aufgeregte Geister der 68er Generation eine groteske Faszination ausübten, habe ich stets abgelehnt, aber es tauchten damals zahlreiche europäische Mitläufer in Peking auf, die sich mit Mao-Mütze und Mao-Abzeichen schmückten. Sie gehören heute zu den eifrigsten Kritikern Chinas. Im Gegensatz zu den im Westen vorherrschenden Beurteilungen, die in dem asiatischen Revolutionär und Despoten lediglich einen Schlächter und tobenden Tyrannen sehen wollen, habe ich dem »Großen Steuermann« eine fundamentale Bedeutung beigemessen bei der brutalen, geradezu explosiven Umgestaltung seines riesigen Landes. Bis dahin hatten ja ein dekadenter Konfuzionismus, die Ausbeutung durch fremde Mächte und in der gehobenen Gesellschaft die Verachtung jeder körperlichen Arbeit vorgeherrscht. Im Grunde läßt sich Mao Zedong nur mit jenem grausamen Gründungskaiser Qin Shi Huangdi vergleichen, einem Giganten, der 200 Jahre vor unserer Zeitrechnung mit ähnlicher Menschenverachtung den Konfuzionismus auszumerzen suchte, die sich zerfleischenden »fighting kingdoms« zerschlug und zu einem kulturellen Block zusammenschmiedete, der sich bis heute in kontinentalem Ausmaß erhalten hat. Auf den Knochen zahlloser Zwangsarbeiter ließ er die ersten Abschnitte jener Großen Mauer errichten, die den Einfall der Nomaden verhindern sollte. Den Ökonomen Schumpeter paraphrasierend, neige ich dazu, dem Gewaltmenschen Mao Zedong eine »schöpferische Zerstörungskraft« zuzubilligen.

»… it's a rich man's world«

Seit dieser ersten Erkundungsfahrt habe ich China immer wieder bereist, fast alle Provinzen des Riesenreichs aufgesucht und auch Tibet, Xinjiang sowie die Innere Mongolei nicht ausgelassen. Mit meinen Betrachtungen habe ich der »political correctness« den Rücken gekehrt und dafür die unvermeidliche Kritik geerntet, mit Ausnahme übrigens der beiden kompetentesten Botschafter der Bundesrepublik in Peking, Erwin Wickert und Konrad Seitz. In den westlichen Medien bleibt die Volksrepublik einer systematischen Desinformationspolitik ausgesetzt, die von gewissen nordamerikanischen Spezialinstituten sehr professionell geschürt wird. Zumal mit meiner Beurteilung der tragischen Ereignisse am Platz des Himmlischen Friedens im Juli 1989 bin ich in Verruf geraten. Unmittelbar nach der Niederschlagung dieses Aufruhrs bin ich in Peking eingetroffen und habe auf dem »Tien An Men« zwar Spuren von Panzerfahrzeugen gesehen, die die dortigen Notunterkünfte und Zelte zermalmt hatten, aber ich habe kein einziges Einschußloch automatischer Waffen oder gewöhnlicher Gewehre entdeckt. Die Schilderung eines wahllosen Massakers durch schießwütige Soldaten entsprach nicht der Wirklichkeit. Die Exekutionen von Demonstranten, deren Zahl für ganz China von Amnesty International auf etwa 900 beziffert wird, haben vermutlich in düsteren Nebengassen oder in irgendwelchen Haftanstalten stattgefunden.

Natürlich gehörte meine Sympathie den jungen idealistischen Aufrührern, die Freiheit und Demokratie, kurzum die Übernahme des westlichen Modells forderten. Die Aufstellung einer plumpen Nachahmung der New Yorker Freiheitsstatue am Eingang der Verbotenen Stadt hatte die Richtung gewiesen. Unter den aufbegehrenden Studenten und Intellektuellen befanden sich übrigens zahlreiche Söhne und Töchter der kommunistischen Oligarchie. Sie verlangten gebieterisch und zunehmend gewalttätig die Einführung eines Multiparteiensystems, unbeschränkte Meinungsfreiheit und eine liberale Marktwirtschaft.

Wenn nach heftigen Disputen im höchsten Parteigremium

der Ministerpräsident Li Peng schließlich den Befehl gab, den Tumult, der sich inzwischen auch gegen die zunächst unbewaffneten Soldaten der Volksbefreiungsarmee richtete, mit Gewalt niederzuschlagen, so geschah das zweifellos aus der Befürchtung, daß sich aus dieser Revolte eine neue, eine »weiße Kulturrevolution« entwickeln könnte. Die Exzesse der Rotgardisten des greisen Mao Zedong waren noch in frischer Erinnerung, zumal bei Deng Xiaoping, der mit der Schandkappe durch die Straßen gejagt und mitsamt seiner Familie schlimmsten Demütigungen und Gewaltakten ausgesetzt war.

Vielleicht ahnte Deng auch bereits, daß das Perestroika-Experiment Gorbatschows, das in Europa solche Begeisterung auslöste, zur staatlichen Auflösung der Sowjetunion und einem Massenelend führen würde, wie es die russische Bevölkerung seit Stalins Zeiten nicht mehr gekannt hatte. Die westlich orientierten Aufrührer besaßen weder ein präzises politisches Programm noch eine halbwegs überzeugende Führungsgestalt. Sie drohten, das Reich der Mitte in Chaos und Bürgerkrieg zu stürzen, die – wie das in China bei ähnlichen Umstürzen stets üblich war – Millionen Todesopfer gefordert hätten. Kurzum, der kleine, geniale Parteichef Deng, der einmal gesagt hatte, es sei egal, ob eine Katze weiß oder schwarz sei, Hauptsache sie fange Mäuse, griff nun auf einen anderen chinesischen Leitsatz zurück, nämlich man müsse ein Huhn schlachten, um eine Horde Affen zu verjagen.

*

Was sich seit dem dramatischen Zusammenprall am Platz des Himmlischen Friedens in der Volksrepublik vollzogen hat, muß als Wunder bezeichnet werden. Wer hätte damals geahnt, daß die chinesische Hafenstadt Shanghai mit den futuristischen Türmen von Pudong die amerikanische Metropole New York und ihre »battery« überholen würde? Das Reich der Mitte, das zur Zeit der Kulturrevolution über eine erbärmliche Infrastruktur verfügte, wird heute in allen Himmelsrichtungen von einem Netz sechsspuriger Autobahnen durchzogen. Chinesische Kosmonauten bereiten sich vor, zum Mond zu starten. Die Dynamik dieser Entwicklung zur zweiten, morgen vielleicht zur ersten Weltmacht kann wohl nur jemand ermessen, der ihren Aufstieg aus einem Abgrund von Elend und arroganter Fremdherrschaft persönlich miterlebt hat. Am Rande sei erwähnt, daß in den Spielkasinos der ehemals portugiesischen Kolonie Macao, die weiterhin über einen Sonderstatus verfügt, höhere Summen eingesetzt und verzockt werden als im legendären Las Vegas.

Wie konnte eine solche gesellschaftliche Umkrempelung kolossalen Ausmaßes bewältigt werden? Von der reinen Lehre Mao Zedongs kann heute nicht mehr die Rede sein, wenn sich im Schatten hochragender Wolkenkratzer teuerste Luxuslimousinen die Vorfahrt streitig machen und allzu viele »Söhne des Himmels« auf ihren Karaokebühnen den berühmten Song anzustimmen scheinen: »Money, money, money, it's a rich man's world«.

Ein solches Staatswesen bedarf einer richtungweisenden Ideologie, zumal wenn der rasante soziologische Umbruch seine phänomenalen Errungenschaften erhalten und weiter ausbauen will. Diese uralte Kulturnation wird sich niemals aus gewissen ererbten Strukturen lösen können, die im Laufe der Jahrtausende zwar vorübergehend erschüttert, sich dann aber immer wieder bestätigt haben. Die Macht des Kaisers, des »Drachensohnes«, war stets gebunden an den »Auftrag des Himmels«, an einen Zustand der friedlichen Ordnung, an eine mythische Vorstellung von Harmonie und an das Wohlergehen des Volkes. Mir kommt da der Sommer 1976 in den

Sinn, als ich nach dreitägiger Eisenbahnfahrt, von Hanoi kommend, in Peking eintraf. Es herrschte damals in der chinesischen Hauptstadt die düstere Atmosphäre eines »fin de règne«. Bedrohliche Naturereignisse kündigten das Ende des »Mandats« an, das Mao Zedong bis zu seiner tödlichen Ermattung für sich beansprucht hatte. Schwere Erdbeben hatten die Hauptstadt und diverse Industriereviere des Nordens heimgesucht. Die Schächte der Gruben brachen zusammen, und schwarzes Wasser quoll aus den Tiefen hervor. Die legendären Drachen, die – den Geomantikern und dem Volksglauben zufolge – in der Tiefe schlummern und normalerweise Stabilität und Glück garantieren, schienen ihren Groll über den rechtlosen Zustand, der sich am Sterbebett des großen Tyrannen und unter dem Einfluß der ruchlosen »Viererbande« eingestellt hatte, durch zerstörerische Regungen kundzutun.

Wie steht es heute um die Harmonie zwischen Himmel und Erde, während die höchsten Mandarine der Kommunistischen Partei, die sich zur Beratung im Gästehaus der ehemaligen Mao-Gattin Jiang Qing zurückziehen, mit einer Situation konfrontiert sind, die voller Verheißungen, aber auch voller Widersprüche steckt? Allzu häufig ist behauptet worden, daß der Sitten- und Ritenkodex, daß die Weisheitssprüche des Meisters Kong, der ein halbes Jahrtausend vor unserer Zeitrechnung den chaotischen Kriegswirren seiner Epoche durch Vernunft und Gesittung Einhalt gebieten wollte, sich nach dem Tod Mao Zedongs in ihrer strikten Hierarchie von Staat und Familie wieder durchsetzen würden. Der »Große Steuermann« hatte die Lehrer des Konfuzius, die er für die Lähmung und Wehrlosigkeit des chinesischen Reiches seit dem Opiumkrieg verantwortlich machte, zu Tausenden umbringen lassen. Er folgte wiederum dem Vorbild des Reichsgründers Qin Shi Huangdi, der sich auf die Zwangsmethoden seiner »Legalisten« stützte und die konfuzianischen Magister zu Tausenden bei lebendigem Leibe begraben ließ.

Ich habe selber noch erlebt, wie entfesselte Rotgardisten mit dem Kampfschrei »Pi Lin, Pi Kong« an der Geburtsstätte des Mannes, den die Chinesen Kong Zi nennen, ihre Wut gegen dessen zutiefst konservative Thesen ausdrückten. Mit der Schmähung des Namens »Lin« wiederum war jener Oberbefehlshaber der Volksbefreiungsarmee und designierte Nachfolger Maos, Marschall Lin Biao, gemeint, der nach einem Putschversuch auf der Flucht in die Sowjetunion über der Mongolei mit seinem Flugzeug abgestürzt war. Die absurde Assoziation des Marschall Lin Biao, eines fanatischen und verräterischen Kommunisten, mit Konfuzius offenbarte das ganze Ausmaß dieses revolutionären Wahns.

Wenn dennoch die kommunistischen Machthaber unserer Tage zumindest verbal auf die konfuzianische Tradition zurückgreifen und weltweit zur Pflege chinesischer Kultur sogenannte »Konfuzius-Häuser« eröffnen, so dürften sie sich der Grenzen einer solchen Rückbesinnung bewußt sein. Erwähnen wir nur zwei Beispiele der Unvereinbarkeit mit dem heutigen Zustand der Volksrepublik. Konfuzius hatte dem Soldaten die niedrigste Stufe seiner Gesellschaftsstruktur zugewiesen, während in unseren Tagen die Volksbefreiungsarmee – aufs engste mit der Partei verwoben – als unentbehrlicher Faktor der nationalen Einheit gefeiert wird. Die Frau ihrerseits war von Meister Kong zur totalen Unterwerfung unter den »pater familias« verurteilt, während die von Mao und seiner Frau Jiang Qing betriebene Emanzipation ein beachtliches weibliches Selbstbewußtsein gefördert hat. Zudem hat die »Einkindpolitik«, die heute noch gilt, dazu geführt, daß die befohlenen Abtreibungen überwiegend an weiblichen Föten vorgenommen wurden, denn der Ahnenkult erfordert, daß die Bestattungsriten von einem Sohn zelebriert werden. Was sollen die Mandarine von heute zudem mit jener rückwärtsgerichteten Utopie anfangen, der zufolge die perfekte Eintracht zwischen Himmel und Erde nur wiederhergestellt werden könne, wenn man zu den Tugenden des »Goldenen Zeitalters« zurückfände, die sich angeblich unter den mythischen Dynastien Shang und Zhou in grauer Vorzeit entfaltet hatten?

Die maoistischen Epochen des Terrors sind bestimmt nicht dem Vergessen anheim gefallen. Dem »Großen Steuermann«, dessen Leichnam mit rosa gefärbten Bäckchen auf dem Platz des Himmlischen Friedens in einem ziemlich geschmacklosen Mausoleum aufgebahrt liegt, wird dennoch eine unerklärliche Verehrung zuteil. Laut Meinungsumfragen sollen sechzig bis siebzig Prozent aller Chinesen diese erdrückende Figur überwiegend positiv bewerten. »Ohne große Männer und Vorbilder gibt es keine Tugend und keinen Wohlstand beim Volk«, hatte sogar der von ihm gehaßte Kong Zi gelehrt. So scheint es niemand zu verwundern oder zu schockieren, daß das Porträt Maos weiterhin den Eingang der Verbotenen Stadt beherrscht und die neu gedruckten Geldscheine ziert, daß überall seine Abbildung in Bronze oder Porzellan ausgestellt ist, daß das berüchtigte rote Büchlein in vielfachen Übersetzungen zum Verkauf aussteht. So viel Sinn für Ironie ist offenbar vorhanden, daß ich lange nach der Kulturrevolution eine Vase erwerben konnte, auf der Mao Zedong und der »teuflische« Putschist Lin Biao sich brüderlich zuprosten.

Es wäre müßig, über die mentalen Wandlungen zu meditieren, die sich möglicherweise beim breiten Volk vollziehen, in dem die Überlieferungen des Taoismus und des Buddhismus lebendig geblieben sind. Bemerkenswert ist die Härte, mit der die Parteifunktionäre gegen die Falun-Gong-Sekte vorgehen, deren Gründer in USA lebt und deren bizarre Vorstellungen auf Außenstehende wie Scharlatanerie wirken. Aber das Riesenreich und seine sonst so pragmatischen Einwohner, denen jede Form von Metaphysik fremd bleibt, ist in der Vergangenheit von völlig irrationalen Umsturzbewegungen in seinen Grundfesten erschüttert worden. Noch im 19. Jahrhundert konnte die Taiping-Revolte, deren bäuerlicher Anführer als angeblicher Bruder Jesu Christi im Begriff stand, die Qing-Dynastie zu stürzen, nur mit Unterstützung westlicher »Barbaren« in einem Blutbad ertränkt werden.

Mit zunehmendem Lebensniveau und dem Entstehen einer breiten Mittelschicht dürfte das Aufkommen politischer Mäßigung, der Verzicht auf alltägliche Exzesse wohl auf Dauer nicht verhindert werden, aber die Hinwendung zu europäischen oder amerikanischen Formen parlamentarischer »Streitkultur« ist kaum vorstellbar. Von Churchill stammt das Wort, daß die parlamentarische Demokratie die schlechteste aller Regierungsformen sei – mit Ausnahme aller anderen. Aber die Zeit ist ja nicht so entfernt, als der Zugang zum Rang eines Abgeordneten auch im Abendland nur einer privilegierten Elite offenstand. In Frankreich hatte das zensitäre System den Aufstieg zum »député« auf die Zugehörigkeit besitzender Klassen beschränkt. »Enrichissez-vous – Bereichert euch doch«, hatte der Regierungschef Guizot den Besitzlosen zugerufen, die auf gleichberechtigte Vertretung im Palais Bourbon drängten. In Preußen hat bis zum Ersten Weltkrieg das Dreiklassenwahlrecht gegolten, und in England wird die gesellschaftliche Schichtung der Untertanen ihrer »gracious Majesty« bereits an der sprachlichen Artikulation erkannt.

Die Chinesen selbst werden über ihre politische Zukunftsgestaltung entscheiden. Jede Einmischung von außen wäre nicht nur ungehörig, sondern töricht. Es sind manche Entgleisungen vorstellbar, aber unbestreitbar herrscht bei allen Schichten des Reiches der Mitte ein glühender Nationalismus vor. Das Wort »Staatskapitalismus«, mit dem man das aktuelle System Pekings definieren möchte, entbehrt jeder präzisen Definition. Was nun die Handvoll intellektueller Revisionisten betrifft, die in Europa bewundert werden, so muß selbst eine liberale deutsche Zeitung eingestehen, »daß deren Einfluß sich auf begrenzte Literatenzirkel erstreckt und weniger auf die Gesellschaft als Ganzes«. Wer aber von angeblichen »Minderwertigkeitskomplexen« redet, die den überspannten Ehrgeiz der chinesischen Führung motivieren, hat vom Reich der Mitte und seinem titanischen Erwachen nichts verstanden. Selbst in der Epoche der schlimmsten Erniedrigung hat sich die Han-Rasse allen anderen Völkern überlegen gefühlt und die europäischen Eindringlinge als »red faced barbarians«, als rotgesichtige Barbaren«, verachtet.

Ein Mord in Chongqing

Es traf sich gut, daß ich das Augenmerk meiner letzten Chinareise im Herbst 2010 auf die Provinz Szetschuan im Yangtse-Becken und speziell auf die ungeheuerliche Agglomeration Chongqing mit ihrer Ballung von dreißig Millionen Menschen gerichtet hatte. Ich war bereits im Jahr 1981 zugegen in dieser Region, aus der der große Staatsmann Deng Xiaoping stammte, die er als Parteisekretär später verwaltete und in der er – präzis zum Zeitpunkt meines Aufenthalts – seine erste große Modernisierung, die behutsame Privatisierung der Landwirtschaft, in die Wege leitete. Ähnlich wie bei der Währungsreform von 1948 in Deutschland, konnte ich an Ort und Stelle feststellen, wie die bisher extrem kärglich belieferten Märkte von einem Tag zum anderen mit Lebensmitteln überschwemmt wurden und sich beim Volk das Gefühl einer radikalen Besserung ihrer Existenz einstellte.

Ansonsten bot Chongqing zu jener Zeit ein erbärmliches Schauspiel. Elende, verwahrloste Hütten klebten an den steilen Gassen dieser tristen Metropole. Im Zweiten Weltkrieg – als Chiang Kai-shek hier seine zentrale Bastion gegen die vergeblich durch die Yangtse-Schluchten vorrückenden Japaner behauptete – war die Stadt dem unaufhörlichen Bombardement der Luftwaffe des Tenno ausgeliefert. Vor dreißig Jahren hatte sich in den engen Gassen ein Bild der Verwüstung erhalten. Die Kulturrevolution der sechziger Jahre hatte Chongqing besonders grausam heimgesucht. Am Ende lieferten sich die Arbeiterschaft der Fabriken von Szetschuan und die entfesselten Rotgardisten regelrechte Gefechte, denen erst der Einsatz der Volksbefreiungsarmee mit schweren Waffen ein Ende setzte.

Was sich in der Zwischenzeit im Yangtse-Becken an Veränderungen vollzogen hat, grenzt ans Übermenschliche. Die steilen Ufer des Stroms sind von massiven weißen Baufronten wie von einem Festungsgürtel gesäumt. Die wuchtigen Gebäude, die keine sonderliche architektonische Inspiration verraten, wohl aber einen hemmungslosen Willen zur Macht, ragen als »skyscraper« buchstäblich in die graue, feuchte Wolkendecke, die sich über Chongqing so selten lüftet, daß man sagt, die Hunde begännen zu bellen, wenn die Sonne einmal durchbräche. In den Schluchten reihen sich die Blocks der Geschäftszentren und der Wohnsilos bis ins Unendliche aneinander. Die sich überall stauende Menschenmasse ist dazwischen eingekeilt wie bunte Mosaiksteinchen. Von den »blauen Ameisen« der Mao-Ära ist keine Spur übrig. Früher war die Stadt Chongqing für die Benutzung von Fahrrädern ungeeignet, so steil fielen die Hänge zum gewaltigen Strom ab. Heute hat man durch ein System sich ständig überlagernder Autobahnen Raum geschaffen für den erdrückenden Verkehr. Die Luxuskarossen teuerster ausländischer Marken sind ebenso zahlreich wie die Boutiquen der exklusivsten europäischen Modeschöpfer. Überfüllte Restaurants, Karaoke-Clubs und dröhnende Diskotheken übertönen nach Einbruch der Dunkelheit den rauschenden Lärm des Verkehrs.

In Szetschuan ist nicht alles Gold, was glänzt. Der Boom der Bauwirtschaft ist mit Spekulation und Korruption einhergegangen. Der oft zitierte »Staatskapitalismus« ist – laut freimütigem Eingeständnis meiner chinesischen Begleiter – in Chongqing wie in so manchen anderen gigantisch expandierenden Metropolen des Reiches der Mitte dem hemmungslosen, oft kriminellen Bereicherungsdrang einer neuen Finanzelite ausgeliefert. Schon redet man vom Entstehen neuer »Triaden«, von verschwörerischen Geheimbünden, die bis in die höchsten Kreise der Einheitspartei reichen. Daneben – das sollte man nicht kleinreden – vollzieht sich jedoch das Entstehen eines soliden Mittelstandes. Die einst erbärmliche Entlohnung der Arbeiter wurde inzwischen so konsequent angehoben, daß gewisse asiatische Newcomer wie Vietnam, Bangladesch, Sri Lanka und sogar Indien westlichen Investoren vorteilhaftere Produktionskosten anbieten können.

Ausgerechnet in Chongqing, diesem Paradeplatz spektakulären Fortschritts und wachsenden Wohlstandes, ist im Frühjahr 2012 die Skandalstory des höchsten Parteisekretärs der Region, Bo Xilai, wie eine Bombe geplatzt. Die Affäre liest sich wie ein Kriminalroman. Der Spitzenfunktionär Bo Xilai hatte seine Domäne wie ein Vizekönig verwaltet und galt als der verdienstvolle Initiator des dortigen Wirtschaftswunders. Seine Ambitionen waren jedoch zusätzlich auf eine Schlüsselrolle in den intimsten Entscheidungsgremien, im ständigen Ausschuß des Politbüros gerichtet, zumal er als Sohn eines der frühesten Veteranen der kommunistischen Revolution zur

Kategorie der »Prinzlinge« zählte. Um seinem Aufstieg eine unwiderstehliche Schubkraft zu verleihen, hatte er plötzlich die Rückkehr zu gewissen maoistischen Tugenden gesellschaftlicher Nivellierung und ideologischer Straffung gepredigt und ließ die konsumverwöhnten Schulkinder Szetschuans die längst vergessenen Chöre der verhaßten Mao-Witwe Jiang Qing anstimmen. Die aus dem Repertoire verschwundene stimmungsvolle Hymne »Der Osten ist rot« tönte wieder auf.

Aber Bo war kein Mao. Sehr schnell wurde ruchbar, daß er an der überall grassierenden Bestechlichkeit maßgeblich beteiligt war, daß er Milliardensummen ins Ausland verschoben hatte. Der Gipfel war erreicht, als gegen seine Frau, Gu Kailai, die an den Betrügereien beteiligt war, die Anklage erhoben wurde, einen englischen Geschäftsfreund und vermeintlichen Komplizen namens Neil Heywood vergiftet zu haben. Sie wurde inzwischen zum Tode verurteilt. Vielleicht hätte sich dieser immense Skandal noch auf dem Weg geheimer Absprachen zwischen den beiden Machtfraktionen der Generalsekretäre Hu Jintao und Jiang Zemin und durch die diskrete Hinrichtung der Schuldigen verheimlichen lassen. Aber zur Verblüffung des amerikanischen Konsuls in Chengdu, der Provinzhauptstadt von Szetschuan, war der oberste Polizeichef von Chongqing, Wong Lijun, im Zustand der Panik in dessen Gebäude aufgetaucht, um – nach der Veröffentlichung der Verbrechen der Familie Bo – Zuflucht und Asyl in der exterritorialen US-Vertretung zu suchen.

Welche Konsequenzen sich aus diesem ungewöhnlichen Vorfall eines extrem peinlichen Gesichtsverlusts ergeben, bleibt ungewiß. Man sollte sich nicht darauf verlassen, daß – im Gegensatz zu den Wunschvorstellungen des Westens – im großen Volkspalast von Peking eine Kopie jener freiheitlichen Debatten stattfände, wie sie auf Capitol Hill, in Westminster oder im Berliner Reichstag üblich sind. Statt dessen könnte der Ruf nach einer charismatischen Führungspersönlichkeit laut werden, nach einem roten »Drachensohn«, der jenseits aller internen Parteiränke seine eigenmächtigen Weisungen erteilt und – wie zur Zeit der großen Kaiser der Vergangenheit – mit dem Vermerk abschließt: »Zittere und gehorche!«

Buddhismus zwischen Weiß und Rot

Der mongolische General Osoryn Otgonjargal hat mich zu einem Picknick im Grasland westlich von Ulan Bator eingeladen. Wir kauern mit meinem Freund Udo Haase, der noch aus der Zeit der DDR über eine perfekte Kenntnis der mongolischen Sprache verfügt und bei den Erben Dschingis Khans höchstes Ansehen genießt, zu Füßen einer neu erbauten buddhistischen Pagode. Es wird viel Wodka konsumiert. Der General ist 82 Jahre alt, und uns beide vereint bald jene heitere Skepsis sehr alter Männer, die ich in allen Kontinenten vorgefunden habe. Wir erwähnen die Flucht des präsumptiven Nachfolger Mao Zedongs, des Marschalls Lin Biao, und den Absturz seines Flugzeugs. General Otgonjargal, der damals die höchste Sicherheitsbefugnis der Volksrepublik Mongolei wahrnahm, hatte den Leichnam Lin Biaos aus den Trümmern der Maschine geborgen. Die Agenten des sowjetischen KGB, die sofort zur Stelle waren, trennten den Kopf des chinesischen Marschalls ab, um ihn in Moskau identifizieren zu lassen.

Da so oft von den Problemen der Volksrepublik China mit ihren ethnischen Minderheiten – Tibeter und Uiguren – die Rede ist, bietet die »Äußere Mongolei«, wie man einst sagte, eine zentrale Plattform für realistische Beurteilung. Seit dem Zusammenbruch der Sowjetunion genießt der zentralasiatische Staat volle Unabhängigkeit in der großen Gemeinschaft der Vereinten Nationen. Als ich mich mit hohen Offizieren der mongolischen Armee unterhalte, die über nur 10 000 Soldaten, aber vorzügliche, in Rußland und USA ausgebildete, Chargen verfügt, stelle ich die Frage, wie man denn in Ulan Bator den Druck empfände, der zwangsläufig von den beiden gigantischen Nachbarn in Nord und Süd ausgeübt wird. Die Chinesen gingen subtiler und geschmeidiger vor, so erfahre ich, während die Russen plumper und fordernder, aber am Ende weniger effizient aufträten.

Noch bis vor wenigen Jahren war das gesamte mongolische Territorium auf den Landkarten, die in Taiwan gedruckt wurden, als unveräußerlicher Bestandteil Chinas eingezeichnet. Seitdem ist man in Taipeh realistischer geworden, zumal die kommunistische Volksrepublik China ihren Verzicht auf die Heimat Dschingis Khans schon unmittelbar nach ihrer Proklamierung den damals eng verbündeten Moskauer Parteifreunden zugestand. Heute existiert neben der Republik von Ulan Bator noch die sogenannte »Innere Mongolei«, die sich in einem endlos langen Streifen von der sibirischen Grenze am Amur bis in das Vorfeld der Republik Kasachstan hinzieht. Diese »Innere Mongolei« zählt zu den fünf »Autonomen Regionen« Chinas. Als ich mich im Jahr 1980 in deren Hauptstadt Hohhot aufhielt, konnte ich ermessen, welches Schicksal wohl auch die anderen Autonomen Regionen der Volksrepublik, zumal Tibet und Xinjiang, das früher einmal »Ost-Turkestan« hieß, erwartet. Die Mongolen von Hohhot haben ihre eigene Sprache, ihre Schrift, ihr Brauchtum und nach abklingender Kulturrevolution auch ihre buddhistischen Klöster beibehalten. Aber sie machten schon damals nur siebzehn Prozent der Gesamtbevölkerung aus. Dieser Anteil dürfte seitdem noch geringer geworden sein. Durch eine Flut einwandernder Han-Chinesen wurden sie total marginalisiert.

Ähnlich wird es auf Dauer wohl auch den Tibetern ergehen. In deren Hauptstadt Lhasa war die ursprüngliche Rasse dieses Hochlandes bei meinem letzten Besuch auf weniger als die Hälfte geschrumpft. In absehbarer Zeit dürften die Tibeter in den Status einer Minorität in ihrer eigenen Region gedrängt sein. Was nun die »Autonome Region der Uiguren und Kasachen« betrifft – so lautet die offizielle Bezeichnung von Chinesisch-Ost-Turkestan –, so wird der forcierte Zuzug von Han-Chinesen – zumal dort eine beeindruckende industrielle Entwicklung stattfindet – gegenüber den neun Millionen Angehörigen des uigurischen Turkvolkes ebenfalls eine gründliche Umschichtung zugunsten Pekings bewirken.

Daß Ulan Bator und die Äußere Mongolei diesem ungeheuren Sog widerstehen konnte, verdankt die Republik dem Umstand, daß während des russischen Revolutionskrieges zwischen »Weiß und Rot« eine zaristische Truppe dort gemeinsam mit der gespenstischen Erscheinung des baltischen Barons Ungern-Sternberg, der sich die Mongolen als Wiedergeburt Dschingis Khans vorstellte, verzweifelten Widerstand gegen die vorrückenden Bolschewiki leistete. Nach dem Sieg der Rotarmisten erhielten die dortigen Mongolen die Chance, einen separaten sozialistischen Staat zu gründen, der unter dem exklusiven Einfluß Moskaus stand. Bemerkenswert ist übrigens, daß die staatliche Annektion sowohl Tibets als auch Ost-Turkestans und der Mongolei unter der Herrschaft Qian Longs, des bedeutendsten Kaisers der Mandschu- oder Qing-Dynastie, erfolgte. Dieser »Sohn des Drachen«, der erst in den Tagen der Französischen Revolution starb, hatte während seiner sechzigjährigen Allmacht einer letzten grandiosen Entfaltung des »Himmlischen Reiches« vorgestanden. Obwohl sein Regime ähnlich wie die mongolische Yuan-Dynastie Kublai Khans ein halbes Jahrtausend zuvor trotz aller kultureller Sinisierung von den authentischen Han als barbarische Eroberung aus der Steppe empfunden wurde, wirkt das Erbe Qian Longs bis auf den heutigen Tag fort.

Bis zur republikanischen Revolution Sun Yatsens im Jahr 1911 war der Konfuzianismus die offizielle Staatsdoktrin dieses zerfallenden Imperiums. Um sicher zu sein, nicht ihrerseits durch irgendwelche kriegerischen Nomadenhorden bedroht zu werden, waren die Kaiser der Qing-Dynastie auf eine überaus listige Politik verfallen. Zumal in die unendliche Weite der mongolischen Hirten und ihrer Yurten entsandten sie Prediger und Missionare des Hinayana-Buddhismus. Die räuberische Wildheit dieser Steppenreiter, die bislang durch die magischen Bräuche eines finsteren Schamanismus gesteigert wurde, erlag der Gesittung, der Friedfertigkeit, der passiven Schicksalsergebenheit und dem Weltverzicht Gautamas. Sie fügten sich der geistlichen Betreuung durch eine Vielzahl von Lama-Klöstern. Mit der Bekehrung zu den Weisheiten Buddhas ging den fernen Nachfolgern Dschingis Khans jene Aggressivität verloren, die einst den halben Erdball mit Furcht und Entsetzen erfüllt hatte.

Von Anfang an hatte sich bei den Mongolen die tantrische Form des Buddhismus mit ihren furchterregenden Dämonenvorstellungen durchgesetzt, wie sie in Tibet beheimatet ist. Damit blieben auch Elemente der Gewalt, der Grausamkeit erhalten. So muß man jenen Heilssuchern und Pazifisten des Westens, die in der Pflege ihres Karmas und dem weltabgewandten Streben nach dem Nirwana eine Erlösung aus den materialistischen Zwängen unserer Zeit suchen, entgegenhalten, daß es auch in rein buddhistischen Regionen zu entsetzlichen Massakern und Unterjochungen gekommen ist. Frommer als das Königreich Kambodscha mit seinen zahllosen Bonzen und Pagoden konnte ein Staat gar nicht sein, aber dann brach eines Tages, durch die amerikanische Kriegsausweitung ausgelöst, der Horror der Roten Khmer und der »killing fields« über diese ehemalige Oase der Friedfertigkeit herein. In Sri Lanka hat die buddhistische Regierung einen hemmungslosen Vernichtungsfeldzug gegen die nach Autonomie strebende hinduistische Minderheit der Tamilen ausgelöst. In der Unionsrepublik Burma, die heute Myanmar heißt, hat eine tyrannische Generalskamarilla – ungeachtet der gigantischen Buddha-Statuen und ganzer Wälder von Stupas – die zutiefst buddhistische Bevölkerung ins Unglück gestürzt und geknechtet.

In Ulan Bator wird heute eine große Toleranz praktiziert. Die Monsterdarstellungen des Nationalhelden Dschingis Khan haben nicht die Darstellungen des kommunistischen Staatsgründers Tschoibasan, die Statuen Lenins oder Marco Polos verdrängt. Überragt werden jedoch diese Zeugen einer widersprüchlichen Vergangenheit durch die in Gold erstrahlende Riesenerscheinung Gautamas, die zahllose Pilger anzieht. Die Duldsamkeit geht so weit, daß ich neben einem missionarischen Zentrum der amerikanischen Mormonen auch die massive Kathedrale Peter und Paul entdecke, die allerdings nur eine Hundertschaft meist vergreister Gläubiger betreut. Zunehmenden Einfluß üben vor allem die Türken aus mit ihrer koranischen Botschaft. Sie stützen sich dabei auf die islamische Gefolgschaft der weltweit operierenden Organisation Fetullah Gülen, die – dem Anspruch des Ministerpräsidenten Erdogan folgend, die Mongolen gehörten auch irgendwie zur weitverzweigten Familie der Turkvölker – hochmoderne Schulen und gewaltige Moscheen gegründet hat. Als es vor vier Jahren jedoch, anläßlich der Wahlen zum »Kural«, zum Parlament, zu blutigen Zwischenfällen zwischen der Nachfolgepartei der Kommunisten und der neuen Fraktion der »Demokraten« kam, haben die Soldaten der disziplinierten Armee und nicht die in safranfarbene Roben gekleideten Mönche des Buddhismus den Feindseligkeiten ein Ende gesetzt und Ruhe und Ordnung wiederhergestellt.

Da inzwischen die absurdesten Thesen umgehen über das Machtverhältnis massiver kontinentaler Blöcke und der am Rande operierenden Seefahrernationen, kommt der unkonventionelle Blick auf die Mongolen, die vor 800 Jahren eine immense, aber zerbrechliche Weltherrschaft errichteten, zur rechten Zeit. Im Herzen Asiens überschneiden sich die Kraftlinien. Wer erwartet hätte, daß hier zwangsläufig eine historische Gegnerschaft zwischen Slawen und Asiaten auch in unseren Tagen ausgetragen würde, stößt im Gegenteil auf eine behutsame gegenseitige Rücksichtnahme zwischen Moskau und Peking. In der noch vor fünfzig Jahren heftig umstrittenen Pazifikregion der russischen Provinz Primorje und der chinesischen Mandschurei geht es heute extrem kooperativ, fast freundschaftlich zu. Dabei ist man sich im Kreml sehr wohl bewußt, daß die Zeit, als der zaristische Admiral Murawjew einem eingeschüchterten Mandarin mit breitem Rotstift die jüngste Expansion Rußlands auf die Landkarte pinselte, der fernen Vergangenheit angehört. Auch die verlustreichen Gefechte, die die Sowjetarmee am ostsibirischen Ussuri-Fluß gegen die tobenden Rotgardisten der maoistischen Kulturrevolution zu bestehen hatte, werden heute nicht mehr erwähnt.

Eines ist jedoch gewiß, der asiatische Raum Rußlands jenseits des Ural wird von chinesischen Waren und Produkten geradezu überschwemmt. Die slawische Besiedlung der russischen Fernostgebiete, wo sich einst die gefürchteten Gulags aneinanderreihten, ist bis auf einige Städte wie Wladiwostok, Magadan oder Petropawlowsk praktisch zum Erliegen gekommen. Zwischen Baikalsee und Pazifik ist eine demographische Leere entstanden, die unmittelbar an die chinesischen Menschenmassen in der Mandschurei grenzt. Dort haben seit 1911 mindestens 120 Millionen zugereiste Angehörige der Han-Rasse wuchtige und hochmoderne Ballungszentren aus dem Boden gestampft.

Die in Moskau befürchtete Überschwemmung seiner östlichen Provinzen hat jedoch bisher nicht stattgefunden, und die Händler der weit ausgreifenden Chinesen-Märkte, die sich überall etablieren, müssen laut Vereinbarung nach ein paar Monaten in ihre Heimat zurückkehren, um einer begrenzten Zahl von Neuankömmlingen aus dem Reich der Mitte Platz zu machen. Während die US Navy in unmittelbarer Nähe der russischen und chinesischen Pazifikküste gemeinsam mit Japan und Südkorea Flottenmanöver veranstaltet, erwidern Russen und Chinesen diese Provokation mit eigenen militärischen Demonstrationen. Zur Zeit Maos wurde ich von meinen chinesischen Gesprächspartnern immer wieder vor der Aggressivität des »russischen Polarbären« gewarnt, der ja auch Europa bedrohe. Der »Große Steuermann« hatte seine Städte systematisch auf einen nuklearen Überfall durch die Sowjetunion vorbereitet und berief sich auf die Milliardenanzahl seiner Untertanen als »ultima ratio« in der angeblich unvermeidlichen Abwehr des verfeindeten kommunistischen Nachbarn im Norden. Damals, zumal zu Zeiten Chruschtschows, wurden sowjetische Armeen in den östlichen Außenbezirken der mongolischen Volksrepublik massiert, die von der Hauptstadt Peking gar nicht so fern ist.

Das alles hat sich gründlich verändert, ja ins Gegenteil verkehrt. Jiang Zemin mußte feststellen, daß die Vereinigten Staaten von Amerika die Volksrepublik China als ihren gefährlichsten Gegner und Rivalen einzukreisen suchen. Das postkommunistische Rußland wiederum wird durch die Förderung separatistischer Tendenzen, die Umleitung von Pipelines und jede Form von Schikanen in die Enge getrieben. Der angekündigte Ausbau eines »Raketenzauns« in Osteuropa, der angeblich und zur großen Erheiterung Putins Europa und Nordamerika vor den Nuklearattacken der Islamischen Republik Iran schützen soll, verstärkt den »Zangengriff« gegen das russische Gebiet der ehemaligen Sowjetunion. Die europäischen NATO-Verbündeten der USA sollten sich reiflich überlegen, ob sie diesem fragwürdigen amerikanischen »Schutzschirm« ihre Zustimmung und Kooperation gewähren.

Rußland ist auch nach der Loslösung der zentralasiatischen, baltischen und kaukasischen Teilrepubliken der Sowjetunion ein Vielvölkerstaat geblieben. In dieser Hinsicht besteht eine Interessengemeinschaft mit dem Politbüro von Peking. Ein intensiver Partisanenkrieg der Kampa-Krieger im Himalaya sollte mit Hilfe der amerikanischen CIA lange Jahre nach dem Einmarsch der Volksbefreiungsarmee in Lhasa und der Flucht des Dalai Lama dem chinesischen Zugriff auf Tibet entgegenwirken. Das Arrangement, das der damalige US-Präsident Richard Nixon dank der geduldigen Vorarbeit Henry Kissingers mit Mao Zedong vereinbarte, hat diesen Scharmützeln ein Ende gesetzt. Die enge Koordinierung der Aktivitäten des Dalai Lama mit dem amerikanischen Nachrichtendienst ist jedoch nicht abgebrochen. Die kleine Exilarmee, deren Existenz sich mit dem offiziellen Gewaltverzicht des tibetischen Gottkönigs und Friedensnobelpreisträgers schlecht vereinbaren läßt, operiert heute nicht mehr unter amerikanischem, sondern unter indischem Oberbefehl. Doch die subversive Tätigkeit der USA auf dem Dach der Welt ist damit längst nicht beendet.

Man mag mir entgegenhalten, ich erläge den Mythen einer weitverbreiteten Verschwörungspsychose, aber es war bestimmt kein Zufall, daß unmittelbar vor Austragung der Olympischen Spiele in Peking ein tibetischer Aufruhr in Lhasa gegen die dort lebenden chinesischen Beamten und Ladenbesitzer ausbrach. Die Anstiftung zu dieser Revolte, die zu einer weltweiten Kampagne gegen die Volksrepublik aufgebauscht wurde, sei – zuverlässigen Quellen zufolge – im indischen Refugium

und Sanktuarium des Dalai Lama von Dharamsala angezettelt
worden. Eine vergleichbare Stimmungsmache, die darauf hin-
zielte, die in Shanghai stattfindende Weltausstellung zu diskreditieren, wurde in der Autonomen Region Xinjiang durch die
ethnisch und religiös motivierte Revolte der Uiguren angeheizt.
In diesem Falle konnte sich die Schürung der Unruhen auf die
Einwirkung von uigurischen »Jihadisten« zurückführen lassen,
die in den pakistanischen Kampflagern Waziristans militärisch
ausgebildet und salafistisch indoktriniert werden. Inwieweit dabei der einflußreiche pakistanische Geheimdienst ISI und die
amerikanische CIA heimlich mitgewirkt haben, läßt sich nicht
eruieren.

In der arabisch-islamischen Welt ist der Begriff »mu'amarat«,
das heißt Verschwörung, zur Obsession geworden und muß
als gewichtiger politischer Faktor wahrgenommen werden.
Als Beobachter vor Ort kann man sich diesen Zwangsvorstel-
lungen nicht ganz entziehen. Mag die Behauptung auch noch
so absurd klingen: Die Vernichtung des World Trade Centers
von Manhattan wird von den Massen der gläubigen Muslime
im Brustton der Überzeugung als ein getarntes und zynisches
Komplott von CIA oder Mossad dargestellt. Ich selbst konnte
in der texanischen Stadt Dallas feststellen, daß keiner meiner
dortigen Gesprächspartner an eine Einzeltäterschaft Lee
Harvey Oswalds bei der Ermordung John F. Kennedys glaubte, sondern an die Existenz einer wie auch immer gearteten
Konspiration.

Die modernen Geheimdienste verfügen nun einmal über
kaum vorstellbare Fähigkeiten der Observation und der Manipulation. Die Bilder der Fotografen oder Dokumentarfilmer,
die früher als unwiderlegbarer Beweis irgendeines politischen
oder kriegerischen Vorgangs galten, sind heute zu den wirk-
samsten Instrumenten der Desinformation geworden. Schon
sehr früh vermochten unsere Kameramänner aus einer unbe-

deutenden Ansammlung von Menschen eine Massendemonstration und umgekehrt aus einem gewaltigen Aufruhr ein isoliertes Randereignis zu machen. Selbst das Foto des genialen Kriegsreporters Capa, das den tödlich getroffenen Kämpfer des spanischen Bürgerkriegs mit erschütternder Spontanität darstellt, hat sich unlängst als eine kunstvolle Inszenierung erwiesen. Mit den bescheidenen elektronischen Mitteln, die mir bei meinen letzten Fernsehdokumentationen zur Verfügung standen, hätte es mir durchaus gelingen können, den Präsidenten George W. Bush unmittelbar neben Osama Bin Laden in eine Höhle des Hindukusch zu zaubern und sie beide »Allahu akbar« rufen zu lassen. Bei dieser Allmacht der Täuschung, aber auch bei der schier unbegrenzten Fähigkeit der Aufdeckung von Fakten kommt es immer wieder zu kollektiven Irreführungen, aber auch zu fatalen Fehlanalysen und zu ideologischer Verblendung. Das Ganze stimmt furchterregend, aber andererseits auch hoffnungsvoll im Hinblick auf das Versagen einer vorfabrizierten Fatalität.

Von Tsingtau bis Faizabad

Die Welt ist wirklich aus den Fugen geraten, seit die verschwommenen Konturen einer Multipolarität »sui generis« sich von Tag zu Tag verändern und vielerorts überlagern. Diese Absenz eines verbindlichen internationalen Systems verführt bei der Abfassung dieser »Muqaddima« unweigerlich zu sprunghaften thematischen Abweichungen, zu widersprüchlichen Wahrnehmungen und zu Wiederholungen. Wir erwähnten die List der mandschurischen Qing-Kaiser, die eine systematische Bekehrung der wilden Nomadenvölker zum Buddhismus förderten, und die, wie manche gebildeten Mongolen unserer Tage behaupten, zur Zähmung ihrer kriegerischen Instinkte, ja zu einer Art »Kastration« geführt hätte. Machen wir uns nichts vor! Der beharrliche Druck, den Europäer und Amerikaner in unseren Tagen auf fremde Kulturkreise ausüben, damit sie die westlichen Normen von Parteienvielfalt und Meinungsfreiheit, kurzum von Demokratie übernähmen, wird von vielen Völkern Asiens und Afrikas als heimtückischer Versuch gewertet, die Bildung von neuen Machtzentren zu verhindern sowie Schwäche und Zwietracht zu säen.

Wenn in den zwanziger Jahren des vergangenen Jahrhunderts der Gründer der modernen Türkei, Kemal Pascha, der den Namen Atatürk annahm, noch die europäische Zivilisation als die einzig gültige pries, so weigerte er sich doch konsequent, deren Botschaft der Menschenrechte zu übernehmen. Er regierte mit einer Einheitspartei, gestützt auf die Armee, und bezeichnete die Kurden, die sich einer ethnischen Assimilierung verweigerten, kurzerhand als »Bergtürken«. Inzwischen hat in Ankara eine Entmachtung der Generale und die Toleranz eines Mehrparteiensystems stattgefunden, aber diese »demokratischen Reformen« Recep Tayeb Erdogans vollzogen sich im Zeichen einer Re-Islamisierung der Massen und des Aufkommens einer Nostalgie osmanisch-imperialer Größe, deren Auswirkung noch nicht abzuschätzen ist.

Man stelle sich andererseits vor, durch irgendeine skurrile Schicksalsfügung würde die deutsche Form des Parlamentarismus auf China übertragen. Dann würde das Reich der Mitte sehr schnell in einen Zustand der Desintegration und der Entscheidungsunfähigkeit verfallen. Aber genau das, so argumentiert man in Peking, sei ja die Absicht, wenn die Angleichung an das Modell der westlichen Demokratie gefordert wird. Sehr wohl ist andererseits vorstellbar, daß die stete

Anhebung des Lebensniveaus und der Austausch mit fremden Kulturen eine Form der politischen Mäßigung, eine Förderung der »Harmonie« zur Folge hätte, die eine Entkrampfung der starren heutigen Zustände Chinas mit sich brächte. Wenn ich jedoch in deutschen Gazetten lese, daß es »ohne Freiheit keinen Frieden gibt, auch nicht in China«, dann kann man sich nur wundern über so viel eurozentrische Naivität.

Der vielzitierte Amerikaner Samuel Huntington erwähnt in seiner Studie über den »Clash of Civilizations« die Möglichkeit einer strategischen Abstimmung zwischen den Weltmacht-Ambitionen Chinas und den islamischen Träumen von einem neuen Kalifat. Der Aufruhr der Uiguren in Chinesisch Xinjiang wird im Reich der Mitte ein Randphänomen bleiben. Mir selbst war es vergönnt, in der Hochburg der türkisch-islamischen Minderheit, in der ehrwürdigen Moschee von Kashgar, der dringenden Aufforderung von ein paar jugendlichen Aktivisten folgend, am Freitagsgebet teilzunehmen. Damit löste ich große Unruhen bei meinen chinesischen Begleitern aus. Der große islamische Aufstand, der im Jahr 1931 in dieser extremen Westprovinz ausbrach und von Sven Hedin in seinem Buch »Die Flucht des großen Pferdes« geschildert wird, war ja gar nicht von den Uiguren ausgegangen, sondern von jener weit zahlreicheren Gruppe zur koranischen Lehre bekehrter Han-Chinesen, die man früher als »Dunganen« bezeichnete und heute »Hui« nennt. Sie mögen insgesamt dreißig Millionen Gläubige zählen, die bis in die Südprovinz Yünan und in die Mandschurei verstreut leben. Sie zeichnen sich meist durch tugendhafte Frömmigkeit aus. Mao Zedong hatte ihnen sogar in der Schleife des Gelben Flusses die Autonome Region Ning Xia eingeräumt, verlieh also einer speziellen religiösen Zugehörigkeit den Rang einer eigenen Nationalität, wie es in Jugoslawien Marschall Tito mit den muslimischen

Bosniaken praktizierte. Diese Hui haben sich dem Aufbegehren der Uiguren bisher nicht angeschlossen und sich nach den entsetzlichen Drangsalierungen der Kulturrevolution ziemlich reibungslos in das Gefüge der Volksrepublik eingeordnet. Ähnlich anpasserisch verhielten sich übrigens die Kasachen und die wenigen Tadschiken, die im fernen Westen ihre Herden weiden und ihre Blicke allenfalls auf die zentralasiatischen Republiken Kasachstan oder Tadschikistan richten. Mit diesen sind sie neuerdings durch die sensationelle chinesische Pionierleistung auf einer Höhe von 5000 Metern über eine Reihe von Paßstraßen erreichbar.

Auch mit der Islamischen Republik Pakistan, die eine heimliche Allianz mit Peking eingegangen ist, um die überlegenen Streitkräfte Indiens in Schach zu halten, ist China heute durch den schwindelerregenden Ausbau des Karakorum-Highways zu einer breiten Allwetterroute strategisch verbunden. Daß eine Anzahl uigurischer »Salafisten« sich in den Ausbildungslagern der Taleban in den unkontrollierbaren »Tribal Areas« Nordpakistans eingefunden hat, wirkt sich mit Rücksicht auf den endlosen, mörderischen Kaschmir-Konflikt, der von den beiden Nachfolgestaaten des britischen Empires auf dem Subkontinent ausgetragen wird, bislang nicht als Belastung auf die engen Beziehungen zwischen Peking und Islamabad aus. Konfuzionismus, Buddhismus, islamischer Extremismus berühren einander in den vereisten Höhen des Himalaya und des Pamir-Gebirges. Selbst die mongolischen Politiker verweisen auf die ethnisch-konfessionelle Spannung, die eines Tages am äußersten Westrand ihrer Republik von der relativ geringen Minderheit turkstämmiger und islamisierter Kasachen ausgehen könnte.

*

Die wenigsten Deutschen sind sich bewußt, daß sie im Zuge des Einsatzes der Bundeswehr vorübergehend zum unmittelbaren Nachbarn Chinas geworden sind. Diese Einflußzone befindet sich am entgegengesetzten westlichen Ende des Reiches der Mitte, an den Antipoden gewissermaßen jenes östlichen Pazifikhafens Tsingtau, den das wilhelminische Kaiserreich vor dem Ersten Weltkrieg okkupiert hatte. Der deutsche Sektor im Nordosten Afghanistans, der die Provinz Badaghshan umschließt, berührt mit dem schmalen Schlauch des Wakhan-Zipfels auf einer Breite von höchstens dreißig Kilometern das Territorium von Xinjiang, anders gesagt, der »Autonomen Region der Uiguren und Kasachen«. Dieser Außenposten ist vermutlich niemals von einem deutschen Soldaten betreten worden, denn die Garnison der Provinzhauptstadt Faizabad, die sich in einem befestigten Lager verschanzt hat, fühlte sich ans Ende der Welt versetzt und wäre nach Einbruch des Winters total isoliert gewesen. Die absurde Ausweitung des afghanischen Staatsgebiets auf das Wakhan-Tal wurde vor dem Ersten Weltkrieg zwischen London und Sankt Petersburg nur auf die Landkarte projiziert, um dem »great game«, dem Ringen um die Vormachtstellung in Zentralasien, das sich Großbritannien und Rußland lieferten, durch diese symbolische geographische Trennung ein Ende zu setzen.

Es wird wohl nicht lange dauern, bis die Straßenbauer der Volksrepublik China auch den 5000 Meter hohen Paß, der an dieser Stelle Afghanistan von Xinjiang trennt, durch eine Transitstrecke überwinden. Die »Söhne des Himmels« sind längst am Hindukusch in Erscheinung getreten, haben sich den Zugriff auf dortige Mineralvorkommen gesichert. Zwischen der Stadt Mazar-e-Scharif, in deren Nähe sich das deutsche Hauptquartier befindet, wird in aller Ruhe und ohne feindliche Einwirkung eine Eisenbahntrasse angelegt, die zur

Grenze der Republik Usbekistan führt. Die ständige Verbesserung und Ausweitung des Verkehrsnetzes Afghanistans ist im wesentlichen auf die Tätigkeit chinesischer Ingenieure und Arbeiterkolonnen zurückzuführen und nicht etwa auf die stets bedrängte Entfaltung von NATO-Truppen und ISAF.

Die Präsenz deutscher Truppen in Zentralasien geht allmählich dem Ende entgegen. Das Unternehmen war unter trügerischen Voraussetzungen und gezielter Irreführung mit dem utopischen Ziel des »nation building« und einer humanitären Hilfsaktion beschlossen worden. Bei meinem letzten Aufenthalt in Kundus, wo der zuständige Kommandeur dem Wunsch eines 87jährigen Journalisten, an der Patrouille zu einer vorgeschobenen Position im Süden teilzunehmen, mit höflicher Verwunderung stattgegeben hatte, stand ja ohnehin bereits fest, daß es für die Atlantische Allianz bis zum Jahr 2014 nur noch um zwei Probleme geht: Die internationalen Truppenkontingente sollen mit möglichst geringen Verlusten und unter Wahrung einer gewissen Würde diesen unseligen Kriegsschauplatz verlassen; andererseits möchte man verhindern, daß nach dem Abzug das Land in das blutige Chaos der Stammeskriege zurückfällt. Anfangs hatten sich die deutschen Offiziere ehrlich bemüht, weisungsgemäß die »Herzen und Gemüter« der Einheimischen zu gewinnen, »to win hearts and minds«, wie es im amerikanischen Militärjargon hieß, und ich hatte bei einem Vortrag vor den Generalen und Obristen des NATO-Kommandos in Münster wohl den einen oder anderen schockiert, als ich die Meinung vertrat, »the best way to win hearts and minds is to win the war – der beste Weg, Herzen und Gemüter zu gewinnen, besteht darin, den Krieg zu gewinnen«.

An Ort und Stelle stellte sich bald heraus, daß die Ausbildung und psychologische Vorbereitung des deutschen Kontingents für diesen exotischen Partisanenkrieg unzureichend, daß die Ausrüstung für das zentralasiatische Gelände inadäquat war. Das Konzept des »Bürgers in Uniform« war auf eine unerbittliche Guerilla nicht zugeschnitten. Bei jedem tödlichen Schußwechsel drohte ein Gerichtsverfahren, nur noch die Elite-Einheiten verließen die befestigten Camps. Die Masse der eingeflogenen Soldaten verharrte während der ganzen Dauer ihres Afghanistan-Aufenthalts in den stark abgesicherten Quartieren. Von einer flächendeckenden Kontrolle der zugeteilten Nord-Ost-Provinzen konnte nicht die Rede sein. Spätestens im Jahr 2003 hätte jeder verantwortliche Kommandeur erkennen und dem zuständigen Minister melden müssen, daß dieser Krieg nicht zu gewinnen war und mit einem mehr oder weniger verlustreichen »disengagement« enden würde.

Zur offiziellen Desinformation und zur unbegreiflichen Selbsttäuschung zählt auch die Vorstellung, daß nach der Räumung Afghanistans durch die westliche Allianz die in aller Eile aufgestellte einheimische Nationalarmee die notwendige staatliche Stabilität verbürgen würde. Daß die vererbte Feindseligkeit zwischen den verschiedenen Völkerschaften – es seien nur die Paschtunen und die Tadschiken erwähnt – neue Stammeskriege heraufbeschwören würde, will man heute noch nicht wahrhaben. Schon hat sich herausgestellt, daß auf die Nationalarmee kein Verlaß ist. Die jüngsten Verluste in den Reihen von ISAF sind allzuoft auf angebliche afghanische »Waffenbrüder« zurückzuführen, die sich als eingeschleuste Taleban erweisen. Angeblich sollen auch über das Jahr 2014 hinaus ausländische Instrukteure den Afghanen beibringen, wie man Krieg führt, als ob nicht jeder Paschtune von Kind auf gelernt hätte, mit der Kalaschnikow umzugehen und sich im felsigen Gelände perfekt zu tarnen.

Wer erinnert sich heute noch daran, daß die panislamische Organisation El Qaida aus jener »grünen Legion« hervorgegangen ist, die während der sowjetischen Okkupation von den vereinten Geheimdiensten der USA und Pakistans aufgestellt und von Saudi-Arabien finanziert wurde? Die Freiwilligen des Heiligen Krieges standen nach der Vertreibung der Sowjetarmee bei den überwiegend konservativen Diktatoren und Potentaten ihrer Heimatländer im Verdacht, potentielle Revolutionäre und religiöse Zeloten zu sein. Schon in den ersten Jahren ihres Kampfes gegen die gottlosen »Schurawi«, gegen die Sowjets, hatten sie den damals absurd klingenden Kampfruf »Markbar Amrika – Tod den Amerikanern!« angestimmt, wie ich es selbst im Verbund der streng religiösen »Hezb-e-Islami« in der Aufstandszone erlebt habe.

Nicht nur die Organisation, die man heute El Qaida nennt, geht auf die Unterstützung des antisowjetischen Abwehrkampfes durch US-Amerikaner und Saudis zurück. Auch die »Taleban«, die sogenannten Koranschüler, wurden später in den Flüchtlingslagern des pakistanischen Grenzgebietes rekrutiert, um dem blutigen Chaos, das nach der Niederlage der Roten Armee in fast allen Regionen Afghanistans aufkam, entgegenzuwirken. Wen störte es damals schon in Langley oder im Pentagon, daß sich – unter Mitwirkung des pakistanischen Geheimdienstes ISI – fanatische Horden junger islamischer Jihadisten zusammenschlossen, die der zügellosen Anarchie der sich befehdenden Mujahidin-Fraktionen überraschend schnell ein Ende setzten, aber die koranische Gesetzgebung, die Scharia, mit extremer Unduldsamkeit und Grausamkeit durchsetzten? Es entstand unter ihrem Oberbefehlshaber Mullah Omar tatsächlich eine bleierne, unerbittliche und reaktionäre Ordnung, wie sie dem saudischen Wahhabiten-Modell entsprach.

Die amerikanischen Spezialdienste waren – ungeachtet des religiösen Wahns, der von nun an das tägliche Leben der Afghanen bestimmte und erdrückte – vor allem darauf bedacht, für den Bau einer Pipeline des US-Konzerns UNOCAL einen abgesicherten Korridor zu schaffen, der unter Umgehung russischen und iranischen Territoriums die Reichtümer Zentralasiens an Erdöl und Erdgas über Herat und Shindand an die pakistanische Küste des Indischen Ozeans pumpen würde. Sie hatten nicht damit gerechnet, daß nunmehr ein gewisser Osama Bin Laden, der im Krieg gegen die Sowjetunion Freiwillige aus aller Welt mobilisiert und die finanziellen Mittel aus den arabischen Ölstaaten für diesen Heiligen Krieg aufgebracht hatte, mitsamt seiner salafistischen Gefolgschaft zur Konfrontation gegen den anderen, den westlichen Satan, den verruchten und imperialistischen Kapitalismus der USA, aufrufen würde. Mullah Omar, der sich bereits mit UNOCAL handelseinig geworden war, mußte den fanatischen Gotteskriegern aus dem gesamten Dar-ul-Islam, die ihm gegen die Sowjets zur Seite gestanden hatten, dem paschtunischen Ehrenkodex »Paschtunwali« gemäß Zuflucht und Schutz gewähren.

Das alles ist Vergangenheit. Osama Bin Laden ist nach zehnjähriger vergeblicher Verfolgung schließlich doch auf pakistanischem Boden durch ein Kommando amerikanischer »Seals« erschossen worden. Danach stellte sich heraus, daß dieser Sohn eines saudisch-jemenitischen Baulöwen und Milliardärs eine viel geringere Rolle in dem verzweigten Netz des radikalislamischen Terrorismus gespielt hatte, als die amerikanische Propaganda stets behauptet hatte. Zur Stunde deutet alles darauf hin, daß nach Beendigung der ISAF-Mission das Regime des Präsidenten Karzai in Kabul binnen kurzer Frist zusammenbrechen wird. Am Hindukusch dürfte dann ein rigoroser koranischer Gottesstaat entstehen und das Gemetzel der Stämme neuen Auftrieb finden.

Halbmond über der Wolga

Der geordnete Rückzug gilt als eines der heikelsten kriegerischen Unternehmen. Das Problem stellt sich bereits für die in Afghanistan verstreuten Truppen der NATO. Die Beziehungen zwischen Washington und Islamabad haben sich so dramatisch verschlechtert, daß sich der Transport von Menschen und Material über den Khyber-Paß in Richtung auf den Hafen Karachi in keiner Weise mit der relativ reibungslosen Räumung des Irak durch die US Army vergleichen läßt. In Peshawar oder Quetta lauern ganz andere Gefahren als im unterwürfigen Emirat Kuweit. Schon befürchten viele Experten, daß die drohende Anarchie Afghanistans auf die Islamische Republik Pakistan und deren 180 Millionen Einwohner übergreift, daß dieses künstlich zusammengefügte Nachfolgegebilde des britischen Empires, das zudem über ein beachtliches Arsenal von Nuklearwaffen verfügt, auseinanderbrechen könnte. Der zur Zeit amtierende Staatspräsident Zardari, der Witwer der über die Maßen bewunderten Benazir Bhutto, steht unter so gravierender Anklage übelster Korruption, daß er jederzeit gestürzt werden könnte.

Dann schlüge erneut die Stunde der Armee, die von Anfang an das Rückgrat des pakistanischen Staates gebildet hatte. Die Rückkehr zur Militärdiktatur würde von vielen als das geringere Übel betrachtet, zumal die Kontrolle der pakistanischen Atombombe von einer kleinen Gruppe hoher Offiziere im Umkreis des Generals Parvez Kaiany ausgeübt wird. Gemessen an den explosiven Kräften, die sich im pakistanischen Pundjab, in den Provinzen Sind und Balutschistan sowie in den nördlichen Stammesgebieten zusammenballen, erscheint die benachbarte Republik Iran, die sich krampfhaft um die Entwicklung einer atomaren Abschreckungswaffe bemüht, als historisch konsolidierter Staat und als relativ stabiles Gebilde.

Eine Rückkehr der Taleban oder einer ähnlichen, wie auch immer gearteten radikalsunnitischen Bewegung in die Machtpositionen Kabuls würde die schiitische Bevölkerung Irans enger als bisher um ihre geistliche Führung scharen. Die Todfeindschaft zwischen den beiden großen Glaubensrichtungen des Islam – wobei die Schiiten nur auf fünfzehn Prozent der gesamten »Umma« geschätzt werden – ist wieder unerbittlich aufgeflammt, seit Saddam Hussein seine Panzerdivisionen zum Sturz Khomeinis einsetzte, seit dem militärischen Erstarken der Hizbullah im Libanon und vor allem seit jener durch WikiLeaks enthüllten Aufforderung des saudischen Königs Abdullah an Präsident Obama, er solle doch endlich die Bomberstaffeln der US Air Force zur Vernichtung der persischen Nuklearanlagen ausschicken. Diese mörderische Rivalität zwischen Saudi-Arabien und der Islamischen Republik Iran überschattet das gesamte Geschehen im Mittleren Osten.

*

Für Moskau, das seit der Neubestätigung Putins als Autokrat aller Reußen zur aktiven Machtpolitik im Stil des »great game« zurückfindet, präsentiert sich die Niederlage der westlichen Allianz in den Gebirgen Afghanistans als Genugtuung und als Sorge zugleich. Es hat dem russischen Nationalstolz zweifellos wohlgetan zu beobachten, daß die Amerikaner am Hindukusch noch gründlicher gescheitert sind als seinerzeit die Sowjetarmee. Jetzt hat die Unberechenbarkeit der pakistanischen Transitrouten dazu geführt, daß das US-Kommando bei seiner umfangreichen Evakuierungsaktion auf das Staatsgebiet, auf den Luftraum und die Schienenstränge der GUS-Staaten und vor allem auch Rußlands angewiesen ist. Das gibt dem Kreml Mittel in die Hand, diplomatischen Druck auf Washington auszuüben.

Andererseits muß Putin jedoch befürchten, daß die ehemals sowjetischen Teilrepubliken Zentralasiens in den Sog einer religiösen Radikalisierung geraten. Die früheren Sekretäre der KPdSU hatten sich dort am Tag der Unabhängigkeit unverzüglich in orientalische Despoten verwandelt, die die Ausübung des Islam zwar förderten, aber unter die strikte Aufsicht ihrer Behörden stellten. In diesen Duodezstaaten gärt es bereits. Die kommunistischen Kader von einst stoßen vor allem im usbekischen Fergana-Tal, aber auch in Kirgistan und Tadschikistan auf den Widerstand entschlossener Jihadisten, die vom Entstehen eines islamischen Gottesstaates wahhabitischer oder salafistischer Prägung schwärmen. Darüber hinaus muß Moskau das Übergreifen dieser exaltierten Stimmung auf das eigentliche Gebiet der verbliebenen Russischen Föderation befürchten.

In meinen frühen Schuljahren schürten die Propagandisten Joseph Goebbels' die Furcht der Deutschen vor den erdrückenden Menschenmassen des »minderwertigen« slawischen Ostens. Heute herrscht Wladimir Putin immer noch über ein immenses Territorium zwischen Smolensk und Wladiwostok, das jedoch mit nur 140 Millionen Staatsbürgern vor allem jenseits des Ural extrem dünn besiedelt ist. Infolge der schwindenden Geburtenrate findet eine zusätzliche Schrumpfung statt. Die überwiegende Zahl der Russen bekennt sich zwar in einer überraschenden religiösen Rückbesinnung zur byzantinisch-orthodoxen Kirche, und Patriarch Kyrill I. hat sich als Garant dieser nationalen Wiedergeburt an die Seite des Staatschefs gestellt. Aber daneben hat sich die beachtliche Zahl von 20 bis 25 Millionen Muselmanen seit den Tatarenstürmen erhalten, und auch sie könnten graduell von einem konfessionellen Erwachen erfaßt werden. Da geht es nicht nur um die aufsässigen Kaukasusrepubliken, deren Unabhängigkeitswille, zumal in Tschetschenien, durch die brutale Militäraktion Putins unterdrückt werden konnte. Bemerkenswert ist dort die Person des selbstherrlichen Präsidenten Kadyrow, der in Grosny heute regiert und sich vom ehemaligen Widerstandskämpfer zum Vasallen des Kreml gewandelt zu haben scheint. Neuerdings beruft sich dieser Gewaltmensch, dieser »Haji Murad« unserer Tage, jedoch in seiner Autonomen Republik auf die Vorschriften der Scharia. Im benachbarten Dagestan finden täglich Anschläge gegen die Kollaborateure Moskaus statt. In Tatarstan an der Mittleren Wolga – also im Herzen des europäischen Rußland – bestand noch vor wenigen Jahren bei der slawisch vermischten muslimischen Einwohnerschaft keinerlei Anlaß, das Aufkommen einer islamistischen Bewegung zu befürchten. Doch seitdem wird in Kazan der noch von Iwan dem Schrecklichen erbaute Kreml durch die steilen Minaretts und die blaugewölbte Kuppel der Kul-Scharif-Moschee überragt. Im Jahr 2012 wurden religiös motivierte Mordanschläge auf Muftis und Imame gemeldet, die in den Augen der Extremisten zu eng mit den russischen Behörden zusammenarbeiteten. Noch ist nichts entschieden, aber auch in Ufa, der Hauptstadt der Autonomen Republik Baschkortostan, die das islamische Siedlungsgebiet bis zu den südlichen Ausläufern des Ural und in die unmittelbare Nähe des unabhängigen Staates Kasachstan verlängert, könnte eine ähnliche Entwicklung einsetzen. In der Moskauer Zentrale reagieren die Sicherheitsorgane zunehmend nervös auf diese bedrohlichen Signale.

Vor ein paar Jahren hatte ich unter dem Titel »Rußland im Zangengriff« über den dreifachen Druck berichtet, dem sich Moskau ausgesetzt sieht: der amerikanisch geführte Atlantikpakt, das Aufkommen einer religiösen »Nahda« innerhalb der islamischen »Umma« und die geballte Dynamik der chinesischen Volksrepublik. Die Vereinigten Staaten von Amerika ihrerseits, die mit Europa eng verbündet sind, werden von zwei gewichtigen Gegenkräften bedrängt. Washington hat das anti-imperialistische Aufbegehren des bislang amorphen islamischen Gürtels sowie vor allem das Heranwachsen des Reiches der Mitte zur gleichwertigen, morgen vielleicht überlegenen Weltmacht ins Visier genommen. Ein Minimum an Vernunft hätte den Diplomaten und Strategen der USA geboten, der Gemeinsamkeit der Interessen mit dem postsowjetischen Rußland gegenüber der muselmanischen und chinesischen Herausforderung Rechnung zu tragen und daraus die Konsequenz einer engen, vertrauensvollen Zusammenarbeit mit Moskau zu ziehen.

Statt dessen haben die verantwortlichen Politiker am Potomac auf die von Wladimir Putin angestrebte Wiederbelebung des expansiven russischen Patriotismus mit einer ganzen Serie von Schikanen und Einengungsmaßnahmen, ja mit der subversiven Tätigkeit ihrer »covert actions« reagiert, als ob im Kreml noch immer die kommunistische Weltrevolution gepredigt würde. Was nun die Westeuropäer betrifft, so muß es jedem objektiven Beobachter als bizarr erscheinen, wenn die Wortführer eines krisengeschüttelten kapitalistischen Systems gegen die Neuwahl Putins zum zarenähnlichen Alleinherrscher unter Berufung auf die universalen Werte der Menschenrechte und der Demokratie mit publizistischer Vehemenz und Polemik vorgehen. Von Rußland – wie es heute gestaltet und situiert ist – wird mit Sicherheit keine Gefahr mehr für die Europäische Union ausgehen. Wer sich unter den oppositionellen Politikern Moskaus umgesehen hat – ob es sich nun um den biederen Altkommunisten Siuganow, um den exzentrischen Ultranationalisten Schirinowski oder um den schwächlichen Liberalen Jawlinski handelt –, muß zu dem Schluß kommen, daß keiner dieser Männer befähigt wäre, die internen Widersprüche und zentrifugalen Kräfte zu bändigen, denen die russische Union weiterhin ausgesetzt bleibt.

Die Deutschen zumal, die allen Grund hätten, eine symbiotische Kooperation mit Rußland einzugehen, wie sich das unter der Kanzlerschaft Gerhard Schröders bereits abzeichnete, sind sich offenbar ihrer eigenen Interessen nicht bewußt, wenn sie sich über den Mangel an Meinungsfreiheit und Rechtssicherheit des Putin-Regimes entrüsten oder sich anschicken, an dem eindeutig gegen die russischen Interkontinentalraketen gerichteten Abfangsystem der USA mitzuwirken. Was bezweckt Berlin mit der permanenten Einmischung in die internen Angelegenheiten Weißrußlands oder der Ukraine? Bei der tugendhaften Empörung über die unzureichende medizinische Betreuung der Ukrainerin Julia Timoschenko, die die deutschen Politiker davon abhielt, sich zur Fußballeuropameisterschaft nach Kiew zu begeben, schwingt doch wohl immer noch die Enttäuschung nach, daß die umstrittene »Gas-Prinzessin« und Oligarchin Timoschenko durch den rußlandfreundlichen Kraftprotz Janukowitsch abgelöst wurde. Bis ins zentralasiatische Kirgistan hatten die amerikanischen Anstifter staatlicher Zerrüttung mit ihren als NGO-Mitarbeiter getarnten Agenten ausgeholt, um die prorussische Fraktion von Bischkek auszutricksen, mit dem Ergebnis allerdings, daß sich heute – zumal in Osch – die unversöhnlichen Clans und Ethnien einen blutigen Machtkampf liefern.

Der Kreml hat aus dieser westlichen Anmaßung den Schluß gezogen, daß Rußland sich auf keinen Fall eine Zweifrontenkonfrontation leisten dürfe. So wie Josef Stalin – ungeachtet der damaligen Achse Berlin–Tokio – im Zweiten Weltkrieg sich durch einen Nichtangriffspakt mit Japan den ostasiatischen Rücken freihielt, um seine sibirischen Divisionen in die Entscheidungsschlacht um Moskau zu werfen, haben Medwedew und Putin eine offizielle Freundschaftspolitik mit Peking eingeleitet, einen intensiven Handelsaustausch mit dem Reich der Mitte vereinbart und sogar im Pazifik wie am Südrand des Ural gemeinsame Manöver durchgeführt. Natürlich ist man sich im Kreml des chinesischen Übergewichts in Fernost bewußt und muß damit rechnen, daß im Lauf der kommenden Jahrzehnte die Dämme an den sibirischen Grenzflüssen brechen und eine unaufhaltsame Migration zahlloser Han-Chinesen in Richtung Westen einsetzen könnte.

Das Pekinger Politbüro hat sich bislang jeder chinesischen Siedlungsbewegung in den weitgehend entvölkerten Raum zwischen Pazifik und Baikalsee strikt widersetzt. Im Zhongnanhai weiß man, wie vorteilhaft eine enge Partnerschaft mit Rußland sich angesichts der amerikanischen Machtspiele und einer drohenden islamischen Unterwanderung für die eigene Absicherung auswirkt. Der beinahe freundschaftliche Umgang mit dem einst verpönten »Polarbären« erlaubt es der chinesischen Marine, im Südchinesischen Meer gegen alle Proteste aus Washington auf der zentralen Insel des Paracel-Archipels – obwohl die Fläche dieses Atolls sich mit den bescheidenen Ausmaßen des New Yorker Central Parks vergleichen läßt – Verwaltungsgebäude und vor allem eine vorgeschobene Militär- und Flottenbasis auszubauen.

Vergeblich hat die US-Diplomatie versucht, die russische Außenpolitik in ihre an eine Zwangsvorstellung grenzende Kampagne gegen die Islamische Republik Iran einzugliedern. Für Moskau stellt das Mullah-Regime von Teheran keine nennenswerte Gefahr dar. Seit die aserbaidschanische Republik von Baku, die überwiegend von Schiiten bevölkert ist, sich verselbständigt hat, leben nur noch sunnitische Muselmanen auf dem Boden der Russischen Union. Von dem schiitischen Regime des Iran, das sich der akuten Bedrohung durch die kuriose Assoziation von USA, Saudi-Arabien, Qatar und vor allem Israel ausgesetzt sieht, wird keine rußlandfeindliche Aktivität ausgehen. In Teheran hat man nicht vergessen, daß bis zur Eroberung Zentralasiens durch das Zarenreich gefangene Schiiten in den sunnitischen Emiraten Turkestans als Ketzer verfemt, als Sklaven verkauft oder sogar an die Holzpforten der Jurten genagelt wurden. Es besteht wirklich kein Grund für Wladimir Putin, an der Seite der USA und ihrer Trabanten gegen die Perser zu Felde zu ziehen.

Das Zögern der Ayatollahs

Es gehört zum Wesen der westlichen Medien, daß sie – meist mit unverzeihlicher Verspätung, dann aber mit maßlosem Engagement und betrüblicher Ignoranz – die großen Themen und Krisen der Gegenwart aufgreifen, aufbauschen, mit pamphletärem Eifer anprangern und – sobald ein neues sensationelles Thema auftaucht – aus dem Gesichtsfeld verlieren. Die »breaking news« lösen einander ab. Ich möchte speziell auf den Irak verweisen, der die Gemüter jahrzehntelang erhitzt hatte und heute weitgehend ignoriert wird. Einer geschickt gesteuerten Verschleierung ist es gelungen, den Schicksalskampf Mesopotamiens als eine relativ gelungene Operation der amerikanischen Streitkräfte darzustellen, nachdem sich der Abzug der US Army aus dem Zweistromland ohne nennenswerte Zwischenfälle vollzog. In Wirklichkeit haben die USA in Bagdad einen katastrophalen Rückschlag erlitten.

Was ist denn geblieben von der großspurigen Ankündigung George W. Bushs, er wolle nach dem Sturz Saddam Husseins in Bagdad einen »beacon of democracy«, einen »Leuchtturm der Demokratie« errichten, und daraus würde sich in einem positiven Dominoprozeß auch für die übrigen Staaten des Orients der unaufhaltsame Drang nach Freiheit und westlicher Gesittung durchsetzen? Mag sein, daß George W. Bush, der der ideologisch-religiösen Tendenz der »Evangelikalen« nahesteht, tatsächlich an ein solches Wunder geglaubt hat. Aber das Gegenteil ist eingetreten. Der erste amerikanische Prokonsul in Bagdad, Paul Bremer, verordnete nach Auflösung von Baath-Partei und irakischer Armee die Abhaltung freier Wahlen. Tatsächlich ist eine große Mehrheit der Iraker, vor allem die schiitischen Araber und die Kurden, bereitwillig zu den Urnen gegangen. Schon jubelten die westlichen Gazetten, daß in den streng schiitischen Südprovinzen – der »Partei Alis« gehören etwa siebzig Prozent der Gesamtbevölkerung des Irak an – auch die tief verschleierten Frauen ihre Stimme abgaben und daß von nennenswertem Wahlbetrug nicht die Rede war.

In Washington hatte man offenbar nicht wahrgenommen, daß bei diesem demokratischen Eifer der bislang durch die sunnitische Minderheit unterjochten und verachteten Gemeinde der Schiiten nicht etwa die Forderung des amerikanischen Statthalters den Ausschlag gegeben hatte, sondern die gebieterische »Fatwa« des höchsten schiitischen Geistlichen, des Groß-Ayatollah Ali es-Sistani. Dieser mystisch veranlagte Greis, der von seiner Theologieschule, seiner »Hauza«, von Nejef aus einen profunden Einfluß weit über die Grenzen des Irak hinaus ausübt, neigt der quietistischen, man möchte fast sagen, einer duckmäuserischen Geistesströmung seiner Konfession zu. Er lehnte den revolutionären Aktivismus eines Ayatollah Khomeini im benachbarten Iran stets ab und verließ sich darauf, daß – auch unter Verzicht auf den Aufruf zum »Jihad« gegen die ungläubigen Besatzer – auf dem Wege eines authentischen Volksentscheids die »Partei Alis«, die Schiiten, im künftigen Parlament von Bagdad über eine deutliche Mehrheit verfügen und einen der Ihren zum Staatsoberhaupt berufen würde.

Trotz diverser Versuche der Amerikaner, manipulierend in die politischen Abläufe einzugreifen, steuerte der neue Irak auf eine Staatsform zu, die zwar nicht dem schiitischen Gottesstaat entsprach, den im benachbarten Iran der Ayatollah Khomeini ins Leben gerufen hatte. Die schiitischen Volksvertreter Mesopotamiens sympathisierten dennoch aufs engste mit ihren Glaubensbrüdern von Teheran und Qom. Von dem iranischen Konzept des »Wilayat-el-Faqih« – der Statthalterschaft eines berufenen und untadeligen Rechtsgelehrten an der Spitze des Staates, der den Willen des »Verborgenen Imams« der schiitischen Mythologie deuten und ausführen solle – distanzierten sich also die Schiiten Mesopotamiens. Auf der anderen Seite haben sich die Sunniten des Irak, die in den Westprovinzen, in Anbar und Ninive konzentriert leben, dagegen aufgelehnt, ihre traditionelle konfessionelle Dominanz zu verlieren. Ihre Prediger haben zum Heiligen Krieg gegen die US-Besetzer aufgerufen, die Okkupationstruppen – vor allem in Faluja – hart bedrängt und ihnen schwere Verluste zugefügt.

In der Umgebung Präsident Obamas nahm man mit Ärger zur Kenntnis, daß die ungewollte Bevorzugung der Schiiten – auch wenn sich deren gewählter Präsident Nuri el-Maliki als geschickter Taktierer und Pragmatiker erwies – dem Einfluß der Islamischen Republik Iran Tür und Tor geöffnet hatte. Teheran schickte sich an, eine Koalition zu bilden mit dem von Schiiten beherrschten Irak, mit der arabischen Republik Syrien, in der die Sekte der Alawiten den Ton angibt, und vor allem mit der schiitischen Hizbullah des Libanon. Es zeichnete sich das Konstrukt einer iranisch dominierten geographischen Brücke ab, die von den Grenzen Afghanistans bis zum Mittelmeer reichen würde. Eine solche Perspektive stieß nicht nur in Israel auf vehemente Gegnerschaft, lebt man dort doch in der apokalyptischen Vorstellung einer persischen Atomaufrüstung, deren Zweck es sei, den Judenstaat auszulöschen.

Auch Washington hatte sich seit dem Sturz des Schah und der Geiselnahme der amerikanischen Botschaft von Teheran in eine geradezu hysterische Feindschaft gegen die iranische Theokratie gesteigert. Unmittelbar fühlte sich vor allem das sunnitische Herrscherhaus von Saudi-Arabien bedroht, dessen radikale wahhabitische Koran-Interpretation, deren »Salafismus«, wie man heute sagen würde, die Exzesse der afghanischen Taleban inspiriert und unbewußt auch der ominösen Terrororganisation El Qaida die religiöse Richtlinie vorgegeben hatte.

El Qaida stand zwar auch bei der saudischen Dynastie, deren zahllose Prinzen sich allzuoft den Sünden und Lastern des Westens hingaben, im Verdacht, gefährliche revolutionäre Umsturzpläne zu hegen. Aber zwischen den streng sunnitischen, der hanbalitischen Rechtsschule oder »Madhhab« anhängenden Institutionen, Stiftungen und »Awqaf« des Königreichs und den Attentätern, die Osama Bin Laden gefolgt waren, dürfte eine profunde Affinität bestanden haben. Die Salafiya-Bewegung, der wir selbst in Europa ausgesetzt sind und deren Haßprediger im gesamten Dar-ul-Islam eine mörderische Intoleranz gegenüber allen Ungläubigen und den gemäßigten Koran-Kommentatoren anheizen, wird heute zunehmend dem Kampfgeist der sektiererischen Beduinenstämme des Nedjd gleichgesetzt. Diese hatten schon im 18. Jahrhundert im Verbund mit den Stammesfürsten des Hauses El Saud die schiitischen Ketzer und Abtrünnigen als »Gottesfeinde« verfolgt und deren Heiligtümer von Nejef und Kerbela verwüstet.

Die Vereinigten Staaten von Amerika hatten – ungeachtet der krassen Intoleranz und der Subversionsbestrebungen der Wahhabiten zwischen Marokko und Indonesien – das saudische Königreich in den Rang eines Vorzugsverbündeten erhoben. Diese enge Verflechtung entstand bereits zu Zeiten

74

des imponierenden Gründers des »Mamlakat«, Abdel Aziz Ibn Saud, auf dessen Territorien die reichsten Erdölvorkommen der Welt erschlossen wurden. Die Bindung Washingtons an die sunnitische Vormacht der arabischen Halbinsel hat sich zum militärischen Bündnis entwickelt, das der Realpolitik Rechnung tragen und extrem gewinnbringend sein mag, aber mit abgrundtiefer Heuchelei belastet ist. »Sleeping with the devil – mit dem Teufel schlafen« hat der ehemalige CIA-Agent Robert Baer diese Assoziation genannt, die den Regierenden von Er Riad die Vorherrschaft am Persischen Golf und die Abwehr jeglichen iranischen Einflusses in dieser Region zusichern soll.

Als General David Petraeus, der heutige Chef der CIA, zum Oberbefehlshaber der amerikanischen Streitkräfte im Irak ernannt wurde, war man sich im Pentagon längst bewußt, daß die Machtergreifung der Schiiten im Irak die Schwächung Saudi-Arabiens und eine Präponderanz der Mullahkratie von Teheran zur Folge hätte. Von nun an unterstützte Petraeus die sunnitische Minderheit des Irak, einigte sich mit den Schuyukh der großen Stämme und den ehemaligen Kadern der Armee Saddam Husseins, die fast alle Sunniten waren, auf die Einstellung der gegenseitigen Feindseligkeiten und auf einen politischen Frontwechsel. Im Zeichen der sogenannten »Sahwa« kam es zur Aufstellung sunnitischer Kampfverbände als Gegengewicht zu den schiitischen Milizen der Badr-Brigaden und der »Armee des Mehdi«. Die Sunniten und sogar die Killer von El Qaida richteten ihre mörderischen Überfälle und Bombenanschläge nur noch in Ausnahmefällen gegen amerikanische Soldaten. Ihr vornehmliches Ziel waren bewaffnete oder unbewaffnete Schiiten, zumal jene zahllosen Pilgergruppen, die aus Iran an die Gräber der heiligen Imame Ali und Hussein wallfahrten.

Dieser schleichende Konfessionskrieg war zum Zeitpunkt

der Räumung der letzten amerikanischen Truppen vorübergehend abgeklungen, aber die individuellen Gewaltakte hatten nie aufgehört und steigerten sich unlängst wieder zu Massenexekutionen.

Im März 2012 war ich auf Einladung der hohen schiitischen Geistlichkeit nach Nejef, Kerbela, Kufa und Bagdad gereist. Die mir wohlgesonnenen Ayatollahs ließen mich und eine kleine Begleitergruppe durch eine ganze Riege von Leibwächtern schützen. Unsere Fahrten im Herzland Mesopotamiens waren durch Panzerfahrzeuge abgeschirmt. Ein Schiite, so erfuhr ich, der in die zutiefst sunnitische Provinz Anbar reist und aufgrund seiner südirakischen Mundart als Angehöriger der »Partei Alis« erkannt wird, käme wohl mit dem Leben nicht davon. Überrascht war ich von der Passivität der höchsten Würdenträger und Theologen der Hauza von Nejef, die sich immer noch weigern, mit einer zwingenden Fatwa ihre fromme Gefolgschaft zum Schlag gegen die sunnitischen Jihadisten, die aus Saudi-Arabien finanziert und bewaffnet werden, aufzurufen.

Dieser Quietismus der hochbetagten obersten Kleriker wird von den armen Leuten in Sadr-City und von der ungeduldigen Masse kampfbereiter schiitischer Jugendlicher allmählich in Frage gestellt, zumal der dynamische junge Prediger Muqtada el-Sadr über eine starke Fraktion im Parlament verfügt und insgeheim eine zum Märtyrertod entschlossene Truppe, die »Jeish-el-Mehdi«, befehligt. Nicht immer haben sich ja die Schiiten von ihren Unterdrückern peinigen und strangulieren lassen. Im Jahr 1920 waren es die Krieger der »Partei Alis«, die zum großen Aufstand gegen die britische Mandatsmacht antraten. Im Jahr 1991, als der US-Präsident George Bush senior die Schiiten zur Rebellion gegen Saddam Hussein aufrief, hatten sie sich bereits weiter Teile des Zweistromlandes bemächtigt, bevor das US-Kommando dem Diktator von Bagdad freie

Hand ließ, ihm erlaubte, seine Kampfhubschrauber und seine intakte Republikanergarde einzusetzen. Die kaum bewaffneten schiitischen Milizen waren mit abscheulichem Zynismus ihren Henkern ausgeliefert worden.

Ein Qadi aus Tunis

Es gibt wohl neben Bagdad keinen Ort in der arabischen Welt, wo die Menschen mit vergleichbar bitterem Spott auf jene pathetische und mißratene Bewegung blicken, die man im Westen als »Arabischen Frühling« gefeiert hat. Der Irak, so sagen die Leute am Tigris, hat seinen »Arabischen Frühling« schon im Jahr 2003 hinter sich gebracht, als die Amerikaner und zahllose europäische Narren meinten, die US Army hätte durch den Sturz des Diktators Saddam Hussein den Weg freigeschossen für Menschenrechte und Demokratie. Der symbolische Höhepunkt dieser angeblichen Volkserhebung war die Zertrümmerung der gigantischen Statuen des Tyrannen, dessen abgetrenntes Haupt von einer johlenden Menge mit Füßen getreten und – deutlicher ging es nicht – mit den »stars and stripes« der US-Flagge bedeckt wurde.

Was sich sieben Jahre später in Tunis ereignete, war von einer ganz anderen Qualität. Sicher waren es nicht ausländische Kräfte, die die Flucht des verhaßten Präsidenten Zine el-Abidine Ben Ali erzwangen, sondern eine spontane Volkserhebung, mit der weder die Spitzeldienste des tunesischen Zwangsregimes noch die angeblich allwissenden Spionagedienste des Westens – seien es nun Amerikaner, Franzosen oder Israeli – gerechnet hatten. Das totale Versagen von CIA, DGSE und Mossad auf den diversen Schauplätzen der »Arabellion«, wie die kuriose Wortbildung lautet, stellt der elektronischen Perfektion dieser Abhör- und Überwachungsexperten ein erbärmliches Zeugnis aus.

Da hatte sich also ein unbedarfter Gemüsehändler in dem abgelegenen, unansehnlichen Städtchen Sidi Bouzid selbst in Brand gesteckt und durch diese Selbstaufopferung das ganze Land mit einem Schlag in Entrüstung und Tumult versetzt. Dabei war Mohammed Bouazizi, so hieß der Märtyrer, ein Unbekannter. Noch heute wird darüber gerätselt, ob er an den erdrückenden Lebensbedingungen und den Schikanen der Polizei verzweifelt oder einem Liebeskummer erlegen war. Als muslimischer Akt der Revolte kann dieser Vorgang schwerlich bezeichnet werden, denn der Koran verbietet den Selbstmord, es sei denn, er geschehe, um Feinde des Islam in den eigenen Tod mitzureißen.

Der weitere Ablauf der Ereignisse ist bekannt. Im Westen war den wenigsten aufgefallen, daß der Ruf nach Freiheit im wesentlichen auf die Hauptstadt und dort auf die tunesischen »Champs Élysées«, auf die Avenue Bourguiba, begrenzt blieb. Wenn der Staatsstreich so erstaunlich schnell gelang und den Präsidenten Ben Ali mitsamt seines korrupten Familienclans zur Flucht zwang, so lag das vor allem an dem Überdruß, den die Selbstherrlichkeit des Despoten auch bei den tunesischen Offizieren auslöste und sie mit den Revolutionären sympathisieren ließ. Wo fand Ben Ali Zuflucht und Asyl? Im Königreich Saudi-Arabien. Diese Solidarität der konservativen, reaktionärsten Regime gibt Aufschluß über die seltsamen Koalitionen, in die sich der Westen eingelassen und die er gutgeheißen hatte.

Zur Zeit meines letzten Aufenthalts in Tunis war der Wahlkampf voll im Gange. Etwa hundert Parteien hatten ihre Kandidaten aufgestellt. Die begeisterten Jugendlichen, die – auf elektronische Kommunikationsmittel zurückgreifend – ein

paar Wochen lang geglaubt hatten, sie hätten ihr nordafrikani-
sches Küstenland, das wie kein anderes durch die Akkulturation
an Europa, besser gesagt an Frankreich, den Vorstellungen von
Liberalität und Modernismus am nächsten kam, in einen freiheitlichen Staat verwandelt, wurden schnell eines Besseren be-
lehrt. Schon im Oktober 2011 mußten sie sich der Erkenntnis
beugen, daß die islamische »Nahda«-Bewegung bei den einfachen Leuten, bei den ärmlichen Massen der Fellachen und Arbeiter, die absolute Mehrheit der Stimmen errang. Noch sind
die Hoffnungen auf eine Wende zur »Demokratie« nicht erloschen, aber die Übergriffe fanatischer, salafistischer Gruppen
mehren sich. Da werden Geschäfte, die Alkohol verkaufen,
durch koranische Eiferer zertrümmert. Für die emanzipier-
ten Studentinnen der angesehenen Manuba-Universität ist es
nicht ratsam, ohne Kopftuch zu den Vorlesungen zu kommen,
wenn sie nicht angepöbelt, ja angespieen werden wollen.

Die Absicht einer resoluten Minderheit, zu den puritanischen
Gesetzen der Scharia zurückzufinden, wird durch das häufige
Auftauchen der schwarzen Fahnen der Salafisten verdeutlicht.
Der ausländische Touristenstrom an die Strände von Hamma-
met und Djerba, der bis zum Regimewechsel für die Ausglei-
chung des Staatshaushalts unentbehrlich war, dürfte dieser
früheren Idylle fernbleiben, falls dort demnächst das Tragen
von Bikinis verboten würde. Dem Gemüsehändler Bouazizi
wurde sogar ein Denkmal errichtet, aber in seiner Heimatstadt
Sidi Bouzid ist es erneut zu Krawallen gekommen. Vorübergehend wurde sogar der Ausnahmezustand verhängt.

Wir sollten diesem nördlichsten Zipfel Afrikas, der in die
unmittelbare Nachbarschaft Siziliens hineinreicht und auf
arabisch »Ifriqiya« heißt, keine übertriebene Bedeutung
beimessen. Die spärlichen Ruinen von Karthago, die unweit
der Hauptstadt unter den roten Blüten der Oleanderbüsche
verschwinden, laden zu melancholischer Besinnlichkeit ein

und keineswegs zu Träumen einer historischen Revanche. Für die Betrachtung, die ich hier anstelle, über die Vergänglichkeit der Imperien und die dem Abendland unbegreifliche politische Kultur des Islam drängt sich die Gestalt eines großen maghrebinischen Gelehrten des 14. Jahrhunderts auf, des Korangelehrten, Chronisten und Juristen Abdurrahman Ibn Khaldun. Seine für die damalige Epoche völlig ungewöhnliche objektive Analyse der orientalischen Gesellschaftsstrukturen hat ihm den Ruf eines »Vaters der Soziologie« eingebracht.

Zu Lebzeiten Ibn Khalduns fanden gewaltige Umschichtungen statt. Die katholische Reconquista Spaniens hatte seine Familie aus Sevilla nach Tunis vertrieben. Im »Maschreq«, im orientalischen Teil des Dar-ul-Islam, war als neue »Geißel Gottes« der turanische »Amir-el-kabir« Tamerlan aufgetaucht. Dieser dem Stamm der Chagatai angehörige Eroberer sollte die Vernichtungswut Dschingis Khans oder Hülagüs noch übertreffen. In den Städten, die sich seiner Eroberung widersetzten, ließ er die Bevölkerung ausrotten und aus ihren Schädeln Pyramiden oder – wie im Falle des total verwüsteten Kalifensitzes Bagdad – ganze Moscheen zusammenfügen. In Anatolien hatte er den osmanischen Sultan Bayazid besiegt und in einer endlosen Verfolgungsjagd den Großkhan der Goldenen Horde an der Wolga zur Strecke gebracht. Damit trug er ungewollt zur Wiedergeburt des christlich-orthodoxen Rußland bei.

Von Damaskus aus holte er zur Eroberung Ägyptens aus, aber dort stieß er auf die gepanzerte Schlachtordnung der Mamelucken, jener ehemaligen Kriegssklaven, die die Herrschaft über das Niltal an sich gerissen hatten und bis zu ihrer Niederlage durch die Armee Napoleon Bonapartes in der Schlacht an den Pyramiden beibehalten sollten. Die Greueltaten Tamerlans oder Timur Lenks, Timur des Lahmen, zwischen Pamir-

Gebirge und Mittelmeer erscheinen um so unverzeihlicher, als dieser Schlächter sich selbst als frommen Muslim betrachtete und im heutigen Usbekistan, wo er als Nationalheld gefeiert wird, die herrlichsten Moscheen und die unvergleichliche Pracht des Registan-Palastes von Samarkand errichten ließ. An den öden, sandigen Ufern des Syr Daria habe ich die Stätte aufgesucht, wo er seine Horden zum Überfall auf China sammelte, aber bei einem allzu üppigen Festmahl dahingerafft wurde.

Es gehört zu den Torheiten der Europäer, die eigenen Kreuzzüge ins Heilige Land als einen Abgrund von Grausamkeit und Zerstörungswut zu schildern. Gemessen an den Verbrechen Tamerlans nehmen sich die blutigen Exzesse, deren sich die christlichen Befreier des Heiligen Grabes schuldig machten, relativ bescheiden aus. Sie blieben zudem auf einen engen geographischen Raum in der Levante beschränkt. Es war der Mamelucken-Sultan Baibars, der die letzten Festungen der fränkischen Eindringlinge eroberte und dem himmelstürmenden Abenteuer des Abendlandes ein Ende setzte.

Ibn Khaldun verfaßte den umfangreichen »Diskurs über die Universalgeschichte« während seiner diversen Lebensabschnitte als Qadi oder Lehrer am Hof der marokkanischen Meriniden, in der algerischen Oase Biskra am Rande der Sahara, in der El-Azhar-Universität von Kairo und im belagerten Damaskus. Seinen profunden und voluminösen Ausarbeitungen gab er seltsamerweise den Titel »El Muqaddima«. Sie wurden später mit dem französischen Wort »Prologomènes« übersetzt, und im Deutschen finde ich beim besten Willen für den Titel keine andere Übersetzung als »Vorwort«, »Einleitung« oder »Einführung«. Man möge es nicht als Anmaßung betrachten, wenn ich für den ersten Teil dieses Buches auf den Ausdruck »El Muqaddima« zurückgegriffen habe. Aber es lohnt sich, im Werk Ibn Khalduns zu blättern, der sich vor

600 Jahren an eine wissenschaftliche Arbeit heranwagte, die im arabischen Raum bis auf den heutigen Tag nicht ihresgleichen gefunden hat. So wie ich am Anfang dieses Buches zur Deutung der überstürzten Entwicklung unserer Tage immer wieder angelsächsische Zeitzeugen zu Wort kommen ließ, zitiere ich beim Versuch, der politischen Psychologie unserer islamischen Nachbarschaft gerecht zu werden, einige Passagen Ibn Khalduns, die die Einheitlichkeit und die verwirrende Widersprüchlichkeit dieses Kulturkreises erhellen.

In weiten Teilen der islamischen »Umma« ist heute die Hoffnung auf die Wiedererrichtung einer höchsten geistlichen und weltlichen Autorität lebendig geworden. »In Abwesenheit eines Propheten«, so dozierte Ibn Khaldun, als sich die »Zeit der Düsternis« über die Völker des Orients senkte, »bedarf eine religiöse Gemeinschaft einer Person, die Autorität über sie ausübt und in der Lage ist, die Menschen zu zwingen, in Befolgung der offenbarten Gesetze zu leben. Dieser Auserwählte nimmt gewissermaßen die Stellung eines Statthalters, eines Kalifen des Propheten Mohammed ein, da er über den Respekt der Verpflichtungen wacht, die der Prophet uns auferlegte ... Dabei kann es keine Trennung geben zwischen der geistlichen und der weltlichen Macht. Der Herrscher soll diesen Bereichen zur gleichen Zeit seine Kräfte widmen.«

Ähnlich könnte sich in unseren Tagen ein wahhabitischer Prediger äußern, aber man muß die »El Muqaddima« Ibn Khalduns im Rahmen seiner Epoche bewerten. Vermutlich hat er sich von dem andalusischen Philosophen Ibn Ruschd, bei uns unter dem Namen Averroes bekannt, inspirieren lassen, dessen freizügige theologische Interpretation eine Art islamischer Inquisition auf den Plan rief, sowie von jenem zentralasiatischen Wissenschaftler Ibn Sina, der bei uns Avicena heißt. Avicena hatte bereits im 9. Jahrhundert eine medizinische Heilkunst entwickelt, die erst sehr viel später vom Abendland übernommen wurde. Beide – Avicena und Averroes – bezeichneten sich als geistige Jünger des Aristoteles und entkamen nur knapp der Verfolgung durch die streng koranischen »Ulama«. Ibn Khaldun äußerte sich deshalb sehr vorsichtig zu den Lehren dieses griechischen Vorläufers, der ihm zufolge die These vertrat, daß der Mensch auch ohne religiöse Gesetzgebung durch sein angeborenes Gewissen in der Lage sei, das Gute vom Bösen zu unterscheiden.

»Der Gründer dieser philosophischen Schule«, so schreibt Ibn Khaldun, »war Aristoteles, der aus dem byzantinischen Territorium Makedonien stammte. Er war ein Schüler Platos und Lehrmeister Alexander des Großen. Selbst im Bagdad der Abbassiden verehrte man Aristoteles vorübergehend als ›Obersten Lehrmeister‹ – ›muallim-el-awal‹, denn er beherrschte die bis dahin vernachlässigte Kunst der Logik. Als erster hatte Aristoteles ein System entworfen, das alle Probleme umfaßt und sie gründlich überprüft.«

Es besteht kaum ein Zweifel darüber, daß die Lehren der hellenischen Philosophen und vorrangig die Aristotelische Bewertung der menschlichen Vernunft auf dem Umweg über das islamisierte Spanien zu den Dominikanern des »Ordo praedicatorum« im südlichen Frankreich gelangt sind. Dieser kulturelle Transfer hat entscheidend zur theologischen Erneuerung der abendländischen Christenheit beigetragen, der der heilige Thomas von Aquin, »doctor angelicus« genannt, in seinem epochalen Werk der »Summa theologica« unter Berufung auf Aristoteles zum Durchbruch verhalf.

Nachträglich wundert man sich darüber, wie eine biologische These dieses tunesischen Qadis, die geradezu darwinistisch klingt, durch die sunnitischen Koranlehrer geduldet werden konnte. »Die Affen«, so schreibt er, »verfügen über eine Schläue und über Wahrnehmungen, die denen des

Menschen, des einzigen mit der Fähigkeit zum Denken und zur Überlegung begabten Lebewesens, nicht unähnlich sind. Diese Möglichkeit der Evolution auf jedem Niveau der Schöpfung stellt einen Vorgang dar, den wir als ›continuum‹ der Schöpfung bezeichnen.«

*

Die Revolte auf der Avenue Bourguiba von Tunis hätte sich als Randereignis, als »fait divers« erwiesen, wenn der Funke der Auflehnung nicht auf den Tahrir-Platz, den Platz der Befreiung in Kairo, übergesprungen wäre. Um eine solche Ausweitung zu erklären, könnte man auf einen historischen Präzedenzfall zurückgreifen. Im 12. Jahrhundert hatte sich des gesamten Maghreb ein Zustand religiöser Gärung bemächtigt. Das Schisma zwischen Sunniten und Schiiten hatte sich vor allem bei den Berbern des Atlas zur mystischen Exaltation gesteigert. Es bildete sich eine mächtige Stammeskoalition, die den Anspruch Ali Ibn Abi Talibs, des Schwiegersohns und Vetters Mohammeds, der einzig berufene Nachfolger des Propheten zu sein, anerkannte. Im Unterschied zu den sogenannten »Zwölfer-Schiiten« des heutigen Iran ließen sie nur sieben unmittelbare Erben des Religionsstifters gelten. Unter Berufung auf Fatima, die Tochter des Propheten, bezeichnete sich die neue Dynastie als Fatimiden. Aus ihrem geistlichen Zentrum im tunesischen Kairouan schwärmten sie in Richtung auf das Niltal aus, wo das schiitische Kalifat der Fatimiden die Stadt Kairo gründete und den Grundstein legte zur berühmtesten theologischen Universität des Islam, der »El Azhar«.

Nach zwei Jahrhunderten blutiger Wirren, die sich bis zum Persischen Golf, bis zur »Arabia felix« von Jemen ausdehnten und sogar zur Schändung des Meteoritensteins der heiligen Kaaba führten, brach das Kalifat von Kairo jäh in sich zusam-

men. Der sunnitische Ayyubiden-Sultan Saladin, der Eroberer von Jerusalem, holte zum vernichtenden Schlag gegen
diesen ismaelitischen Glaubenszweig des Islam aus. Es wäre
verwegen, diese fernen religiösen Kalifatskämpfe in unmittelbaren Zusammenhang mit den Wirren zu bringen, die das
heutige Ägypten erschüttern. Aber die westlichen Beobachter,
die mit voreiligem Jubel in Tunesien die Verdrängung des
Diktators Ben Ali als Bekehrung zur westlichen Demokratie
feierten, sahen in der Ausweitung der »Arabellion« auf die
Menschenmassen des Niltals mehr als eine Verwerfung der
Militärdiktatur des Präsidenten Mubarak durch die jugendlichen Massen Kairos und Alexandrias. Sie glaubten, Zeugen
und Akteure einer historischen Abkehr der wichtigsten arabischen Nation vom erstarrten Obskurantismus der Vergangenheit zu sein und ihre Hinwendung zur säkularen Erleuchtung
der Aufklärung zu erleben.

Was bisher unmöglich schien, hatte sich auf dem Tahrir-
Platz ereignet. Ein Zwangsregime, das sich auf ein allmächti-
ges Sicherheitssystem und eine machtbesessene Armee stützte,
hatte offenbar dem unbewaffneten Aufruhr freiheitlicher Idealisten weichen müssen. Deren erfolgreiche Verschwörung war
durch die Errungenschaften modernster Elektronik – durch
Facebook, Twitter und Internet – ermöglicht worden. Von
nun an, so glaubten die Utopisten der Computegesellschaft,
würde man sämtliche Tyrannen und Despoten mit Hilfe dieser konspirativen Kontaktnahme anonymer Regimegegner
und der elektronisch mobilisierten »Thouwar« aus den Angeln stemmen können.

Ich will hier nur ein paar Aspekte dieser neuen Form des
Ringens um die Macht erwähnen und auch relativieren. Der
größte Irrtum bestand in der Überschätzung dieser umstürz-
lerischen Zufallsgemeinschaft, die weder über ein Programm,
eine klare Ideologie noch eine charismatische Führungsper-

sönlichkeit verfügte. Die wackeren Blogger von Kairo und Tunis gehörten eben doch einer intellektuellen Minderheit, dem gehobenen Mittelstand oder einer relativ privilegierten Klasse von Jugendlichen an. Der revolutionäre Aufbruch blieb im wesentlichen auf die beiden Metropolen Kairo und Alexandria beschränkt. Er hatte sich nicht in den Provinzstädten und unzähligen Fellachendörfern des Niltals manifestiert. Für Orientkenner wirkte es wie ein Wunder, daß die gewaltige Ansammlung von Demonstranten nicht den Kampfruf des Islam »Allahu akbar!« anstimmte und sich in den ersten Wochen hütete, amerikanische und israelische Fahnen zu verbrennen. Nein, dieses Mal ging es offenbar – den säkularen Parolen zufolge – um »Hurriya«, um Freiheit und um Demokratie sowie um die Entmachtung des Präsidenten Mubarak, der seit vierzig Jahren wie ein Pharao regierte.

Die jungen Leute, die sich den Schußwaffen und den Schlagstöcken der Polizei aussetzten, hatten damit gerechnet, daß die ägyptische Armee mit ihnen sympathisieren würde, zumal die jüngeren Generale die physische Erschlaffung Mubaraks wahrgenommen hatten und sich der Absicht des Diktators, seinen Sohn Gamal als Nachfolger zu berufen, vehement entgegenstellten. Ließ die Heeresführung den Tumult von Tahrir nur scheinbar wohlwollend gewähren, um den längst fälligen Personenwechsel an der Spitze des Staates ohne eigene Kompromittierung vornehmen zu können? Wie sehr manche Korrespondenten vor Ort mit Blindheit geschlagen waren, erwies sich an der grotesk anmutenden »Fantasia« unbewaffneter Kamelreiter. In Wirklichkeit handelte es sich bei diesem pittoresken Auftritt um die Empörung jener harmlosen Touristen-Guides im Umkreis der Pyramiden, die durch die zunehmende Unsicherheit ihre Kunden, die ausländischen Besucher, und damit ihre Verdienstquelle eingebüßt hatten. Diese einfachen Männer wußten mit dem Ruf »Hurriya« wenig anzufangen und wurden vermutlich durch finanzielle Zuschüsse der »Mukhabarat« zu ihrer Kavallerieattacke ermutigt.

Die Parlamentswahlen, die ohne allzu grobe Verfälschung abgehalten wurden, beraubten die Eiferer von Tahrir ihrer voreiligen Illusionen. Wie zu erwarten war, erhielten die islamistischen Gruppierungen, die Muslimbrüder, die sich bisher behutsam zurückgehalten hatten, sowie die aus Saudi-Arabien subventionierten Salafisten der Bewegung »Nur« die absolute Mehrheit der Parlamentssitze. Die liberalen und säkularen Splitterparteien waren zur Bedeutungslosigkeit verdammt. Welche geheimen Absprachen zwischen den beiden wirklich repräsentativen Kräften des Landes, den »Ikhwan« oder Muslimbrüdern auf der einen, dem militärischen Oberkommando auf der anderen Seite, getroffen wurden, wird später einmal enthüllt werden. An die Stelle des inhaftierten Präsidenten Mubarak war im militärischen Übergangsrat sein früherer Verteidigungsminister und Generalstabschef General Tantawi getreten.

Die Sicherheitsorgane, die von der Bevölkerung für die Grausamkeit und die Willkür des gestürzten Regimes verantwortlich gemacht wurden, hatten – wohl auf höhere Weisung – ihre Uniformen abgelegt und ihre Aktivität eingestellt. Dazu gesellte sich jedoch – neben den rapide ansteigenden Preisen für die Grundnahrungsmittel – die Entfesselung einer ganz gewöhnlichen Kriminalität, der sich die Bevölkerung nunmehr schutzlos ausgeliefert sah. Not und Unsicherheit, so vermerkten die einfachen Kairoten, hatten sich als Folge des kühnen Freiheitsrausches von Tahrir eingestellt. Auf dem riesigen Platz vor dem Ägyptischen Museum tauchten zwielichtige Elemente auf. Für die jungen Feministinnen, die von der Revolution eine längst fällige Emanzipation erhofft hatten, war es von nun an nicht mehr ratsam, sich unter die Menge zu begeben, wenn sie nicht groben sexuellen Belästigungen ausgesetzt sein wollten.

Da war es kein Wunder, daß bei den Wahlen eines neuen Staatspräsidenten, dessen Kompetenzen in Absenz einer gültigen Verfassung in keiner Weise definiert waren, der relativ unbekannte Funktionär der Muslimbrüder Mohammed el-Mursi nur mit einem kleinen Vorsprung einen General überrundete, der unter Mubarak als letzter Premierminister amtiert hatte. Die hohen Militärs waren nicht gewillt, ihre exorbitanten Privilegien und Machtbefugnisse preiszugeben. Sie kassierten weiterhin die gewaltigen Summen, die ihnen aus Washington zuflossen, um sie zur Respektierung des von Sadat geschlossenen Friedensvertrags mit Israel anzuhalten. Der neue Staatchef Mohammed el-Mursi, ein freundlicher, bärtiger Mann mit beachtlicher Leibesfülle, der dem rheinland-pfälzischen Ministerpräsidenten Beck ein wenig ähnelt, erwies sich plötzlich als weit listiger und selbstbewußter, als Freund und Feind ihm zugetraut hatten. Nachdem er wohl eine geheime Absprache mit ehrgeizigen Offizieren getroffen hatte, die es leid waren, von den ermatteten Veteranen des Jom-Kippur-Krieges aus dem Jahr 1973 kommandiert zu werden, setzte er völlig überraschend Marschall Tantawi und die ihm ergebene Clique alter Männer ab und berief den relativ jungen General Abdelfatah el-Sissi zum Verteidigungsminister. Plötzlich ging in Kairo wieder der Geist des Oberst Gamal Abdel Nasser und jener »freien Offiziere« um, die 1952 die Monarchie abgeschafft und die Republik ausgerufen hatten.

Wenige Monate vor den Überraschungen des »Arabischen Frühlings« hatte ich mich in Kairo und an der Grenze zum palästinensischen Gazastreifen aufgehalten. Nur zwei junge Dozenten der Hauptstadt hatten damals die explosive Unruhe erwähnt, die unter ihren Studenten rumorte. Die westlichen Experten des Niltals hingegen, selbst wenn sie Jahrzehnte in Kairo verbracht hatten und perfekt Arabisch sprachen, wiesen jeden Gedanken an einen bevorstehenden Umsturz kategorisch von sich. Erstaunlich war auch die Tatsache, daß die omnipräsenten ägyptischen Geheimdienste sowie die Spionageagenturen aus aller Welt die zur Lawine angeschwollene Kommunikation des Facebook-Komplotts nicht wahrgenommen hatten, obwohl sie die Aktivisten dieses elektronischen Spiels sehr schnell hätten identifizieren können. Es ist ein Paradoxon unserer Zeit, daß die Nachrichtendienste mit ihren technischen Mitteln der totalen Überwachung jedes Gespräch belauschen, jede Personenbewegung fixieren können, aber in entscheidenden Fragen mit Blindheit geschlagen sind.

Ich erinnere mich persönlich daran, wie sämtliche Intelligence-Dienste – seien sie amerikanisch, sowjetisch oder israelisch – den unaufhaltsamen Sieg der Khomeini-Revolution des Iran nicht wahrhaben wollten. Es bleibt mir heute noch ein Rätsel, wie der hochqualifizierte Mossad am Vorabend des Jom-Kippur-Krieges die Massierungen der ägyptischen Angriffsdivisionen in der völlig ungeschützten Wüste westlich des Suezkanals und der Bar-Lew-Linie ignorieren konnte, wie er auch den Funkverkehr und die intensiven Kommunikationen offenbar nicht wahrnahm, die zwischen den Generalstäben von Kairo und Damaskus die perfekt getimte Koordination der Aggression beider arabischen Armeen ermöglichte. Immer wieder sündigen die westlichen »spooks« durch Unterschätzung ihrer Gegner und die unzureichende Entwicklung ihrer »human intelligence«. Ähnliches – wenn auch in bescheidenem Ausmaß – ließe sich von der als »Überflugverbot« getarnten Militärintervention der NATO gegen Oberst Qadhafi von Libyen sagen, dessen Widerstandskraft sträflich unterbewertet wurde.

Die Ruinen von Timbuktu

Im Frühjahr 2011 wurden aus Libyen die ersten Anzeichen einer Aufstandsbewegung gegen die Zwangsherrschaft Muammar el-Qadhafis gemeldet. Als im östlichen Landesteil, in der Cyrenaika, ein paar Rotten eilig aufgestellter Milizen die Polizei des Diktators in der dortigen Provinzhauptstadt Bengasi überwältigten, kam es im Weltsicherheitsrat zu dem Mehrheitsbeschluß, ein Flugverbot zu verhängen, um der Luftwaffe der »Jamahiriya« jedes Eingreifen in die Unruhen zu verwehren. Die Resolution war so restriktiv abgefaßt, daß Rußland und China sich der Stimme enthielten, getreu ihrem offiziellen Grundsatz der Nichteinmischung in ausländische Querelen, den diese beiden Mächte recht selektiv zu handhaben pflegen. Größte Verblüffung und Entrüstung löste die Entscheidung Deutschlands aus, das sich als einziges Land Europas und der Atlantischen Allianz beim Votum in New York, statt sich auf die Seite der westlichen Allianz zu schlagen, der Abstinenz Moskaus und Pekings anschloß.

Es handelte sich dabei vermutlich um die größte Torheit, die die Berliner Diplomatie sich in den vergangenen Jahren geleistet hat, war doch das Flugverbot mit keinerlei Verpflichtung für die Zustimmenden verbunden, auch nur einen einzigen Soldaten, geschweige denn ein eigenes Kampfflugzeug in den sich abzeichnenden Wüstenfeldzug einzubringen. In Washington dürfte die deutsche Stimmenthaltung Zweifel an der Verläßlichkeit Berlins hinterlassen haben. Die Kampfkraft der Qadhafi-Armee und der hochgerüsteten Söldnertruppe, die er unter den schwarzen Sahelvölkern seiner südlichen Nachbarschaft, vor allem bei den kriegerischen Tuareg rekrutiert hatte, erwies sich als wesentlich schlagkräftiger, als man bei der NATO vermutet hatte. Schon sah es aus, als könne es dem Diktator binnen zwei Wochen gelingen, auch ohne Einsatz der eigenen Luftwaffe die aufrührerische Cyrenaika und die Hochburg der Revolte in der Hafenstadt Misrata mit seinen Panzerkolonnen zu zermalmen. In vierzig Jahren Alleinherrschaft hatte er das Volk auf die abstrusen Thesen seines »grünen Buches« eingeschworen, es aber auch als authentischer Beduinensohn verstanden, die zahlreichen Stämme Libyens gegeneinander auszuspielen und zu neutralisieren. Der Westen sah die Chance schwinden, diesen paranoiden Anstifter des internationalen Terrors, den vermutlichen Anstifter der Flugzeugkatastrophe von Lockerbie und der Bombenexplosion in der Berliner Diskothek »La Belle«, seinem verdienten Schicksal zuzuführen. Die Wut der Regierungen in London, Paris und Washington auf diesen mörderischen Exzentriker war um so größer, als sie sich noch 2003 nach Zahlung eines »Blutgeldes« in Milliardenhöhe schamlos mit ihm versöhnt und – im Hinblick auf den Petroleumreichtum Libyens – zu einem entwürdigenden Kotau bereit gefunden hatten.

Es waren dieses Mal nicht die Amerikaner, sondern die Briten und vor allem die Franzosen, die auf eine unverblümte militärische Intervention auf seiten der Rebellen drängten. Immerhin hatte die US Air Force die stark bestückte Luftabwehr Qadhafis ausgeschaltet, so daß keine französische oder britische Maschine bei ihrem extrem präzisen Bombardement oder Strafing abgeschossen wurde. Den Auftakt gab Nicolas Sarkozy, der plötzlich eine napoleonische Ader in sich entdeckte, ständig über Landkarten und Zielangaben gebeugt war und – das entbehrt nicht der Komik – sich von dem Salonlöwen und Modephilosophen Bernard-Henri Lévy beraten und anspornen ließ. Die Panzerkolonnen des immer noch soliden Regimes von Tripolis näherten sich den Vororten von Bengasi, wo unter aktiver Mitwirkung amerikanischer Experten eine oppositionelle Übergangsregierung gebildet worden war. Daß ihr prominente Mitarbeiter und Minister Qadhafis angehörten, irritierte die libyschen Islamisten, zumal die der kriegerischen Bruderschaft der Senussi, die noch 1995 zum Partisanenkampf aufriefen und – soweit sie überlebt hatten – viele Jahre in den Kerkern des »Obersten Führers« geschmachtet hatten. Mit der Rückeroberung Bengasis durch Qadhafi wäre der »Arabische Frühling« Libyens endgültig und unerbittlich ausgelöscht worden.

Im Verlauf einer überstürzt einberufenen Sitzung in Paris und noch bevor die Beratungen abgeschlossen waren, erteilte Sarkozy, der inzwischen den französischen Flugzeugträger Charles de Gaulle in Richtung auf die tripolitanische Küste in Bewegung gesetzt hatte, den Befehl zum unverzüglichen Eingreifen der französischen Luftwaffe. Hunderte von gepanzerten Fahrzeugen der Qadhafi-Armee wurden bei dieser exakt ausgeführten Operation zertrümmert. Aber das genügte nicht, um die Lage zugunsten der Revolution zu wenden. Die sogenannten Freiheitskämpfer verfügten zwar über eine Vielzahl von Infanteriewaffen, aber im Gegensatz zu den in permanenten Stammeskriegen erprobten Afghanen erwiesen sie sich als ziemlich untaugliche, undisziplinierte Kämpfer. Es blieb kein Geheimnis, daß hochprofessionelle »Commandos« des britischen Special Air Service, der französischen Forces Spéciales und auch Agenten der amerikanischen CIA an der heiß umkämpften Küstenstraße Libyens, die die Lebensader dieses Landes ist, auftauchten, um den Aufständischen den Umgang mit Waffen beizubringen und notfalls auch unmittelbar in die Gefechte einzugreifen.

So wurde der Hafen Misrata, dessen Einwohner sich mit großer Bravour der Eroberung durch die Qadhafi-Armee erwehrten, die aber nur überleben konnten, weil ihre in ein Trümmerfeld verwandelte Stadt über See von den Alliierten versorgt wurde, zum eigentlichen Schwerpunkt der Kämpfe. In Bengasi wurde bereits das Ringen um die politische Nachfolge des Tyrannen ausgetragen. Der Vormarsch der Befreiungsarmee zog sich in die Länge, kam vielerorts nicht vom Fleck. In Paris und in London begann man mit Sorge auf das libysche Engagement zu blicken. Die Charles de Gaulle mußte nach wenigen Wochen zur technischen Überholung nach Toulon zurückbeordert werden. Den Bomberstaffeln der beiden vorgepreschten Entente-Mächte gingen die Bomben und die Munition aus. Schon erinnerten einige Pessimisten an das britisch-französische Vorgehen gegen Gamal Abdel Nasser im Jahr 1956, als die geplante Unterwerfung Ägyptens nach dem ersten Fallschirmeinsatz von Port Said abgebrochen werden mußte, weil Moskau und sogar Washington sich dieser Eigenmächtigkeit widersetzten. In Libyen offenbarte sich, daß Briten und Franzosen zwar über eine vorzüglich ausgebildete Air Force verfügten, daß das begrenzte Rüstungsbudget der beiden Verbündeten jedoch bei jeder nachhaltigen Militäraktion aufs schwerste belastet und überstrapaziert würde. Das gleiche dürfte für sämtliche europäischen Staaten gelten, die sich unter den Fittichen der übermächtigen USA zusammengeschlossen haben.

Am Ende – dank amerikanischer Belieferung – brach der Widerstand der Qadhafi-Getreuen zusammen, die vor allem in der Hafenstadt Sirte, im Kerngebiet des Qadhafa-Stammes, ein bemerkenswertes Ausharrungsvermögen bewiesen hatten. Der Diktator, der dorthin zu seinen Getreuen geflüchtet war, wurde bei einem Ausbruchversuch nach Süden durch französische Jäger unter Beschuß genommen. Qadhafi selbst, der in einer Kanalröhre Deckung gesucht hatte, wurde von entfesselten Freischärlern nach grauenhaften Torturen getötet und sein Leichnam der verschreckten Öffentlichkeit zur Besichtigung ausgestellt. Ganz offensichtlich war es der Atlantischen

Allianz von Anfang an nicht nur – wie vor der UNO behauptet – um den Schutz der bedrohten Zivilbevölkerung der Cyrenaika gegangen, sondern um einen radikalen Regimewechsel in Tripolis.

Aus Rücksicht auf die Weltöffentlichkeit hatten sich Russen und Chinesen bei der Abstimmung im Weltsicherheitsrat der Stimme enthalten. Von einer militärischen Operation großen Stils und von einer politischen Neugestaltung Libyens war ja nicht die Rede gewesen. Moskau und Peking fühlten sich »über den Tisch gezogen«. Noch einmal würden sie sich nicht übertölpeln lassen, wie sich ein paar Monate später am Beispiel Syriens herausstellte. Die Auswirkungen der libyschen Wirren werden erst mit größerem Abstand zu erkennen sein. Zwar wird in den westlichen Medien aufgrund einer überstürzten Parlamentswahl, bei der die Formation des ehemaligen Justizministers Qadhafis und späteren Chefs der Übergangsregierung eine höchst dubiose Mehrheit davontrug, schon wieder von einem Sieg der Demokratie schwadroniert. Die Wirklichkeit sieht anders aus.

Allzuviel dürfte sich nicht verändert haben an den chaotischen Zuständen, die im Umkreis von Leptis Magna vorherrschten, als ich im Oktober 2011 mit dem Auto die Fahrt von der zertrümmerten Märtyrerstadt Misrata über Tripolis zur tunesischen Grenze antrat. Etwa zwanzig Mal wurden wir von bewaffneten Partisanen angehalten. Es waren wilde Gestalten, die mit ihren Kalaschnikows wie Wegelagerer wirkten, uns aber dank einer einflußreichen Begleitperson mit wachsamer Freundlichkeit begegneten. Wie viele dieser »Kataeb« oder Kampfgruppen es insgesamt gibt, hat niemand festgestellt. Niemals wußten wir, welchem Stamm und welcher »Katiba« sie angehörten. Da gibt es eine geringe Anzahl von großen Föderationen und eine Hundertschaft von Clans, deren enger Zusammenhalt von Ibn Khaldun bereits als »Asabiya« bezeichnet wurde, als eine gebieterische familiäre Verflechtung und angeborener Sippengeist.

An den Straßensperren lösten sich die unterschiedlichsten Schattierungen ab von den Anhängern diverser Sufi- oder Derwischorden – in Nordafrika »Zawiya« genannt – bis zu den bärtigen Salafisten, die dem Extremismus von El Qaida nahestehen. Sogar von Berbermilizen wurden wir aufgehalten, die alte Rechnungen mit der erzwungenen Arabisierung Qadhafis zu begleichen hatten und aus dem Djebl Nafusa zur Küste vorgedrungen waren. Zu erkennen waren die Berber an ihren seltsamen runenähnlichen Schriftzeichen. Was nun die endgültige Gestaltung der brodelnden »Jamahiriya« betrifft, so bilden die Vorschriften der Scharia wohl die einzige gemeinsame Richtlinie. Jenseits der Luxushotels von Tripolis werden alte Fehden ausgetragen. An mißliebigen Kollaborateuren und vor allem an den schwarzen Söldnern Qadhafis wird eine Lynchjustiz ausgeübt, die der Grausamkeit ihrer Vorgänger in nichts nachsteht.

Im Süden Libyens dehnt sich die Unendlichkeit der Wüste und eine weite Zone der Unsicherheit. Wer in der Provinz Fezzan den Ton angibt, die außerhalb des Verwaltungssitzes Sebha kaum bevölkert ist, bleibt umstritten. In diesen Weiten behaupten zahlreiche Anhänger des alten Regimes ihre Stellungen, und das Kriegervolk der Toubou, das schon die französische Kolonialtruppe im benachbarten Tschad in ständige Alarmbereitschaft versetzte, sorgt für Unruhe. Die Jihadisten, die von dem gestürzten Diktator unerbittlich verfolgt wurden und teilweise ihre kriegerische Erfahrung bei den afghanischen Mujahidin gesammelt hatten, werden schwerlich bereit sein, die Macht über diesen chaotischen Staat irgendwelchen Schöngeistern oder Bürokraten zu überlassen, die nie die Waffe geführt haben. Der imponierende Partisanenführer Abdel Hakim Bel Haj, der am Hindukusch gegen die Sowjets und

95

die Amerikaner gekämpft hatte, der in Guantánamo gefoltert und nach seiner offiziellen Freilassung von der CIA an Qadhafi ausgeliefert wurde, läßt sich schlecht einordnen in das versöhnliche Nebeneinander, das manchen westlichen Illusionisten offenbar vorschwebt.

*

Der »Arabische Frühling« hat auch in Libyen Folgen nach sich gezogen, die erschaudern lassen. Es ist erstaunlich, daß sich die Erkenntnis über die fatale Unberechenbarkeit einer jeden militärischen Aktion, wie sie Clausewitz darstellt, in den Schriften des mittelalterlichen Maghrebiners Ibn Khaldun und seinen »Muqaddima« wiederfindet. »Im Kriege ist man sich des Sieges nie gewiß«, so argumentiert er, »selbst wenn man über die Überlegenheit der Waffen und der Zahl verfügt. Denn der Sieg ist die Frucht der Fortüne und des Zufalls. Es gibt zahlreiche Faktoren, die zur Überlegenheit verhelfen. Die einen sind materiell: Truppenstärke, Qualität der Bewaffnung, Tapferkeit der Männer, Schlachtordnung, angepaßte Taktik und so weiter. Andere maßgebliche Faktoren sind unauffälliger: die Kriegslist, die irreführenden Gerüchte, die den Feind demoralisieren, die Benutzung geeigneter Ausgangspositionen, die unerwartete Überfälle erlauben, die Nutzung des Terrains, der Schluchten und der Felsen, wenn eine der Kriegsparteien plötzlich auftaucht und den Gegner, der sich unterlegen fühlt, dazu veranlaßt, sein Heil in der Flucht zu suchen.«

Das alles trifft auf die heutige Situation im Fezzan zu. Darüber hinaus hat jedoch eine beunruhigende Ausweitung der Feindseligkeiten, des Heiligen Krieges, stattgefunden, seit die gesamte Sahelzone, der breite Steppengürtel südlich der Sahara, der sich von Somalia im Osten zum Senegal im Westen erstreckt, von der islamischen Revolution erfaßt wurde. Die schwarzen Söldner Qadhafis sind über die Grenze Libyens nach Süden ausgeschwärmt und haben ihre moderne Ausrüstung mit sich genommen. Die Republik Niger, die einst dem »Empire Colonial français« angehörte, stürzte in Anarchie. Die meisten Sorgen bereitet den westlichen Strategen jedoch der Zerfall der Republik Mali, in deren Nordhälfte die verschleierten Kamelreiter der Tuareg zunächst einen eigenen Staat »Azawad« gründen wollten. Sie wurden jedoch durch das Aufgebot einer extrem islamistischen Organisation besiegt, die sich den Namen »Ansar-ed-Din«, Gefährten der Religion, zulegte. Diese Fanatiker riefen an den Ufern der Niger-Schleife zwischen Gao und Timbuktu einen koranischen Gottesstaat ins Leben.

In Timbuktu, diesem ehrwürdigen, wenn auch versandeten Juwel islamischer Frömmigkeit und Wissenschaft, haben die »Ansar-ed-Din« die Gräber heiliger Sufi-Mystiker, der Marabu, die ein Kennzeichen des maghrebinisch-afrikanischen Islam sind, zerstört. Sie verwüsteten auch jene wertvollen Bibliotheken und Schriftsammlungen, die einst die Pilger angezogen hatten. Die barbarischen Bilderstürmer von heute haben sich vielleicht am Beispiel der afghanischen Taleban orientiert, die die riesigen Buddhastatuen von Bamiyan, diese grandiose Verschmelzung hellenistischer Kunst mit asiatischer Frömmigkeit, durch Sprengung vernichteten. Die Ausweitung der religiösen Raserei zieht bereits weite Kreise. Wenn die Republik Tschad, deren Ethnien mit den Stämmen der benachbarten Sudanregion Darfur eng verwandt sind, noch überlebt, so verdankt sie das im wesentlichen der Präsenz von französischen Interventionseinheiten. Der gespaltene ehemals anglo-ägyptische Sudan wird ein hoffnungsloser Herd der Unruhe und der religiösen Spannungen bleiben. Der künstliche Staat Burkina Faso steht auf schwachen Füßen.

Vor allem aber ist der Koloß Nigeria mit seinen 200 Millionen Einwohnern von einer Welle der Gewalt und des Terrors erfaßt worden. Die nördliche Hälfte dieser Föderation mit ihren muslimischen Emiraten und Sultanaten hat aus eigener Verfügung die koranische Gesetzgebung eingeführt. Die Behörden in Abuja sehen sich dem grausamen Zugriff einer extremistischen Sekte, »Boko Haram« genannt, ausgesetzt, die sich die Ausmerzung eines jeden westlichen Einflusses zum Ziel gesetzt hat.

Unmittelbar berührt von dem sich abzeichnenden Tohuwabohu in der ganzen Sahelzone fühlt sich die Republik Algerien, deren südliche Ausläufer bis in die Krisenzone hineinreichen. Die dortigen Jihadisten operieren am Rande der Sahara und in Mauretanien. Diese relativ kleinen Gruppen, die sich den ominösen Namen »El Qaida des islamischen Maghreb« zugelegt haben, erregten bisher durch Geiselnahmen Aufsehen, aber ihre Attentate dehnen sich nach Norden aus bis in die Umgebung von Algier, Oran und Constantine. Die hohen Militärs, die Algerien seit seiner staatlichen Unabhängigkeit unter ihre Gewalt zwingen, sind sich der Gefahr bewußt und planen bereits militärische Maßnahmen gegen die »Ansar-ed-Din« von Mali, wobei sie in aller Diskretion eine Abstimmung mit französischen Spezialeinheiten getroffen haben sollen.

Im Gespräch mit flüchtigen Bekannten findet man eine Erklärung für das geringe Echo, das die Revolten von Tunis, Kairo und Tripolis in Algerien gefunden haben. Alle sprechen noch von dem Schrecken, der ihnen in den Gliedern sitzt, seit in den neunziger Jahren der Bürgerkrieg zwischen der regulären Armee und den Mujahidin der sogenannten »Forces islamiques armées« zu grauenvollen Gemetzeln und der Ermordung von schätzungsweise 200 000 Menschen führte. Auch in Algerien hatte alles mit einem demokratischen Auftakt begonnen, als die Generalskamarilla in Verkennung der wahren Stimmung in der breiten Bevölkerung freie Parlamentswahlen und die Entfaltung der »Islamischen Heilsfront« zuließ. Diese »Front Islamique du Salut« hatte ohne jede Gewaltanwendung und dank einer großzügigen Sozialfürsorge breite Popularität gewonnen. Nach Auszählen der Stimmen hätte die FIS über eine solide Mehrheit im Parlament verfügt, wenn die machtgewohnten hohen Militärs sich dem Volksentscheid nicht entgegengestellt hätten.

Die Armee holte zu einem brutalen Putsch aus und verhaftete die angesehensten Führungsgestalten der Heilsfront. Aus dem Widerstand gegen die militärische Willkür erwuchs der erbitterte bewaffnete Widerstand der GIA, der erst nach achtjährigem Bürgerkrieg weitgehend neutralisiert war. Die Erinnerung an das Grauen dieser Jahre bleibt lebendig, und am Ende schien sich sogar die versöhnliche Haltung des Staatspräsidenten Bouteflika, eines Veteranen des Befreiungskampfes gegen Frankreich, auszuzahlen. Beim letzten Urnengang wurde eine fragwürdige Mehrheit regimeergebener Abgeordneter in die Kammer berufen. Doch diese Beruhigung ist trügerisch, wird immer wieder durch gezielte Anschläge in Frage gestellt. Bei den Jugendlichen, die zur Hälfte ohne Arbeit sind, brodelt es. Niemand in Algier hat vergessen, daß die sonst so tugendhaften, auf Demokratie bedachten Regierungen der »freien Welt« den Massenmord im Atlas ignoriert und die Verhinderung einer islamischen Staatsgründung jenseits des Mittelmeers durch die Militärs mit Erleichterung zur Kenntnis genommen hatten.

Zum Tee bei der »Giraffe«

Wer den Zustand Syriens beschreiben will, setzt sich einem großen Wagnis aus. Zu viele Imponderabilien verdüstern die grausame Realität. In der Hauptstadt des früheren Omayyaden-Kalifats stimmte bereits Ibn Khaldun, der dort mit dem fürchterlichen Tamerlan zusammentraf, ein Klagelied an: »Welches Unheil wird über Damaskus hereinbrechen. Seine herrliche Moschee ist der Vernichtung geweiht. Das Ende der Frömmigkeit wird begleitet sein von Mord. Überall fließt Blut, jammern die Gefangenen, stöhnen die Gelehrten, und die Menschen werden verbrannt. Die Erde hat sich schwarz gefärbt. Niemand kümmert sich darum, den wahren Glauben zu verteidigen. Dabei sollten alle bereitstehen zum Schutz Syriens. Ihr Araber aus Ägypten und dem Irak, erhebt euch voll Entschlossenheit und eilt herbei, um die Ungläubigen zu töten!«

Kaum ein anderer Staat des Orients war solchen internen Gegensätzen ausgesetzt wie das Land am Orontes. Das französische Mandat hatte hier nach dem Zusammenbruch des Osmanischen Reiches eine Folge von Fehlentscheidungen getroffen. Da die sunnitische Mehrheit von etwa siebzig Prozent der Syrer sich mit der Bevormundung durch eine europäische, eine christliche Macht nicht abfinden konnte, versuchten die Administratoren aus Paris das uralte Prinzip des »divide ut imperes« anzuwenden. Nach der Abtrennung des multikonfessionellen Libanon verblieben noch zehn Prozent Christen zwischen Damaskus und Aleppo. Sie genossen eine besondere Bevorzugung, und die Rückkehr der »Franken« wurde von ihnen als Befreiung vom türkischen Joch empfunden. Die Drusen – eine kriegerische Gemeinschaft, deren Geheimreligion sogar die Seelenwanderung in ihre synkretistischen Mythen aufgenommen hat – leisteten hingegen hartnäckigen Widerstand, der durch die Fremdenlegion gebrochen wurde. Blieb die Gemeinde der Alawiten – etwa zwölf Prozent der Gesamtbevölkerung –, die man fälschlich als Schiiten bezeichnet, obwohl zahlreiche schamanistische Bräuche in ihren streng geheimen Kultübungen überlebt haben und der Imam Ali innerhalb einer mysteriösen Dreifaltigkeit gottähnliche Verehrung genießt.

Die osmanischen Sultane und Kalife, vor allem Selim I., der Grausame, haben diese Alawiten – Nachkommen der Kreuzfahrer, oder Erben der Haschischin des »Alten vom Berge«, wie manche behaupten – auszurotten versucht. So zogen sich diese eigenwilligen Sektierer und Außenseiter in die schwer zugänglichen Küstengebirge zwischen Lattaquié und Tartus zurück. Die französische Mandatsverwaltung glaubte, bei ihnen verläßliche Verbündete zu finden. Die in äußerster Armut und Unwissenheit lebenden Alawiten versuchte man in einem autonomen Sonderstaat zusammenzufassen. Hier fanden sich auch Freiwillige für die »forces supplétives«, eine einheimische Truppe, die von französischen Offizieren kommandiert wurde. Die neugegründeten Schulen der Alawiten richteten sich auf das säkulare Modell des französischen Erziehungswesens aus, während die Sunniten mehrheitlich an ihren koranischen Medressen festhielten. Blieb noch im äußersten Nordosten eine kurdische Splittergruppe, die heute auf zwei Millionen angewachsen ist. Selbst die sunnitische Mehrheit wurde von internen Gegensätzen geprägt. Da standen die Derwische der Sufi-Orden oder Turuq den strengen Gläubigen koranischer Orthodoxie gegenüber.

Mein erster Aufenthalt in Damaskus fand im Sommer 1951 statt, und da wurde die 1945 aus dem französischen Mandat entlassene Republik schon durch interne Wirren gebeutelt. 1951 hatte sich ein gebürtiger Kurde, der Oberst Schischakli, an die Spitze des Staates geschossen. Er beauftragte eine kleine Gruppe ehemaliger deutscher Wehrmachtsoffiziere, auf den Golanhöhen Befestigungen gegen den vor drei Jahren gegründeten Staat Israel auszubauen. Syrien ist seitdem nicht zur Ruhe gekommen. Die Politiker von Damaskus wandten sich schließlich einer säkularen, panarabischen Formation zu, der »Hizb el Bath el arabi«, der Partei der arabischen Wiedergeburt, deren Ideologie seltsamerweise von einem christlichen, griechisch-orthodoxen Lehrer, Michel Aflaq, entworfen worden war. Vorübergehend versuchten die verfeindeten Politiker von Damaskus sogar durch eine Vereinigung mit der ägyptischen Vormacht Gamal Abdel Nassers ein gewisses Maß an Stabilität zu gewinnen. Diese Union fand sehr bald ein unrühmliches Ende. Der Unterschied war eben zu groß zwischen den dunkelhäutigen Fellachen des Niltals und den europäisch anmutenden Intellektuellen von Damaskus und Aleppo.

*

Meine letzte Reise nach Damaskus fand im Dezember 2011 unter merkwürdigen Umständen statt. Ich erhielt eine Mitteilung der syrischen Botschaft in Berlin, Präsident Bashar el-Assad wolle mich zu einem Gespräch einladen. Wie ich zu dieser Bevorzugung gelangte, ist mir weiterhin unerklärlich. In den langen Jahren meiner Orientberichterstattung hatte ich in keiner Weise um die Gunst des Assad-Regimes geworben. Zum Zeitpunkt des vernichtenden Schlags gegen den Aufruhr der sunnitischen Hochburg Hama im Jahr 1982, bei dem 20 000 Menschen niedergemetzelt wurden, hatte ich zwei Tage nach dem Blutbad ganz zufällig die verwüstete Stadt passiert und war von den »Rosa Panthern« Rifaat el-Assads, des Bruders des damaligen Staatschefs Hafez el-Assad, als »ajnabi«, als Ausländer, ohne Umstände durch die Straßensperren gewunken worden. In meinen Berichten hatte ich diesen Horror in keiner Weise beschönigt.

Zwischen der feudalen sunnitischen Oberschicht von Hama und den seit Jahrhunderten geknechteten und verachteten Alawiten des nahen Gebirges von Ansarieh war die tief eingefleischte Feindseligkeit in offenen Kampf umgeschlagen. Auch die Omnipräsenz der Sicherheitsdienste, die der säkularen und sozialistisch ausgerichteten Baath-Partei nahestanden, die grauenhaften Foltermethoden, denen zahlreiche Oppositionelle ausgeliefert waren, sowie die Exekution sämtlicher Häftlinge eines Sondergefängnisses bei Palmyra hatte ich erwähnt. Daß damals schon die bewaffneten Zivilisten der alawitischen »Schabiha« besonders gefürchtet waren, hatte ich nicht verschwiegen.

Der Zufall hatte es gefügt, daß ich nach einer Reportage über den »Schwarzen September« des Jahres 1970 in Amman, als König Hussein die Machtergreifung seiner aus Palästina zugewanderten Bevölkerungsmehrheit durch die ihm ergebenen Beduinen mit überlegener Waffengewalt verhindert hatte, die Reise nach Damaskus antrat. An der syrisch-jordanischen Grenze geriet ich zwischen die Linien der beiden Armeen, die sich anschickten, einen regelrechten Krieg auszutragen. In Damaskus hatte das führende Triumvirat der Baath-Partei – zwei Ärzte und ein General –, das sich durch eine hemmungslose Demagogie und Brutalität auszeichnete, der bedrängten Fedayin-Truppe Yassir Arafats zu Hilfe eilen wollen. Als ich nach Passieren der brennenden Grenzstation Deraa mit meinem Mietwagen in Damaskus eintraf und im Restaurant Vendôme mit einem deutschen Botschaftsrat dinierte, erfuhr ich, daß soeben ein Militärputsch stattgefunden hatte. Einem gewissen General Hafez el-Assad, dem Oberbefehlshaber der syrischen Luftwaffe, war es zu verdanken, daß das kriegslüsterne Triumvirat inhaftiert und den Jordaniern wie auch den Israeli signalisiert wurde, daß ein syrisches Vorrücken in Richtung Amman nicht stattfinden werde. Hafez el-Assad war sich bewußt, daß schon am ersten Tag dieses überstürzten Feldzuges sämtliche Flugzeuge seiner Luftwaffe durch die Israeli vernichtet und daß die USA nicht tatenlos zusehen würden.

Die Straßen von Damaskus hatten sich geleert. Es herrschte in jener Nacht, in der Hafez el-Assad die Macht an sich riß und seine langjährige Diktatur einleitete, eine erdrückende Atmosphäre der Ungewißheit, aber auch der Erleichterung darüber, daß dieser neue starke Mann Syrien vor einem verhängnisvollen Abenteuer bewahrt hatte. Daß Hafez el-Assad der verschworenen Gemeinschaft der Alawiten angehörte, daß er von nun an die Schlüsselstellungen in Staat und Armee mit seinen Glaubensbrüdern besetzen würde, sollte erst später zum Ärgernis werden und die im Untergrund operierenden sunnitischen Muslimbrüder zum konfessionell motivierten Widerstand veranlassen. Mit dem Massaker von Hama erreichte diese Konfrontation ihren grausigen Höhepunkt, aber danach herrschte eine Friedhofsstille unter dem wachsamen Auge der allgegenwärtigen »Mukhabarat«, der berüchtigten Sicherheitsdienste, auf deren Effizienz übrigens auch die anderen arabischen Staaten ihre Stabilität und ihr Überleben gründen.

Wenn ich über diese ferne Vergangenheit berichte, so weil ohne ihre Berücksichtigung die heutige Situation nur fehlgedeutet werden kann. Was mein Gespräch mit Präsident Bashar el-Assad betrifft, das am 30. Dezember 2011 um acht Uhr morgens stattfand, so will ich mich an die vereinbarte Diskretion halten. Es war ja kein Interview, und sensationelle Neuigkeiten hatte der hochgeschossene Staatschef, den man im Volksmund »die Giraffe« nennt, auch nicht mitzuteilen. Bei dieser morgendlichen Teestunde wurden weder mein Gepäck, das sich in der geparkten Limousine befand, noch meine

Person irgendeiner Leibesvisitation unterzogen. Vor dem Pavillon, der sich im Park des Palastes befindet, kam mir Assad schon auf den Stufen entgegen. Leibwächter habe ich nicht gesichtet, obwohl ich davon ausging, daß stets ein paar schußbereite Mündungen auf mich gerichtet waren. Der Eindruck, den mein Gesprächspartner hinterließ, kann nur subjektiv sein. Einen Massenmörder glaubte ich in dem noch jugendlich wirkenden Zivilisten nicht entdecken zu können. Bashar hätte wohl lieber den Beruf eines Augenarztes ausgeübt, statt auf Weisung seines Vaters nach dem Unfalltod des soldatisch und sportlich veranlagten älteren Bruders Basil das schwere Erbe des Diktators anzutreten.

Aber auch für Bashar el-Assad gelten die von Ibn Khaldun geschilderten Bindungen der familiären und ethnischen »Asabiya«. Er muß nicht nur den weitverzweigten Familienclan schützen, sondern es geht um die nackte Existenz der Glaubensgruppe der Alawiten. Diese Häretiker, die bei vielen Sunniten verhaßt sind, auch wenn die Assads durch einen Erlaß des gefügigen Großmuftis von Damaskus zu rechtgläubigen Muslimen deklariert wurden, wissen, welches Schicksal sie im Falle eines Sieges ihrer fanatisierten und auf Rache drängenden sunnitischen Gegner zu erwarten hätten. Sie verlören nicht nur ihre Privilegien und ihre Ämter, sie wären vermutlich einem gnadenlosen Massaker ausgeliefert. Dem Präsidenten muß zudem das Schicksal des Libyers Qadhafi vor Augen schweben, der zweifellos eine tödliche Kugel verdient hatte, der aber vorher von seinen entfesselten Henkern sadistisch gepfählt worden war.

Als Alternative böte sich allenfalls ein Prozeß vor dem Internationalen Gerichtshof von Den Haag und die Verurteilung zu einer Gefängnisstrafe auf Lebenszeit. Im Falle einer Ermordung Bashars wäre übrigens die syrische Tragödie auf keine Weise bereinigt. Sein jüngerer Bruder Maher, dessen

Brutalität als Armeekommandeur berüchtigt ist, stände bereit, um in die Bresche zu springen und sich dem Untergang der Alawiten mit dem Mut der Verzweiflung zu widersetzen.

Syrien ist zu einem internationalen Streitfall mit unabsehbaren Folgen geworden. Das Land sieht sich von einer vielfachen und heterogenen Allianz erbitterter Feinde umgeben. Dazu zählen Saudi-Arabien und das Emirat Qatar, das haschemitische Königreich Jordanien sowie die sunnitische Hariri-Partei des Libanon, die das Scheitern ihrer »Zedernrevolution« noch nicht verwunden hat. Die sunnitischen Westprovinzen des Irak, Anbar und Ninive, fügen sich in dieses Einkreisungsszenario ein. Vor allem von der mächtigen Türkei droht Gefahr, die – falls sie wirklich eingreifen sollte – binnen kurzem eine Entscheidung zugunsten der sogenannten »Freien Syrischen Armee« erzwingen könnte. Als heimliche Inspiratoren dieser Koalition müssen jedoch auch die Vereinigten Staaten von Amerika erwähnt werden, deren Aktion mit dem israelischen Generalstab aufs engste koordiniert ist.

Mehr oder weniger diskrete Zustimmung findet das Assad-Regime angeblich bei der Hälfte der syrischen Gesamtbevölkerung, denn auch das gemäßigte sunnitische Bürgertum blickt mit Entsetzen auf das Abgleiten des Landes in Bürgerkrieg und wirtschaftlichen Ruin. Im Weltsicherheitsrat sind Moskau und Peking darauf bedacht, nicht noch einmal durch ihre Stimmenthaltung der westlichen Allianz freie Hand zu lassen, zumal Rußland im syrischen Hafen Tartus über einen letzten Flottenstützpunkt am Mittelmeer verfügt. Diskrete Unterstützung findet der Assad-Clan bei der Islamischen Republik Iran. Die Vorauselemente ihrer »Pasdaran« sind bereits am Orontes aufgetaucht. Vor allem die schlagkräftige Schiiten-Miliz der Hizbullah im Südlibanon greift gelegentlich auf seiten Assads in die Kämpfe ein. Der schiitische Staatschef des Irak, Nuri el-Maliki, muß seinerseits eine Abwürgung Syriens durch die wahhabitischen Extremisten Saudi-Arabiens befürchten. Zwischen Washington und Moskau, die ihre jeweiligen syrischen »Proxies« direkt oder indirekt mit Waffen und Geld beliefern, kommt das Gefühl auf, der Kalte Krieg sei plötzlich neu belebt worden.

Eines ist sicher: Die »Freiheitskämpfer« Syriens wären längst durch die Masse der offiziellen Streitkräfte und die Alawiten-Miliz der »Schabiha« erdrückt worden, wenn sie nicht von den genannten Förderern mit allen verfügbaren Mitteln unterstützt würden. Es ist ja kein Zufall, daß sich der bewaffnete Widerstand zunächst in Deraa unmittelbar an der Grenze Jordaniens konkretisierte. Die Stadt Homs, die heftig umstritten ist, liegt ihrerseits im Einzugsgebiet des streng sunnitischen Hafens Trablos im Nordlibanon, wo ich schon vor einigen Jahren den beinahe täglichen Schußwechsel zwischen einer alawitischen Enklave und den sie umgebenden »rechtgläubigen« Stadtvierteln der Sunniten wahrnehmen konnte. Im Umkreis der Ortschaft Idlib, die in den türkischen Sandschak von Hatay überleitet, trafen über gebirgige Schleichpfade die ersten Waffenlieferungen ein. Inzwischen haben die Geldgeber aus Saudi-Arabien und Qatar für ein beachtliches Arsenal der Rebellen gesorgt. Dadurch wurden die Aufständischen befähigt, den nördlichen Zugang nach Aleppo freizukämpfen und eine Entscheidungsschlacht um diese große Handelsmetropole Syriens einzuleiten.

Die »Freie Syrische Armee« muß sich nicht länger auf den disparaten Haufen von Deserteuren stützen, der schon sehr früh zu ihr übergelaufen war. Erfahrene Jihadisten aus der ganzen arabischen Welt geben sich zwischen Damaskus, Aleppo und Deir es-Zohr ein Stelldichein. Veteranen des Afghanistankrieges, die unlängst noch die Sowjets, dann die NATO am Hindukusch bedrängten, bilden sunnitische Milizen aus. Denen schließen sich nicht nur die syrischen Muslimbrüder an, die nach Jahrzehnten gnadenloser Unterdrückung durch die Baath-Behörden weit intensiver radikalisiert wurden als die relativ versöhnlichen »Ikhwan« des Niltals. Als Kerntruppe des Umsturzes geben sich unter schwarzen Fahnen die internationalen »Kataeb« der Salafisten zu erkennen und jene Experten des Terrors, die man pauschal als El Qaida bezeichnet. Deren Militanz ist durch die Exekution Osama Bin Ladens in keiner Weise gemindert oder geschwächt worden.

Es wäre verwegen, zu dem Zeitpunkt, da ich diese Zeilen schreibe, irgendeine Prognose zu formulieren. Es kann durchaus sein, daß in Bälde schon »viele Hunde des Hasen Tod« sind. Es kann auch – auf Libanon, Irak, Kurdistan und Iran übergreifend – ein verheerender Flächenbrand entstehen. Verblüffend ist zur Stunde die Einseitigkeit, die Voreingenommenheit, mit denen die Regierungen und die Medien Deutschlands, Frankreichs, Großbritanniens für eine sogenannte Freiheitsarmee Partei ergreifen, deren erprobteste Kämpfer auf den radikalen Islamismus und am Ende auch auf eine antiwestliche Grundvorstellung eingeschworen sind. Die Atlantische Allianz verschließt die Augen vor der Tatsache, daß mit dem Syrien Bashar el-Assads der letzte säkulare Staat der arabischen Welt untergeht. Das Abendland nimmt keine Notiz davon, daß die Christen Syriens, die unter dem Baath-Regime immerhin eine für die arabische Welt ungewöhnliche Toleranz genossen, auf das schlimmste gefaßt sein müssen. Ihnen schwebt das Schicksal der Christen Mesopotamiens vor Augen, die – von ihren Glaubensbrüdern in Amerika und Europa mißachtet und im Stich gelassen – mehrheitlich gezwungen wurden, die Flucht ins Ausland anzutreten. Vergeblich haben die katholischen Chaldäer des Irak auf eine kraftvolle Stellungnahme des Papstes zu ihren Gunsten gewartet. Ein ähnlicher »Verrat« des Abendlandes steht wohl den »Messichin« Syriens bevor.

In Deutschland klammert man sich wieder einmal an die Utopie, daß am Ende des »Arabischen Frühlings«, der längst in einen Nebel von Blut eingetaucht ist, eine staatliche Hinwendung zu Menschenrechten, Meinungsfreiheit und Demokratie stehen würde. Jedenfalls komme man mir nicht mit dem Argument, der von Washington verhängte Ostrazismus gegen das Zwangsregime der Assads, der Alawiten, der Baath-Partei, die systematische Förderung des sich entfachenden Bürgerkrieges sei aus Sorge um das Schicksal der dortigen Zivilbevölkerung geschehen, sodaß es sich um eine humanitäre Rettungsaktion gehandelt habe. Dann hätte man auch auf der Insel Bahrain im Persischen Golf mit Nachdruck dem Selbstbestimmungswillen der schiitischen Bevölkerungsmehrheit stattgeben müssen, statt der sunnitischen Dynastie El Khalifa beizustehen und – als deren Minithron schwankte – die Panzer Saudi-Arabiens über die Brücke rollen zu lassen, die Manama mit der arabischen Halbinsel verbindet.

Das derzeitige Regime von Damaskus müsse ausgelöscht werden, so hört man, weil die heilige Allianz der ultrareaktionären sunnitischen Monarchien es nicht dulden könne, daß in Syrien eine Mehrheit ihrer Glaubensbrüder durch eine religiöse Minderheit von Ketzern, denen man die abscheulichsten kultischen Ausschweifungen zutraut, dominiert und drangsaliert werde. Vor allem geht es dem saudischen Königreich darum, das Entstehen einer durchgehenden iranisch und schiitisch kontrollierten Landmasse zu verhindern, die sich von den Grenzen Afghanistans bis zum Mittelmeer erstreckt und eventuell die Vorherrschaft über den Persischen – oder wie man in Er Riad sagt – den Arabischen Golf an sich reißen könnte.

Für Amerika und Israel gelten ähnliche, wenn auch nicht konfessionell bedingte Sorgen. Ein Machtzuwachs Irans würde die Erdölfelder Saudi-Arabiens, Kuweits und der Emirate im Falle einer extremen bellizistischen Entwicklung den Vergeltungsschlägen der relativ hochentwickelten Raketentechnik der persischen Revolutionswächter aussetzen. Die Erdölverschiffung durch die Meerenge von Hormuz wiederum – etwa vierzig Prozent des gesamten maritimen Petroleumtransports – könnte durch die Torpedos und Lenkwaffen der speziell aufgerüsteten iranischen Schnellboote blockiert werden.

Der israelische Generalstab steht dem Drängen gewisser Politiker, zum Präventivschlag gegen die atomaren Ambitionen der Mullahkratie auszuholen, mit Skepsis gegenüber. Dort stellt man sich die Frage, wer und was auf die Assad-Diktatur von Damaskus folgen würde, die bei aller antizionistischen Stimmungsmache jahrzehntelang verhinderte, daß es an der kritischen Demarkationslinie bei Kuneitra am Rande der Golanhöhen zu bewaffneten Zwischenfällen kam. Das könnte sich drastisch ändern, wenn Kohorten von Gotteskriegern dort auftauchten und die Phantombrigaden von El Qaida nach den Straßenkämpfen von Aleppo ihr Schwergewicht in die Ruinenlandschaft von Kuneitra verlagern würden. Zur Stunde gilt für Israel eine Priorität. Die syrische Nabelschnur zwischen dem iranischen Erzfeind und jener schiitischen Hizbullah-Truppe des Libanon soll zerschnitten werden, die 2006 »Zahal« zum Rückzug zwang und Galiläa durch zahllose Katjuscha-Einschläge in Panik versetzte.

Ein bizarrer Höhepunkt der antisyrischen Kampagne war erreicht, als der Außenminister des früheren französischen Präsidenten Sarkozy, Alain Juppé, sich vor laufender Kamera neben dem saudischen Außenminister Saud Bin Feisal produzierte, um das Baath-Regime von Damaskus gebieterisch zur Einhaltung der Menschenrechte und der Meinungsfreiheit aufzufordern. Der Araber, der neben ihm saß, war der Repräsentant einer Dynastie, die im Gegensatz zur Assad-Diktatur, die ihren Christen extreme Toleranz gewährt, die Einfuhr von Bibeln und Kreuzen in ihr »Mamlakat« verbietet und jede kultische Betätigung der »Nazarener«, insbesondere das Abhalten einer katholischen Messe für die zahllosen philippinischen Arbeitssklaven, mit der Hinrichtung des Priesters geahndet hätte, wenn die amerikanischen Freunde den Seelsorger nicht rechtzeitig aus dem Lande geschafft hätten. Der sozialistische Nachfolger Juppés am Quai d'Orsay Laurent Fabius verstieg sich zu der geschmacklosen Erklärung: »Bashar el-Assad verdient es nicht, auf dieser Erde zu leben.«

Die Türkei Recep Tayeb Erdogans hat nach einer Periode enger Zusammenarbeit mit Damaskus eine abrupte Kehrtwende vollzogen. Über die anatolische Grenze erhalten die Aufständischen das Gros ihres Nachschubs. Hier sickern auch die meisten ausländischen Jihadisten ein, die – um westliche Reporter zu täuschen – sich notfalls den Bart abrasieren. Wieder einmal erweist sich der lockere Verbund von El Qaida als giftiges Produkt des saudischen Fanatismus. Allmählich mußten selbst jene westlichen Beobachter, die von einer nationalen Auflehnung der sogenannten »Freiheitskämpfer« geredet hatten, eingestehen, daß sich unter der schwarzen Fahne der Salafiya eine kampferprobte Schar von »Gotteskriegern« ansammelte, die den schlimmsten Horrorvorstellungen der Amerikaner entsprach.

Was Ankara mit dieser flagranten Einmischung bezweckt, läßt sich schwer erraten. Schon geht das Gerücht um, der ehrgeizige Ministerpräsident Erdogan strebe eine Wiedergeburt osmanischer Größe an und versuche die ehemals laizistische Republik Atatürks als sunnitische Vormacht im gesamten Maschreq zu etablieren. Ganz risikolos wäre diese Bestrebung nicht, denn auch die sunnitischen Syrer haben vom osmanischen Kalifat, seinen rüden Verwaltungsmethoden und seiner kulturellen Verödung eine sehr zwiespältige Erinnerung bewahrt. Eine Zeitlang hatte Hafez el-Assad den Partisanen der kurdischen Aufstandsbewegung PKK die Möglichkeit geboten, auf syrischem Territorium Ausbildungslager einzurichten und die Weisungen ihres obersten Anführers Öcalan entgegenzunehmen. Obwohl Öcalan heute auf einer Insel des Marmarameers gefangengehalten wird, hat er sein Prestige bewahrt. Seit kurzem hat sich Bashar el-Assad bereit finden müssen, den Kurden, die auf seinem eigenen Staatsgebiet im äußersten Nordosten leben und etwa zwei Millionen Menschen zählen, eine ähnliche Autonomie einzuräumen, wie sie bereits die Kurden des Irak zwischen Arbil und Suleimaniye genießen. Die Zahl der Überfälle von PKK-Freischärlern auf türkische Soldaten haben seitdem in Anatolien zugenommen. Das Problem der dortigen »Bergtürken« bleibt für Ankara so ungelöst wie eh und je.

Die syrische Armee verfügt über ein beachtliches Arsenal an chemischen Kampfstoffen und Giftgasen. Nachdem der irakische Diktator Saddam Hussein seinerzeit die iranische Gegenoffensive in den Majnun-Sümpfen mit Gasgranaten buchstäblich erstickte, die von westlichen Produzenten geliefert wurden, ist das nicht ganz unverständlich. In Washington geht man davon aus, daß Bashar el-Assad davon Abstand nehmen wird, diese Instrumente des Schreckens im heimischen Bürgerkrieg einzusetzen, wo keine klaren Fronten existieren und die eigenen Sympathisanten durch diesen Einsatz betroffen würden. Aus Israel ist mit Nachdruck darauf verwiesen worden, daß eine Intervention Zahals stattfinden würde, wenn das syrische Oberkommando einen Teil seiner chemischen Waffen an die Hizbullah des Südlibanon abzweigen würde. Dadurch wäre sie natürlich in der Lage, das Herzland des jüdischen Staates zu bedrohen und zu erpressen.

Noch eine andere Befürchtung geht um. Die CIA ist sich sehr wohl bewußt geworden, daß die aktivsten Kombattanten der »Freien Syrischen Armee« zunehmend von radikalen Jihadisten und neu formierten El-Qaida-Gruppen unterwandert werden. Sollten sich diese zu allem entschlossenen Desperados auch nur eines Teils der syrischen Chemiewaffen bemächtigen, würde der internationale Terrorismus eine furchterregende neue Dimension annehmen. Die Gegner Assads könnten dann sehr viel gefährlicher werden, als es das Baath-Regime von Damaskus jemals war.

In Syrien, so wird bereits befürchtet, könnten sich die bitteren Erfahrungen Afghanistans wiederholen. Als Instrument gegen die verhaßten schiitischen Ketzer und ihre syrischen Helfershelfer zögern gewisse Agenten des saudischen Mukhabarat nicht, auch bewährte Attentäter von El Qaida einzusetzen, die, als gemäßigte Freiheitskämpfer getarnt, sich auch dem amerikanischen Geheimdienst andienen würden. Sobald sie ihr Ziel erreicht und in Damaskus einen islamischen Gottesstaat errichtet hätten, könnten diese sunnitischen Extremisten ihr inzwischen global ausgeweitetes Netz in den vorrangigen Dienst des »Heiligen Krieges« gegen die Verruchtheit der westlichen Gottesfeinde stellen. Das Atlantische Bündnis wäre wieder einmal einer systematischen Irreführung erlegen. Der Kreis der atlantischen Selbsttäuschung hätte sich geschlossen.

Lassen wir noch einmal Ibn Khaldun zu Wort kommen, der das politische Verhalten der Araber wie folgt schildert: »Aufgrund des ihnen angeborenen wilden Temperaments sind die Araber weniger als die meisten anderen Völker geneigt, eine höhere Autorität anzuerkennen. Ihren politischen Bestrebungen fehlt es meist an einer deutlichen Zielsetzung. Sie bedürfen des Einflusses einer religiösen Gesetzgebung und der Autorität eines geistlichen Führers, um sich einzuordnen und zu disziplinieren. Wenn eine solche charismatische Gestalt auftritt, dann erst überwinden sie die bei ihnen verbreitete Mißgunst und Anmaßung. Erst in Befolgung der göttlichen Gesetze finden sie zur Einheit, zur Überlegenheit, zur Macht.«

Die Stunde der alten Männer

Ich werde mich nicht dazu verleiten lassen, über die Zukunft des Euro zu spekulieren. Zu viele widersprüchliche Thesen sind im Umlauf. Aber welche andere Perspektive bietet sich neben der Beibehaltung, der Rettung einer gemeinsamen Währung? Die ohnehin bescheidene Dimension des europäischen Kontinents würde zum Mosaik divergierender Partikel. Mag sein, daß die Vision einer abendländischen Selbstbehauptung – gemessen an den gigantischen Wirtschaftsräumen, gegen deren Rivalität sie sich durchzusetzen versucht – der »Lust am Untergang« anheim fällt, der zumal die Deutschen immer wieder erlegen sind. Aber die Tatsache, daß ein Verzicht auf dieses zugegebenerweise unzureichend ausgereizte Projekt einen Abgrund der Ungewißheit aufreißen würde, könnte vielleicht auch als »List der Geschichte« gedeutet werden. Die Angst vor dem Auseinanderbrechen einer prekären Union des Kontinents sollte den heilsamen Zwang zum dezidierten Handeln, zum politischen und strategischen Zusammenschluß beschleunigen, das Bewußtsein fördern, daß jenseits aller nationalen Vorbehalte nur noch ein Weg bleibt, um nicht der Bedeutungslosigkeit, dem wirtschaftlichen Ruin und am Ende der Unterwerfung zu verfallen.

Es ist spöttisch bemerkt worden, die Europäer hätten sich eine schweizerische Mentalität angeeignet und damit Abschied genommen von ihren großen Visionen. Aber wer so redet, kennt die Entstehungsgeschichte der Confoederatio helvetica nicht. Diese Miniatur Europas könnte den Weg weisen, wie man ständische, nationale und konfessionelle Gegensätze überwindet. Auf die ursprünglichen Fehden zwischen Land- und Stadtkantonen folgte die Zerreißprobe profunder religiöser Gegnerschaft zwischen den Jüngern der Reformer Zwingli und Calvin auf der einen, den im römischen Glauben verankerten Katholiken auf der anderen Seite. Zwischen alemannischen Schweizern und den frankophonen »Welschen« der Suisse Romande hat es an Auseinandersetzungen nicht gefehlt. Die scheinbare Unvereinbarkeit gipfelte noch im 19. Jahrhundert in der gewaltsamen Auseinandersetzung des »Sonderbund-Krieges«. Aber als im Jahr 1940 die Schicksalsstunde schlug und das übermächtige Dritte Reich einen Durchmarsch über helvetisches Territorium erwog, wurde die als Bürgerwehr organisierte Armee der Schweiz, in der jeder Bürger sein Gewehr zum sofortigen Einsatz im eigenen Heim aufbewahrt, in Windeseile mobilisiert. Die Hochgebirge wurden zu gewaltigen Festungen ausgebaut.

Bei diversen Vorträgen, die ich vor Schweizer Offizieren hielt, war ich immer wieder beeindruckt von der Selbstverständlichkeit, mit der – je nach Sprachzugehörigkeit des anwesenden Colonel-Divisionnaire – die Befehle auf deutsch oder auf französisch erteilt wurden. Beim Zusammenrücken dieser ursprünglich lockeren Konföderation zum organisch funktionierenden Bundesstaat hat dennoch jeder Kanton seine Eigenart, seine kulturelle Substanz bewahrt, auf die niemand verzichten möchte.

Der Gang der Ereignisse hat dazu geführt, daß innerhalb der viel zu schnell ausgeweiteten Europäischen Union die Bundesrepublik zum Schwergewicht wurde. Deutschland fiel eine Führungsrolle zu, wenn die Berliner Regierung auch jede hegemoniale Versuchung tugendhaft von sich weist. Das liegt nicht nur an der Zahl von achtzig Millionen deutscher Staatsbürger, sondern zweifellos auch an ihrem Fleiß, ihrer industriellen Begabung und einer sozialen Ausgeglichenheit, die den germanischen Bundesbürgern unserer Tage – durchaus unterschiedlich je nach Region und Land – zu dieser prominenten Positionierung verhalfen. Die Wiedervereinigung ist den Deutschen aufgrund einer günstigen internationalen Konjunktur gewissermaßen in den Schoß gefallen. Ihren reibungslosen Ablauf verdanken sie jedoch der Kanzlerschaft Helmut Kohls, der mit Klugheit und Mäßigung, dank seiner Befähigung zu menschlichem Kontakt, mit den entscheidenden Akteuren in Moskau und Washington agierte. Der überstürzte Zusammenschluß hat sich in der ersten Phase aufgrund der erdrückenden finanziellen Belastung als Handicap erwiesen, aber allen Spöttern zum Trotz sind in der ehemaligen DDR blühende Landschaften entstanden, auch wenn das Reifen der Früchte auf sich warten läßt.

Da ich nicht im Ruf stehe, einem überschwenglichen germanischen Nationalismus zu huldigen, erlaube ich mir, an dieser Stelle eine Aussage zu wiederholen, die ich im Dezember 1981, zu einem Zeitpunkt also, als die nationale Einheit den meisten deutschen Intellektuellen und auch Politikern als eine Fata Morgana, als eine Chimäre erschien, im Gespräch mit dem Schweizer Kollegen Frank A. Meyer gemacht habe. »Wir können doch nicht einfach davon ausgehen«, so argumentierte ich damals, »daß die Ordnung, die 1945 geschaffen wurde, permanent sein soll. Wir müssen, auch im Interesse der Russen, die mit dieser Situation gar nicht mehr fertig werden, zu einer neuen europäischen Friedensordnung vordringen, und auch die Frage der deutschen Wiedervereinigung wird irgendwann wieder auftauchen. Die einzigen, die sich dessen nicht bewußt sind, sind die Deutschen. Die Franzosen wissen es, die Russen wissen es. Aber isoliert genommen, wäre diese deutsche Wiedervereinigung ein zerstörerischer und gefährlicher Faktor. Sie gehört eingebettet in eine europäische Wiedervereinigung, auch mit den osteuropäischen Völkern, die auf Dauer nicht unter der russischen Kuratel zu halten sind. Was haben die Russen noch von Polen, was haben sie noch von der Tschechoslowakei? Da muß ein neues System gefunden werden. Die Sowjetunion wird in den kommenden Jahrzehnten konfrontiert werden mit ihrer asiatischen Grenzsituation gegenüber dem Islam und gegenüber China. Wir haben durchaus Solidarisierungsmöglichkeiten mit den Russen.«

Hätte ich diese Äußerung vor der versammelten Redaktion der Zeitschrift »Stern« gemacht, deren Herausgeber ich kurz danach wurde, wäre ich auf Verwunderung und schallendes Gelächter gestoßen.

Während ich diese Zeilen einem früheren Buch entnehme, entfesselt sich in Deutschland ein Sturm der Entrüstung über die Verurteilung der drei Russinnen von »Pussy Riot« zu zwei Jahren Zwangsarbeit. Gewiß, ich hätte diesen wackeren jungen Damen gewünscht, daß sie für ihren Schabernack mit einer Verwarnung davongekommen wären. Aber seltsamerweise tobt sich in diesem Zusammenhang eine kollektive Schimpfkanonade gegen Wladimir Putin aus, und man nimmt Anstoß an dessen engen Beziehungen zum Patriarchen Kyrill der russisch-orthodoxen Kirche. Bezeichnenderweise fällt dieser antirussische Ausbruch, der die meisten Medien der westlichen Welt erfaßt, mit der gezielten Empörung über die abweichende Haltung des Kreml im syrischen Bürgerkrieg zusammen. Die Frage stellt sich, ob das aufsässige Trio von »Pussy Riot« seinen Klamauk nicht sinnvollerweise vor dem Mausoleum Lenins am Roten Platz hätte aufführen sollen. Die Moskauer Erlöserkirche war seinerzeit durch Stalin gesprengt und

117

durch ein Schwimmbad ersetzt worden. Mit dem Wiederaufbau dieses symbolträchtigen Gotteshauses sollte ja auch das Gedenken an jene zahllosen russischen Priester und Mönche wachgehalten werden, die der bolschewistischen Gottlosigkeit zum Opfer fielen.

Was nun den Patriarchen Kyrill betrifft, so wäre eine ganz andere Demarche dieses höchsten Klerikers des »Dritten Rom« gebührend zu erwähnen gewesen als sein Gnadengesuch für die drei exaltierten Mädchen, nämlich seine Reise nach Polen, seine spektakuläre Aussöhnung mit dem dortigen Erzbischof Józef Michalik und höchsten Würdenträger der römisch-katholischen Kirche. Der geschichtliche Rückblick verweist uns auf den heldenhaften Widerstand der polnischen Katholiken gegen ihre russisch-orthodoxen Unterdrücker, aber auch auf den Eroberungsfeldzug der polnischen Flügelreiter im 17. Jahrhundert, die damals Moskau eroberten, den Kreml besetzt hielten und einen zum römischen Glauben bekehrten Pseudozaren einsetzten. Doch dieser Vorgang von wahrhaft historischer Bedeutung wurde kaum erwähnt. Im übrigen existierte auch im deutschen Recht ein Passus, der für »die Störung einer religiösen Stätte« eine Bestrafung von bis zu drei Jahren Gefängnis vorsah.

*

In ihrem Bemühen, auch bei den eigenen Wählern für die Rettung des Euro Stimmung zu machen, hat die Christlich Demokratische Union Deutschlands auf das Prestige Helmut Kohls zurückgegriffen. Der von der eigenen Partei geschmähte und verratene »Kanzler der deutschen Einheit« hatte, wie eine zeitgenössische Barbarossagestalt in seinem Kyffhäuser, in seinem Bungalow von Oggersheim verharren müssen. Nun wurde ihm Genugtuung zuteil, und seine ehemaligen Gefährten stellten fest, welche Anziehungskraft dieser zu Recht verbitterte Mann vor allem auch bei seinen jungen Landsleuten genoß. Es schien, als habe Deutschland wieder einmal unter der »kaiserlosen, der schrecklichen Zeit« gelitten. Die alten Männer der »Rheinischen Republik« sind in einer Epoche, die dem hemmungslosen Jugendkult und einer kommerzialisierten Spaßgesellschaft huldigt, in letzter Instanz zu den geachteten, glaubwürdigen Mahnern und Mentoren der neuen »Berliner Republik« geworden. Da überragte Richard von Weizsäcker, der den Mut und die Klugheit besaß, die Kapitulation der Wehrmacht im Jahr 1945 als eine Befreiung Deutschlands zu bezeichnen, mit seiner geschliffenen Rhetorik das leere Gezänk im Reichstag. Als Außenminister hatte Hans-Dietrich Genscher mit seinem französischen Partner eine enge Beziehung gepflegt und war – wenn es galt – diversen Fehlleistungen der US-Diplomatie zumal in der islamischen Welt dezidiert entgegengetreten. Der deutschen Souveränität hatte er Substanz verliehen. Heute kann er nur mit Wehmut auf seine Nachfolger blicken.

Die ungeheure Popularität und Verehrung, die Helmut Schmidt genießt, der seinen 94. Geburtstag feiert, ist ein erstaunliches Phänomen, aber auch ein Beweis dafür, welche politische Mediokrität sich auf der Berliner Bühne breitgemacht hat. Als ich im Mai 2012 bei der Verleihung des Henry-Kissinger-Preises an den ehemaligen US-Außenminister George P. Shultz zugegen war, überkam mich eine gewisse Melancholie beim Anblick des zum »rocher de bronze« erstarrten Henry Kissinger, dem Deutschland eine unverdiente Gewogenheit seitens der damaligen US-Politik und Amerika die realistische Einschätzung der Volksrepublik China verdankt. Gleichzeitig verspürte ich beim Spaziergang zwischen Brandenburger Tor und der Statue Friedrichs des Großen – irrtümlich nach Osten reitend, wo doch seine intellektuelle Neigung nach Frank-

reich ausgerichtet war –, daß in Deutschland seit der Wiedervereinigung ein profunder Geisteswandel stattgefunden hat.
Die neuen Bundesländer, so gestand mir der lutherische Bischof Wolfgang Huber, seien gründlich entchristianisiert
worden mit Ausnahme der winzigen katholischen Enklaven
der ehemaligen DDR, die hart blieben wie der Fels Petri.
Dennoch ist das wiedervereinigte Staatsgebilde irgendwie
protestantischer geworden, was sich nicht nur dadurch äußert,
daß die Kanzlerin Tochter eines evangelischen Pfarrers aus
der Uckermark und der neue Bundespräsident ein Geistlicher
der lutherischen Kirche ist.

Die Idee, daß Deutschland wieder preußisch geworden sei,
entspricht leider nur einer oberflächlichen Wahrnehmung.
Sie mag den gehobenen Kreisen der Berliner Gesellschaft
vorschweben, trifft aber in keiner Weise auf die Stimmung
der entvölkerten Weiten Brandenburgs und Mecklenburg-
Vorpommerns zu, wo das kommunistische Regime die prä-
gende feudale Adelsgesellschaft durch den kumpelhaften Nach-
barschaftskult von Proletariern zu ersetzen suchte. Angesichts
der dominanten Stellung, die Berlin in der Europapolitik wieder zufällt, besteht allerdings die Gefahr, daß ein Rückfall in
die Großmannssucht des Wilhelminismus stattfindet, die dieses Mal nicht militaristisch, sondern plutokratisch ausgerichtet wäre. Dieser Versuchung ist Helmut Schmidt in einem
Interview mit Sandra Maischberger energisch entgegengetreten. Gewiß, die Söhne und Enkel der Kriegsgeneration verdanken der »Gnade der späten Geburt«, wie Helmut Kohl es
treffend formulierte, daß sie von jeder Erblast und Schuld befreit sind. Aber die Nationalsozialisten waren keine »Roten
Khmer«, und die industriell betriebenen Vernichtungsfabri-
ken des Holocaust lassen sich für jemanden, der Südostasien
kennt, in keiner Weise mit den primitiven »killing fields« von
Kambodscha vergleichen. Daß das »Volk der Dichter und

Denker« sich in diesen Abgrund reißen ließ, so ähnlich formulierte es der ehemalige Bundeskanzler, verweigere ihm auch weiterhin den Anspruch auf eine kontinentale Führungsrolle. An dieser traurigen Realität werden weder Martin Walser noch Thilo Sarrazin etwas ändern können.

Im Falle eines Wiederauflebens protziger Kraftmeierei wäre Deutschland übrigens sehr schnell von einer argwöhnischen, mißgünstigen Koalition seiner Nachbarn umringt. Helmut Schmidt hat in aller Offenheit zugegeben, daß ihm als Hanseaten und Protestanten eine besonders enge Bindung an Großbritannien am liebsten gewesen wäre. Aber er mußte – ähnlich wie Gerhard Schröder nach ihm, der mit der »New Labour« Tony Blairs paktieren wollte – feststellen, daß Albion seine exklusive transatlantische Solidarität mit den amerikanischen »cousins« zur Leitschnur seiner Außenpolitik gemacht hat. Sein Entschluß, mit Frankreich eine prioritäre Partnerschaft zu pflegen, die sich durch das Vertrauensverhältnis zu dem damaligen französischen Präsidenten Giscard d'Estaing vertiefte, war für die »Achse« Paris – Bonn, wie es damals noch hieß, von grundlegender Bedeutung. Die Verbrüderung mit dem gallischen »Erbfeind« konnte von nun an nicht mehr als die Marotte deutscher Karolinger diskreditiert werden, die im rheinischen und katholischen Westen Deutschlands beheimatet waren.

In Zukunft wird alles viel schwieriger sein. Wie es zwischen François Mitterrand und Helmut Kohl zu einer an Freundschaft grenzenden Übereinstimmung kommen konnte, bleibt angesichts der totalen Unterschiedlichkeit der beiden Charaktere ein Rätsel. Daß Mitterrand, dem seine Gegner jeden Verrat zutrauten, eine für ihn ganz ungewöhnliche Sentimentalität im Umgang mit dem »schwarzen Riesen« aus der Pfalz zur Schau trug, hatte dazu beigetragen, daß die strategische Abstimmung und Koordinierung der beiden Armeen konkrete Form annahm, daß sogar über den gemeinsamen Nutzen der französischen Nuklearabschreckung im Extremfall geredet wurde. Unter den heutigen Umständen ist das kaum noch vorstellbar. Statt dessen hat Frankreich mit seinem historischen Erbfeind, der nicht Deutschland, sondern England heißt, eine Spur von »Entente cordiale« wieder aufleben lassen. Dabei wurden die Komplementarität der Waffensysteme und gewisse Krisenszenarien entwickelt. Diese Konkordanz vertiefte sich im Luftkrieg gegen den libyschen Diktator Qadhafi, während die Bundesrepublik Deutschland pazifistisch und neutral beiseite stand.

Viele Deutsche äußern die Befürchtung, daß die europäische Währungsunion durch die Präsenz der romanischen Mittelmeerländer belastet, ja – wie manche meinen – zur Insolvenz verurteilt sei. Diesen Kritikern schwebt eine nordische, überwiegend protestantische Wirtschafts- und Finanzzone vor, die dem Schlendrian der südlichen Hungerleider und Steuerbetrüger einen marktkonformen Liberalismus entgegensetzt. Großbritannien, das sich ja ohnehin im Abseits gefällt, begeistert zwar immer noch mit seiner imperialen Allüre, entfaltet beim »trooping the colours« ein grandioses Spektakel. Aber die Betonung des insularen Nationalstolzes, der sich bei der Rückeroberung der Falkland-Inseln noch einmal bestätigte – eine kriegerische Leistung, die Whitehall heute rein materiell nicht mehr erbringen könnte –, täuscht nicht über die Finanz- und Verschuldungsmisere, über den erbärmlichen Zustand der Infrastruktur und über die Überflutung Britanniens durch die farbigen Untertanen des ehemaligen Empire hinweg. Mögen andererseits die skandinavischen Staaten einen hohen Lebensstandard und geordnete Verhältnisse genießen, eine bevorzugte Partnerschaft mit ihnen würde wenig erbringen. Schweden, das unlängst noch mit einer profunden Rezession zu kämpfen hatte, ist weit entfernt von dem historischen Höhepunkt, als König Gustav Adolf den deutschen Protestanten als rettender »Löwe aus Mitternacht« zu Hilfe kam. Wie wenig die nordische Tugendhaftigkeit den Zufällen der Börsenspekulation und des Kasino-Kapitalismus tatsächlich gewachsen ist, erwies sich noch unlängst am Beispiel Islands, das vorübergehend in den Staatsbankrott abstürzte.

Eine Zarin aus der Uckermark

Der Blick auf Frankreich stimmt keineswegs euphorisch. Aber es gibt wohl eine kontinentale Gesetzmäßigkeit. So hat auch der »Bling-Bling«-Präsident Nicolas Sarkozy, dem manche Franzosen schon wieder nachtrauern, nach einer Phase der Entfremdung in allen entscheidenden Fragen zur Übereinstimmung mit Angela Merkel gefunden. Es kam sogar der Verdacht auf, in diesem Zweigespann »Merkozy« gebe die Kanzlerin den Ton an. Die unvermeidliche Ausrichtung auf Berlin hat übrigens beim Durchschnittsfranzosen weder Komplexe noch Animosität erzeugt. Insgeheim haben sich manche Gallier sogar gewünscht, von einer vergleichbaren Politikerin regiert zu werden. Aber schon finden sich deutsche Skeptiker und angebliche Frankreichkenner, die von einer schmerzlich empfundenen Demütigung der »grande nation« – ein Ausdruck, der übrigens in Frankreich nie benutzt wird – zu berichten wissen und von einem wachsenden Groll auf die allzu dynamischen Deutschen.

Was man von dem neu gewählten sozialistischen Präsidenten François Hollande zu erwarten hat, wissen die Franzosen selbst nicht. Der so unscheinbar wirkende Mann, der ein ganz

»normaler« Staatschef sein will, hat die Öffentlichkeit bisher – in dieser Beziehung seinem Vorgänger nicht ganz unähnlich – mit seinen amourösen Eskapaden beschäftigt. Aber die Deutschen haben neuerdings keinerlei Grund mehr, auf die Einflußnahme einer »maîtresse en titre«, wie es am Hof von Versailles hieß, skandalisiert oder amüsiert herabzublicken.

Zur Überraschung seiner sozialistischen Gefolgschaft pflegt Hollande bei seinen öffentlichen Auftritten sich häufig auf Charles de Gaulle zu berufen. Ganz ohne Zweifel steht die Fünfte Republik immer noch im Schatten dieses ungewöhnlichen Mannes, der von den einen als eine Art Don Quijote belächelt, von den anderen jedoch als gesalbter Monarch von Gottes Gnaden verehrt wurde. Selbst Mitterrand, der den General des »permanenten Staatsstreichs« beschuldigte, schlüpfte in die von de Gaulle entworfene Verfassung, als sei sie für ihn maßgeschneidert. Die unnahbare Erscheinung dieses herrischen Mannes, der in der Stunde der schmählichen Niederlage von 1940 mit einem Häuflein Getreuer an der Zukunft Frankreichs nicht verzweifelte, läßt alle Nachfolger im Élysée-Palast als Epigonen erscheinen.

Beim Lesen seiner »Mémoires d'espoir« kann man sich des Eindrucks nicht erwehren, daß dieser literarisch hochbegabte Chronist sich bewußt war, daß er seiner Nation zu einem letzten glorreichen Höhepunkt verholfen hatte. Nach seiner Abdankung im Jahr 1969, so berichtet André Malraux aus dem Landsitz von Colombey-les-Deux-Églises – draußen versank die Landschaft im »merowingischen Schnee« –, soll der General mit einem Anflug von Resignation bemerkt haben, daß die Franzosen sich wohl damit abfinden müßten, wenn die Geschichte ihnen die Ehe mit Deutschland auferlegt. Dieser Visionär hatte – zur Entrüstung seiner Kommandeure, die sich darauf beriefen, den Krieg in Nordafrika militärisch gewonnen zu haben – Algerien in die Unabhängigkeit entlassen und sich vom französischen Kolonialreich verabschiedet.

Als er 1966 zum Staatsbesuch in Moskau eintraf, verärgerte er das dortige Politbüro, indem er nicht etwa die Sowjetunion hochleben ließ, sondern zur Verblüffung auch seines französischen Gefolges den prophetischen Ruf ausbrachte: »Vive la Russie«. In Leningrad mahnte er die Einigung Europas an, dem er den geographischen Raum »de l'Atlantique à l'Oural« zuwies. Sein Verhältnis zu Amerika war stets spannungsgeladen, aber auf dem Höhepunkt der Kubakrise ließ er John F. Kennedy wissen: »Wenn es zum Krieg kommt, dann stehen wir auf Ihrer Seite.« Vorher hatte er Washington irritiert, als er – lange vor dem Treffen Nixons mit Mao Zedong – die damals noch verfemte Volksrepublik China offiziell anerkannte. Daß die Europäer einer neuen, unverkrampften Beziehung zu ihren arabischen Nachbarn bedurften, hatte er vor allen anderen erkannt, wenn diese Absichten auch durchkreuzt wurden.

»Tu le regretteras«, hatte der Schlagersänger Gilbert Bécaud dem verstorbenen General nachgerufen, »du wirst ihm nachtrauern«. Zu einem Zeitpunkt, da die vielgerühmte Globalisierung mit einer kläglichen Provinzialisierung in den europäischen Parlamenten einhergeht, hält man vergeblich Ausschau nach verantwortlichen Staatsmännern mit einem Gespür für die außereuropäischen Umwälzungen, die von Jahr zu Jahr an Bedeutung gewinnen.

Auch an dieser Stelle möchte ich auf Helmut Schmidt verweisen, der das Privileg genoß, mit dem todkranken Mao Zedong ein Gespräch zu führen. Er hat bestimmt darauf verzichtet, diesen asiatischen Despoten auf die Vorzüge der westlichen Demokratie einzuschwören. Mit dem chinesischen Gründer des blühenden Inselstaates Singapur, Lee Kwan Yew, pflegte er, wie er versichert, eine persönliche Freundschaft und hat nie Anstoß daran genommen, daß dieser konfuzianische Despot das Wohlergehen seiner Bürger durch autoritäre Verfügungen erzwang. Lee berücksichtigte die Lehren des konfuzianischen Philosophen Menzius aus dem 4. Jahrhundert vor unserer Zeitrechnung. Menzius oder Meng Zi berief sich auf zwei heilsame Prinzipien: die Güte des Herrschers und die kindliche Pietät der Untertanen. Er ging davon aus – wie es in Singapur offensichtlich gelungen ist –, daß ein Fürst, der sich dem Volk gegenüber wohlwollend verhält, sich seinerseits auf die aktive Zuneigung des Volkes stützen könne.

Wie lautete noch das schwermütige Nachkriegslied, das Marlene Dietrich vortrug? »Sag mir, wo die Männer sind, wo sind sie geblieben?« Sollte das auch auf die politische Szene Deutschlands zutreffen? An die Stelle einer schwächelnden Virilität ist in Berlin eine Frau getreten. Wir kommen nicht umhin, bei der Skizzierung der Gegenwart, die wir in diesen »Muqaddima« vornehmen, die ungewöhnliche Bedeutung zu erwähnen, die Angela Merkel – von amerikanischen Magazinen als »mächtigste Frau der Welt« bezeichnet – im Konzert der Mächte gewonnen hat. Ich kenne sie nicht genug, um eine Beurteilung ihrer Person und ihrer politischen Zielsetzung – falls sie eine solche besitzt – vorzunehmen. Bei flüchtigen Begegnungen fiel mir ihre Zurückhaltung auf, eine an Mißtrauen grenzende Abkapselung, die aus ihrer Jugenderfahrung in der DDR herrühren mag. Sie ist zur Schlüsselfigur in der Eurokrise geworden, und wer könnte es ihr verdenken, daß sie in dieser Phase totaler finanzieller Ungewißheit mit extremer Vorsicht taktiert. Angeblich hat sie in ihrem Amtszimmer, das ich nie betreten habe, ein Porträt der russischen Zarin Katharina II. aufgestellt, was auf große persönliche Ambitionen schließen ließe. Aber während die Zarin sich ihren Ausschweifungen hingab, befleißigt sich Angela Merkel einer geradezu pietistisch wirkenden Tugendhaftigkeit. Sie hat im Gegensatz zur Großen Katharina ihre politischen Gegner nicht umbringen lassen, aber es ist ihr mit beinahe unheimlicher List gelungen, alle potentiellen Rivalen auszuschalten und an die Wand zu spielen.

Daß sie mit ihrem Aufsatz über die Spendenaffäre Helmut Kohls in der »Frankfurter Allgemeinen Zeitung« eine Art »Vatermord« begangen hat, mag ihr nicht leichtgefallen sein, aber diese Pfarrerstochter hat vermutlich bei Nietzsche gelernt, daß die »Staaten die kältesten aller kalten Ungeheuer« sind. Ihr Mangel an Reaktion, ihre Passivität in jener dramatischen Wahlnacht, als Gerhard Schröder sie in geradezu beleidigender Form als Kanzlerin zu diskreditieren suchte, wurde anfangs als Schwäche, als Schüchternheit ausgelegt. Heute fürchten ihre Gegner und mehr noch ihre Parteifreunde diese eisige Selbstbeherrschung, die ein wesentlicher Zug ihres Machtinstinktes ist. Bei aller bissigen Kritik, der sie neuerdings ausgesetzt ist, beweist die Kanzlerin eine unermüdliche Schaffenskraft, eine scheinbar unbegrenzte Belastbarkeit durch permanente Reisen und öffentliche Auftritte, die selbst ein robuster Mann schwer aufbrächte.

Was ihr anfangs fehlte, war das Gespür für die profunde Unterschiedlichkeit exotischer Kulturen, für die unvermeidliche Folge der daraus resultierenden Regionalkonflikte. Aber das hat sich spätestens nach ihrer intensiven Kontaktaufnahme zu China geändert. Was Helmut Schmidt sowohl an Angela Merkel als auch an Bundespräsident Joachim Gauck bemängelt, ist das geringe Gespür für die gemeinsame europäische Identität, ein Manko, das bei beiden auf die provinzielle Enge des Honekker-Staates zurückzuführen sei. Dem rauhbeinigen Temperament des Texaners George W. Bush gab sie offenbar den Vorzug vor der Fremdheit des Kandidaten Barack Obama, dem das deutsche Publikum zujubelte, dem sie jedoch den Auftritt am Brandenburger Tor verweigerte.

Im Hinblick auf Frankreich fehlte ihr offenbar jede Affinität. Im jüngsten Wahlkampf bevorzugte sie eindeutig den zum Deutschenfreund gewandelten Sarkozy gegenüber seinem sozialistischen Herausforderer Hollande, mit dem sie sich erst zaghaft zu jener »Bussi-Bussi«-Mode, zu jenen Wangenküßchen bereit fand, die zum obligatorischen Brauch einer indifferenten internationalen Gesellschaft gehören. Von der Mittelmeerunion, die Sarkozy mit der ihm eigenen Hektik vorgeschlagen hatte, hielten die Kanzlerin und ihre Umgebung überhaupt nichts. Das »Mare nostrum« der Römer stieß bei ihr vielleicht auf eine anerzogene Abneigung gegen alles Ultramontane. Aber spätestens der »Arabische Frühling« hat die Berliner Regierung zu einer Umorientierung ihrer geographischen Prioritäten veranlaßt, wobei allerdings das Auswärtige Amt von einer Fehleinschätzung in die andere taumelte.

Dem Hedonismus, der krampfhaften Fröhlichkeit, dem sexuellen Exhibitionismus unserer Talmi-Gesellschaft könnte die Pfarrerstochter aus der Uckermark mit einem anderen Nietzsche-Zitat begegnen: »Wir haben das Glück erfunden, sagen die letzten Menschen und blinzeln.« Niemand wird es den Deutschen zum Vorwurf machen, daß sie im Zustand militärischer Ohnmacht und akuter auswärtiger Bedrohung auf den Schulterschluß mit der amerikanischen Supermacht angewiesen sind. Aber warum pflegen gewisse Dienststellen in Berlin eine an Feindseligkeit grenzende Distanzierung von China und Rußland? Warum nimmt man nicht die Chancen eines Dialogs mit der Islamischen Republik Iran wahr, die keineswegs dem Zerrbild der amerikanischen Desinformation entspricht? Warum steigert man sich in eine verbissene, hochbrisante Einseitigkeit im syrischen Bürgerkrieg?

Vor allem kann ich kein Verständnis aufbringen für die ständige Verschärfung der Sanktionen gegen eine ganze Serie von Staaten, mit denen die Bundesrepublik in kooperativer

Eintracht leben könnte. Noch nie habe ich in meiner langen Korrespondentenkarriere erlebt, daß ein Regime durch Sanktionen und Boykottmaßnahmen zu Fall gebracht wurde. Wenn die deutsche Regierung auf Weisung Washingtons ein Erdöl-Embargo gegen Iran verhängt, so schneidet sie sich ins eigene Fleisch, und die deutschen Autofahrer wundern sich über die aus dieser Importdrosselung resultierende Erhöhung der Benzinpreise.

Das Beispiel des Irak, dem in der letzten Herrschaftsperiode Saddam Husseins zwischen 1991 und 2003 die Einfuhr von Chemikalien untersagt war, unter Hinweis auf den angeblichen »dual use«, auf die mögliche Verwendung dieser Produkte für die Herstellung von toxischen Waffen, enthüllt den zutiefst amoralischen, unmenschlichen Charakter solcher Blockaden. Es sind ja nicht die Diktatoren und ihre Umgebung, die die Einschränkungen zu spüren bekommen, sondern das einfache Volk. Das Importverbot chemischer Substanzen hat die Landwirtschaft Mesopotamiens der Düngemittel beraubt und eine Verseuchung des Wassers im Zweistromland zur Folge gehabt, die die Kinder- und Säuglingssterblichkeit auf tragische Weise vermehrte. Was bezwecken die NATO-Stäbe, wenn der iranischen Luftlinie die unentbehrlichen Ersatzteile verweigert werden? Erhofft man sich davon in Berlin, Paris und London, daß möglichst viele dieser Maschinen abstürzen und ihre zivilen Passagiere in den Tod reißen? Wie vertragen sich die deutschen Beteuerungen, man müsse die Regime von Teheran und Damaskus wirtschaftlich strangulieren, damit sie sich den westlichen Vorstellungen von Demokratie und Meinungsfreiheit anpassen, mit der Tatsache, daß zum gleichen Zeitpunkt die repressivsten Staaten dieser Region mit Waffen überschüttet werden – Hunderte Leo-II-Panzer für Saudi-Arabien, 200 für den Größenwahn des winzigen Emirats Qatar? Wo bleibt die offiziell betonte Moral, ja der elementare menschliche Anstand, wenn man die Auflehnung der zu siebzig Prozent schiitischen Bevölkerung der Golfinsel Bahrain gegen die sunnitische Tyrannei der Khalifa-Dynastie ignoriert?

Der Preis der Heuchelei

Ich neige nicht zu tugendhafter Entrüstung, und falls es die von Angela Merkel beschworene »deutsche Staatsräson« verlangt, würde ich sogar unvermeidliche Verstöße gegen das ohnehin diffuse Völkerrecht in Kauf nehmen. In meinem langen Leben habe ich so viele Greuel gesehen, daß mich die Seelenzustände gewisser Bundeswehrsoldaten auf einem doch relativ marginalen Kriegsschauplatz wie Afghanistan erschüttern. Aber was mich anwidert, ist eine Form von Heuchelei und gezielter Irreführung, die zur Leitlinie westlicher Außenpolitik und strategischer Entfaltung zu werden droht. Was soll man von dem neu erfundenen Konzept der »responsibility to protect« halten – von der Verantwortung, Massenmorde und Genozide zu verhindern –, wenn die Mittel für eine solche rettende Intervention gar nicht vorhanden sind und wenn etwa der Horror, der zur Zeit den östlichen Kongo heimsucht, tunlichst verschwiegen wird?

So liefert die Bundesrepublik ihre perfektionierten Waffensysteme an ein saudisches System, dessen Haßprediger darauf aus sind, deutsche Konvertiten zum wahhabitischen Islam zu bekehren und durch religiöses »brain-washing« zu Terroristen zu erziehen. Als Gegengabe für ihre Waffenlieferungen erhielten die Deutschen – mit saudischen Geldern finanziert – 300 000 Exemplare des Heiligen Koran. Keiner der bei uns predigenden Imame hat bisher seine Stimme erhoben, um gegen diese wahllose Massenverteilung des heiligsten Buches, das somit der Entweihung und Besudelung ausgesetzt ist, zu protestieren. Mir sind gelegentlich von hohen »Ulama« in Bagdad oder Kairo Exemplare der Offenbarung Mohammeds als Geste des Vertrauens und der Hochachtung überreicht worden. Das geschah in der Erwartung, daß ich das »ungeschaffene Wort Gottes« mit dem gleichen Respekt behandeln würde wie die Gläubigen. Aber wer garantiert diesen Respekt bei der unkontrollierten Werbeverteilung an zahllose Unbekannte?

Welches Urteil würde wohl der gelehrte Qadi Ibn Khaldun über das saudische Herrscherhaus fällen? Er gewährte den Dynastien seiner Epoche, die – ähnlich wie später die Kamelreiter Ibn Sauds – meist aus dem religiösen Eifer von Beduinenstämmen hervorgegangen waren und die Herrschaft über die Städte an sich rissen, eine durchschnittliche Überlebensdauer von vier Generationen. Dann stelle sich allmählich der Untergang ein als Folge der »Verderbtheit der Sitten, des Strebens nach Vergnügungen und Luxus, der Völlerei in Speisen und Trank«. Vor allem warnte der Qadi vor den sexuellen Ausschweifungen, den perversen Entartungen des Geschlechtsverkehrs. »Wenn wir einen Staat zerstören wollen«, so zitiert er den Koran, »dann lassen wir seine Einwohner in ihrer Sünde und ihrem Luxus verkommen, so daß unsere Strafe zu Recht vollstreckt wird, und wir werden diesen Staat vernichten.«

*

»Wie hältst du es mit der Religion?«, heißt es in Goethes »Faust«. »Wie hältst du es mit Amerika?«, könnte heute die Frage lauten, die gelegentlich mit quasi religiöser Eindringlichkeit gestellt wird. Ein großer deutscher Verlag hat das Bekenntnis zu den USA zur obligatorischen Richtlinie für seine

Mitarbeiter gemacht. Nur ein Narr kann Anti-Amerikaner sein, hat doch fast jeder von uns eine verwandtschaftliche Beziehung zur Neuen Welt. Wer hat sich nicht begeistert für amerikanische Literatur, für amerikanische Musik und für all jene Aspekte des »American way of life«, die Bestandteil unseres Alltags geworden sind? Noch die jüngste Landung von »Curiosity« auf dem Planeten Mars hat uns gezeigt, wie weit uns die amerikanische Wissenschaft überlegen ist.

Aber ein Narr ist auch, wer in allen Fragen der Außenpolitik und der Strategie den Entscheidungen des Weißen Hauses und des Pentagon folgt; ja, ich würde sagen, der ist ein Feind Amerikas, der dem weitverbreiteten »Jingoismus« jenseits der transatlantischen Großmacht zustimmt oder den »overstretch« der diversen Feldzüge gutheißt. Die technische Innovationskraft der USA ist offenbar ungebrochen. Sie wird jedoch erkauft durch die enorme finanzielle Überbelastung jenes militärisch-industriellen Komplexes, die schon dem zum Präsidenten gewählten General Eisenhower Sorgen bereitete.

Mit Bestürzung mußte man sich bei den jüngsten »Primaries« der Republikaner fragen, wie es möglich ist, daß ein so riesiger Staat mit so vielen Begabungen und hochqualifizierten Experten eine so extrem klägliche Kandidatenmannschaft für das höchste politische Amt aufstellt. Da scheint es manchmal, als werde unter dem Einfluß Mammons eine negative Auslese getroffen und die Demokratie ad absurdum geführt. Zu dieser Stunde sollte man über den Ausgang der anstehenden Präsidentenwahl keine Voraussage machen. »Es wird knapp werden«, sagen die amerikanischen Freunde, die von Obama enttäuscht sind, aber mit bösen Ahnungen auf einen eventuellen Sieg Mitt Romneys blicken. Wer hätte noch vor ein paar Jahrzehnten gedacht, daß die Entscheidung über die Präsidentschaft der USA zwischen einem Afroamerikaner kenianischer Abstammung und einem Mormonen ausgetragen würde, der sich hartnäckig weigert, die Steuererklärung über sein immenses Vermögen offenzulegen!

Was wirft man Obama vor? Er hat es nicht fertiggebracht, das Straflager von Guantánamo zu schließen. Er hat sich am Hindukusch verrannt, als er glaubte, mit einem »surge«, einer Truppenverstärkung von 30 000 Mann, eine strategische Wende herbeizuführen. Für den Abgrund der Staatsverschuldung, die Pauperisierung weiter Bevölkerungsschichten kann Obama kaum verantwortlich gemacht werden. Er wurde von der Mißwirtschaft seines Vorgängers erdrückt und bei seinen Reformversuchen durch eine oppositionelle Kongreß-Mehrheit gelähmt.

Wie sehr sich die USA in ihrer Substanz verändert haben, wird sichtbar, wenn möglicherweise die Masse der zugewanderten Latinos, die bald ein Drittel der Gesamtbevölkerung ausmachen dürften, an den Urnen den Ausschlag geben. Der 42jährige Vizepräsident, den Mitt Romney, der Mann mit dem Nußknacker-Lächeln, berufen hat, steht den chauvinistischen Auswüchsen der sogenannten »Tea Party« nahe, wie vor ihm schon Sarah Palin, jene Schützenkönigin aus Alaska, die beim vorherigen Kampf um das Weiße Haus dem redlichen Vietnam-Veteranen John McCain die letzte Chance nahm. Paul D. Ryan, so hört man, ist praktizierender, zum religiösen Integrismus neigender Katholik und als solcher ein absoluter Gegner der Abtreibung, selbst in Fällen von Vergewaltigung. Damit ist die »abortion« neben der Furcht vor Arbeitslosigkeit zu einem zentralen Thema der weiblichen Wählerschaft geworden.

Daß Mitt Romney zwei Jahre lang eine missionarische Tätigkeit für seine Mormonengemeinde ausgerechnet in Frankreich ausgeübt hat, ist relativ wenig bekannt. Die Außenpolitik hat bei amerikanischen Volksbefragungen nie eine nennenswerte Rolle gespielt. Aber wie werden die Republikaner auf den Tumult in der arabisch-islamischen Welt, auf das Erwachen Chinas zur rivalisierenden Weltmacht reagieren? Wie werden sie sich angesichts der Ausweitung des syrischen Bürgerkriegs verhalten? Außenministerin Hillary Clinton hatte bereits gehofft, einen Kompromiß zwischen den Muslimbrüdern des ägyptischen Präsidenten Mohammed el-Mursi und der neuen Generalsclique von Kairo gefunden zu haben. Da wurde sie durch die Meldung überrascht, daß dieser Wortführer der Muslimbrüder seine erste Amtsreise nach Peking und nach Teheran unternimmt.

Der Mensch wächst angeblich mit seinen höheren Zwekken, und das mag auch für Mitt Romney gelten. Schließlich hat sich Ronald Reagan bei seinem lockeren Umgang mit Gorbatschow ganz anders verhalten, als die »pundits« von Washington erwartet hatten. Wer hätte andererseits angenommen, daß Barack Hussein Obama, der seine Amtszeit mit einer grandiosen und versöhnlichen Rede in Kairo begonnen hatte, am Ende dieser Amtszeit mit mörderischen unbemannten Drohnen ohne Rücksichtnahme auf eventuelle »Kollateralschäden« weit mehr angebliche El-Qaida-Terroristen zur Strecke bringen würde als sein Vorgänger George W. Bush, daß es ihm sogar gelingen würde, endlich Osama Bin Laden aufzustöbern und durch ein Kommando von US Seals exekutieren zu lassen?

*

Der grüne Strand der Spree eignet sich nicht sonderlich für profunde historische Rückblicke. Die wenigsten wissen, daß die gesamte Region Deutschlands jenseits der Elbe bis ins hohe Mittelalter von slawischen, heidnischen Stämmen besiedelt war. Die gewaltsame Missionierung und Germanisierung dieser Völkerschaften fand erst statt, nachdem das Heilige Land den christlichen Kreuzfahrern entrissen wurde und die kriegerischen Mönche des Templer- und des Deutschen Ordens zu einem Kreuzzug in Osteuropa aufbrachen, der sie bis an die Ufer des Peipussees führte. Ein Blick auf das heutige Straßenbild von Berlin, Paris oder London drängt den Gedanken auf, daß wir uns in einer akuten Phase globaler Völkerwanderung befinden. Die modernen Verkehrsmittel erlauben eine weltumspannende Beweglichkeit, die in früheren Jahrhunderten unvorstellbar war. Im übrigen sollten wir uns die großen Migrationen, die das Ende des Römischen Reiches besiegelten, nicht unbedingt als Massenansturm barbarischer Horden vorstellen. Es fand vor allem ein permanentes Einsickern kleiner Gruppen statt, die sich in die Strukturen des Imperium Romanum einfügten, sich als Soldaten oder als Landarbeiter verdingten, bis diese Neuankömmlinge sich stark genug fühlten, ihre eigenen Machtstrukturen zu errichten.

Wir hatten diese »Einführung« mit der Erwähnung der Mongolenschlacht von Liegnitz begonnen. So wie die mongolischen Steppenreiter Dschingis Khans im 13. Jahrhundert in Mitteleuropa einzufallen drohten, waren schon ein halbes Jahrtausend zuvor die muslimischen Sarazenen des Emir Abdul Rahman – aus dem Maghreb kommend – nach Gallien vorgedrungen. Dazu stellt der englische Historiker Edward Gibbon in seinem monumentalen Werk »Decline and Fall of the Roman Empire« eine faszinierende Hypothese auf: »In siegreichem Vormarsch waren die Muselmanen über Tausende von Meilen von dem Felsen von Gibraltar bis an die Loire gelangt. Mit der Bewältigung einer zusätzlichen vergleichbaren Entfernung hätten die Sarazenen bis an die Grenzen Polens und die Hochlande Schottlands vorrücken können. Der Rhein stellt kein größeres Hindernis dar als der Nil oder der Euphrat, und eine arabische Flotte hätte – ohne eine Seeschlacht zu liefern – in die Mündung der Themse eindringen können. Vielleicht würde dann die Deutung des Korans in unseren Hochschulen von Oxford gelehrt, und von den Pulten der Korangelehrten würde einem beschnittenen Volk die Heiligkeit und die Wahrheit Mohammeds beigebracht.«

An der geballten Abwehrkraft der fränkischen Krieger des merowingischen Feldherrn Karl Martell und den Resten der gallo-romanischen Legionen ist im Jahr 732 der islamische Ansturm zerbrochen. Aus dem Geschlecht Karl Martells ist die legendäre Gestalt Karls des Großen hervorgegangen, der sich in Rom vom Papst zum Kaiser des Abendlandes krönen ließ. Um diese verlorene Einheit des Heiligen Römischen Reiches, das erst sehr viel später durch den Zusatz »Deutscher Nation« in seiner Bedeutung reduziert wurde, ins Gedächtnis zu rufen, hatten sich vor fünfzig Jahren Charles de Gaulle und Konrad Adenauer als bekennende Katholiken zum feierlichen Tedeum in Reims zusammengefunden. Es war immerhin ein Akt hoher symbolischer Bedeutung, als Angela Merkel und François Hollande sich in der Krönungskathedrale der französischen Könige von Reims trafen, um wiederum der Versöhnung der beiden Kernlande Europas zu gedenken. Mit Rücksicht auf den laizistischen Charakter der französischen Republik wurde statt des feierlichen Hochamtes der Ausklang der Johannespassion von Johann Sebastian Bach angestimmt. Ob die protestantische Kanzlerin ahnte, daß sie sich an der Stelle befand, wo einst die Jungfrau von Orléans in voller Rüstung der Krönung des von ihr geretteten Königs Karl VII. beiwohnte? War sich der Atheist Hollande bewußt, daß er an die Stelle jenes Monarchen getreten war, der sich des Heldentums der »pucelle« aus Domrémy so unwürdig erwies? Der Erzbischof von Reims ließ es sich nicht nehmen, auf diese säkulare Veranstaltung den Segen Gottes herabzurufen und sich sogar in deutscher Sprache an den hohen Gast aus Berlin zu wenden. »Ob Christ oder nicht«, so führte der Prälat aus, »jeder wird begreifen, daß der Aufenthalt an einem solchen Ort zur Nachdenklichkeit aufruft und an das Gewissen appelliert.«

Die deutschen Medien haben diese weihevolle Stunde, die so gar nicht dem Geist ihrer aufklärerischen Intoleranz entspricht, nur mit Widerstreben zur Kenntnis genommen. Dabei hätten sie wissen sollen, daß das Schicksal nicht nur des Euro, dieses »goldenen Kalbes« unseres Kontinents, sondern das Überleben Europas von dem aktiven Zusammenschluß der karolingischen Erblande beiderseits des Rheins abhängt. Mit einem Zitat Paul Valérys haben wir diese »Muqaddima« begonnen. Mit einer düsteren Warnung desselben Autors wollen wir sie auch beenden. »Dans le gouffre de l'histoire il y a de la place pour tout le monde«, so hatte er den Europäern zugerufen: »Im Abgrund der Geschichte ist Platz für alle.«

AUFTAKT EINER TRAGÖDIE
2008-2009

Ein einsamer Präsident

Interview, 10. 11. 2008*

Barack Obama ist ein Linker, ein Unkonventioneller, ein Veränderer und ein Schwarzer. Das provoziert. Ein Attentat auf ihn scheint programmiert.

Noch nie zuvor war ein US-Präsident so gefährdet. Obama ist von zwei Seiten bedroht: Einmal von all den US-Amerikanern, die weiterhin rassistisch denken und keinen schwarzen Präsidenten dulden. Aber es gibt noch eine andere Gefahr: Obama ist der Sohn eines Muslims. Nach islamischem Recht gilt er als Muslim, selbst wenn er heute praktizierender Christ ist. Fanatische Muslime sagen sich: Obama ist vom Glauben abgekommen, darauf steht die Todesstrafe. Der neue amerikanische Präsident ist also wirklich in Lebensgefahr.

McCain oder Obama: Wen hätten Sie gewählt?

Obama natürlich. McCain kenne ich persönlich, er ist ein redlicher, höflicher Mann mit vernünftigen Ideen. Was mich an ihm aber enorm stört, ist seine Umgebung. Die Bush-Clique wäre er nicht losgeworden. Zudem ist McCain schon 72 Jahre

* Schweizer Illustrierte

alt und nicht ganz gesund. Stellen Sie sich vor, er kippt eines Tages tot um, dann ist Sarah Palin Präsidentin. Palin Oberbefehlshaber der US-Streitkräfte! Das ist doch eine schreckenerregende Perspektive.

Was schätzen Sie an Obama?

Obama ist eine imponierende Erscheinung, ein Mann, der nie aus der Fassung gerät. Er ist hochintelligent, sehr sportlich, formuliert sehr gut, und er hat enormes Charisma. Am meisten beeindruckt mich aber seine Gelassenheit. Er wurde ja von McCain oft hart attackiert, aber er hat das alles ruhig und elegant beiseite geschoben – das war schon sehr beachtlich.

Aber allein diese Eigenschaften genügen doch nicht, Präsident zu werden?

Obama wurde auch darum gewählt, weil Amerika sich enorm verändert hat. Im einst durch die weißen Vorfahren geprägten puritanischen, calvinistischen Land leben heute fünfzig Millionen katholische Latinos. Die waren anfänglich für Hillary Clinton – dann aber schwenkten sie zu Obama um. Wohl auch darum, weil sie von ihm erwarten, daß er die dreizehn Millionen illegalen Latinos in den USA großzügiger behandelt und nicht zurückschickt.

Viele Junge haben mit geradezu religiösem Eifer Obama zugejubelt.

Vor allem mit Hilfe dieser Jungen ist Obama Präsident geworden. Und er hat, was noch kein Kandidat tat, seinen Wahlkampf im Internet geführt – und so extrem viele Stimmen bei jungen Leuten geholt.

Haben viele US-Bürger Obama auch aus Trotz gewählt – weil sie Bush hassen?

Ja, das war ein wesentlicher Punkt. Bush hat Amerika heruntergewirtschaftet. Und er glaubt heute noch, daß er alles richtig gemacht hat – weil er ja angeblich von Gott inspiriert ist. Bush hat Amerika zutiefst geschadet.

Hatte McCain überhaupt eine Chance?

Wenn die Wirtschaftskrise nicht gekommen wäre, dann hätte McCain eine Chance gehabt. Obamas Schwäche im Wahlkampf war seine außenpolitische Unerfahrenheit; da hätte McCain viel besser punkten können. Doch mitten im Wahlkampf kommt die Finanzkrise. Und der kleine US-Mittelstand, der seine Häuser und Kreditkarten verliert, interessiert sich überhaupt nicht mehr für den Irak. So gesehen hat die Krise Obama zum Wahlsieg verholfen.

Ein Wort zu Michelle Obama?

Michelle ist eine sehr starke, kluge Persönlichkeit mit viel Selbstbewußtsein und einem vielleicht etwas lockeren Mundwerk. Aber sie ist ganz klar Obamas großer Rückhalt.

Und dann gibt es noch einen Mann namens Joe Biden – den neuen Vizepräsidenten. Man nimmt ihn gar nicht richtig wahr.

Joe Biden ist eine gute Wahl. Er sieht zwar aus wie ein britischer Aristokrat, stammt aber aus einfachen Verhältnissen und ist der Sohn eines irischen Arbeiters. Biden hat sich als Senator mit großer internationaler Erfahrung einen Namen gemacht. Er kann sich aber auch völlig vergaloppieren. Er sagte zum Beispiel: »Hillary Clinton wäre der viel bessere Vizepräsident als ich!«

Warum hat Obama Hillary Clinton dann nicht zur Vizepräsidentin gemacht?

Mit Hillary als Vize hätte Obama tatsächlich die größere Gewißheit gehabt, als Präsident gewählt zu werden. Aber er hätte nachher auch noch ein paar Jahre mit ihr zusammenarbeiten und regieren müssen. Und Hillary ist als ziemlich schwierige Person bekannt.

Und in ein paar Jahren wird Hillary Clinton dann doch noch US-Präsidentin?

Das glaube ich nicht, dazu ist die Welt zu schnellebig geworden. Nein, Hillary hatte ihre Chance – das war's. Vorbei.

Wird die Welt mit Obama jetzt friedlicher?

Jedenfalls stehen wir nun nicht mehr vor allen möglichen Abenteuern, die unter George W. Bush möglich waren. Und mit denen man sogar gerechnet hat. Daß er den Iran nicht bombardiert hat, ist ein echter Glücksfall.

Wie hätte Obama wohl auf die Terroranschläge von 9/11 reagiert?

Wahrscheinlich ähnlich wie Bush. Unmittelbar nach den Anschlägen hatte Bush ja die ganze Welt hinter sich. Da herrschte eine große und auch berechtigte Solidarität, nach dem Motto »Wir sind alle Amerikaner«. Ob es dann aber klug war, daß die Allianz 9/11 als Kriegsfall betrachtet hat, das ist ein anderes Thema. Ich könnte mir vorstellen, daß Obama in der gleichen

Situation die Einsicht gehabt hätte, daß nicht Afghanistan der Kern der Verschwörung ist.

Wie wird Barack Obama mit den islamischen Staaten umgehen?

Im Falle des Iran hat er ja bereits während des Wahlkampfes betont, er sei grundsätzlich bereit, mit jedem zu verhandeln. Was mir aber viel wichtiger erscheint und was mich zutiefst beunruhigt, ist, daß Obama beim Kampf gegen den Terrorismus sein Schwergewicht auf Afghanistan und El Qaida legen will. Da täuscht er sich. El Qaida spielt heute in Afghanistan keine Rolle mehr. Da verrennt sich Obama völlig.

Was wird sich mit Obama im amerikanisch-europäischen Verhältnis ändern?

Bisher hatten wir US-Präsidenten mit starken europäischen Wurzeln. Obama aber hat mit Europa nichts zu tun: Aufgewachsen ist er auf Hawaii, dann lebte er in Indonesien, und sein Vater stammt aus Afrika. Zunächst wird er sich als Schwarzer wohl eher für afrikanische Angelegenheiten interessieren. Zudem hat er bereits angekündigt, sich mehr um Südamerika zu kümmern. Eine große, angeborene Beziehung zu Europa hat Obama nicht.

Finanzkrise, Rezession, Afghanistan, Irak, Klimawandel. Obama hätte für seinen Amtsstart keinen schwierigeren Zeitpunkt erwischen können.

Für all diese Probleme ist er ja nun wirklich nicht verantwortlich. Aber er hat einen harten Weg vor sich. Er muß sich als erstes unbedingt der Wirtschaft widmen! Und er wird ein Sozialprogramm ausarbeiten, das für die USA revolutionär sein wird.

143

Wenn Sie Barack Obama eine Frage stellen könnten, wie würde die lauten?

Ich würde ihm keine Frage stellen, sondern ihm sagen: Mister President, überschätzen Sie Afghanistan nicht! Afghanistan ist nur ein Nebenschauplatz, und Sie können dort in einen Konflikt mit Pakistan hineingezogen werden. Pakistan hat 180 Millionen Einwohner – und Atombomben. Sollte die dort bisher starke Armee destabilisiert werden – dann wird's ganz gefährlich! Ihre wirklichen Feinde, Mister President, sitzen in Pakistan und eventuell auch in Saudi-Arabien.

Somalische Flipflops blamieren Supermächte

01. 12. 2008

Wenn die Sache nicht so ernst wäre, könnte man Heiterkeit empfinden beim Anblick des absurden Spektakels, das derzeit am Ausgang des Roten Meeres und im Golf von Aden geboten wird. Da fahren ein paar unansehnliche Daus, die sonst dem Fischfang dienen, an gewaltige Frachtschiffe heran. Ein halbes Dutzend Somali mit Gummilatschen an den Füßen, aber mit Kalaschnikow-Gewehren, werfen ihre Enterhaken aus und erklettern mit Hilfe von Strickleitern die hohe Bordwand. Die Piraten des Horns von Afrika sind weit entfernt von jenen romantischen Korsaren-Gestalten, die einst auf dem Atlantik und vor allem in der Karibik ihr Unwesen trieben. Aber sie arbeiten noch effizienter als ihre berühmten Vorläufer.

Mehr als neunzig Schiffe sind von den somalischen Seeräubern im Laufe des vergangenen Jahres angegriffen worden. 39

von ihnen konnten sie kapern und beachtliche Lösegelder kassieren. Etwa fünfzehn Schiffe ankern zur Zeit vor armseligen Fischerdörfern an der somalischen Küste, in deren Hinterland jede staatliche Autorität zusammengebrochen ist. Bei diesen Beutezügen erregte vor allem ein ukrainischer Transporter Aufmerksamkeit, der 33 Panzer an Bord hatte. Die waren zweifellos für irgendeinen Kampfeinsatz im Dienste korrupter afrikanischer Potentaten und für deren skrupellose Hintermänner, die Bosse internationaler Rohstoffkonzerne, bestimmt.

Noch spektakulärer war die Kaperung des saudischen Supertankers »Sirius Star«, bis zum Rand mit 300 000 Tonnen Rohöl gefüllt. Ein Monstrum von mehr als 300 Meter Länge. Der räuberische Seekrieg hat sich bereits weit in den Indischen Ozean verlagert und schafft dort eine breite Zone der Unsicherheit.

Für die »internationale Staatengemeinschaft«, wie sie sich pompös nennt, stellen diese Vorgänge eine Blamage ersten Ranges dar. Man hätte doch davon ausgehen müssen, daß die Fünfte amerikanische Flotte, die mit ihrem kolossalen Aufgebot, ihren riesigen Flugzeugträgern als Herrin der Meere auftritt, gegen solche Anfeindungen durch somalische Hungerleider gewappnet wäre. Aber die US Navy war seltsamerweise nicht zur Stelle. Vollends grotesk wirkt das Verhalten der deutschen Fregatten, die im Namen der Operation »Enduring Freedom« mit der Sicherung dieses Weges – immerhin passieren 16 000 Schiffe pro Jahr die Meerenge des Bab-el-Mandeb – beauftragt sind. Eine absurde Gesetzgebung des Bundestages verbietet der deutschen Marine das aktive Eingreifen. Bislang durften die Matrosen lediglich zusehen, wie die Seeräuber ihre Beute an sich rissen, und den Zwischenfall an ihren Kommandostab melden. Demnächst sollen auch deutsche Kriegsschiffe eingreifen dürfen, müssen jedoch einen Polizisten an Bord haben, um die gefangenen Verbrecher zu verhö-

145

ren. Was dann mit den Piraten geschieht, bleibt ungewiß. Da es keine somalische Staatsautorität mehr gibt, können sie nicht ausgeliefert werden, und falls sie vor ein deutsches Gericht gestellt werden, fänden sie am Ende womöglich als Asylsuchende Unterschlupf in der Bundesrepublik.

Seitdem dieser Skandal zum Himmel schreit, sinnen die NATO-Stäbe und auch die russische Admiralität auf Abhilfe. Durch eine beachtliche Flottenentfaltung müßte es den Seemächten möglich sein, die winzigen Motorboote der Korsaren rechtzeitig zu neutralisieren. In früheren Zeiten hätte man mit solchen Verbrechern kurzen Prozeß gemacht. Man hätte sie an der nächsten Rahe aufgehängt. In anderen Weltgegenden hat sich erwiesen, daß eine gut geplante Gegenaktion, wie sie gegen das Piratenunwesen in der Straße von Malakka durchgeführt wurde, zu einer drastischen Verringerung der Zwischenfälle führt.

In Somalia hat sich die westliche Allianz im Jahr 1993 schon einmal eine blutige Nase geholt und einen schmählichen Rückzug angetreten. In dem Chaos, das zwischen Mogadischu und Berbera vorherrscht, hatte das Pentagon vergeblich versucht, mit Hilfe von Invasionstruppen ein Minimum an Stabilität herzustellen. Angesichts der Auswüchse der Piraterie stellt sich die Frage, was wohl geschehen würde, wenn die USA sich zum Angriff und zur Bombardierung der Islamischen Republik Iran entschlossen hätten. Die den Fischern Somalias weit überlegenen Revolutionswächter, die Pasdaran, verfügen über perfektionierte Schnellboote und ein hochentwickeltes Sprengarsenal. Die Riesentanker, die durch das Nadelöhr von Hormus müssen, würden sich als extrem verwundbar erweisen. Die zur Selbstaufopferung entschlossenen »Gotteskrieger« des Präsidenten Ahmadinejad könnten eine für den Westen verhängnisvolle Seeblockade verhängen und sogar die übermächtige US Navy vorübergehend schachmatt setzen.

Zwischen Hamas und Fatah

12. 01. 2009

Die Zustände im Gazastreifen haben apokalyptische Züge angenommen, und die Gefahr ist groß, daß auch ein Beschluß des Weltsicherheitsrates daran nichts ändern wird. In Erwartung einer Waffenruhe, die – selbst wenn sie zustande käme – keinerlei Stabilität verspricht, kreisen die Bomber und Hubschrauber Israels über die auf engstem Raum zusammengedrängte Bevölkerung von 1,5 Millionen Palästinensern. Die Ziele der Regierung Israels sind klar. Der Beschuß mit Qassim- und neuerdings mit Grad-Raketen auf israelisches Territorium soll eingestellt werden. Aber ehe es zu diesen ziemlich kläglichen Provokationen gekommen war, hatte sich in Form von Blockaden und Hinrichtungen eine Konfrontation aufgebaut, die die Katastrophe unausweichlich machte.

Als der israelische Regierungschef Ariel Scharon 2005 den Befehl gab, die im Gazastreifen lebenden jüdischen Kolonisten zu evakuieren, hatte er gehofft, den Hexenkessel sich selbst und seinem internen Chaos zu überlassen. Er war es auch leid, zwei Divisionen seiner Armee zum Schutz einer kleinen Gruppe von 5000 Mitbürgern in permanenter Bereitschaft zu halten. Seine an sich vernünftige Maßnahme wurde jedoch ohne Absprache mit dem palästinensischen Widerpart getroffen und entbehrte deshalb der erforderlichen Zusicherung durch die arabisch-muslimische Seite. Die im Gazastreifen herrschende radikal-islamische Hamas-Bewegung hatte zudem den israelischen Abzug als ein Zeichen der Schwäche gedeutet.

Die Tragödie könnte schlimmer nicht sein. Es war ein Irrtum der Israeli, in den autonomen Palästinensergebieten 2006 freie, demokratische Wahlen zu veranstalten in der Erwartung, daß die gemäßigte, zu Kompromissen, zur Kollaboration bereite Fatah-Bewegung um Präsident Mahmud Abbas den Sieg davontragen würde. Seit jedoch die Hamas sich auf die Zustimmung der palästinensischen Bevölkerungsmehrheit berufen kann und die Fatah in den Ruf von Bestechlichkeit und schwächlicher Nachgiebigkeit geriet, führt kein Weg mehr aus der Sackgasse heraus. Die Tatsache, daß die USA und die Europäische Union sich überreden ließen, die Hamas, die ursprünglich als sozial fürsorgliche, religiöse, aber relativ integre Organisation ihren Wahlsieg errungen hatte, zur »verbrecherischen Organisation« zu erklären, verbaut ihnen das Gespräch, das eine Befriedung bewirken könnte.

Bei Freund und Feind stellt sich die Frage, welches die Kriegsziele Israels in Wirklichkeit sind. Der Gazastreifen ist von der Landkarte nicht wegzuradieren, und es ist nicht das erste Mal, daß ein Staat sich auf eine kriegerische Aktion einläßt, ohne zu wissen, wie er sich eines Tages aus ihr wieder lösen kann. In der ersten Phase stand ein massives Bombardement der israelischen Luftwaffe, um dem Widerstand des Feindes das Rückgrat zu brechen. Daraufhin sollten Panzerkräfte gegen die Abschußstellungen vorrücken, von denen palästinensische Raketen abgefeuert wurden. Die dritte Phase wäre die infanteristische Eroberung der unterirdischen Bunker und des mit Minen gespickten Verteidigungssystems, die die Hamas-Kämpfer inmitten ihrer Wohnblocks angelegt haben. Hier könnte es zu schmerzlichen Verlusten für die israelischen Streitkräfte, aber auch zu einer unerträglichen Steigerung der Opferzahl bei der arabischen Bevölkerung kommen.

Das israelische Oberkommando hat noch jenen unseligen Feldzug vor Augen, den es im Sommer 2006 im Südlibanon eingeleitet hatte. 33 Tage hatten damals die Kämpfe zwischen der als unschlagbar geltenden Armee des Judenstaates und einer Partisanentruppe gedauert, die alle Tricks des sogenannten »asymmetrischen Krieges« beherrschte. Am Ende blieb den Israeli nur der Rückzug und die Einschaltung von Truppenkontingenten der Vereinten Nationen übrig. Ein ähnlicher Fehlschlag soll sich im Gazastreifen nicht wiederholen, und tatsächlich ist die Freischärlertruppe der Hamas, die unzureichend erprobt und kaum bewaffnet ist, nicht mit der Eliteformation der Hizbullah im Südlibanon zu vergleichen. Es ist also vorstellbar, daß nach Tagen blutiger Häuserkämpfe mit den zur Selbstaufopferung entschlossenen Hamas-Kämpfern der palästinensische Widerstand zusammenbrechen wird.

Da eine dauerhafte Okkupation des Gazastreifens von Israel nicht geplant ist, wird Jerusalem versuchen, die islamischen Extremisten von Hamas durch die zur Konzilianz neigende Fatah-Formation zu ersetzen. Aber da sollte man sich keine Illusionen machen. Bliebe also die Stationierung einer Friedenstruppe der Vereinten Nationen, um halbwegs normale Zustände wieder herzustellen. Diese Aufgabe fiele dann den Europäern zu, da die Israeli keine muslimischen Soldaten als Garanten akzeptieren würden. Wer sich weiterhin von der Schaffung eines Palästinenserstaates eine Lösung des blutigen Dilemmas im Heiligen Land verspricht, sollte einen Blick auf die Landkarte werfen. Er wird feststellen, daß aufgrund der Zerstückelung des Westjordanlandes durch israelische Siedlungen ein solcher Ausweg längst verbaut ist. Auf den neuen US-Präsidenten Barack Obama, der in diesem Konflikt die Bürde übernehmen muß, die ihm sein Vorgänger George W. Bush überlassen hat, kommen schwere Zeiten zu.

Der Tadel am Heiligen Vater

16. 02. 2009

»Wir sind Papst«, titelte die »Bild«-Zeitung triumphierend! Der deutsche Kardinal Joseph Ratzinger war eben als Papst Benedikt XVI. aus dem römischen Konklave hervorgegangen. Letzte Woche stellte das Nachrichtenmagazin »Der Spiegel« seine Ausgabe unter das Motto: »Ein deutscher Papst blamiert die katholische Kirche«.

So schnell und kraß ändern sich die Meinungen, wenn dem Bischof von Rom eine unüberlegte Entscheidung unterläuft. Die Pius-Bruderschaft des Bischofs Lefebvre, die von Benedikt XVI. rehabilitiert werden sollte, weigert sich seit langem, die Reformen des Zweiten Vatikanischen Konzils zu akzeptieren. Daß diese kleine Gruppe von Klerikern an der traditionellen Messe festhält und den Gottesdienst weiterhin auf lateinisch zelebrieren möchte, sollte ihr keinen Bannfluch einbringen.

Unerträglich waren nicht die liturgischen Einwände, sondern die reaktionäre politische Orientierung, die in mancher Beziehung an die katholisch geprägte Ideologie eines Salazar in Portugal oder eines Franco in Spanien erinnerte. Daß nun der englische Lefebvre-Bischof Williamson den Holocaust leugnete und dem Antisemitismus Auftrieb gab, war allerdings ein Fehltritt, der der Aufmerksamkeit des Pontifex maximus nicht hätte entgehen dürfen.

Aber war das ein ausreichender Grund dafür, daß die Kanzlerin Deutschlands, Tochter eines evangelischen Pfarrers, den Papst zur Ordnung rief und sich als Tugendwächterin der internationalen Gemeinschaft in den Vordergrund drängte? Der Vatikan war ja zu jedem Eingeständnis seines Fehlers bereit, und die katholische Kirche hat längst ihre Rolle als

jüngerer Bruder in der abrahamitischen Nachfolge anerkannt.

Der Tadel Angela Merkels am Heiligen Vater erinnert zudem im konfessionell gespaltenen Deutschland an jene
schmerzlichen Traumata, die man längst überwunden glaubte.
Erschwerend kam dann noch hinzu, daß die Kanzlerin die
Rüge am Oberhaupt der katholischen Kirche auf einer Pres-
sekonferenz formulierte, an der der Präsident der Republik
Kasachstan teilnahm. Und bei dem handelt es sich um einen
früheren Spitzenfunktionär der kommunistischen Partei, der
heute als Despot seiner ehemaligen Sowjetrepublik in Zentralasien wenigstens offiziell zum islamischen Glauben zu-
rückgefunden hat.

In Wirklichkeit hat die Kanzlerin, die ihrer lutherischen
Konfession gewiß nie abgeschworen hat, aber das kommunistische Regime Ostdeutschlands mit bemerkenswerter
Geschmeidigkeit überlebte, Erinnerungen an jenen »Kul-
turkampf« geweckt, mit dem einst Otto von Bismarck die Katholiken des Rheinlandes, das von Preußen annektiert war, in
die Knie zwingen wollte.

Seit der Wiedervereinigung ist die Bundesrepublik noch
deutscher, protestantischer und »wilhelminischer« geworden.
Wie anders als eine quasi wilhelminische Hybris lassen sich
die Brüskierung Chinas durch das Umschwärmen des Dalai
Lama in Berlin oder die überhebliche Tonart erklären, mit
der Wladimir Putin von der Kanzlerin zur Respektierung der
Demokratie angehalten, mit anderen Worten als Autokrat ge-
rügt wurde. So ähnlich taktierte man um 1900 in Berlin, als
man den Burenführer Ohm Krüger zu seinem Waffenerfolg
gegen die Engländer beglückwünschte. Immerhin konnte
man damals dem Wilhelminischen Reich zugute halten, daß
es sich tatsächlich um eine Großmacht handelte, wovon die
heutige Bundesrepublik weit entfernt ist.

Die Berliner Massen, die Barack Obama im Tiergarten zu-
jubelten, werden noch schmerzlich zur Kenntnis nehmen
müssen, daß der neue US-Präsident von den Deutschen einen
militärischen Einsatz einfordern dürfte, dem die Berliner Politiker und auch die überforderte Bundeswehr nicht gewachsen sind.

Was nun die Lefebvre-Entgleisung der Pius-Bruderschaft
betrifft, so wird die römische Kurie bemüht sein, die Wogen
zu glätten. Auch in Berlin wird man beteuern, daß die angebliche Standpauke an den Papst nicht ernst gemeint war. Für
die jüdischen Bürger Deutschlands wiederum ist die Situation
eine ganz andere, wenn ein verwirrter katholischer Kleriker
aus England den Holocaust leugnet oder ob der iranische Präsident Ahmadinejad mit dieser Geschichtsfälschung den Orient an den Rand eines Präventivkrieges bringt.

Die deutsche Kanzlerin hat bei manchem deutschen Protestanten jene antikatholischen Vorurteile neu belebt, die immer
noch unter der Oberfläche schlummern, während bei vielen
Gläubigen der katholischen, »allein selig machenden« Kirche
die Frage aufkommt, ob die »Christliche Partei«, der sie ihre
Stimme geben und die sie nach dem Zweiten Weltkrieg ins
Leben riefen, noch ihre geistige Heimstätte bleibt.

Pakistan birgt die größte Gefahr

23. 03. 2009

Die weltweite Finanzkrise, die drohende Rezession beherrschen die Schlagzeilen und belasten die Gemüter. Dennoch
sollte die sensationelle Kehrtwendung gebührend beachtet

werden, die Präsident Barack Obama ohne viel Aufhebens, aber in aller Deutlichkeit vollzogen hat. Der oberste Befehlshaber der amerikanischen Streitkräfte hat festgestellt, daß der Krieg in Afghanistan nicht zu gewinnen ist. Gleichzeitig verkündet er seine Bereitschaft, mit den gemäßigten Elementen des Aufstandes, den Taleban, Verhandlungen aufzunehmen, um nach einer ehrenvollen Beendigung des Konflikts am Hindukusch zu suchen.

Noch vor kurzem hatte in Deutschland der sozialdemokratische Ministerpräsident von Rheinland-Pfalz, Kurt Beck, den vorsichtigen Vorschlag geäußert, mit jenen Gegnern in Afghanistan in Kontakt zu treten, die zu einem Kompromiß bereit wären. Die geschlossene Phalanx der deutschen Politiker und Medien war damals mit Entrüstung und Hohn über ihn hergefallen.

Seit Washington jetzt einzulenken versucht, ist die Berliner Regierung prompt auf die neue Linie Obamas eingeschwenkt. Alle jene Schwadroneure, die ein verstärktes Aufgebot der NATO in Zentralasien auf weitere Jahre, ja sogar Jahrzehnte befürworten, haben urplötzlich ihre früheren Überzeugungen über Bord geworfen. Heute würde sich jeder Parlamentarier lächerlich machen, der behauptet, »Deutschland wird am Hindukusch verteidigt«.

Barack Obama hatte während des Wahlkampfes – im Einklang übrigens mit seinem republikanischen Rivalen McCain – betont, daß nicht mehr der Irak, sondern Afghanistan das Hauptanliegen der amerikanischen Strategie sein müsse. Ob in Bagdad die Dinge sich wirklich so positiv entwickeln, bleibt dahingestellt. Eines ist sicher: Die Verlagerung des Schwergewichts des alliierten Engagements auf Afghanistan bürdet dem Weißen Haus fast unüberwindliche Probleme auf.

Der neu ernannte US-Sonderbeauftragte Holbrooke verfügt nämlich über einen Kompetenzbereich, der nicht nur

Afghanistan, sondern auch die brodelnde Republik Pakistan umfaßt, die zum weitaus gefährlichsten Krisenherd zu werden verspricht. Mit den verschiedenen Stämmen und Warlords zwischen Kandahar und Faizabad ein Abkommen zu erzielen, in dem sie sich verpflichten würden, dem internationalen Kriegshaufen von El Qaida jede terroristische Aktivität zu verbieten, wäre schwierig, aber nicht unmöglich. Für eine Übergangsperiode und um den geordneten Rückzug der NATO zu gewährleisten, wären die Taleban durchaus bereit, die Präsenz neutraler Truppen islamischer Staaten wie Marokko oder Indonesien zu dulden.

Das wirkliche Problem besteht jedoch darin, daß der radikalste Flügel der Aufständischen sich weiter Gebiete jenseits der pakistanischen Grenze bemächtigt hat und daß die dortigen »Gotteskrieger« dem gleichen Volk der Paschtunen angehören, das traditionell die Macht in Kabul ausübt. Die im Norden siedelnde Volksgruppe der Tadschiken hatte mit den Taleban niemals gemeinsame Sache gemacht, was die relative Ruhe erklärt, die in diesen von der deutschen Bundeswehr recht und schlecht kontrollierten Provinzen weiterhin vorherrscht.

Der harte Kern der islamischen Partisanen hat in den »tribal areas« Pakistans eine unzugängliche Gebirgsfestung gefunden. Von dort aus – so scheint es – wird die Stabilität Pakistans aus den Angeln gehoben. Mit dem derzeitigen Präsidenten Zardari, der in Islamabad amtiert, haben die Amerikaner einer höchst zweifelhaften Persönlichkeit zur Macht verholfen. Der Witwer Benazir Bhuttos, die alles andere als ein demokratisches Unschuldslamm war, wurde rechtskräftig wegen massiven Betruges verurteilt und heißt im Volksmund nur »Mister zehn Prozent«.

Zardari hat sich mit den übrigen Parteien überworfen, und seine Gefügigkeit gegenüber Washington gibt jenen radikalislamischen Kräften Auftrieb, die zwischen Karatschi und Pesha-

154

war auf ihre Stunde warten. Dieser Untergrundorganisation ist es bereits gelungen, den amerikanischen Nachschub für die NATO-Truppen in Afghanistan, der zu achtzig Prozent den Landweg über den Khyber-Paß benutzt, empfindlich zu stören, so daß die US Army nach neuen Versorgungsrouten in Zentralasien, ja sogar in Rußland Ausschau hält.

Sollte wirklich das Chaos in Pakistan ausbrechen, gäbe es nur einen Ausweg: die Machtergreifung der Armee, die von Anfang an das Rückgrat dieses Staates gebildet und immer wieder gegen die korrupten Politiker geputscht hat. Am Ende hängt alles vom Generalstabschef und seiner Clique hoher Offiziere ab, denn nur sie – nicht etwa die zivile Regierung – bestimmen über das inzwischen beachtliche Arsenal an Nuklearwaffen, die Pakistan als einziger islamischer Staat besitzt. Die weitaus größten Gefahren für die gesamte Welt brauen sich derzeit in Pakistan zusammen, und dessen wird man sich in Washington offenbar bewußt.

Der asymmetrische Krieg

Interview, 14.04.2009*

Israel hat zum Jahreswechsel einen über drei Wochen dauernden Krieg gegen die Palästinenser in Gaza geführt. Damit sollte laut israelischer Führung der Beschuß durch Qassim-Raketen beantwortet werden. Die Frage ist, ob mit einer derartigen Offensive überhaupt politische Probleme gelöst werden können und wenn, dann welche?

* Hintergrund

Das ist die große Frage, die sich stellt. Wir haben heute eine neue Form des Krieges, mit der die Großmächte, aber auch sehr starke konventionelle Militärmächte wie Israel nicht fertig werden. Und zwar ist es das, was man den asymmetrischen Krieg nennt. Im Grunde ist es der Partisanenkrieg, den es schon immer gegeben hat, aber es gibt wenige Fälle in der Geschichte, wo ein Partisanenkrieg siegreich überwunden wurde.

Natürlich kann Israel in Gaza einmarschieren. Das ist ein winziges Gebiet. Die Hamaskämpfer sind kaum bewaffnet. Sie haben AK47, also die russischen Schnellfeuergewehre, sie haben RPG7 – Panzerfäuste, ein paar Mörser. Das ist alles. Sie haben damit nicht einmal die Kampftauglichkeit der Hizbullah im Libanon. Aber erreicht worden ist zu wenig, oder nichts. Und vor allem – und das sage ich immer den Israeli in aller Freundschaft – sie haben sehr viel Prestige dabei verloren. Militärisches Prestige. Ein Sieg war das nun wirklich nicht, natürlich auch, weil mehr als tausend Menschen getötet worden sind, darunter sehr viele Zivilisten. Dadurch hat Israel weltweit an Prestige verloren, und offenbar ist man sich in Tel Aviv und Jerusalem dieser Tatsache noch gar nicht bewußt.

Tatsache ist auch, daß Israel es bisher abgelehnt hat, mit der Hamas – schließlich einer demokratisch legitimierten Regierung – über jegliche Form von Frieden zu verhandeln.

Man redet immer von dem saudischen Plan, dem die Araber zugestimmt hatten. Aber der ist für Israel schwer erträglich, nämlich der Rückzug auf die Grenzen von 1967. Das würde die Preisgabe der Altstadt von Jerusalem bedeuten, und das verlangt auch die Hamas. Das ist aus israelischer Sicht kaum akzeptabel. Was die Westbank betrifft, die dann von israelischen Siedlern geräumt werden müßte: Da leben 250 000 Siedler. Wenn man Groß-Jerusalem dazu zählt, kommt man beinahe auf eine halbe Million Siedler. Darauf können sich die Israeli nicht einlassen. Aber andererseits wird sich natürlich auch die Hamas nicht auf die Anerkennung des jetzigen Status quo einlassen, wo praktisch die Westbank – darum geht es ja –, das Westjordanufer, als Staat gar nicht existiert. Das sind Landfetzen, die von jüdischen Siedlungen und von Straßen, die nur von Israeli benutzt werden können, mehrfach zerschnitten werden.

Kürzlich wurde in den Medien gemeldet, daß es nun die El-Aqsa-Brigaden seien, die von Gaza aus das brüchige Waffenstillstandsabkommen unterlaufen und mit Qassim-Raketen auf israelisches Gebiet feuern. Beschuldigt wird aber dann die Hamas.

Die El-Aqsa-Brigaden gehören zur Fatah, und die Fatah ist durch die Hamas an die Leine genommen worden. Es kann aber sein, daß die El-Aqsa-Brigaden, die viel kämpferischer sind als die eigentliche politische Fatah-Struktur, unterwandert sind durch den israelischen und den amerikanischen Geheimdienst. Die Palästinenser nennen sie etwas verächtlich »Tunesier«, weil sie nach dem Libanonfeldzug der Israeli 1982 nach Tunesien geflohen waren und eine sehr korrupte Mannschaft sind. Der Repräsentant der Sicherheitsorgane der Fatah ist Mohammed Dahlan, der frühere Sicherheitschef in Gaza, und der hat in israelischen Gefängnissen gesteckt, aber er ist wohl umgedreht und anschließend für die CIA ausgebildet worden. Heute leitet er den Sicherheitsdienst der Fatah im Westjordanland.

Wechseln wir den Kriegsschauplatz. Es sind weltweit viele Hoffnungen mit dem neuen amerikanischen Präsidenten Obama in Hinblick auf Afghanistan und Iran verknüpft. Wenn man sich nun

aber anschaut, daß Obama die Truppenstärke in Afghanistan er-
höht, die militärischen Operationen möglicherweise auch in die
Grenzgebiete Pakistans und darüber hinaus auszuweiten will, bin
ich da ein bißchen skeptisch.

Das hat mich von Anfang an gewundert. Schon während
des Wahlkampfes hat, was den Irak und Afghanistan betrifft,
zwischen Obama und McCain kein fundamentaler Unterschied bestanden. Es ging um die Räumungstermine im Irak,
da gab es eine Differenz. Das ist auch heute noch nicht geregelt.

Die Verlagerung des Schwergewichtes nach Afghanistan
war eine Idee von McCain gewesen, und ich habe schon während des Wahlkampfes gesagt, daß das der erste große Fehler
von Obama ist. Denn der Krieg in Afghanistan ist nicht zu
gewinnen, und die Gefahr ist groß, daß der Krieg auf Pakistan
übergreift, eines Tages ein Chaos in Pakistan schafft. Das ist
ein Staat mit einem starken schiitischen Bevölkerungsteil, also
mit inneren Spannungen, und es ist vor allem ein Staat, der
die Atombombe besitzt. Das ist sehr viel gefährlicher als zum
Beispiel der immer zitierte Iran. Der Iran ist ein stabiles Gefüge, verglichen mit Pakistan. Worauf sich Obama da einläßt,
das wundert mich. 30 000 Soldaten mehr – so wie die heutigen
logistischen Verhältnisse in den westlichen Armeen sind,
kommen auf zehn Soldaten höchstens zwei kämpfende Soldaten – sind im Grunde eine lächerlich schwache Truppe gegenüber den Tausenden von jungen Mujahidin, die bereit sind, in
den Kampf zu ziehen und gegen die fremden Ungläubigen zu
kämpfen.

Nun fällt auch auf, daß seit der Präsenz der ISAF-Truppen 2001
der Opiumanbau ganz immens zugenommen hat. In einem NATO-
Beschluß von 2008 geht es genau darum, den Drogenanbau zu un-

*terbinden und die Drogenbarone militärisch zu entmachten, aber
die sitzen wohl fest und geschützt in der Regierung Karzai?*

Das ist eine Tatsache. Die Taleban, denen man vieles vorwerfen kann, waren teilweise ziemlich stupide Gesellen, aber sie
haben immerhin ein Land geschaffen mit einer sehr strikten,
für manche sehr grausamen Ordnung, auch einer puritanisch
borniertem Ordnung. Aber sie haben Ordnung geschaffen und
vor allem die Opiumanpflanzung auf ein Minimum reduziert.
Sie haben gerade so viel Opium gepflanzt, wie sie brauchten,
um die notwendigen Waffen zu kaufen. Und seit der Westen
dort ist, seit die freie Welt in Afghanistan ist, vor allem die
Truppen, ist Afghanistan mit mehr als neunzig Prozent der
größte Opium- und Heroinproduzent der Welt geworden.
Das ist natürlich ein Skandal.

Nun wird immer behauptet, damit finanzieren die Taleban
ihren Krieg, was zum Teil stimmen mag. Aber auch in den
Gebieten, die völlig ruhig sind, zum Beispiel in Badaghshan,
wo die Bundeswehr ist, wird massenhaft Opium gepflanzt,
und das kommt den Warlords zugute, Mitgliedern der jetzigen Regierung, den Verwandten des Präsidenten Karzai. Also
nicht nur die Taleban nutzen das aus, sondern gerade die korrupten Regierungsstellen bereichern sich daran, und die Bauern leben davon. Man muß wissen: Die Bauern können mit
Getreide kein Geld mehr verdienen in Afghanistan.

Die Hilfsorganisationen schaffen so viele Nahrungsmittel
rein, daß die Bauern ihr Getreide gar nicht mehr zu einem
vernünftigen Preis verkaufen können. Wenn jetzt gesagt wird,
wir wollen gegen die Opiumbauern vorgehen, dann kann es
sehr ärgerlich werden, auch im deutschen Sektor im Norden,
der relativ ruhig ist. Wenn man an die Privilegien, an die reichen Einkünfte der Warlords rangeht und ihnen das Opium
wegnimmt, dann wird es sehr ungemütlich, dann knallt es von

allen Seiten. Ich habe das bei meinem letzten Besuch in Kundus erlebt. Die Briten sind theoretisch mit der Bekämpfung des Opiumhandels beauftragt. Und als da so ein kleiner Trupp auftauchte, war man auf deutscher Seite gar nicht erfreut darüber. Man sagte vielmehr, das bringt nichts und die Leute, die das Opium pflanzen und die davon profitieren, können uns dann Ärger machen.

Wie sieht denn Ihre Prognose für Afghanistan aus, und worin würden Sie eine Lösung sehen?

Ich sehe im Moment keine Lösung. Die Lösung ist immer: Man muß mit dem Gegner sprechen. Es hat gar keinen Sinn, sich Marionetten oder schwache Leute heranzuziehen und die zu begünstigen. Ich habe Karzai persönlich kennengelernt. Das ist kein besonders schlimmer Mann. Es gibt viel schlimmere. Aber er ist schwach, er hat keine Autorität, er ist nicht mal mehr – wie man sagte – der Bürgermeister von Kabul. Er sitzt in seinem Palast und ist geschützt durch amerikanische »contract worker«, also Leute, die 1500 Dollar pro Tag bekommen. Das sind Spezialisten, aber es sind Söldner, die ihn schützen. Also insofern muß man irgendwie mit den Führern – wie immer man sie nennen mag: Mujahidin, Taleban und so weiter – verhandeln.

Die Afghanen sind den Krieg leid. Das muß man auch bedenken.

Die ersten hundert Tage Obamas

27. 04. 2009

Eine grundsätzliche Veränderung könnte sich in der Außenpolitik des Weißen Hauses vollzogen haben, seit Barack Obama dort Einzug hielt. Bis zu dieser Wende war die Priorität der USA in ihren internationalen Beziehungen eindeutig auf Europa ausgerichtet. Auf dem Höhepunkt seines kriegerischen Engagements gegen Japan im Zweiten Weltkrieg galt für Franklin D. Roosevelt die Devise: »Europe first«. Das Land könnte sich gewandelt haben, da Obama nicht wie seine Vorgänger auf eine rein europäische Abstammung zurückblickt. Sein früher erzieherischer Werdegang hat zu wesentlichen Teilen in Hawaii, also im Pazifischen Ozean, und im asiatisch-muslimischen Indonesien stattgefunden. Das bleibt nicht ohne nachhaltige Wirkung.

Nach hundert Tagen Regierungszeit ist es zu früh, Bilanz zu ziehen. Aber sowohl auf der interamerikanischen Konferenz von Trinidad und Tobago als auch bei der NATO-Konferenz in Prag, deren Schwerpunkt sich für Obama am Ende in die Türkei zu verlagern schien, kam der Eindruck auf, daß der 44. Präsident sich in der buntgescheckten, multikulturellen Atmosphäre der Lateinamerikaner recht wohl fühlte und daß er in Istanbul, dem ehemaligen Sitz des islamischen Kalifats, das geistige Erbgut seines kenianischen Vaters entdeckte, der Muslim war.

Es war ein Gebot der Vernunft, endlich die gespannte, ja feindselige Haltung Washingtons gegenüber Kuba zu revidieren. Obama hat diesen Mut aufgebracht. Das Dahinsiechen des dortigen Vaters der Revolution, Fidel Castro, hat die schrittweise Entspannung zweifellos erleichtert. Der Händedruck, den Obama mit Venezuelas Diktator Hugo Chávez tauschte, weist auf eine ideologische Unbefangenheit und eine ethnische Affinität hin, die im Kongreß von Washington Stirnrunzeln auslöste.

Es wurde höchste Zeit, daß die USA gegenüber ihren lateinamerikanischen Nachbarn wieder ein größeres Interesse und Wohlwollen an den Tag legten. Doch vieles hat sich verändert. Um nur Brasilien zu nennen: Das Land hat die Ausmaße eines Kontinents, zählt mehr als hundert Millionen Einwohner und ist aufgrund seiner immensen Bodenschätze in der Lage, das Gespräch mit den »Yankees« auf gleicher Augenhöhe zu führen. Was nun die Mexikaner betrifft, deren Einwanderungsstrom in die »Estados Unidos del Norte« – wie sie die USA nennen – anschwillt und die mit den übrigen »Latinos« dort bereits eine fünfzig Millionen Einwohner starke Bevölkerungsgruppe bilden, so bereiten sie den weißen Nordamerikanern nicht nur aus demographischen Gründen tiefe Sorge. Die extrem kriminellen Mafia-Verhältnisse, die dort im Gefolge eines ausufernden Drogenhandels vorherrschen, bedrohen auf lange Sicht die politische Stabilität der ganzen Region.

Barack Hussein Obama erregte weltweit Aufsehen, als er für die Lehre des Propheten Mohammed eine positive Beurteilung fand und – bei aller Betonung seiner eigenen Zugehörigkeit zum Christentum – der Identifizierung von Islam mit Terror, die in der Umgebung seines Vorgängers noch üblich war, ein Ende setzte. Selbst die Islamische Republik Iran wird nicht mehr der »Achse des Bösen« zugerechnet. Der neuen ultrakonservativen Regierung Israels unter Benjamin Netanjahu gibt er zu verstehen, daß Washington sich eine Beilegung des Konflikts im Heiligen Land nur in der Perspektive einer palästinensischen Staatsgründung vorstellen kann. Die Europäer wiederum – Franzosen und Deutsche zumindest – hat er verprellt, als er in Istanbul für die Aufnahme der Türkei in die EU plädierte, als ob ein amerikanischer Staatschef darüber zu entscheiden hätte, wieweit der alte Kontinent durch eine solche maßlose Ausweitung seine Identität in Frage stellt.

Noch ist die weltweite Begeisterung über die Wahl dieses charismatischen, hochintelligenten Mulatten nicht abgeklungen. Doch in den Kanzleien Europas blickt man mit wachsender Sorge auf das sich steigernde militärische Engagement des großen Verbündeten im Konflikt am Hindukusch, auf eine die Grenzen Pakistans überschreitende Strategie, die den Taleban das Rückgrat brechen möchte, wo doch gleichzeitig im Pentagon die Erkenntnis reift, daß der Krieg in Afghanistan nicht zu gewinnen ist. Die Tatsache, daß Obama das Gespräch mit dem radikalen Flügel des Islamismus prinzipiell nicht verweigert, ändert nichts daran, daß für fromme Muslime eine bewaffnete Präsenz von »Ungläubigen« auf dem Territorium des »Darul-Islam« weiterhin unerträglich bleibt. Auch im Hinblick auf Bagdad, wo das interkonfessionelle Gemetzel zwischen Sunniten und Schiiten vorübergehend nachgelassen hat, sollte der amerikanische Präsident nicht in den Irrtum seines unglückseligen Vorgängers verfallen und die dortige Mission der USA als erfolgreich abgeschlossen bezeichnen.

Obama verdient hohes Lob, daß er sich bereits mit Nachdruck den weltweiten Aufgaben seiner »unentbehrlichen Nation« widmet. Er muß sich jedoch bewußt sein, daß die Beziehungen der USA zu Europa, zu Rußland, vor allem zu China am Ende nicht durch diplomatische Schachzüge definiert werden, sondern durch die katastrophale wirtschaftliche Rezession, die das System des amerikanischen Kapitalismus aus den Angeln zu heben droht.

Endloser Streit um das Heilige Land

30. 05. 2009

Eine amerikanische Karikatur hat es auf den Punkt gebracht: Sie zeigt Benjamin Netanjahu, den unnachgiebigen Ministerpräsidenten Israels, der eben Papst Benedikt XVI. verabschiedet hat und sich anschickt, anschließend nach Washington zu reisen, wo Barack Obama ihn wie eine Heilsfigur erwartet: »Nach dem Papst«, stand unter der Zeichnung, »trifft Netanjahu jetzt auf den Messias!«

Der neue Präsident der USA, dessen Beliebtheitsquote weiterhin hoch bleibt, leidet vor allem unter den übertriebenen Hoffnungen seiner Anhänger, die von ihm Wunder erwarten. Der endlose Streit um das Heilige Land sei das Krebsgeschwür, unter dem der ganze arabisch-islamische Orient leide und dessen Metastasen sich bereits bis nach Pakistan und Afghanistan verhängnisvoll ausbreiteten. In seiner Beziehung zur islamischen Welt hat der »Schwarze Mann im Weißen Haus« wohl den deutlichsten Wandel gegenüber den Irrungen seines Vorgängers vollzogen, der von »Islamo-Faschismus« redete und bei den Korangläubigen im Ruf stand, seinen Feldzug gegen den Terrorismus mit einem Kreuzzug zu verwechseln. Acht Jahre lang hat George W. Bush bedingungslos und ohne Einschränkung die Politik des Judenstaates unterstützt und die spärlichen Hoffnungen auf ein halbwegs friedliches Zusammenleben zwischen Israeli und Palästinensern im Keim erstickt. Das soll sich nun offenbar unter Obama ändern.

In Jerusalem blickt man der Amtsführung dieses multikulturell, ja multikonfessionell geprägten Staatschefs mit wachsender Sorge entgegen, seit Obama gebieterisch verlangte, daß die Hardliner, die heute in Israel das Sagen haben, einen zweiten, einen palästinensischen Staat im Heiligen Land akzeptieren. Er fordert ebenfalls, daß der Ausweitung jüdischer Siedlungen in den Autonomiegebieten auf dem Westjordanufer, die sich unter George W. Bush hemmungslos fortsetzte, ein Riegel vorgeschoben wird. Es bedürfte wirklich eines Magiers, um die Gebietsfetzen, die den Palästinensern als Staatsgebiet verbleiben, zu einem kohärenten Gebilde zusammenzuschließen.

Die amerikanischen Entscheidungsträger haben es offenbar versäumt, einen Blick auf die Landkarte des Heiligen Landes zu werfen. Dann hätten sie nämlich entdeckt, daß kompakte israelische Siedlungsblocks die palästinensischen Städte Hebron, Ramallah, Nablus und Dschenin voneinander abriegeln und sich östlich von Jerusalem bis zum Jordantal ausgeweitet haben. Das Terrain, das der Fatah-Bewegung und deren Präsident Mahmud Abbas als potentielles Staatsgebiet übrig bleibt, gleicht einem Flickenteppich, der von einem Netz israelischer Sicherheits- und Sperrgürtel durchzogen ist. Welche israelische Regierung wird an der Tatsache rütteln können, daß auf der Westbank inzwischen 250 000 jüdische Kolonisten heimisch sind? Am Schicksal Jerusalems droht jede Verständigung zu scheitern, handelt es sich hier – nach der Aussage eines berühmten Orientalisten – nicht nur um ein Problem der Politik, sondern um ein Urteil des Jüngsten Gerichts.

Was nun Syrien und die von Israel seit 1967 besetzten Golan-Höhen betrifft, so wäre eine Lösung immerhin vorstellbar. In einer früheren Amtsperiode hatte Regierungschef Netanjahu das Gespräch über eine Rückgabe dieses Territoriums an Damaskus, verbunden mit einer kontrollierten Demilitarisierung, erstaunlich weit vorangetrieben. Aber heute steht jeder Übereinkunft in diesem Raum die mächtige Präsenz der schiitischen Hizbullah des Libanon im Wege, die aufs engste mit der Mullahkratie von Teheran verknüpft ist. Mit allen Mitteln versucht deshalb der Staat Israel, seine amerikanischen Freunde für einen vernichtenden Präventivschlag gegen die Nukleareinrichtungen Irans zu gewinnen. Dabei sollte Jerusalem bedenken, daß die eigene Unfähigkeit, das palästinensische Tunnel- und Versorgungssystem zwischen dem ägyptischen Sinai und dem Gazastreifen auszuschalten, jede Zerstörungsaktion gegen die tief eingebunkerten Produktionsstätten der iranischen Atombombe höchst fragwürdig erscheinen läßt. Ganz zu schweigen vom beachtlichen Vergeltungspotential, über das die Islamische Republik Iran im Umkreis des Persischen Golfs verfügt.

Gefahr für die Mullahs

06. 07. 2009

Die Unruhen in Teheran, so scheint es, flauen allmählich ab, aber die internationale Debatte, wie man in Zukunft mit dem Iran umgehen soll, verschärft sich. Das Revolutionsregime, das einst Ayatollah Khomeini errichtet hatte, ist ein paar Tage ins Wanken gekommen. Die Ungewißheit, die dadurch aufgekommen ist, geht weit über die Person des Präsidenten Ahmadinejad und seine mehr als problematische Wiederwahl hinaus.

Wenn man davon ausgeht, daß in Teheran die letzten Entscheidungen dem höchsten geistlichen Führer, Ayatollah Ali Khamenei, vorbehalten bleiben, dann wurde bei dem Aufruhr der Mussawi-Anhänger der Kern des Regimes tangiert. Ruhollah Khomeini hatte 1980 seine Allmacht aus dem Artikel fünf der Verfassung begründet, der ihm eine theologische Statthalterschaft zuschrieb. Er allein war befugt, die Weisungen jenes zwölften Imam, des Mehdi, zu interpretieren, der aus der Verborgenheit heraus die Weltgeschicke leitet und eines Tages als eine Art schiitischer Messias zurückkehren wird, um das Reich Allahs und der Gerechtigkeit zu errichten.

Die Mystik ist aus dieser Bewegung nicht fortzudenken, und Ayatollah Khomeini verkörperte seinerzeit tatsächlich in den Augen des Volkes die Autorität des »Faqih«, jener biblisch anmutenden Richtergestalt, die die übrige Welt in Erstaunen versetzte. Der Nachfolger des Gründers der Islamischen Republik, Ali Khamenei, hat seine Machtposition systematisch ausgebaut, und es ist nicht ausgeschlossen, daß er bis zu seinem Tod im Amt bleibt. Danach würde jedoch mit Sicherheit der Diadochenkampf ausbrechen. Immer wieder ist angesichts der Massenkundgebungen zugunsten des geschlagenen Kandidaten Mir Hussein Mussawi, der weiterhin die Wahlergebnisse als grobe Fälschung brandmarkt, darauf verwiesen worden, daß sechzig Prozent der iranischen Bevölkerung jünger als dreißig Jahre sind. Das trifft zu, wenn man auf die Masse der Protestler blickt, die allerdings – dem äußeren Anschein nach – den gehobenen Gesellschaftsschichten oder zumindest dem mittleren Bürgertum angehören. Bemerkenswert ist dabei die hohe Zahl energischer junger Frauen. Bei dieser Gelegenheit mußte das Ausland zur Kenntnis nehmen, daß die Theokratie, die das Tragen des Hijab, des Schleiers, zur Pflicht für alle gemacht hat, die weibliche Jugend weder aus der Politik noch aus den Universitäten ausgeschlossen hat. Die Studentinnen bilden an den Hochschulen mit sechzig Prozent die Mehrheit, und im Parlament, in den Madjlis, gibt es mehr als eine streitbare Abgeordnete.

Auf der anderen Seite sind jene Rowdys aufgefallen, die – in Zivil gekleidet – auf Motorrädern durch die Kundgebungen sausten und auf die Protestierenden einschlugen. Hier handelte es sich um die sogenannten Bassidji, ein Aufgebot islamischer Milizionäre, die angeblich an die Tradition ihrer heroischen Väter anknüpfen möchten. Wie zahlreich die heutigen Bassidji sind, die erst noch beweisen müssen, daß sie über den Mut ihrer Vorbilder verfügen, wissen wir nicht genau. Es sind aber mindestens drei Millionen, und sie sind über das ganze Land verstreut. Gemeinsam mit den Familien von etwa einer Million gefallener Gotteskrieger, die im endlosen Abwehrkampf gegen Saddam Hussein seinerzeit in den Giftschwaden erstickten, die der Westen den Irakern geliefert hatte, gibt es also eine andere junge Bevölkerungsschicht aus den ärmlichen und ländlichen Kreisen, die es durchaus mit den privilegierten Demonstranten von Teheran aufnehmen will. Als Ultima ratio bliebe dem Regime noch der Einsatz der fanatischen Elitetruppen, der Pasdaran, deren Verhältnis zur regulären Armee gelegentlich mit dem der Waffen-SS zur deutschen Wehrmacht verglichen wird.

Im Gegensatz zu den voreiligen Europäern hat US-Präsident Obama sich bemüht, in keiner Weise als Komplize der streitbaren Reformer aufzutreten und sie dadurch zu diskreditieren. In Washington übt man sich neuerdings in Realpolitik. Man weiß, daß ein Abgleiten Irans ins Chaos und in die Anarchie jede Befriedung der benachbarten Krisenherde Irak und Afghanistan unmöglich machen würde. Was nun den Bau einer iranischen Atombombe betrifft, so wäre dieser vermutlich auch unter einem Präsidenten Mussawi weiterbetrieben worden, und wer möchte – angesichts des Staatsverfalls in Pakistan, das bereits über Nuklearwaffen verfügt – sich noch auf ein zusätzliches militärisches Abenteuer einlassen?

Clintons Besuch beim »lieben Führer«

10. 08. 2009

Es lohnt sich also doch, eine Atombombe zu besitzen. Man kann sich ausmalen, wie Amerika mit Nordkorea und seinem Staatschef Kim Jong Il umgesprungen wäre, wenn er den Drohungen und Einschüchterungen seiner Gegner lediglich seine unsinnig aufgeblähte, mit konventionellen Waffen erbärmlich ausgerüstete Armee entgegensetzen könnte. Bestimmt hätte sich nicht eine so hochrangige Persönlichkeit wie der ehemalige Präsident der USA, Bill Clinton, auf den Weg nach Pjöngjang gemacht. Die Befreiung von zwei US-Journalistinnen, die zu zwölf Jahren Arbeitslager verurteilt waren und mit Clinton den Heimflug antreten durften, wird kaum mehr als ein Vorwand gewesen sein, irgendeine Form von Modus vivendi mit dem unberechenbarsten aller »Schurkenstaaten«, wie George W. Bush zu sagen pflegte, auszuhandeln.

Illusionen sind nicht angebracht. Es müssen zwingende Gründe vorgelegen haben, um Präsident Obama und seine Außenministerin Hillary Clinton zu bewegen, einen so hohen Emissär auf diese Reise zu schicken, die manchen Kritikern in Südkorea und Japan wie ein Canossa-Gang erscheinen muß. Unsere Kenntnisse über die inneren Zustände Nordkoreas sind sehr begrenzt. Deutlich kann man den veröffentlichten Pressefotos entnehmen, daß der »liebe Führer«, wie Kim Jong Il sich nennt, schwer, vielleicht tödlich erkrankt ist. Die Nachfolgekämpfe dürften bereits im Gange sein.

Unlängst war in Washington noch von einer radikalen Verschärfung der Sanktionen die Rede. Die Befürchtung, es würden von Nordkorea aus Raketentechnik oder sogar Nuklearsubstanz an unsichere Kandidaten geliefert, besteht weiter. Aber zumindest vorläufig ist die Zuspitzung der Krise verzögert. Die einzige Großmacht, die wirklich Einfluß auf die nordkoreanische Planung ausüben könnte, bleibt weiterhin die Volksrepublik China. Bei aller Sorge, die die nukleare Aufrüstung dieses kleinen stalinistischen Nachbarstaates dem Politbüro in Peking bereiten mag, wäre es für China weit unerträglicher, wenn sich in Pjöngjang ein radikaler Regimewechsel vollzöge und Washington seinen Einfluß ausdehnen könnte.

Ein Verzicht Nordkoreas auf sein Raketen- und Atombombenarsenal steht wohl kaum zur Debatte. Eine solche Wende würde voraussetzen, daß sich dieses Land einer umfassenden internationalen Kontrolle unterwirft. Die Bombe bleibt der einzige Trumpf, über den Kim Jong Il und seine Umgebung verfügen, und diese Karte verstehen sie überaus listenreich auszuspielen, wie die Provokation der jüngsten Manöver beweist.

Vor dem Hintergrund der Gespräche, die Clinton mit dem »lieben Führer« führte, erscheint die feierliche Verheißung Obamas, er würde dafür sorgen, daß weltweit die apokalyptische Untergangsdrohung, die von der Atomwaffe ausgeht, beendet werde, als ein Versprechen, das jeder Realität entbehrt. Der US-Präsident gerät mit seinen übertriebenen Versprechungen in den Verdacht, auch bei anderen Fragen, die die Weltsicherheit berühren, einen künstlichen Optimismus zu schüren.

Halten wir uns an die Vision einer atomwaffenfreien Welt. Welcher verantwortliche russische Politiker – Wladimir Putin zumal – würde auch nur im Traum daran denken, das einzige Potential preiszugeben, das ihm eine strategische Parität mit den USA sichert?

Von der Volksrepublik China, die sich neben Amerika als

zweite Weltmacht profilieren möchte, bis zum Staat Israel, der der nuklearen Abschreckung sein Überleben anvertrauen muß, ließ sich kein einziger Partner im nuklearen Club finden, der bereit wäre, ein Instrument abzuschaffen, das ihm Unverletzlichkeit garantiert und die konventionelle eigene Unterlegenheit kompensiert.

Mit besonderem Interesse wird das Mullah-Regime von Teheran auf das seltsame Treffen von Pjöngjang geblickt haben. Gerüchte sind aufgekommen, daß es den Iranern endlich gelungen sei, alle Elemente für eine bescheidene, aber weit ausgreifende Nuklearrüstung zu fabrizieren, und daß die Revolutionsgarden des Ayatollah Khamenei nur auf einen opportunen Zeitpunkt warten, um den Stand ihrer Aufrüstung vor aller Welt durch eine spektakuläre Testexplosion sichtbar zu machen.

Auch am Persischen Golf befindet sich die Administration Obama in Bedrängnis. Die Ungewißheit über die wahren Kräfteverhältnisse in Iran erschwert jede Diskussion über eine immer noch erhoffte Kompromißlösung in Atomfragen. Sie entmutigt auch die europäischen Partner Washingtons, sich auf zusätzliche drakonische Maßnahmen gegen diese Mullahkratie einzulassen.

So wie im Fall Nordkoreas China die einzige gewichtige Macht ist, die irgendwelchen Einfluß ausüben könnte, so wäre im Falle Irans die US-Diplomatie auf den engen Schulterschluß mit Rußland angewiesen. Doch Moskau wird sich für eine solche schlichtende Rolle nur dann bereitfinden, wenn Obama – in strikter Abkehr von der Expansionspolitik seines Vorgängers in Zentralasien – dem Kreml in diesem strategischen Vorfeld der früheren Sowjetunion wieder weitreichenden Einfluß zugesteht.

Noch herrscht in Deutschland Gelassenheit

05.10.2009

Die Sieger bei der Wahl zum Deutschen Bundestag seien die Schweizer gewesen, mag man scherzhaft feststellen. Die Polemik, die in Berlin gegen die Wahrung des Schweizer Bankgeheimnisses geführt wurde, gipfelte in Beleidigungen und Drohungen. Finanzminister Steinbrück sprach von den Eidgenossen, als seien sie Indianer, gegen die man die Kavallerie ausschicken müsse. Der mittlerweile abgelöste Parteivorsitzende der Sozialdemokraten, Franz Müntefering, bedauerte gar, daß es heute nicht mehr üblich sei, Soldaten in Marsch zu setzen, um von den Nachbarn Gefügigkeit zu erzwingen.

Die beiden hitzigen Streiter Germaniens sind bestraft worden. Die deutsche Sozialdemokratie hat eine so verheerende Schlappe erlitten, daß Steinbrück sämtliche politischen Ämter niederlegte. Müntefering wurde von der Parteispitze verdrängt und in eine bescheidene parlamentarische Tätigkeit verbannt.

Aber bei diesem Votum der Deutschen ging es natürlich um mehr als um die Befindlichkeit des empörten Schweizer Gemüts. Die Bundesrepublik Deutschland – einst der solideste Pfeiler der europäischen Einigung – ist unberechenbar geworden, seit die Große Koalition zwischen CDU und SPD zerbrach und Angela Merkel zur Koalition mit den Liberalen der FDP gezwungen wird. Deren Vorsitzender Guido Westerwelle, der als Vizekanzler und Außenminister fungieren soll, galt noch vor kurzem als Leichtgewicht. Ihm wird nicht nur von der Sozialdemokratie eine zu enge Bindung an die Wirtschaftskreise nachgesagt.

Auch die CDU, die früher einmal eine starke Gefolgschaft bei der Arbeiterschaft und den kleinen Leuten besaß, muß sich nun hüten, noch stärker rechts abzugleiten und jene Position der »Mitte« einzubüßen, auf die Angela Merkel sie eingeschworen hatte. Daß die bayerische Schwesterpartei CSU erhebliche Stimmenverluste einstecken mußte, schürt in München Unmut. Angela Merkel ist als Bundeskanzlerin neu bestätigt worden, aber als strahlende Siegerin präsentiert sie sich nicht.

Innerhalb hoher Parteigremien der SPD findet inzwischen ein grausames Gemetzel statt. Ob der bisherige Umweltminister Sigmar Gabriel die ehrwürdige Arbeiterpartei als Oppositionsführer neu beleben kann, ist keineswegs sicher. Die Linke, vor kurzem noch als schlecht getarnte Kommunisten angeprangert, hat sich eine Statur entwickelt, die für die Sozialdemokraten eine existentielle Bedrohung darstellt. Es ist wirklich Zeit, daß die Politiker der Bundesrepublik West der so glühend gefeierten Wiedervereinigung Deutschlands Rechnung tragen und zur Kenntnis nehmen, daß diese Partei nicht einfach ausgegrenzt und ignoriert werden kann.

Wenn Die Linke neuerdings auch im Westen Fuß fassen konnte, so war das im wesentlichen Oskar Lafontaine zu verdanken. Er hatte sein Amt als Vorsitzender der Sozialdemokratie zur Verfügung gestellt, als der damalige Bundeskanzler Schröder eine Reformpolitik einleitete, die ihm den Ruf einbrachte, Kanzler der Bosse zu sein. Der Bruch Lafontaines mit seiner Partei wurde von empörten Genossen als Flucht vor der Verantwortung und als Verrat geschmäht. Statt dessen hätte man sich auch von anderen Politikern wünschen können, daß sie bei Verletzung ihrer Überzeugungen ihren Rücktritt einreichen würden.

Die Große Koalition von Christdemokraten und Sozialdemokraten war nicht so schlecht wie ihr Ruf. Hatte sie doch auf die Finanzkrise und die drohende Rezession mit viel taktischem Geschick und beachtlichem Sachverstand reagiert.

Was soll man hingegen von der Regierung Schröder-Fischer halten, die durch Merkel abgelöst wurde und die mit ihrer Agenda 2010 alle sozialen Verpflichtungen über Bord warf, für die sie sich feierlich verpflichtet hatte? Man kann sich wundern über jenen angeblich so fortschrittlichen Außenminister Joschka Fischer, der sich als Berater der Automobilfirma BMW in den Dienst des Kapitalismus stellt.

Noch herrscht in Deutschland Gelassenheit angesichts der Wirtschaftskrise, deren Folgen von der Masse der Bevölkerung kaum wahrgenommen wird. Wie in einem Kasino blickt die Öffentlichkeit auf die Tricks und Intrigen, die zwangsläufig das neue Kabinett Merkel-Westerwelle heimsuchen werden. Bei den Sozialdemokraten, die sich nach ihrem Führungswechsel darauf vorbereiten, alte Tabus zu brechen, zeichnet sich die Perspektive einer rot-roten Kombination ab. Sie könnte bis an den Rand der Verschmelzung mit Der Linken auswuchern, die man unlängst noch als Schmuddelkinder beschimpfte. Von Außenpolitik ist bezeichnenderweise im vergangenen Wahlkampf nicht im geringsten die Rede gewesen.

Rätselraten um die Bombe

Interview, 07. 10. 2009*

Sie beschäftigen sich mit der neuen Nahostpolitik von US-Präsident Barack Obama. Ein erstes von ihm arrangiertes Treffen zwischen Israelis und Palästinensern hat keinen Erfolg gebracht. Ein Rückschlag?

* Thüringische Landeszeitung

Für den Nahostkonflikt sehe ich im Augenblick keine Lösung. Die Amerikaner werden auf palästinensischer Seite nicht nur mit Palästinenser-Präsident Abbas sprechen müssen, sie müssen auch die Hamas mit einbeziehen. Mit Abbas kann man nicht über das wichtige Thema Gaza sprechen. Abgesehen davon: Wenn neue, wirklich freie Wahlen stattfinden würden, würde Abbas auch im Westjordangebiet nicht wiedergewählt werden. Auf israelischer Seite ist Netanjahu aber auch kein einfacher Partner. Immerhin scheint er ein besserer Gesprächspartner als sein Vorgänger Ehud Olmert zu sein. Denn: Nur sogenannte Hardliner sind in der Lage, wirkliche Konzessionen zu machen. Deshalb konnte Begin im Friedensvertrag mit Ägypten den Sinai aufgeben.

Obama hat mit seiner Rede in Kairo versucht, einen Neuanfang in den Beziehungen zur muslimischen Welt zu machen. Ist das aus Ihrer Sicht erfolgreich gewesen?

Es war eine großartige Rede. Und es war eine große Geste, daß er den Koran zitiert hat. Nur: Jetzt muß man zu konkreten Lösungen kommen. Die Irakfrage ist überhaupt nicht gelöst. Es ist noch nicht entschieden, ob der Irak ein einheitlicher Staat bleibt oder ob er auseinanderfällt.

Amerika ist sowohl für die Lösung der Probleme im Irak wie auch in Afghanistan auf ein gutes Verhältnis mit dem Iran angewiesen. Warum?

Die Iraner sind entschiedene Gegner der Taleban. Und sie sind mit den Schiiten im Irak verbunden. Sie haben dort Einfluß.

Dem steht aber im Augenblick das Thema Atomkonflikt im Wege.

Dieser Atomkonflikt wird überschätzt. Der Iran hat nicht die Absicht, die Atombombe irgendwo einzusetzen. Der Iran will die Atomwaffe als Abschreckungswaffe haben.

Trotz der Rhetorik des iranischen Präsidenten ...

Ahmadinejad hat nicht gesagt, daß er eine Atombombe auf Israel werfen will. Außerdem wäre das Selbstmord, denn die Amerikaner könnten mit ihrem ungeheuren Waffenpotential den Iran auslöschen.

Der Atomkonflikt ist also überbewertet ...

Er könnte sicher beigelegt werden. Wir leben ja auch mit der pakistanischen Bombe, die viel gefährlicher ist als die iranische. Immerhin ist der Iran ein noch einigermaßen funktionierender Staat, auch wenn die Wahl teilweise gefälscht worden ist. Aber schlimmer als in Afghanistan kann sie gar nicht gefälscht worden sein – und das unter Aufsicht der NATO.

Wie ist die Rolle Rußlands?

Für die Russen ist der Iran keinerlei Bedrohung. Die Russen sind in Afghanistan viel mehr bedroht als die westliche Allianz, wenn der radikale Islamismus auf die früheren Sowjetrepubliken in Zentralasien übergreift. Das wird häufig übersehen. Denn dort leben 25 Millionen Muslime, alles Sunniten, die mit den Schiiten nichts zu tun haben wollen. Es herrscht ein abgrundtiefer Haß. Früher wurden die Schiiten von den Turkmenen versklavt. Die Russen haben deshalb von den Iranern nichts zu befürchten, eine Menge aber von Afghanistan.

Mit welcher Strategie könnte man den Iran denn ins Boot holen?

Amerika muß anfangen, mit dem Iran zu reden. Die Sanktionen müßten aufgehoben werden. Seit der Besetzung der amerikanischen Botschaft in Teheran 1979 ist noch immer iranisches Vermögen konfisziert. Außerdem wissen wir gar nicht, wie weit die Iraner mit ihrer Atombombe sind. Die Amerikaner spielen das Ganze derzeit herunter, während die Europäer es seltsamerweise hochspielen.

Eine Strategie zur Lösung dieser Konflikte müßte den Iran zwingend einbeziehen?

Ja. Aber auch die Russen und die Chinesen müßten mit am Tisch sitzen, denn China sieht diese radikale islamische Entwicklung mit großer Sorge. Diese gemeinsamen Interessen sind von der Bush-Regierung überhaupt nicht erkannt worden.

Sie haben aus Ihrer Skepsis gegenüber Afghanistan nie einen Hehl gemacht.

Das ist ein Krieg, den man nicht gewinnen kann. Jeder, der etwas von militärischen Dingen versteht, weiß das. Selbstverständlich auch die amerikanischen Generale. Die Amerikaner haben zwei Methoden der Kriegführung, die schon in Vietnam angewandt worden sind. Search and destroy, also Suchen und Vernichten. Das haben die Amerikaner lange in Südafghanistan praktiziert, ohne sichtbaren Erfolg. Jetzt wenden sie die andere Methode an: Das Territorium besetzen und auch halten. Das hat aber schon in Vietnam nicht funktioniert, obwohl die Bedingungen dort eigentlich günstiger waren als in Afghanistan. Vor allem müssen sich die Amerikaner und ihre

177

Verbündeten über eines im klaren sein: In einem muslimischen Land wird niemals die Präsenz einer fremden Armee geduldet.

Wie könnte eine Strategie aussehen, mit der man den Krieg beenden könnte? In Deutschland wird darüber ja auch, wenn auch noch verhalten, diskutiert.

Die Amerikaner denken darüber schon nach, viel mehr als die Deutschen. In der US-Presse wird offen darüber diskutiert, ob Obama nicht über Afghanistan genauso stolpern kann wie Präsident Johnson über Vietnam. Die Deutschen haben eine merkwürdige Scheu, darüber zu reden. Eine Idee: Für den Übergang könnte man neutrale islamische Truppen wie Marokkaner oder Indonesier holen. Darüber hinaus muß man mit dem Gegner verhandeln. Die Afghanen müßten die El-Qaida-Anhänger – weitgehend Ausländer wie Araber, Tschetschenen, Usbeken – daran hindern, Terrorakte im Ausland zu begehen. Den Amerikanern sind doch viele von denjenigen, die sie jetzt bekämpfen, bekannt. Und zwar aus dem Krieg gegen Rußland. Die Amerikaner haben seinerzeit mit ihnen zusammengearbeitet. Das gilt selbst für Osama Bin Laden.

Sie haben eben den Vergleich zu Vietnam gezogen. Sehen Sie Parallelen, wenn jetzt neue Truppen verlangt werden?

Die Dimensionen sind ganz andere. General Westmoreland hatte bereits über 500 000 GIs in Vietnam, als er noch mehr verlangt hat. In Afghanistan stehen viel weniger US-Soldaten. Und was die Verbündeten anbelangt: Amerikaner und Engländer sind es noch gewohnt, miteinander zu kämpfen. Aber die bunt zusammengewürfelten ISAF-Truppen, das sind keine Kampftruppen.

»Eine Hydra mit tausend Köpfen«

Interview, 30. 10. 2009*

Verstehen Sie die Aufregung um China, das Gastland der Frankfurter Buchmesse?

Das ist die typische deutsche Heuchelei. Diese ewigen Vorwürfe und Scheinappelle. Die Amerikaner haben das längst eingestellt. Die Dissidenten als allein glaubhafte Repräsentanten Chinas, Kronzeugen von Zensur und Repression aufzubieten, mußte den Zorn des offiziellen Delegationsleiters provozieren. Ich kenne Mei Zhaorong, ein freundlicher Herr, den ich stets konsultiere, wenn ich in Peking bin. Ich verstehe, wenn er sagt: »So konnten Sie vielleicht früher mit uns umspringen. Diese Zeiten sind vorbei.« Die Deutschen sollten sich an ihre eigene Nase fassen, sich an die Hunnenrede von Wilhelm II. in Bremerhaven erinnern, als er im Jahr 1900 das deutsche »Expeditionsheer« zur Niederschlagung des Boxeraufstandes verabschiedete. »Pardon wird nicht gegeben! Gefangene werden nicht gemacht!« Und sie sollten wie die Hunnen unter König Etzel wüten, damit »es niemals wieder ein Chinese wagt, einen Deutschen scheel anzusehen«. Schuld am ganzen Theater ist auch, daß es keine deutsche Außenpolitik mehr gibt. Darin bin ich einer Meinung mit einem prominenten Politiker, dessen Namen ich aber nicht verrate.

Publikationen in Deutschland verbreiten Furcht: »Chinas Aufstieg – Deutschlands Abstieg«, »Gelbe Spione«. Das klingt schon wie »Die Gelbe Gefahr«. Ist die Angst begründet?

* Neues Deutschland

Unsinn. Deutschland ist immer noch Exportweltmeister. Warum mißgönnt man China den Aufstieg? Was ist gegen ein ehrgeiziges Volk zu sagen? Seit ich 1972 das erste Mal in China war, hat sich das Land gewaltig verändert, ist Gigantisches vollbracht worden. Die Mehrheit der Chinesen wertet, trotz allen Leids der vergangenen Jahrzehnte, die Entwicklung seit 1949, vor allem mit den Reformen unter Deng Xiaoping, positiv. Ihm verdanke China seine Modernisierung. Statt kaiserliche Arroganz nachzuahmen, sollten wir es mit Leibniz halten, der neugierig nach China blickte. Weil er, wie Voltaire, dort eine auf Friedfertigkeit, Toleranz und Achtung des Wortes der Gelehrten basierende Ordnung zu erkennen glaubte.

Aber China war und ist kein Utopia. Auf dem Platz des Himmlischen Friedens gab es vor zwanzig Jahren keinerlei Toleranz.

Ja, hätte der Westen es 1989 lieber gesehen, wenn das Land in einen Bürgerkrieg gefallen wäre? Wenn die Konterrevolution marschiert wäre? Dort Zustände eingezogen wären, wie sie in Rußland Gorbatschow herbeiführte, der Experte für Chaosstiftung und Staatsauflösung? Ich war auf dem Tiananmen-Platz, zwei Tage nach der gewaltsamen Auflösung der Belagerung. Ich hatte Sympathien für die jungen Idealisten, die sich im Namen der Freiheit in ein Abenteuer gestürzt haben. Seitdem haben sich zwischen Algier und Bogotá viel grausamere Tragödien ereignet, die man nicht immer aufbauscht.

Und wie ist es mit der Toleranz in Tibet bestellt?

Der Aufruhr vor den Olympischen Spielen, die Brandschatzung chinesischer Geschäfte und die Übergriffe, die auch die muslimische Minderheit der Hui trafen, waren das Ergebnis präziser Planung.

Wessen? Des Dalai Lama?

Das will ich nicht behaupten. Aber zweifellos durch tibetische Exilorganisationen initiiert, unter Mitwirkung ausländischer Geheimdienste und exzentrischer Figuren des amerikanischen Showgeschäfts. Der Dalai Lama wird benutzt, um gegen die Han-Chinesen und Peking zu hetzen.

Wenn man Sie so reden hört, könnte man denken, Sie sind ein »Kommunistenfreund« geworden?

Es geht nicht um Ideologie, Rotgardisten oder Weißgardisten. Ich wundere mich allerdings, daß heute ausgerechnet diejenigen Chinas Kommunisten belehren wollen, die vor nicht allzulanger Zeit das Abzeichen des »Großen Steuermanns« am Revers trugen und auf dessen »Rotes Buch« schworen.

Sie befassen sich mit der »Angst des Weißen Mannes«. Ist das nicht eine überzogene Behauptung?

Nein. Seit dem Zweiten Weltkrieg sieht sich der Westen globalen Machtverschiebungen ausgesetzt, denen er schon aus demographischen Gründen nicht gewachsen ist. Dem »Weißen Mann« ist vor allem das Monopol industrieller und militärischer Überlegenheit abhanden gekommen, auf das er bisher seinen imperialen Anspruch gegründet hat.

Das ist doch nicht schlecht?

Das sage ich auch nicht. Dem »Weißen Mann« fällt es aber schwer, sich mit der geschwundenen Macht und dem geschwundenen Prestige abzufinden.

Darf auch deshalb Iran keine Atombombe haben?

Das ist wieder so ein Zirkus. Auch hier hinken die Deutschen hinterher. Die Amerikaner sind gar nicht so scharf darauf, sich mit Teheran anzulegen. Die Russen haben sowieso ein gutes Verhältnis zur Islamischen Republik Iran. Und ein Universitätsprofessor in Israel sagte mir: »Wenn ich Iraner wäre, würde ich auch die Atombombe haben wollen. Nicht um sie abzuwerfen, sondern als Abschreckung.« Daß Pakistan im Besitz der Atombombe ist, finde ich sehr viel gefährlicher.

Weil Pakistan ein Pulverfaß ist?

Der traditionelle Verbündete der USA ist ein unsicherer Kantonist, latent gefährdet, in den Bürgerkrieg abzugleiten, in die Hände islamistischer Fundamentalisten zu geraten. Was haben die Großoffensiven der pakistanischen Streitkräfte mit US-amerikanischer Hilfe gegen die Terroristen bisher gebracht?

Der Krieg in Afghanistan hat zweifellos Pakistan destabilisiert. Das hätte man wissen können, bevor man ins Land am Hindukusch einmarschierte.

Man hätte so einiges wissen müssen. Die Briten hätten sich an ihr Desaster von 1842 erinnern sollen, als ihre aus Kabul mitsamt Familien abmarschierende Garnison am Khyber-Paß durch Stammeskrieger massakriert worden ist. Was damals so aufschreckend war, daß sogar der deutsche Dichter Theodor

Fontane dem eine Ballade gewidmet hat: »Mit Dreizehntausend der Zug begann, einer kam heim aus Afghanistan.«

Man hätte auch die Russen fragen können, die nach zehnjährigem Zermürbungskrieg, trotz einer Besatzerarmee von über 130 000 Mann, den Mujahidin unterlegen waren. Man tat es nicht. Die russische Generalität beobachtet sicher mit einiger Genugtuung, wie die Allianz jetzt in eine ähnlich schmähliche Situation gerät wie sie einst.

Sollte Deutschland sich schleunigst zurückziehen?

Ja. Im Gegensatz zu einem ehemaligen deutschen Verteidigungsminister bin ich nicht der Ansicht, daß Deutschland am Hindukusch verteidigt wird. Da wird eher Rußland verteidigt. Rußland ist viel mehr als alle anderen europäischen Staaten vom Islamismus bedroht. In den südlichen GUS-Staaten residieren ehemalige Parteisekretäre, die sich in orientalische Emire und Sultane verwandelt haben, aber doch den radikalen Islam unter Kontrolle halten. Wenn aber nun ein revolutionärer Islam mit sozialem Anspruch kommt, wird es schwierig. In Rußland leben 20 bis 25 Millionen Muslime. Deshalb haben die Russen den Amerikanern für ihre Intervention Verbindungsrouten und Luftstützpunkte in Zentralasien zur Verfügung gestellt. Dieses Entgegenkommen ist ihnen aber schlecht gedankt worden. Mittlerweile haben Kasachstan, Usbekistan, Turkmenistan und Kirgistan mit Rußland und China eine Art »Heilige Allianz« gegen den Islamismus geschmiedet.

Auch China wird eher am Hindukusch verteidigt als Deutschland. Uigurische Partisanen und Saboteure sind in Afghanistan ausgebildet worden. Aus Pakistan wandern Prediger ein. Peking hat den Uiguren nach den Exzessen der »Kulturrevolution« eine gewisse Selbstverwaltung gewährt. Aber Sezession wird nicht geduldet.

Wenn die NATO Afghanistan aufgibt, wird sich dann El Qaida des Landes wieder bemächtigen?

Hier haben wir es auch mit permanenter Desinformation zu tun. El Qaida ist keine afghanische, sondern eine saudische Organisation. »Nine Eleven« war nicht das Werk afghanischer Freischärler, sondern saudiarabischer Studenten. Fliegen lernten die Selbstmordattentäter in Florida, Flugpläne studierten sie in Hamburg.

Wie groß und real ist die Gefahr El Qaida noch?

Das ist ein buntgescheckter Haufen von Fanatikern, die über den ganzen Dar-ul-Islam, von Marokko bis Indonesien, verstreut sind und die unter 1,3 Milliarden Muslimen abtauchen können. El Qaida ist nicht auf Höhlen am Hindukusch als Schlupfwinkel angewiesen, sondern verfügt von den Steppen des afrikanischen Sahel bis zum philippinischen Dschungel über Rekrutierungsmöglichkeiten und Rückzugsgebiete. Die westliche Staatengemeinschaft kämpft »out of area« gegen eine Hydra mit Abertausenden Köpfen.

Und was ist nun mit Afghanistan? Ist das Land noch zu retten?

Die Hoffnung, in Afghanistan »hearts and minds«, also Herzen und Gemüter, zu gewinnen, ist naiv, eine Schimäre. Da hatten seinerzeit die Sowjets mehr Sympathien in Teilen der Bevölkerung als heute die westliche Allianz. Und das hat ihnen auch nichts genützt.

Aber im Vergleich zur Zeit der Talebanherrschaft hat sich doch einiges verändert?

Was? Daß sich Drogenbarone Luxusvillen errichten? Über die Shantytowns haben die Behörden und Besatzer keine Kontrolle. Die Festung Kabul ist nicht sicher. Der Paschtunwali, der Ehrenkodex der Paschtunen, kennt die Blutrache. Da muß man sich über Vergeltungsaktionen für die Opfer der Bombardements nicht wundern.

Aber denkt man allein an die frevelhafte Zerstörung eines einmaligen Weltkulturerbes, die Sprengung der Buddhastatuen von Bamiyan, ist man froh, daß die Taleban gestürzt wurden, auch wenn man die militärische Intervention verurteilt.

Die Taleban sind primitive Leute. Bilderstürmerei aber hat es immer und überall gegeben, auch in der Christenheit, auch unter den Reformierten, etwa den Calvinisten.

War die in zwei Lager gespaltene Welt friedlicher?

Die bipolare Welt kannte auch zahlreiche Konflikte. Weltweit wurden blutige Stellvertreterkriege geführt. Aber, wenn es wirklich ernst wurde, war der Kontakt zwischen Moskau und Washington da, um das Schlimmste zu verhindern. Das ist heute nicht mehr der Fall. Insofern ist die Gefahr größer. Und im Vergleich zu den heutigen Spannungen, die ich eher als Folge einer ungezügelten Globalisierung sehe statt des Niedergangs des Kommunismus, mag der Kalte Krieg von gestern friedlicher erscheinen – aus der Sicht der Westeuropäer und Nordamerikaner, die dank des strategischen Patts der beiden Supermächte relative Sicherheit genossen und sich auf die Mehrung ihres Wohlstands konzentrieren konnten.

Sie registrieren nun aber eine Rückkehr des Kalten Krieges?

Das ist ein ganz anderer Kalter Krieg, ein multipolarer, multilateraler, ohne die angespannte Verläßlichkeit des bipolaren Antagonismus zwischen Washington und Moskau. Nach dem Intermezzo der Pax Americana haben wir ein wiedererstarktes Rußland und ein starkes, selbstbewußtes China. Und die wachsende islamische Welt. China ist ein verläßlicher Partner. Auch die Russen, wenn man sie nicht provoziert.

Beispielsweise mit Raketenschilden vor ihrer Haustür.

Rußland mußte Bushs Raketenpläne als unmittelbare Bedrohung werten. Wer will es den Russen verdenken, wenn sie daraufhin die Aufstellung atomarer Lenkwaffen in der verbündeten Republik Belarus oder Kaliningrad erwägen.

Als Barack Obama Abstand von Bushs Raketenschild nahm, waren ihm die Polen gram. Nun hat er einen Rückzieher gemacht.

Man kann die Polen verstehen. Sie waren immer in der Zange zwischen Deutschland und Rußland. Die Russen liebten sie nicht, die Deutschen auch nicht. Ihre Verbündeten, die Franzosen und Engländer, haben sie 1939 schnöde im Stich gelassen. So sind sie zu dem Schluß gelangt: Die Amerikaner sind unser einziger Schutz. Nun dachten sie, Barack Hussein Obama wolle sie im Stich lassen.

Obama erhält den Friedensnobelpreis. Ist das Vorschußlorbeer?

Die Amerikaner mögen es nicht, wenn man ihre Präsidenten im Ausland auszeichnet. Das wissen die in Oslo wohl nicht. Richtig bemerkt haben Sie aber, daß Obama sich von den Hegemonialallüren seines Vorgängers distanziert und dem Unilateralismus entsagt hat. Mehr noch: Vielleicht ist es ihm selbst gar nicht bewußt, daß er nicht nur die Vorrangstellung der USA seit 1945 zur Disposition stellt, sondern auch die 500jährige des »Weißen Mannes«.

»Da wird ein Zirkus aufgeführt«

Interview, 19. 08. 2009*

In Afghanistan stehen die Präsidentschaftswahlen an. Präsident Hamid Karzai ist der Favorit. Ist er der richtige Mann für Afghanistan?

Natürlich nicht. Die Wahl ist ja auch genauso dubios wie die von Ahmadinejad in Teheran – ein Glanzstück ist das nicht. Aber er wird wahrscheinlich gewählt werden. Ich weiß nicht, vielleicht hat er den Bescheid schon vorliegen.

Warum ist die Wahl so dubios wie im Iran?

Ich würde sogar sagen, daß die Wahl von Ahmadinejad noch glaubwürdiger ist. In Afghanistan bestimmen doch die Warlords, wer gewählt wird. Sie haben ja auch die schönen Bilder gesehen von den Eseln, die die Wahlurnen transportieren – was meinen Sie, was mit den Urnen alles gemacht wird, bis sie angekommen sind? Das ist eine Farce. Ich habe selber eine Wahl erlebt in Afghanistan: Das ist ein Zirkus, der da aufgeführt wird, mehr ist das nicht. Und es ist eine Täuschung der Öffentlichkeit, auch eine Täuschung der deutschen Öffent-

* ntv

lichkeit. Es wird vorgeführt, daß dort irgendeine Form von Demokratie herrsche. Die Karten sind doch alle vorher verteilt. Man weiß, wer gewählt wird und wer nicht – von einer freien Meinungsäußerung kann da keine Rede sein. Es steht von vornherein fest, daß Herr Karzai bleibt.

Welche Bilanz läßt sich nach acht Jahren Karzai ziehen?

Es ist katastrophal. Stellen Sie sich vor: Acht Jahre – das ist doppelt so viel wie der Erste Weltkrieg. So lange dauert diese Geschichte schon. Und das dumme Gerede, es seien so viele Schulen gebaut worden und es ginge den Leuten so viel besser – das stimmt alles nicht. Die Lage hat sich dramatisch verschlechtert! Im Jahr 2001 nach der Blitzoffensive der Amerikaner konnte man im Land ziemlich frei und ungestört herumreisen; davon kann heutzutage nicht mehr die Rede sein.

Es ist auch eine Ungeheuerlichkeit, daß unter dem Schutz der NATO Afghanistan mit neunzig Prozent der größte Opium- und Heroinproduzent der Welt geworden ist – und es weiterhin bleibt. Das ist die Ungeheuerlichkeit an der ganzen Geschichte.

Sie sagen, die Warlords stehen hinter Karzai und bestimmen die Wahl. Wie sieht es mit der afghanischen Bevölkerung aus, steht sie hinter dem Präsidenten?

Die meisten Leute kennen ihn wahrscheinlich gar nicht, weil er kaum mehr Kabul verläßt. Die Leute kennen vor allem ihren jeweiligen Stammesführer und die Leute, die dieser ausgewählt hat.

In den Medien wird immer wieder behauptet, die Wahl könne als Bestätigung oder Ablehnung der bisherigen Afghanistan-Strategie

*der USA – oder des Westens insgesamt – gesehen werden. Stimmen
Sie zu?*

In Afghanistan wird in den Schluchten entschieden, dort wo
gekämpft wird und die Unsicherheit zunimmt. Die Wahl ändert da nichts – die werden doch die gleiche Mannschaft haben wie vorher, vielleicht in etwas anderer Zusammensetzung.
Was da veranstaltet wird, ist ein reines Possenspiel. In den
Wahlkomitees, die die Wahlen überwachen, sitzen ja ganz eh-
renwerte Leute. Die kommen aber aus anderen Ländern der
Dritten Welt, in denen selber keine freien Wahlen stattfinden. Das ist alles Quatsch.

*Wie sieht es mit den Taleban aus, sie wurden anfänglich durch
den Militärschlag der USA zerstreut. Jetzt haben sie sich wieder
mobilisiert. Welchen Einfluß haben sie auf die bevorstehende Wahl?*

Es gibt gar keine einheitliche Haltung unter den Taleban. Der
eine Mullah empfiehlt, nicht wählen zu gehen, es gibt jedoch
auch andere Talebanführer, die das nicht so ernst nehmen.
Aber das ist irrelevant, das spielt alles gar keine Rolle. Diese
Wahlen sind doch westliches Gequatsche. Das Schlimme ist
nur, daß der Westen sich selber täuscht. Andere täuschen –
das geht ja noch. Aber wenn man sich selber täuscht, wird's
gefährlich.

*Die Taleban sind ein großes Problem für die afghanische Regierung.
Was kann sie tun, um dagegen vorzugehen?*

Karzai versucht, möglichst viele von den Talebanführern auf
seine Seite rüberzuziehen – das ist immer mit ziemlich viel
Geld verbunden. Manchmal klappt es, manchmal klappt es
nicht. Das ist alles sehr undurchsichtig. Abgesehen davon hat

Karzai überhaupt keine Macht; die Macht liegt in den Händen der Alliierten. Karzai ist inzwischen nicht einmal mehr eine Marionette. Er taugt nicht mehr dazu.

Karzai bindet also Taleban ein, dabei ist viel Geld im Spiel. Ist das Korruption oder eine vielleicht doch gar nicht so dumme Strategie?

Das darf man nicht mit westlichen Augen sehen. Die Korruption in diesen Ländern ist ein Tatbestand, der immer existiert hat, er gehört quasi dazu. Was dort existiert, ist sogar eine Form von Loyalität. Wenn jemand in einer Familie oder einem Stamm über Reichtum verfügt, ist er verpflichtet, diesen mit seinen Stammesangehörigen und seinen Familienangehörigen zu teilen. Das ist schon eine Form der Korruption, denn derjenige muß dann natürlich auch einen guten Posten bekommen.

Bleiben wir beim Unterschied zum Westen. Demokratie hat ja als Staatsform keine Tradition in Afghanistan ...

... die westliche Demokratie ist für diese Länder nicht tauglich, das muß man endlich verstehen! Es gibt auch kaum Länder, die die westliche Demokratie so praktizieren, wie wir sie gerne haben wollen. Nennen Sie die Länder, die demokratisch regiert werden – außerhalb von Europa. Schon innerhalb Europas ist das teilweise fraglich. Da kommen wir zu einem erbärmlichen Resultat. Die Länder, die erfolgreich regiert werden, werden autokratisch oder von einer Partei regiert – nehmen wir die Schwellenländer oder frühere Länder der Dritten Welt. Die großen wirtschaftlichen Erfolge sind nicht durch die Demokratie gekommen, sondern durch eine kluge autoritäre Führung.

Was ist also die bessere Alternative für Afghanistan?

Die Afghanen müssen sehen, daß sie selbst ihre eigene Regierungsform finden. Das ist nicht unsere Angelegenheit. Im übrigen: In Dörfern und in den Stämmen gibt es auch eine Form von Demokratie. Dort gibt es eine Dorfversammlung, dort haben die Ältesten oder der stärkste Mann das Sagen, und da wird dann auch irgendwie bestimmt. Die Menschen haben einfach eine andere Form des Zusammenlebens.

Inwieweit soll der Westen also seine Strategie nach der Wahl ändern?

Der Westen kann gar nichts daran ändern. Der Westen verschlimmert ja nur die Situation.

Das heißt: raus aus Afghanistan?

Uns wird am Ende gar nichts anderes übrigbleiben, egal was Herr Jung oder andere Politiker auch proklamieren mögen. Es besteht doch bei den deutschen Parteien nur die große Angst, daß das ein Wahlkampfthema werden könnte; deswegen wird jede Meldung aus Afghanistan kleingeredet.

Die Einschätzung des Verteidigungsministers, die Bundeswehr müsse noch fünf bis zehn Jahre in Afghanistan bleiben, halten Sie also nicht für realistisch?

Nein. Das ganze Gerede darum, daß El Qaida in Afghanistan sei, stimmt ja gar nicht. Die sind jetzt in Pakistan, im Jemen und vielleicht in Somalia. Die Frage ist aber auch: Existiert El Qaida überhaupt als zentrale Organisation? Ich bezweifle das sehr stark.

Eine letzte Frage: Welche Bedeutung hat Afghanistan für uns im Westen?

Eine immer geringere. Eine immer schädlichere, aber strategisch gesehen eine immer geringere Bedeutung. Das Schicksal der Region spielt sich jetzt in Pakistan ab, nicht mehr in Afghanistan. Und das sind 180 Millionen Menschen – mit denen werden wir nicht fertig, zumal sie auch noch die Atombombe haben. Darüber können wir uns Sorgen machen, aber nicht um Afghanistan, das völlig eingeschlossen ist. Diejenigen, die durch Afghanistan gefährdet sind, wenn die Taleban oder eine radikal-islamische Regierung in Kabul die Macht ausübt, das sind die Anrainerstaaten der früheren Sowjetunion, wie zum Beispiel Usbekistan, Tadschikistan, Kirgistan. Da könnte der radikale Islam übergreifen, und das wäre dann eine Bedrohung Rußlands. Nicht Deutschland wird am Hindukusch verteidigt, Rußland wird am Hindukusch verteidigt.

Die Schweiz als gutes Beispiel

30. 11. 2009

Mit der Berufung von zwei Unbekannten an die Spitze der Europäischen Union hat sich Europa keinen Lorbeerkranz gewunden. Aber es hätte schlimmer kommen können. Der ehemalige britische Premierminister Tony Blair, der im Irakkrieg im gleichen Ausmaß wie George W. Bush gegen alle Regeln des Völkerrechtes verstoßen hat, ist mit knapper Not als Ratspräsident verhindert worden. Und nur ein paar Narren in Deutschland können Bedauern darüber äußern, daß

Joschka Fischer, der ehemalige Chef des Berliner Auswärtigen Amtes, nicht gekürt wurde.

Die beiden neuen Führungsgestalten in den wichtigsten Positionen der Europäischen Union, der flämische Christdemokrat Herman Van Rompuy und die britische Baroneß Catherine Ashton, die erst vor kurzem auf Betreiben ihrer Labour Party in den Adelsstand erhoben wurde, sind – wie es scheint – redlich, aber recht profilarm. In Washington, Peking und Moskau, aber auch in Berlin und Paris traut ihnen niemand ernsthaft zu, daß sie über ausreichend Ausstrahlung und Prestige verfügen, um die anstehenden und bereits entflammten Krisen finanzieller und militärischer Natur, die die Welt heimsuchen, im Sinne des Abendlandes nachhaltig zu beeinflussen oder gar zu gestalten.

Dieses sehr unterschiedliche Paar ist das Produkt eines zögerlichen Kompromisses und heimlicher Absprachen in den Hinterkammern der Macht. Neben einen Mann hat man, um der feministischen Strömung Rechnung zu tragen, eine Frau gestellt. Ein gemäßigter Christdemokrat wird von einer gemäßigten Sozialistin flankiert, die mit dem Titel einer Hohen Vertreterin für die Außenpolitik der Union zuständig sein soll. Mündliche Qualitäten und sogar eine gewisse politische Begabung sollten diesem disparaten Paar nicht abgesprochen werden. Vielleicht hat sich dieser Weg der Behutsamkeit und Mittelmäßigkeit dem Verbund von 27 extrem unterschiedlichen Staaten geradezu aufgedrängt. Europa hat nun einmal keinen siegreichen General Washington wie die USA bei ihrer Gründung. Man stelle sich das Entrüstungsgeschrei vor, wenn eine Persönlichkeit vom grandiosen Format eines Charles de Gaulle nach der Ratspräsidentschaft gegriffen hätte. Selbst der kluge Premierminister von Luxemburg, Jean-Claude Juncker, der über zupackende Energie und profunde Kenntnis der Materie verfügt, erschien den Kuratoren bereits als schwergewichtiger und deshalb unbequemer Kandidat.

Henry Kissinger hatte einmal spöttisch bemerkt, in Fällen ernsthafter Entscheidungen wisse man in Washington nie, welche Telefonnummer man in Brüssel wählen müsse. Auch in Zukunft werden die Großen dieser Welt – ob sie nun Barack Obama, Hu Jintao oder Dmitri Medwedew heißen – den direkten Kontakt zu Berlin, Paris und London aufnehmen müssen, um sich über die realen Absichten der Europäer zu informieren. Wer sich von dem Abkommen von Lissabon versprochen hatte, die Europäische Union könne in Zukunft neben den Vereinigten Staaten, der chinesischen Volksrepublik und der Rußischen Föderation als gleichwertiger und gleichberechtigter Partner auftreten, sollte seine Zuversicht dämpfen. In Brüssel hat sich zwar eine wirtschaftliche Koordinationszentrale herausgebildet, die über globale Bedeutung verfügt.

Auf dem Feld der Außen- und Militärpolitik jedoch ließe sich kein einziger der Mitgliedsstaaten – auch nicht Estland – Richtlinien vorschreiben, die den eigenen nationalen Interessen widersprächen. Bei der Berufung von zwei relativ unbedeutenden Politikern hat die Europäische Union sich schweizerischer gebärdet, als es die Europagegner der Eidgenossenschaft erwarteten. So war es in Zürcher Pressekommentaren zu lesen. Helvetien wird längst von einem ähnlichen Geist des Ausgleichs zwischen Regionen, Parteien und Geschlechtern regiert und ist damit gut gefahren. Doch die Brüsseler Behörden können nur mit Bewunderung und ein wenig Neid auf die Konföderation der Schweizer Kantone blicken. Diese haben ihnen vorbildlich vorgeführt, daß am Ende eines schwierigen Einigungsprozesses eine staatliche Harmonie unterschiedlicher Sprachgruppen und Konfessionen gedeihen kann. Aber wo stände die Confoederatio Helvetica, wenn die Gründungs-

väter des Rütlischwurs versucht hätten, so unvereinbare Gebilde wie Litauen und Malta unter einen gemeinsamen Hut zu
bringen?

Die Katastrophe von Kundus

28. 12. 2009

Das dichte Lügengewebe, in das sich deutsche Politiker ver-
strickt hatten, ist mit den Bombenanschlägen von Kundus zertrümmert worden. In Afghanistan hat für Berlin endlich die
Stunde der Wahrheit geschlagen. Bisher hatte sich die Regierung Merkel hartnäckig davor gedrückt, den Einsatz der Bundeswehr am Hindukusch als »Krieg« zu bezeichnen. Ursprünglich mag es ja tatsächlich ein Stabilisierungsauftrag gewesen
sein, der den sogenannten ISAF-Streitkräften von den Vereinten Nationen erteilt wurde, um bei der afghanischen Bevölkerung ein Gefühl relativer Sicherheit aufkommen zu lassen.

Das deutsche Kontingent befand sich gegenüber den Amerikanern, Briten und Holländern, die im Siedlungsgebiet des
Staatsvolkes der Paschtunen vor allem im Süden und im Osten
des Landes das Schwergewicht der Kämpfe zu tragen hatten,
in einer relativ privilegierten Position. Die nördlichen Provinzen boten ein günstigeres Terrain. Dort siedelt mehrheitlich
das Volk der Tadschiken, das sich im Schicksalsjahr 2001 der
proamerikanischen Nordallianz angeschlossen hatte, weil es
mit den Paschtunen und den Taleban alte Fehden auszutragen
hatte.

Aber seither sind acht Jahre vergangen. Die Garnisonen der
Bundeswehr haben sich in betonierte Festungen verwandelt.
Patrouillen bewegen sich fast nur noch in einem Radius von
zwanzig Kilometern rund um die Bollwerke Mazar-e-Scharif,

Kundus und Faizabad. Noch fiel es deutschen Kommentatoren leicht, die rüden Kampfmethoden der US Special Forces zu kritisieren, aber die eigene »Friedensmission« der ISAF erwies sich bald als verlogene Utopie. Während das Pentagon seit der Amtsübernahme Barack Obamas von der wahllosen Bombardierung ziviler Ziele Abstand nahm und versucht, die »Herzen und Gemüter« der Bevölkerung zu gewinnen, gerieten die Deutschen ihrerseits in den Schlamassel und unter den zunehmenden Beschuß des afghanischen Widerstandes.

Unter Berufung auf das verdienstvolle, aber inzwischen verstaubte Kriegsrecht, das mehrheitlich vor hundert Jahren entworfen wurde, klammerte sich die Bundesrepublik weiterhin an die groteske Behauptung, in Afghanistan könne von einem Krieg nicht die Rede sein, sondern es gehe darum, diese Nation in Freiheit und Fortschritt wieder aufzubauen. Die jüngste Präsidentenwahl, aus der Hamid Karzai nur durch skandalösen Wahlbetrug als »Sieger« hervorging, hätte den damaligen Verteidigungsminister Franz Josef Jung eines Besseren belehren und von seiner unsinnigen Fehlbeurteilung abbringen müssen.

Da ereignete sich vor einigen Wochen die Katastrophe von Kundus. Dieser zentrale deutsche Stützpunkt wurde zunehmend von den aus Süden vorrückenden Taleban bedrängt. In Reichweite des deutschen Bollwerkes wurden sogar zwei riesige Tanklastwagen entführt, die in einem Flußbett steckengeblieben waren. Die Taleban hatten wohl die Bevölkerung aufgefordert, die gestrandeten Fahrzeuge anzuzapfen, um sich für den Winter mit Brennstoff einzudecken.

Die ganze Schwäche der deutschen Position wurde deutlich, als sich zu nächtlicher Stunde kein Spähtrupp aus der Festung Kundus herauswagte, um nach dem Rechten zu sehen. Stattdessen forderte der kommandierende Oberst Klein den schonungslosen Einsatz amerikanischer Bomber an. Der US-Oberbefehlshaber für Afghanistan, General McCrystal, hatte seiner Air Force die Order erteilt, nur noch im Falle akuter Gefechtsberührung zu intervenieren und im Zweifelsfall durch Tiefflüge verdächtige Ansammlungen zu zerstreuen. Diesem Befehl hat der deutsche Kommandeur von Kundus zuwidergehandelt. Aus seinem Bericht an seine Vorgesetzten geht hervor, daß es ihm gar nicht darum ging, die entführten Tankwagen zu treffen, sondern die sich dort ansammelnden Afghanen – ob nun Taleban oder nicht – zu »vernichten«. Kein Wunder, daß die US-Stäbe, die wegen ihrer Brutalität so oft gescholten worden waren, diese Tötung von mehr als einhundert Afghanen auf bloßen Verdacht hin in schärfster Form anprangerten und die deutschen Partner der Heuchelei bezichtigten.

Inzwischen hatte sich in Berlin ein Regierungswechsel vollzogen. Verteidigungsminister Jung, dem jede Führungsqualität abging, ist durch den jungen und eleganten Baron zu Guttenberg ersetzt worden, der das deutsche Verteidigungsministerium nun auf Vordermann bringen muß. Seine am Hindukusch kämpfenden Soldaten hat zu Guttenberg immerhin von der Lüge der »Nichtkriegsführung« befreit. Schon seit geraumer Zeit genießt dieser bayerische Politiker große Beliebtheit bei der Bevölkerung, liegt in der positiven Beurteilung vor Kanzlerin Merkel. Da wundert es nicht, daß er Zielscheibe von Mißgunst und Neid wurde. Sogar von Rücktrittsforderungen war die Rede, und es ist zu hoffen, daß dieses schäbige Intrigenspiel beendet wird und das deutsche Parlament von der bisherigen Verschleierungstaktik abrückt. Es ist höchste Zeit, daß die Amerikaner beraten, wie das hoffnungslose Militärabenteuer in Zentralasien in der einen oder andern Form abgebrochen wird.

UNGELÖSTE PROBLEME
2010

Haiti im Elend

25. 01. 2010

Die weltweite Anteilnahme und das Ausmaß der Spenden setzen all jene ins Unrecht, die an der Menschheit verzweifeln und sich über deren unersättliche Habgier entrüsten. Der wirkliche Beweis globaler Solidarität wird jedoch erst dann erbracht sein, wenn nach dem Verscharren der Leichenberge und nach Instandsetzung einer minimalen Infrastruktur die Grundlagen eines Neuanfangs für diese unglückliche Inselhälfte der Karibik gesucht werden.

Schon vor der unbeschreiblichen Erdbebenkatastrophe lebte Haiti in Elend und Rückständigkeit, galt als das Armenhaus der westlichen Hemisphäre. Es liegt eine Art Fluch über dieser von Schwarzafrikanern und Mulatten bevölkerten Republik, die bereits 1804, also kurz nach der Gründung der USA, ihre Unabhängigkeit von der französischen Kolonialherrschaft proklamierte. In Nordamerika wurde die Sklaverei erst sechzig Jahre später als Folge des mörderischen Sezessionskrieges abgeschafft. In Brasilien dauerte diese Geißel der Menschheit gar bis zum Befreiungsedikt von 1884.

Die Haitianer verdankten ihren Ausnahmezustand den Menschenrechtserlassen der Französischen Revolution. Um so betrüblicher, daß ihre frühe Emanzipation von der Ausbeutung durch den »Weißen Mann« von Unheil, wirtschaft-

199

lichem Chaos und neuer Tyrannei begleitet war. Die Vertreibung der französischen Großgrundbesitzer brachte eine prekäre Freiheit, denn die Plantagen wurden parzelliert. Eine kümmerliche Subsistenzwirtschaft war die Folge. Die hemmungslose Abholzung verwandelte die einst ertragreiche Berglandschaft der Kaffeeplantagen und Zuckerrohrfelder in eine trostlose ausgelaugte Steppe, deren karge Ackerkrume durch tropische Regengüsse fortgespült wurde.

Die Yankees aus den benachbarten USA blickten damals mit Verachtung auf dieses seltsame Staatsgebilde frankophoner »Nigger«, wo Staatsstreiche und Militärputsche sich in rascher Folge ablösten und die Mulatten der Masse ihrer tiefschwarzen Landsleute eine andere Form der Knechtung und Entrechtung auferlegten. So paradox es klingt, jene französischen Antilleninseln Guadeloupe und Martinique, wo die weiße Vorherrschaft sich behauptete und die heute als Départements der Metropole ihren farbigen Einwohnern das volle Bürgerrecht der Fünften Republik und deren großzügige soziale Gesetzgebung bescheren, haben einen unvergleichlich höheren Lebensstandard als die heroischen Nachbarn der Republik Haiti. Sie haben noch unlängst ein größeres Ausmaß an Autonomie, das Präsident Sarkozy ihnen anbot, in einer Volksabstimmung massiv abgelehnt.

Die Erdbebenkatastrophe von Haiti hat Barack Obama die Gelegenheit geboten, mit den gewaltigen Mitteln, die ihm zur Verfügung stehen, die Führung der internationalen Rettungsaktion zu übernehmen.

Der afro-amerikanische Präsident der USA fühlte sich schon durch seine Hautfarbe motiviert, seinen haitianischen Brüdern, die mit einer Million Elendsflüchtlingen in den USA eine neue Heimat gefunden haben, energisch beizustehen. Als wirksames Instrument dieser Rettungsaktion mußte er sich auf die amerikanischen Streitkräfte verlassen, zumal jede haitianische Polizeigewalt erloschen war und blutiges Chaos drohte.

Dieser unentbehrliche Einsatz der US Marines in Port-au-Prince weckt jedoch schmerzliche Erinnerungen. Hatten doch die Nordamerikaner im Laufe des 19. Jahrhunderts die Kolonialherrschaft der Franzosen durch eine ruchlose Plünderung der kleinen Republik durch ihre Wirtschaftskonzerne, zumal die berüchtigte United Fruit, ersetzt. Zwischen 1915 und 1932 hatten sogar amerikanische Besatzungstruppen eine Art Protektorat errichtet.

In trister Erinnerung bleibt vor allem die diabolische Erscheinung des »Papa Doc«, des schwarzen haitianischen Diktators François Duvalier, dessen Terrorregime von den Yankees geduldet wurde, weil er als Bollwerk gegen die kommunistischen Umtriebe Fidel Castros auf der Nachbarinsel Kuba nützlich war. Ähnlich große Willkür wurde unlängst noch von dem zum Tyrannen entarteten »Armenpriester« Aristide ausgeübt. Als schließlich die Blauhelme der Vereinten Nationen unter brasilianischem Kommando ein Minimum an Recht und Ordnung wiederherstellen wollten, scheiterte die Weltorganisation auf Haiti ähnlich kläglich wie die früheren humanitären Interventionen der UNO im Kongo oder in Kambodscha.

Um in Haiti nicht nur die Ruinen der jüngsten Heimsuchung zu beseitigen, sondern um dieser von Anfang an mißlungenen politischen Konstruktion endlich aus ihrer unsäglichen Misere herauszuhelfen, bedürfte es einer starken ordnenden Macht. Aber ein wohlwollender Despot ist ebenso wenig in Sicht wie einst eine vernünftige Schirmherrschaft, die dieser armen, aber zutiefst stolzen Nation ein Leben in Würde und eine erträgliche Existenz zusichern könnte.

Der Westen ohne Konzept

22. 03. 2010

Ein Winter des Unbehagens hat uns heimgesucht. Das liegt nicht nur an den eisigen Temperaturen, die weite Teile Europas im Griff halten. Noch sind sich die Experten nicht einig über die wahren Ursachen der Bankenkatastrophe, und schon stehen sie im Bann einer sich abzeichnenden Rezession der Realökonomie. Die Mißstimmung dieser Saison ließ sich sogar bis zum Streit um das Bankgeheimnis verfolgen, der Schweizer und Deutsche in eine Konfrontation trieb, wie man sie seit den Schwabenkriegen nicht mehr erlebt hat. Die Ablösung eines allzu forschen deutschen Finanzministers aus Hamburg durch den gelassenen Wolfgang Schäuble scheint eine gewisse Linderung bewirkt zu haben.

Doch es geht um weit mehr. Die Frage stellt sich, ob der Westen überhaupt noch über eine Wirtschafts- und Finanzstruktur verfügt, die der neuen Weltlage nach dem Ende des Kalten Krieges und besonders seit dem schier unaufhaltsamen Aufstieg der sogenannten Schwellenländer gewachsen ist. Der spekulative Kasino-Kapitalismus, wie er vor allem von den angelsächsischen Geldinstituten und Riesenkonzernen betrieben wurde, hat sich als giftige Blase erwiesen.

Diese Form der Marktwirtschaft wird in den Ländern, die hoffnungsvoll auf Wall Street oder die Londoner City blickten, keine Nachahmer finden. Unter den Rivalen des Westens hat sich die Volksrepublik China an die Spitze einer phänomenalen Entwicklung gestellt. Die Deutschen können sich nicht länger rühmen, Weltmeister des Exports zu sein. Und die USA stehen in Peking mit einer immensen Schuldenlast in der Kreide.

Bemerkenswert sind die politischen Voraussetzungen, unter

denen dieser sensationelle Durchbruch des Reiches der Mitte erzielt wurde. In anderen ostasiatischen Staaten – auch innerhalb der Arabischen Liga – existiert eine wachsende Tendenz der über Jahrzehnte herrschenden Machthaber, durch Weitergabe der Präsidentschaft an ihre Söhne oder nahe Verwandte neue Dynastien zu schaffen. Von Demokratie kann ohnehin nur noch in Ausnahmefällen die Rede sein.

Die westliche Propaganda neigt dazu, die beiden erfolgreichen Staaten, die ihre Modernisierung, Technisierung und allmähliche Wohlstandssteigerung bewältigten, in die Kategorie jener Zwangssysteme einzugliedern, die der blinden Willkür ihrer Potentaten ausgeliefert sind. Diese beiden Staaten sind die Volksrepublik China und, in bescheidenerem Maße, das immer noch von der kommunistischen Lao-Dong-Partei geführte Vietnam.

Doch die Analyse ist falsch. Gewiß, in Peking gebärdet sich die kommunistische Partei als gebieterische, alles kontrollierende, aber auch alles dynamisierende Führungskraft. Nicht einmal Mao Zedong hätte jedoch daran gedacht, einen leiblichen Nachkommen zum politischen Erben zu berufen, schon gar nicht Deng Xiaoping oder heute Präsident Hu Jintao.

Das strahlende Vorbild der Mehrparteiendemokratie, das der Westen der übrigen Welt als Rezept für Fortschritt und Wohlergehen entgegenhält, hat leider viel von seinem Glanz eingebüßt: Die Deutschen verirren sich im Koalitionsgeplänkel, Frankreich verliert durch den Egozentrismus seines Präsidenten an Prestige, und der universale Hoffnungsträger Barack Obama ist dazu verurteilt, seine einst begeisterte Anhängerschaft zu enttäuschen.

Immerhin hat es Obama zum Höhepunkt der Finanzkrise gewagt, Großbanken zu verstaatlichen. Angesichts der durch seinen Vorgänger George W. Bush verschuldeten Schwächung der US-Wirtschaft scheint sich das noch vor kurzem in

Elend und Rückständigkeit darbende China wie ein Phönix aus der Asche zu erheben. Wer hätte vor zwanzig Jahren geglaubt, daß seriöse amerikanische Kommentatoren befürchten, in absehbarer Zeit könne Washington von Peking auf dem Gebiet der High Technology auf den zweiten Platz gedrängt werden?

»Yes, we can«, hatte Obama verkündet. Aber auch auf militärischem Gebiet offenbart die chaotische Krisensituation zwischen Heiligem Land und Hindukusch die Unfähigkeit, mit jener Serie regionaler Kleinkriege fertig zu werden, die den USA vom revolutionären Islamismus trotz interner Zersplitterung aufgezwungen wird.

Das Imperium Washingtons stößt wie alle ermattenden Giganten an die Grenzen seiner Möglichkeiten. Es ist den psychologischen Anforderungen eines asymmetrischen Kriegs nicht gewachsen und greift immer noch ins Leere, wenn es gilt, dem Terrorphantom El Qaida den Garaus zu machen. Das gesamte atlantische Bündnis ist sich bewußt geworden, daß es auf militärischem Gebiet zwar über gewaltige materielle Kapazitäten, aber über kein gültiges strategisches Konzept mehr verfügt.

Keine Hoffnung für Kabul

19. 04. 2010

Der Afghanistan-Krieg droht noch blutiger zu werden. Im zehnten Jahr dieses Konflikts ist der Punkt erreicht, an dem der westlichen Allianz ein Schachmatt droht. Bekanntlich kommt das Wort wie auch das Spiel aus dem Persischen. »Schachmatt« heißt in der Übersetzung: »Der König ist tot.« Der Mann, um den es sich in Kabul handelt und über dessen

Sinneswandel die ganze Allianz in schiere Ratlosigkeit verfällt, ist alles andere als eine gebieterische Herrschergestalt. Präsident Hamid Karzai ist im Jahr 2001 auf der Petersberg-Konferenz bei Bonn von den Experten des amerikanischen Nachrichtendienstes ohne Konsultation der Alliierten auf den Schild gehoben worden.

Der Sproß eines angesehenen Clans des Paschtunenvolkes war nicht einmal die schlechteste Wahl. Er hatte wacker gegen die sowjetische Besatzung gekämpft. Aber nach dem Blitzkrieg, den die Amerikaner 2001 gegen die Taleban geführt hatten, war Karzai in den Ruf eines Vasallen des US-Präsidenten Bush geraten.

Ausgerechnet dieser Staatschef von Washingtons Gnaden hat sich nun gegen seine Gönner gewandt. Er hat die durch die US Air Force angerichteten Verluste bei der Zivilbevölkerung heftig verurteilt und den Abzug aller ausländischen Truppen verlangt. Der Gipfel war erreicht, als er die internationalen UNO-Kontrolleure, die die jüngste Präsidentschaftswahl überwacht und den massiven Wahlbetrug zugunsten Karzais festgestellt hatten, für die Manipulationen verantwortlich machte. Als wolle er Präsident Obama herausfordern, empfing er Ahmadinejad, den Präsidenten der Islamischen Republik Iran, den die USA als ihren erbittertsten und gefährlichsten Gegner im ganzen Orient einstufen.

Jetzt ist die Ratlosigkeit groß. Denn eine Ersatzfigur für Karzai steht nicht zur Verfügung. Der gesamten Militärpräsenz der NATO am Hindukusch ist dadurch ihre wesentliche Grundlage entzogen. Da die neue Strategie der Annäherung an die Bevölkerung schon bei ihrem ersten Einsatz in der Provinz Helmand gescheitert zu sein scheint, sind auch die Alliierten in eine Sackgasse geraten. Zumal Präsident Karzai die nächste beabsichtigte Offensive gegen die Hochburg der Taleban in der Provinz Kandahar mit allen Mitteln zur Winterzeit sucht. In Washington, aber mehr noch in Berlin fühlt man sich betrogen, ja verraten. Zudem lehnt die deutsche Bevölkerung den Feldzug in Afghanistan mehrheitlich ab.

Sogar im Kreml macht man sich große Sorgen. Dort empfindet das autokratische Regime von Medwedew und Putin Schadenfreude darüber, daß die Amerikaner sich am Hindukusch in einer ähnlich aussichtslosen Situation befinden wie die Sowjetunion vor dreißig Jahren. Moskau befürchtet aber, daß eine Machtergreifung extrem islamistischer Kräfte in Kabul auf jene ehemaligen Teilrepubliken der Sowjetunion in Zentralasien übergreifen könnte, die heute noch unter der Fuchtel ehemaliger Kommunisten stehen. In Moskau beschwert man sich auch darüber, daß die US Army in sträflicher Passivität verharrt, während in Afghanistan mehr als neunzig Prozent des weltweiten Opium- und Heroinbedarfs produziert wird und auf Schleichwegen nach Rußland gelangt. Dort findet bereits eine massive Verseuchung der russischen Jugend durch diese Droge statt.

In den Beziehungen zwischen Washington und Moskau sollte sich die Erkenntnis durchsetzen, daß eine Solidarität der beiden Staaten gegenüber dem revolutionären Islam besteht.

Da die Zufahrtswege in Pakistan von Sprengstoffanschlägen heimgesucht werden, ist man dazu übergegangen, einen großen Teil des Nachschubs für die amerikanischen Truppen über den russischen Luftraum und das russische Schienennetz umzuleiten. Wenn jetzt zusätzlich in der kleinen, aber strategisch wichtigen Republik Kirgistan die korrupte Zwangsherrschaft des Präsidenten Bakijew durch einen blutigen Aufstand der entfesselten Massen weggefegt wird, bangen die ehemaligen Gegner des Kalten Krieges gemeinsam um die prekäre Stabilität in der gesamten zentralasiatischen Region.

Die europäische Krise

17. 05. 2010

Im Euro-Land geht die Angst vor der Inflation um. Vor allem in Deutschland, das in dieser Beziehung über schreckliche Erinnerungen verfügt, grenzt die Befürchtung an Panik. Die miserable Stimmung wird vor allem durch eine Presse angeheizt, die stets dazu neigte, Katastrophen heraufzubeschwören. Gegen Bundeskanzlerin Angela Merkel richten sich neuerdings schwere Vorwürfe. Noch unlängst wurde sie als standhafte »Mutti im Sturm« verehrt. Hatte man sie als »Eiserne Lady« auf den Sockel gehoben, so variieren jetzt die böswilligen Kritiken zwischen der Bezeichnung »Madame No«, »Madame Oui« und sogar »Madame Zéro«. Tatsächlich hat sich die deutsche Regierungschefin in der Finanzkrise Europas sehr zögerlich und widersprüchlich verhalten. Bei den jüngsten Landtagswahlen in Nordrhein-Westfalen mußte sie eine schwere Schlappe einstecken. Die Koalition mit der liberalen FDP des dilettantischen Außenministers Guido Westerwelle befindet sich seit ihrer Gründung im Zustand der Lähmung. Wenn die unsinnige Forderung der freien Demokraten auf massive Steuersenkung zum Zeitpunkt eines abgrundtiefen Haushaltsdefizits auch abgewehrt scheint, so verhindern die Liberalen doch weiterhin jene rigorosen Bankenkontrollen, die von den meisten Deutschen herbeigesehnt werden.

Hinter der maßlosen Kampagne gegen die Eurowährung ist ein Überdruß an der europäischen Einigung zu erkennen. Schon spricht man verächtlich von den mediterranen und romanischen Ländern, die sich der germanischen Disziplinierung widersetzen und geradezu inkompatibel erscheinen mit den deutschen Tugenden. Als ob Großbritannien so viel besser dran wäre als das vielgeschmähte Italien. Und als ob die

USA noch als Modell für die Europäer dienen könnten. Die Verschuldung der USA gegenüber der Volksrepublik China beträgt mehr als zwei Billionen Dollar. Man kann sich gar nicht vorstellen, was passieren würde, wenn Peking diese gewaltigen Guthaben auf den internationalen Markt würfe. Noch ist es auch im Interesse Chinas, die enge finanzielle Verquickung beizubehalten. Auch die Deutschen sollten sich bewußt sein, daß mehr als sechzig Prozent ihrer Ausfuhren im Raum der Europäischen Union Käufer finden und daß eine Abkehr vom kontinentalen Einigungsprozeß bittere Einschnitte zur Folge hätte. Es war bezeichnend, daß sich Angela Merkel zur Feier des Sieges der Sowjetunion über Deutschland im Zweiten Weltkrieg auf der Ehrentribüne des Lenin-Mausoleums von Moskau an der Seite des russischen Ministerpräsidenten Putin zur Schau stellte und die Parade der triumphierenden Roten Armee abnahm.

Geradezu verhängnisvoll wirkte sich aus, daß Merkel in Moskau feierte, während sich ihre Amtskollegen Nicolas Sarkozy, Silvio Berlusconi und Jean-Claude Juncker in Brüssel auf ein erdrückendes finanzielles Rettungspaket einigten. Nicht nur die Kanzlerin neigt dazu, heute einen deutschen Alleingang zu predigen. Gewisse gezielte Medienkommentare schlagen geradezu deutsch-nationale Töne an – als ob die nostalgisch verklärte D-Mark den massiven Manipulationen der amerikanischen Großbanken erfolgreicher widerstanden hätte als der Euro. Dessen Schwäche gegenüber der amerikanischen Währung wird stark übertrieben, hat in früheren Jahren doch eine weit ungünstigere Kräfterelation vorgeherrscht. So lange ist es noch nicht her, daß die deutsche Wirtschaft ein großes Lamento anstimmte, weil der Euro sich einem Wechselkurs von 1.50 US-Dollar näherte und die lebenswichtige deutsche Exportwirtschaft durch die radikale Verteuerung ihrer Produkte ins Hintertreffen zu geraten drohte.

Natürlich war es ein Fehler, die Europäische Union und auch die Euro-Zone über Gebühr auszudehnen und hemmungslos neue, dubiose Kandidaten aufzunehmen. Aber die Verantwortung dafür tragen diejenigen, die heute die schärfste Europakritik anstimmen. Seit Merkel in Berlin und Sarkozy in Paris das Sagen haben, ist leider jene unentbehrliche Achse abhanden gekommen, die sich früher bewährte. In Berlin sollte sich der Bundestag bewußt sein, daß die Beliebtheit und das Vertrauen, das die Deutschen in den letzten Jahrzehnten bei ihren Nachbarn genossen, schnell zu Bruch gehen könnten, falls Germanien wieder der Versuchung erläge, die Muskeln spielen zu lassen. »Der Alptraum der Allianzen«, der den greisen Reichskanzler von Bismarck heimsuchte, könnte dann sehr schnell Aktualität gewinnen.

»Geblendet in Gaza«

14. 06. 2010

Gaza ist gewiß nicht Auschwitz, wie gelegentlich die Freunde Israels betonen. Doch Gaza, dieser winzige Fetzen Land, auf dem 1,5 Millionen Palästinenser zusammengepfercht leben müssen, ist schlimm genug. Wir wollen hier nicht den schokkierenden Zwischenfall erörtern, dem eine Gruppe europäischer Friedensaktivisten ausgesetzt war, als Israels Marine ihre Kommandos ausschickte, um deren Schiffe zu kapern. Auf Dauer hat hier das Prestige des Zionismus schweren Schaden erlitten. Der Staat Israel, mögen viele westliche Medien auch bedingungslos seine Partei ergreifen, gerät in eine zutiefst bedrohliche Isolation. Präsident Obama erweist sich als seltsam gelähmt, auch wenn er sich längst vom militanten Zionismus distanziert hat, zu dem sich sein Vorgänger George W. Bush bekannte.

Gewiß, der Judenstaat bleibt weiterhin – verglichen mit seiner Umgebung – ein prosperierendes Wirtschaftswunder. Und seine Armee wird auch in Zukunft in der Lage sein, die Streitkräfte der arabischen Nachbarn in offener Feldschlacht zu vernichten. Doch der konventionelle Krieg gehört der Vergangenheit an. In den letzten Jahrzehnten haben die Weltmächte die bittere Erfahrung gemacht, daß man dem sporadisch aufflackernden Partisanenkampf von todgeweihten »Gotteskriegern« auch mit den perfektioniertesten Methoden klassischer Strategie nicht beikommen kann. Im Jahre 2006, als der israelische Generalstab zum tödlichen Schlag gegen die schiitische Hizbullah-Miliz im Südlibanon ausholen wollte, machte die israelische Armee eine neue Erfahrung. Nämlich die, daß sie durch den Einsatz panzerbrechender Waffen keine Entscheidung erzwingen konnte.

In Jerusalem verschließt man sich der Erkenntnis, daß nicht der Terrorismus palästinensischer Selbstmordattentäter die wirkliche Gefahr für Israel darstellt, sondern die rasant wachsende Bevölkerung in den angrenzenden arabischen Territorien. Die Betonmauer, die streckenweise acht Meter hochragt und die autonomen Gebiete auf dem Westufer des Jordans einzwängt, hat sich zwar als vorläufige Abwehr von Bombenanschlägen als relativ wirksam erwiesen. Aber die jüdischen Wehrexperten sind klug genug, zu erkennen, daß sie durch diese Abschirmung auf Dauer in eine fatale Defensivposition gedrängt werden.

Es war der Diplomatie Israels gelungen, trotz des Streits um die heiligen Stätten zuverlässige Verbündete in der islamischen Welt zu finden. Solange der Schah in Teheran herrschte, konnte sich der Judenstaat auf die traditionelle Gewogenheit der Perser stützen. Auch die Türkei, die bis vor kurzem dem

Säkularismus Atatürks huldigte, unterhielt mit Israel eine enge wirtschaftliche und auch militärische Kooperation. Aber im Nahen und Mittleren Osten haben sich die Verhältnisse grundlegend geändert. Seit Ayatollah Khomeini die Islamische Republik Iran proklamierte, sind die Bindungen zum Judenstaat einer wachsenden Feindseligkeit gewichen. Wie amerikanische Beobachter berichten, ist die Regierung von Jerusalem sogar in Peking in rüder Form vorstellig geworden, um die neue Weltmacht zur Teilnahme an Sanktionen gegen den Iran zu drängen. Solche Pressionen wird sich das auferstandene Reich der Mitte nicht gefallen lassen. Mit der Türkei ist der israelischen Regierung Netanjahu nunmehr ein Gegner erwachsen, auf den selbst Amerikaner und Russen zunehmend Rücksicht nehmen müssen.

Dennoch gibt es Optimisten, die sich an einen Kompromiß auf der Basis eines saudiarabischen Vorschlages klammern. Demnach würde sich Israel in die Grenzen von 1967 zurückziehen und Ost-Jerusalem als Hauptstadt eines palästinensischen Staates akzeptieren. Selbst die in Gaza regierende Hamas-Bewegung hat sich zu dieser Form eines unbegrenzten Waffenstillstandes bereit erklärt. Aber was wird dann aus den 300 000 israelischen Siedlern im Westjordanland und den in Ost-Jerusalem neu etablierten 250 000 Juden? Wer wird Israel zumuten, jene vorgeschobenen Territorien zu räumen, die fast bis zum Jordan reichen? Das Beispiel des Gazastreifens, den die Israeli einseitig geräumt hatten, zeigt, daß die Raketeneinschläge gegen Tel Aviv eines Tages nicht etwa aus Iran kommen würden, sondern daß sie aus den arabischen Autonomiegebieten abgefeuert werden könnten. Schon vergleichen Skeptiker des amerikanischen State Department den Staat Israel mit den Fürstentümern der Kreuzritter des Mittelalters, die nach 200 Jahren Präsenz im Heiligen Land der islamischen Übermacht erlagen.

Der Kurs der Kanzlerin

13. 07. 2010

»Die kaiserlose, die schreckliche Zeit«, so klagte im Mittelalter das Volk in deutschen Landen, wenn an der Spitze des Heiligen Römischen Reiches eine Vakanz um die höchste Krone stattfand. Wer die heutige deutsche Presse liest, könnte den Eindruck erhalten, eine vergleichbare Lähmung sei wieder in der Bundesrepublik Deutschland entstanden. Eine solch dramatische Situation ist zwar nicht eingetreten, aber viele Durchschnittsbürger, die in der Bundeskanzlerin Angela Merkel einen Fels in der Brandung sahen, glauben zu entdecken, daß sie den durch das Grundgesetz zugewiesenen Aufgaben mit Zögerlichkeit und hinhaltendem Taktieren nachkommt.

Am deutlichsten wurde diese Wendung, als Angela Merkel nicht in der Lage war, bei der Wahl des neuen Bundespräsidenten die Mehrheit der Koalition auf ihren Kandidaten einzuschwören, und es erst im dritten geheimen Urnengang gelang, dem bisherigen Ministerpräsidenten von Niedersachsen, Christian Wulff, dieses höchste Amt der Bundesrepublik doch noch zuzuspielen. »Am Abend weiß man bei uns oft nicht mehr, wer Freund und Feind ist«, soll die Kanzlerin geäußert haben.

Welches Programm diese Frau, »die aus der Kälte kam«, welche außenpolitischen Absichten sie verfolgt, hat bisher niemand ergründen können. Undurchsichtig sind auch die Ziele ihrer Innenpolitik. Hatte sie sich noch auf dem Parteitag in Leipzig als Verfechterin eines neoliberalen, kapitalfreundlichen Kurses zu erkennen gegeben, so schaltete sie auf eine sozialdemokratisch wirkende Politik um, als der Ausgang der folgenden Wahl sie mit knapper Mehrheit als Kanzlerin gekürt und zu einer großen Koalition mit der SPD Willy Brandts zwang.

Was an dieser Frau, die in der Öffentlichkeit häufig als »Mutti« bezeichnet wird, irritiert, ist ihr ausgeprägter Machtinstinkt, mit dem sie alle potentiellen Gegner, aber auch Partner aus dem Felde schlug. Ihren Aufstieg nach der Wiedervereinigung verdankte sie dem damaligen Kanzler Helmut Kohl, der »das Mädchen«, wie er sie nannte, in seine Ministerriege aufnahm. Angela Merkel hat es ihm schlecht gedankt. Als Kohl wegen einer ungeklärten Parteispendenaffäre in Bedrängnis geriet, war sie es, die mit einem anklagenden Artikel in der »Frankfurter Allgemeinen Zeitung« das Feuer gegen ihren Gönner eröffnete und ihm sogar den Ehrenvorsitz der Partei verweigerte. Die Zahl der Politiker, die sie – ohne über eine wirkliche Hausmacht zu verfügen – zur Strecke gebracht hat, ist beachtlich. Dem heutigen Finanzminister Schäuble nahm sie seinen dominierenden Einfluß. Und ihren offenen Opponenten, den begabten Wirtschaftsexperten Friedrich Merz, drängte sie in die Privatwirtschaft ab. Den bayerischen Ministerpräsidenten Edmund Stoiber sowie dessen Kollegen Günther Oettinger aus Baden-Württemberg brachte sie ebenso zu Fall wie den Regierungschef von Nordrhein-Westfalen, Jürgen Rüttgers. Am erstaunlichsten wirkt der plötzliche Rücktritt des energischen Landeschefs von Hessen, Roland Koch, über dessen Beweggründe Ungewißheit herrscht. Mit einem ausgeklügelten Manöver wurde ihre potentiell gefährlichste Gegnerin ausgeschaltet: Der Arbeitsministerin Ursula von der Leyen wurde vorgegaukelt, sie sei als Kandidatin für die Aufgaben des Bundespräsidenten vom Kanzleramt bevorzugt. Am Ende stand Frau von der Leyen da, tief getroffen vor einer schnöden Absage. Ja selbst der neugewählte Bundespräsident Christian Wulff, so munkelt man in der Partei, sei nur zu dieser hohen Würde gelangt, weil er als höchster Staatschef keine aktive parteipolitische Rolle mehr zu spielen vermag.

Auf der Beliebtheitsskala ist Merkel weit nach unten gerutscht. Jeder fragt sich heute, mit welchen Schachzügen sie dem überaus populären Verteidigungsminister Karl Theodor zu Guttenberg beizukommen versuchen wird. Der junge Baron aus Bayern verfügt über einen ständischen und materiellen Hintergrund, der ihn relativ unverwundbar macht, und er ist der einzige, der das deutsche Engagement in Afghanistan als das bezeichnet, was es ist, nämlich als »Krieg«.

Der größte Fehler Merkels war wohl, sich mit der liberalen FDP einzulassen, die mit Guido Westerwelle den Vizekanzler und den Außenminister stellt. Auf dem Höhepunkt der Wirtschafts- und Finanzkrise hatte dessen Freie Demokratische Partei sich für die Kürzung der Steuern vor allem bei Wohlhabenden eingesetzt, was der Regierung den Zorn des kleinen Mannes einbrachte. Da Westerwelle als Außenpolitiker ohne jedes Konzept dasteht, löst allein die Nennung seines Namens im deutschen Kabarett schallendes Gelächter aus. Es steht also nicht gut um das Erbe Adenauers, Brandts und Kohls, und man kann nur hoffen, daß Deutschland die Spanne bis zur nächsten Bundestagswahl im Jahr 2013 unter günstigeren Prämissen besteht, als das bisher der Fall war.

Nichts ist geklärt in Bagdad

09. 08. 2010

Mit der Miene eines siegreichen Feldherrn hat Präsident Barack Obama dem amerikanischen Volk verkündet, daß er in Bälde die US-Truppenpräsenz auf 50000 Mann reduzieren wird. Das immer noch beachtliche Kontingent habe keinerlei Kampfauftrag mehr, sondern werde zur Sicherung und zur Ausbildung der irakischen Nationalarmee eingesetzt. Bis Ende 2011 werde auch der letzte GI abgezogen sein.

Die irakische Regierung und ein Teil der dortigen Bevölkerung haben diese Entschlüsse des Weißen Hauses mit gemischten Gefühlen aufgenommen. In die Genugtuung darüber, daß das Land demnächst von der fremden, ungläubigen Besatzungstruppe befreit sein wird, mischt sich die Sorge der politischen Klasse, die seit den Parlamentswahlen vor ein paar Monaten immer noch nicht fähig ist, eine funktionsfähige neue Regierungsmannschaft aufzustellen. Ministerpräsident Nuri el-Maliki amtiert weiter, aber sein Gegenkandidat Allawi, ein säkularer Schiite, hinter dem sich viele Anhänger der arabisch-sunnitischen Bevölkerungsminderheit gesammelt haben, lag um ein paar tausend Stimmen vor dem bisherigen Regierungschef.

Nichts ist geklärt in Bagdad. Die zwei schiitischen Parteien, die unter dem geistlichen Einfluß des Großayatollah Ali es-Sistani stehen, versuchen in enger Kooperation, Allawi den Weg zu versperren und vor allem zu verhindern, daß die sunnitische Führungsschicht, die seit Jahrhunderten die schiitisch-arabische Mehrheit von rund 65 Prozent drangsaliert und unterdrückt hatte, wieder die Macht an sich reißt. Unlängst waren sie noch von dem Diktator Saddam Hussein privilegiert worden. Noch resoluter im Widerstand zeigt sich die Volksgruppe der Kurden im Norden des Irak, die hier bereits einen autonomen Staat mit eigener Armee und Flagge gebildet hat.

Nichts ist geregelt im Irak, und die Proklamation aus Washington drückt Zweckoptimismus aus. Ein wenig erinnert die Situation an den amerikanischen Truppenabzug aus Vietnam, der in endlosem Tauziehen zwischen US-Außenminister

Henry Kissinger und dem nordvietnamesischen Bevollmächtigten Le Duc Tho in Paris ausgehandelt wurde und Anfang 1973 in einen Waffenstillstand mündete. Die Welt feierte damals diesen trügerischen Frieden. Der südvietnamesische Präsident Nguyen Van Thieu, der als Vasall Amerikas galt, reagierte jedoch gegen die Vereinbarung, die den sukzessiven Abzug der US Army und die Einstellung jeder Kampftätigkeit der US Air Force vorsah sowie eine starke Präsenz bereits im Süden eingesickerter nordvietnamesischer Armeeverbände duldete, mit wütendem Protest und fühlte sich durch Präsident Nixon verraten.

Ähnlich wie heute im Irak wurde damals der westlichen Öffentlichkeit versichert, die südvietnamesische Nationalarmee sei in der Lage, dem Ansturm der Kommunisten standzuhalten. Das gleiche Argument wird nun im Hinblick auf die irakische Armee vorgetragen, die bis Ende 2011 auf sich selbst gestellt sein soll und angeblich in der Lage wäre, eine geeinte Republik Irak vor dem Zerfall und dem internen Chaos zu schützen. Seinerzeit in Vietnam hatte es zwei Jahre gedauert: Die südvietnamesische Nationalarmee zerbrach, und im Frühjahr 1975 rollten die Panzer mit dem roten Stern in das eroberte Saigon ein.

Schon während des Wahlkampfes hatte Obama die Strategie seines Vorgängers Bush getadelt und ihr vorgeworfen, das Schwergewicht auf einen Waffenerfolg im Irak zu verlagern, statt dem Kriegsschauplatz in Afghanistan und dem Kampf gegen die dort verschanzten Terroristen von El Qaida Priorität einzuräumen. Vergeblich verweist die Regierung von Bagdad darauf, daß die ethnischen und konfessionellen Gegensätze zwischen Mosul und Basra längst nicht geschlichtet sind und daß noch im vergangenen Monat mehr als 500 Iraker einem schleichenden Bürgerkrieg zum Opfer fielen. Wie die internen Gegensätze mit Hilfe einer lokalen Nationalarmee überwunden werden können, wenn der letzte GI das Land verlassen hat, läßt sich heute schwer ermessen. Eines ist sicher: Die Islamische Republik Iran, die sich allen gegenteiligen Behauptungen zum Trotz einer direkten Intervention in die Rivalitäten von Bagdad weitgehend enthalten hatte, wird ab 2012 die Möglichkeit erhalten, ihren Einfluß auf ihre irakischen Glaubensbrüder des schiitischen Islam voll zur Geltung zu bringen.

Schon wird das Pentagon vom Weißen Haus angehalten, Pläne für einen halbwegs ehrenvollen Abzug aus Afghanistan auszuarbeiten. Wie kritisch es dort um die internationale NATO-Truppe von immerhin 130 000 Mann steht, ist in jenem Geheimdokument sichtbar geworden, das mit Tausenden entschlüsselten Kampfschilderungen an die Öffentlichkeit gelangte. Von Einführung einer westlichen Demokratie redet ohnehin niemand mehr in Kabul. Allmählich erkennen die US-Stäbe, daß die größte Gefahr in diesem Raum von Pakistan ausgeht, wo die Armee und der Geheimdienst ISI über die wirkliche Macht und auch Atomwaffen verfügen. Die Spannungen zu den USA verschärfen sich dort jeden Tag. Selbst Rußland blickt sorgenvoll auf Afghanistan, denn eine Machtergreifung militanter Islamisten in Kabul würde zwangsläufig destabilisierende Folgen für die ehemals sowjetischen Teilrepubliken in Zentralasien haben.

Obama in Bedrängnis

06. 09. 2010

Die weltweite Begeisterung für Barack Obama ist Enttäuschung gewichen. Ein solcher Pendelschlag war unvermeidlich. Seit einigen Monaten greift die Kampagne gegen den »schwarzen Mann im Weißen Haus« auf verleumderische Argumente zurück. So hält sich hartnäckig die Behauptung, der US-Präsident sei gar nicht in den USA geboren und habe deshalb keinen Anspruch auf das höchste Amt. Andere werfen ihm vor, er sei aufgrund der Religionszugehörigkeit seines kenianischen Vaters Muslim.

Allzu schnell hatten die Optimisten in aller Welt über eine angebliche Versöhnung der Rassen in »Gottes eigenem Land« gejubelt. Heute blickt man mit bangen Ahnungen auf die ethnischen Vorurteile, die sich erhalten haben. Mindestens 300 000 Demonstranten versammelten sich unlängst vor dem Lincoln Memorial in Washington. Man hätte darauf gefaßt sein müssen, daß die Sympathisanten des Ku-Klux-Clan sich dem Übergang der USA zu einer multikulturellen Gesellschaft mit allen Mitteln in den Weg stellen würden. Der wortgewaltige Prediger dieser Rückwendung zur »gottgewollten Ordnung« ist ein ultrakonservativer Fernsehkommentator namens Glenn Beck.

Ihm zur Seite steht die bizarre Chauvinistin Sarah Palin. Ihre ultrapatriotischen Ausbrüche könnten sich als Bumerang erweisen, scheut doch der amerikanische Durchschnittsbürger vor Extremismus zurück. Aber Obamas Experiment ist selbst bei seinen liberalen Parteigängern in Verruf geraten. Wann findet endlich die versprochene Auflösung des Gefangenenlagers in Guantánamo statt, fragen sie. Wann wird Amerika sich aus dem Schlamassel des Nahen und Mittleren Ostens lösen können?

»It's the economy, stupid« – »Es geht um die Wirtschaft, du Dummkopf«, hatte Bill Clinton nach gewonnener Präsidentschaftswahl seinem unterlegenen Gegner zugerufen. Doch in dieser Hinsicht ist Obama ohne eigene Schuld in die Finanzkrise von Wall Street geraten. Unter anderen Umständen hätte die Einführung einer für alle zugänglichen Krankenversicherung, die Obama durchpaukte, als großer Erfolg gefeiert werden können.

Last but not least sieht sich Amerika in die Konflikte im Irak und in Afghanistan verwickelt, ganz zu schweigen von der hoffnungslosen Situation in Palästina. Es ist zu hoffen, daß das Weiße Haus dem Drängen Israels widersteht, die verhängten Sanktionen gegen die Islamische Republik Iran durch die Auslösung der militärischen »Option« zu ergänzen und der Bombardierung der dortigen Nuklearanlagen zuzustimmen.

Schon hält man in Washington nach Politikern Ausschau, die sich in der nächsten Schlacht um die Staatsführung durchsetzen können. Eine überzeugende Figur hat sich bisher nicht offenbart. Ein Verzicht Washingtons auf weltweiten Interventionismus würde den Europäern vor Augen führen, wie kläglich ihr eigenes diplomatisches und strategisches Gewicht geschrumpft ist und wie sehr sie auf die Übermacht der USA angewiesen bleiben.

Ob der Durchschnittsamerikaner überhaupt zur Kenntnis genommen hat, daß die mysteriöse Organisation El Qaida ihr Schwergewicht aus dem Hindukusch längst nach Pakistan, Jemen und Somalia verlagert hat? In der westlichen Hemisphäre kann von einer gebieterischen Monroe-Doktrin Washingtons nicht mehr die Rede sein, seit das »Schwellenland« Brasilien auf dem lateinamerikanischen Subkontinent eine Führungsrolle übernommen hat. Barack Obama, dem seine verbohrten Gegner vorwerfen, er habe Amerika mit den Übeln des Sozialismus belastet und es seiner göttlichen Berufung entfremdet,

droht als tragische Figur in die Weltgeschichte einzugehen.
Weniger die eigene Unzulänglichkeit als das schicksalhafte
Dahinschmelzen amerikanischen Ansehens und amerikani-
schen Wohlstandes wären ihm zum Verhängnis geworden.

Der Aufstieg Südamerikas

04. 10. 2010

BRIC? Gemeint sind damit die sogenannten Schwellenländer Brasilien, Rußland, Indien und China. Diese Staaten bleiben in ihrer Entwicklung und in ihrem Machtanspruch
extrem unterschiedlich. Man denke nur an den Aufstieg
Chinas zum Rivalen der USA oder an das ungeheure Nukleararsenal, über das Rußland weiterhin verfügt. Um so mehr
überrascht, daß Brasilien in diese Kategorie ungestüm zur
Weltgeltung strebender Staaten aufgenommen wurde. In aller
Stille, aber mit großer Dynamik vollzog sich in den letzten
Jahren auf dem lateinamerikanischen Subkontinent eine tief-
greifende politische Umschichtung. Vor allem Brasilien ist zu
einem wirtschaftlichen Giganten herangewachsen, der es mit
den traditionellen Mächten aufnehmen kann und von der Finanzkrise, die die USA und Europa erschütterte, kaum tangiert wurde.

Der Mann, dem die ehemals portugiesische Kolonie diesen
Höhenflug verdankt, heißt Lula da Silva. Der frühere Metallarbeiter genießt beim breiten Volk eine ungewöhnliche Popularität. Er hatte sich als Gewerkschaftsführer hochgearbeitet.
Zweimal wurde er zum Präsidenten der brasilianischen Republik gewählt.

Ursprünglich hatte Lula, der Ende des Jahres seine Präsidentschaft niederlegen muß, weil die Verfassung nur eine Wiederwahl zu diesem höchsten Amt erlaubt, den Ruf eines rabiaten Sozialisten. Doch er brachte es fertig, bei den in bitterer Armut lebenden Massen, aber auch in den Führungsetagen der Finanzinstitute und Konzerne Ansehen zu erwerben. Lula und seine »Companeros« erkannten früh, daß Brasilien nur durch die Zusammenarbeit mit der Oberschicht den immensen Naturreichtum des Landes aktivieren und Vertrauen bei ausländischen Investoren finden kann. So ging die gewaltige Steigerung des Bruttosozialproduktes mit einer Verringerung der Armut um vierzig Prozent und einer Beendigung der bislang chronischen Inflation einher.

Eine zusätzliche Chance bietet sich dem Schwellenland Brasilien, seit vor seiner Küste gewaltige Erdölvorkommen geortet wurden. Auf einer soliden ökologischen Basis ruhend, hat Brasilien als beherrschender Faktor die bislang erdrückende Hegemonie der USA in Lateinamerika weitgehend ausgeschaltet. Bezeichnend dafür ist eine Episode anläßlich einer internationalen Zusammenkunft, bei der alle anwesenden Regierungschefs sich von ihren Sitzen erhoben, als der amerikanische Präsident den Saal betrat. Nur Lula blieb sitzen: »Bei mir ist auch keiner aufgestanden, als ich reinkam.« Der neue brasilianische Koloß sucht nicht die Konfrontation mit Washington, aber er will auf Augenhöhe verhandeln.

Vieles ist in Bewegung geraten in Lateinamerika. Aufgrund der relativ harmonischen Rassenvermischung, die in Zukunft auch die übrigen Kontinente nicht verschonen dürfte, spricht man in Brasilien bereits von einer »raza cosmica«. Die ethnische Vermengung könnte das zukünftige Schicksal der Menschheit bestimmen, zumal die Demographen errechnet haben, daß heute nur noch vier Prozent der Weltbevölkerung rein europäischer Abstammung sind.

Am krassesten verändert hat sich das Verhältnis zwischen

weiß und farbig in der Andenrepublik Bolivien, wo mit Evo Morales zum ersten Mal in der Geschichte dieses Staates ein Indianer zum Staatschef gewählt wurde. Morales hat verfügt, daß das Land zu seinen präkolumbianischen Wurzeln zurückfinden solle. Schon werden die Idiome der Eingeborenen zur offiziellen Amtssprache neben dem Spanischen erhoben. Die Gebirgsstämme, die einst dem Inkareich angehörten und durch die spanische Kolonisation ausgebeutet wurden, haben ihren eigenen Stolz und ihr ethnisches Selbstbewußtsein zurückgewonnen.

Mag sein, daß Morales eines Tages ermordet wird. Er lebt eben in einer Republik, die seit ihrer Gründung um 1820 von 190 mehr oder weniger gewalttätigen Regimewechseln heimgesucht worden ist. Aber die gewerkschaftlich organisierte und bewaffnete Bevölkerung des Hochlands wird es nicht mehr dulden, daß jemals ein Nachkomme von europäischen Eroberern wieder die Führung an sich reißt. In Venezuela mobilisiert zur Zeit Hugo Chávez die buntgemischte Wählerschaft in seiner Republik. In Mexiko wiederum hat der Aufstand der Drogenkartelle Formen angenommen, die eines Tages in den revolutionären Elan eines Zapata einmünden und die USA vor existentielle Probleme stellen könnten.

In Deutschland geistert Terrorangst

29. 11. 2010

Eine Serie von Drohungen von Bombenanschlägen ist in den letzten Tagen bei vielen westeuropäischen Sicherheitsbehörden eingegangen. Bislang war Deutschland vor terroristischen

Aktivitäten relativ verschont geblieben. Das zuständige Ministerium in Berlin trug zunächst eine lobenswerte Gelassenheit zur Schau. Mit einem Schlag aber änderte sich das, und der deutsche Innenminister Thomas de Maizière wandte sich mit alarmierenden Warnungen an die Bevölkerung. Er steht vor einem Dilemma: Entweder beherzigt er den Grundsatz, wonach Ruhe die erste Bürgerpflicht ist, was ihm im Falle eines tatsächlichen Terroranschlages – sei es unter der Glaskuppel des Reichstages oder im Menschengewimmel eines Weihnachtsmarktes – wütende Kritik einbrächte. Oder er mobilisiert sämtliche verfügbaren Polizeikräfte, läßt schwerbewaffnete Streifen patrouillieren und verschärft die Personenkontrollen. Damit könnte er sich dem Vorwurf des Panikmachers aussetzen.

Für die Deutschen bleibt die Frage offen, welche kriminelle Bande Interesse daran hätte, durch Blutvergießen Chaos und Verwirrung zu stiften. Schon richtet sich der Blick auf die Masse von vier Millionen Muslimen, die im Land ansässig geworden sind. Doch die Experten sollten von der Vorstellung einer Verschwörungstheorie Abstand nehmen, wonach die Krake einer zentralen Organisation ihre Schläge gegen die westliche Welt und deren Lebensstil ausführt. El Qaida ist in viele Splittergruppen unterteilt. Es besteht wenig Gemeinsamkeit zwischen den marokkanischen Bombenlegern von Madrid und den indonesischen Killergruppen von Bali. Die Motivationen können völlig unterschiedlich sein. So handelte es sich bei der Erstürmung des Taj-Hotels in Mumbai nicht um religiöse Fanatiker, sondern um eine vom pakistanischen Geheimdienst gesteuerte Aktion von Todesfreiwilligen. Was nun Deutschland betrifft, so rechnen die Geheimdienste weit weniger mit Gewaltakten der Einwanderer aus der Türkei und Anatolien. Ihr Augenmerk richtet sich vornehmlich auf die kleine Gruppe von jungen Deutschen, die zum Islam konvertiert sind und ihre Frustration, ihren Haß

auf die eigene Gesellschaft in den weiten Mantel eines pseudo-
islamischen Extremismus hüllen. Offenbar wollen sie sich selbst
das trügerische Gefühl eigener Bedeutung verschaffen.

Es hat sich viel geändert seit dem Schicksalstag 9/11. Inzwischen läßt sich nicht mehr verheimlichen, daß der Schwerpunkt der terroristischen Verschwörung nicht in Afghanistan,
sondern in Saudi-Arabien beheimatet ist. Die Kerntruppe von
El Qaida hat sich vom Hindukusch zurückgezogen und in den
benachbarten Stammesgebieten Pakistans Zuflucht gefunden.

Auch das furchterregende Bild, das sich die Medien weltweit
von Osama Bin Laden machten, muß gründlich revidiert werden. Fast scheint es, als hätte eine gezielte amerikanische Propaganda diesen Sohn eines reichen Bauunternehmers zu einem apokalyptischen Reiter aufgebauscht. Diejenigen, die
Osama Bin Laden wirklich kennengelernt haben, schildern
ihn als rechtschaffenen Krieger auf dem Wege Allahs, der mit
dem US-Geheimdienst CIA in der islamischen Welt eine Art
grüne Brigade rekrutierte, um den Widerstand der Afghanen
gegen die sowjetische Besatzung zu stärken. Nach dem Zusammenbruch der Sowjetunion konnte es nicht ausbleiben,
daß diese bunte Gruppe islamischer Gotteskrieger sich gegen
einen anderen Feind Allahs wenden würde.

Es galt nun, den Kampf gegen die USA aufzunehmen. Daß
Osama Bin Laden die Fähigkeiten abgehen, einen wirksamen
Widerstand zu organisieren, hat sich inzwischen im ganzen
Orient herumgesprochen. In Kabul und Teheran wird gele-
gentlich gar der Verdacht geäußert, dieser privilegierte Sproß
der saudischen Oligarchie habe mit dem Gegner paktiert.
»Osama ist der Bruder von Obama«, scherzt man in den Tee-
stuben von Kabul.

Um zur Psychose islamischer Gewalttaten in Westeuropa
zurückzukehren: Bislang haben sich diese Komplotte durch
sträflichen Dilettantismus ausgezeichnet. Es ist bemerkens-

wert, daß die USA seit 9/11 kein einziges Mal durch Terrorakte heimgesucht wurden. Ein paar Bombenattentate werden schwerlich den Lauf der Welt grundlegend verändern können. Es sei denn, eine unkontrollierbare Bande von religiösen Fanatikern oder Kriminellen geriete in den Besitz von radioaktivem Material – es braucht beileibe keine Atombombe zu sein. Dann allerdings wären die globalen Auswirkungen kaum zu ermessen.

Beginn des Cyber-War

27. 12. 2010

Zu den beliebtesten Weihnachtsgeschenken dieser Saison gehörten alle Sorten elektronischer Kommunikationsgeräte. In die Freude über die technische Wunderwelt mischt sich jedoch die Befürchtung, daß die Intimsphäre, die bislang als höchstes Gut galt, Schritt für Schritt vernichtet wird. Die Vorstellungen George Orwells, die er auf das Jahr 1984 datierte und mit der Tyrannei der Computer verwob, haben wir längst hinter uns.

In den Kolumnen der Printmedien ist der Streit darüber entbrannt, ob die kollektiven Enthüllungen von WikiLeaks der Demokratisierung der Gesellschaft oder einer hemmungslosen Schnüffelei dienen werden. Dazu kommt die Sucht, durch die Offenlegung des eigenen Seelenlebens per Internet am Exhibitionismus der Prominenten teilzuhaben.

Man ist sich darüber einig, daß die Einführung der Elektronik eine kulturelle Revolution darstellt. Die WikiLeaks-Affäre hat dieser Entwicklung eine sensationelle, aber auch unheimliche Dimension verliehen.

Die Offenbarung zahlloser Geheimberichte der amerikanischen Botschafter in aller Welt ist bereits mit dem Ende der Diplomatie gleichgesetzt worden. Andere Kommentare verweisen darauf, daß die Indiskretionen keine neuen Erkenntnisse beinhalten. Was bisher publiziert wurde – auch die Bewertung ausländischer Staatsmänner durch die akkreditierten US-Ambassadoren –, klingt weit harmloser als die Urteile, die etwa an deutschen Stammtischen gefällt werden.

Die wirklich brisante Materie aber ist offenbar noch gar nicht an die Oberfläche gedrungen. Und man stellt sich die Frage, was die ungeheure Apparatur einer Großmacht alles zutage fördern könnte, wenn es schon der kleinen Mannschaft von Julian Assange gelang, solche Turbulenzen auszulösen.

Bislang ragt immerhin eine brisante Information aus der relativen Bedeutungslosigkeit heraus. Laut WikiLeaks hat König Abdullah von Saudi-Arabien seine amerikanischen Verbündeten aufgefordert, endlich zum vernichtenden Militäreinsatz gegen den Iran auszuholen. Teheran hat auf diese Äußerung mit Gelassenheit reagiert: König Abdullah sei als besonnener Politiker und frommer Muslim bekannt. Es könne sich also bei dieser Aufforderung nur um ein infames Komplott, eine gezielte Irreführung der amerikanischen Propaganda handeln.

In Wirklichkeit befinden wir uns in einer frühen Phase des Cyber-War. Die Kontrahenten von morgen versuchen, in die intimsten Bereiche ihrer möglichen Gegner einzudringen und deren Interventionskapazität zu lähmen. Es heißt, Rußland habe bereits ein derartiges Experiment unternommen, als es durch elektronische Sabotage das gesamte Kommunikationssystem Estlands kurzzeitig ausschaltete.

Eine gewichtigere Erprobung dieser futuristisch anmutenden Form virtueller Kriegführung wurde offenbar gegenüber der nuklearen Rüstungsindustrie Irans durchgeführt, indem ein Computerwurm namens Stuxnet in die dortigen Konstruktionsnetze eingeschleust wurde, der die Vollendung der iranischen Atombombe entscheidend verzögerte.

Der Schaden, den WikiLeaks der Supermacht USA zugefügt hat, besitzt eine fatale Dimension. Bislang ist man davon ausgegangen, daß den Amerikanern durch die Anhäufung von sechzehn Nachrichtendiensten die wirkungsvollste Abschottung ihrer strategischen und diplomatischen Planung gelingt. Plötzlich sieht sich nicht nur das State Department, sondern auch das Pentagon in die Rolle des Zauberlehrlings versetzt. Und niemand ist zur Stelle, der dem Spuk ein Ende setzt.

Man kann sich vorstellen, welche Anstrengungen in den Laboratorien der Vereinigten Staaten von Amerika und der chinesischen Volksrepublik unternommen werden, um das System des Gegners zu infiltrieren und mit Hilfe sogenannter Trojaner dessen Kommandostrukturen zu lähmen. Die Weihnachtspräsente, die die heranwachsende Generation mit allen Manipulationen und Fortschritten der Computerindustrie vertraut machen, kündigen unterschwellig an, daß die militärische Auseinandersetzung der Zukunft völlig anderen Gesetzen folgen soll als die klassische Strategie. Der Einsatz von unbemannten Drohnen, die im pakistanischen Grenzgebiet die Führungskräfte der Taleban dezimieren, geben einen Hinweis darauf, wie die Konflikte von morgen manipuliert, eventuell aber auch verhindert werden können.

DAS ENDE DER WEISSEN WELTHERRSCHAFT*

Vor achtzig Jahren hatte sich die Weltherrschaft des »Weißen Mannes« so konsequent ausgeweitet, daß praktisch der ganze Globus als exklusiver Kolonialbesitz der europäischen Mächte erschien. Die neu entdeckten Kontinente wurden von europäischen Migrationsströmen besiedelt.

Heute ist dieser stolze Imperialanspruch auf ein paar Fetzen, ein paar Konfetti, wie die Franzosen sagen, geschrumpft. Die zahllosen amerikanischen Militärstützpunkte unterliegen zusehends einem Overstretch, einer fatalen Überanspannung der bisherigen Weltmacht USA.

Nostalgie und Höhenflug

Vor einem halben Jahrtausend waren die Karavellen und Galeonen Portugals und Spaniens ausgelaufen, um den Seeweg nach Indien und zu den Goldminen von Zipango zu entdekken. Vasco da Gama hatte die Wunderwelt des Orients mit

* ZDF-Dokumentation 2010

seiner Umschiffung Afrikas erreicht. Kolumbus steuerte die Karibik und Mittelamerika an. Die spanischen Conquistadoren Cortes und Pizarro unterwarfen die Reiche der Azteken und der Inkas der Autorität der katholischen Majestät in Madrid.

Weiter südlich stieß der portugiesische Navigator Pedro Cabral – ebenfalls auf der Suche nach Indien – auf eine Urwaldküste, die heute unter dem Namen Brasilien eine Entwicklung zum dynamischen Schwellenland, zur regionalen Hegemonialmacht durchläuft. Davon hätte noch vor hundert Jahren niemand geträumt.

An die erste Heilige Messe, die Cabral unweit des Hafens Porto Seguro zelebrieren ließ, erinnert am Strand eine ziemlich plumpe Darstellung. Daneben plazierte der Künstler eine Gruppe nackter Indianer, die auf ihre Bekehrung zum Christentum zu warten schienen. Erstaunlicherweise hat sich sogar ein kleiner Indianerstamm an dieser Stelle erhalten, auch wenn dessen Kinder sich für den Touristenrummel produzieren. Auf der Höhe findet man die Ruinen eines Klosters der Jesuiten, die im 18. Jahrhundert versuchten, in Südbrasilien und Paraguay einen indianischen Gottesstaat zu gründen.

Unweit der Bucht von Porto Seguro waren im Jahr des Herrn 1500 die Karavellen des portugiesischen Admirals Pedro Alvarez Cabral vor Anker gegangen, und Cabral ergriff kurzerhand Besitz von der endlosen, heute brasilianischen Küste und dem kolossalen Hinterland. Das entsprach dem damaligen Völkerrecht, denn sechs Jahre zuvor war ein Abkommen unterzeichnet worden zwischen Madrid und Lissabon über die Aufteilung der Welt und der neu entdeckten Gebiete und Kontinente. Ganz besonders zu verzeichnen ist die Tatsache, daß der Papst, eine der schändlichsten Figuren der Kirchengeschichte übrigens, Alexander VI. Borgia, diese Teilung der

Welt vollzogen hatte. Und damit eine Autorität, eine Macht der römischen Kirche zur Schau stellte, die man sich heute gar nicht mehr vorstellen kann.

Die Inbrunst des katholischen Glaubens hat dem Lauf der Zeit nicht standgehalten. Vor dem goldenen Hintergrund des Altars der Kirche San Francisco in Salvador de Bahia zelebrieren zwei weiße Geistliche das Meßopfer vor einer Handvoll dunkelhäutiger Gläubiger. Das Halleluja der alten Männer klingt wie ein Klageruf durch das Kirchenschiff, während kaum bekleidete Touristen den Gottesdienst als Kuriosität wahrnehmen.

Die römische Kirche sollte sich Sorgen machen um ihre Gläubigen in Brasilien. Diverse protestantische Sekten, Evangelikale und Endzeitprediger greifen um sich, finden bei der überwiegend negroiden Bevölkerung stärkeren Anklang, zumal Rom seit dem II. Vatikanischen Konzil auf seine beeindruckende triumphalistische Liturgie verzichtet hat. Als Papst Benedikt XVI. im Jahr 2007 São Paulo aufsuchte, enttäuschte er den Klerus und die Gläubigen, indem er vor allem das Verbot von Kondomen durch die Kirche betonte, in einem Land, wo oft schon Fünfzehnjährige schwanger sind und die Aids-Seuche um sich greift. Die Absage Roms an die Befreiungstheologie hat tiefe Narben hinterlassen.

In der Stadt Salvador, die gigantische Ausmaße angenommen hat und als Schwerpunkt der Besiedlung durch die Nachkommen schwarzer afrikanischer Sklaven gilt, lösen sich die Elendsviertel, die Favelas, mit luxuriösen Hochhäusern ab. Daß diese sozialen Kontraste zwischen arm und reich nicht zu explosiven Spannungen geführt haben, ist der Einsicht der opulenten Oligarchie und deren Politiker zu verdanken, daß es sich für die Wiederwahl lohnt, eine Favela von 400 000 Menschen durch bescheidene soziale Zugeständnisse zur Stimmabgabe zu bewegen.

Bei der Fahrt über Land wird jedoch deutlich, daß in weiten Provinzen der krasse Unterschied zwischen Herrenhaus und Sklavenhütte, zwischen Casa Grande und Senzala, wie Gilberto Freyre schrieb, längst nicht überwunden ist. Die Madonna in einem armseligen Dorf ist als Weiße dargestellt.

Die ungeheure wirtschaftliche Kraft Brasiliens, die das Land in die sogenannte BRIC-Gruppe einreiht, spiegelt sich in der gewaltigen Metropole São Paulo mit dreizehn Millionen Einwohnern. Der unendliche Reichtum an Mineralien, an einer vielfältigen Landwirtschaft und Viehzucht und neuerdings auch an Erdöl, das die Gesellschaft Petrobras Offshore zu fördern gedenkt, verleiht Brasilien eine Krisenfestigkeit, die sich in der jüngsten weltweiten Rezession bewährte.

Der gewaltige Flächenstaat Brasilien mit 190 Millionen Menschen stützt sich auf ein einmaliges Experiment der Rassenvermischung. Trotz der grausamen Sklaverei, die erst 1884 abgeschafft wurde, ist eine Vertraulichkeit unter Weißen, Schwarzen, Mulatten und Mestizen aufgekommen, wie sie sich in den angelsächsisch-protestantischen USA nie entwickeln konnte. Wer darauf verweist, daß hier die führenden Positionen in Staat und Wirtschaft noch überwiegend durch Staatsbürger europäischer Herkunft besetzt sind, sollte nach Washington blicken, wo vor fünfzig Jahren die Vorstellung, ein afroamerikanischer Präsident würde im Weißen Haus Einzug halten, als groteske Absurdität empfunden wurde. Eindeutig ist Brasilien zur Führungsmacht auf dem südamerikanischen Subkontinent geworden, verhandelt mit den USA von gleich zu gleich.

Der jetzige Präsident Lula da Silva wird von den Massen der Brasilianer als Volksheld verehrt. Als einfacher Metallarbeiter ist er als Kind einer verleugneten Befreiungstheologie an die Spitze der Macht gerückt und hat für bescheidenen sozialen Ausgleich gearbeitet. Seine außenpolitische Unabhängigkeit von Washington bewies er durch einen Vermittlungsversuch im Nuklearkonflikt des Westens mit der Islamischen Republik Iran. Das Treffen Lula da Silvas und des türkischen Regierungschefs Erdogan mit dem iranischen Präsidenten Ahmadinejad sollte zu denken geben.

In Brasília und nicht in Washington wird entschieden werden, ob die sozialrevolutionären Regime von Venezuela und Bolivien überdauern werden. Und niemand hat in Lateinamerika den Auftritt des venezolanischen Diktators Hugo Chávez vor der UNO vergessen, der auf der Tribüne, wo vor ihm George W. Bush gesprochen hatte, das Kreuzzeichen machte und behauptete, es röche nach teuflischem Schwefel.

Indianische Wiedergeburt

Wie weit die Auflehnung der Indianer und Mestizen sowie die Rückbesinnung auf das präkolumbianische Kulturerbe gehen kann, erweist sich am deutlichsten in Bolivien. Mit Evo Morales ist zum ersten Mal in der Geschichte dieses Landes ein reiner Indianer vom Volk der Aymara an die Macht gekommen. Wenn er seine indianische Leibgarde abschreitet, kommen Erinnerungen auf an die großen Eingeborenenaufstände des 18. Jahrhunderts unter Führung von Túpac Amaru in Peru und Túpac Katari in Bolivien.

Jahrhundertelang war die Urbevölkerung Boliviens, ob sie nun den Stämmen der Aymara, Ketchua oder Guaraní angehören, von der spanischen Kolonialverwaltung zur armseligen sklavischen Fronarbeit der Gold- und Silberminen verurteilt. Wie stark Spanien dieses Andenland geprägt hat, das von dem Bruder des Conquistadoren Pizarro unterworfen wurde, of-

233

fenbart sich in der früheren Hauptstadt Sucre, die mit ihrer Plaza Mayor und den schneeweiß getünchten Häusern auf Andalusien und Sevilla verweist. In Sucre scheint sich auch die katholische Tradition stärker erhalten zu haben als anderswo. Am Sonntag füllt sich die Kathedrale mit Gläubigen unterschiedlicher Hautfarbe.

In der ehemaligen Jesuitenkirche von Sucre wurde im Jahr 1825 die Unabhängigkeit der Republik Bolivien proklamiert und gleichzeitig die endgültige Loslösung von der spanischen Kolonialherrschaft vollzogen. Aber diese Eigenstaatlichkeit hat Bolivien kein Glück gebracht, wie schon Simón Bolívar sagte. Seitdem haben 190 Regimewechsel stattgefunden, und die vollzogen sich meist gewalttätig und blutig. Und so erwarten auch einige und erhoffen es, daß der jetzige Präsident Evo Morales ein ähnliches Schicksal erleiden wird. Aber Morales sitzt fester im Sattel, als manche glauben, er stützt sich auf die indianische Mehrheit des Landes, ja er hat sogar eine Art indianische Kulturrevolution eingeleitet. Er möchte zu den Bräuchen, zu den Sitten, zu den Sprachen und sogar zu den schamanistisch anmutenden Religionen der Ahnen, der Indigenas, der Eingeborenen, wie man hier ohne Komplexe sagt, zurückkehren. Ob das gelingen kann, oder gar über die Grenzen Boliviens ausgreifen kann, das ist äußerst ungewiß. Aber eines ist sicher: Niemals wieder wird es einen Präsidenten rein europäischer Abstammung in diesem Land geben.

In der neuen Hauptstadt La Paz hat sich die Eingeborenenpolitik des Evo Morales, hat sich der Stolz auf die eigene Indiorasse durchgesetzt. Vor dem Regierungspalast wird stets der Laternenpfahl gezeigt, an dem in den 50er Jahren der Präsident Gualberto Villarroel von tobenden indianischen Mineros gehängt wurde. In La Paz ist man stolz als Indigena, als Eingeborener zu gelten. An den Verkaufsständen der steilen Gassen verweisen die Föten von geschlachteten Lamas auf den Fortbestand heidnischer Bräuche. Auch in La Paz sind inmitten der Elendsviertel und einer phantastisch anmutenden Gebirgslandschaft moderne Hochburgen aus dem Boden geschossen. Aber die wirklichen politischen Entscheidungen, so heißt es dort, werden auf dem Altiplano, auf jener kahlen Hochebene getroffen, die am Titicacasee die peruanische Grenze erreicht. Dort entscheidet die massive Stimmabgabe der Ureinwohner, der Indigenas, gelegentlich auch ihre gewalttätigen Volkserhebungen den Ausgang der Wahlen.

Die Bekehrung zum katholischen Glauben hat bei den Eingeborenen die ursprünglichen Götter der Inkazeit nicht verdrängt. Es findet ein kurioser religiöser Synkretismus statt, der sich mit furchterregender Anschaulichkeit auf den Fresken der bescheidenen Kirche von Carabuco spiegelt. Die Folterqualen der Hölle haben den Maler weit stärker inspiriert als die Verheißungen des Paradieses.

Der politische Widerstand gegen Evo Morales hat in den reichen landwirtschaftlichen Anbauflächen der im Tiefland gelegenen Provinz Santa Cruz de la Sierra seinen Schwerpunkt gefunden. Am Nationalfeiertag zieht eine unendliche Menschenmasse mit dröhnenden Blasorchestern an der Tribüne vorbei, wo der Führer der Opposition, Gouverneur Ruben Costas, die Parade abnimmt. Evo Morales ist diesem Spektakel ferngeblieben, um eventuellen Protesten zu entgehen. Neben der Nationalfahne Boliviens rot-gelb-grün hat die Eingeborenenbewegung eine eigene, buntgescheckte Flagge entworfen. Der bolivianische Staat firmiert neuerdings unter dem Namen plurinationale Republik.

Der Gouverneur Ruben Costas hat die separatistischen Tendenzen seiner Provinz aufgeben müssen, seit eine massive Zuwanderung von Indigenas aus dem Hochland die ethnische Zusammensetzung der Bevölkerung zugunsten der Indios veränderte. In der Nähe von Santa Cruz wurde übrigens im Jahr

1967 Che Guevara von seinen Häschern als Guerillero gefangengenommen und erschossen.

Im Kongreßzentrum von Santa Cruz haben sich die unterschiedlichen Schichten dieser buntgemischten Bevölkerung zum Schwur auf das bolivianische Vaterland versammelt. Hier tritt Evo Morales als Triumphator auf, aber nicht als blindwütiger Demagoge. Wer in die hartgeschnittenen Gesichter der Gardesoldaten blickt, deren Uniformen an die Armeen Napoleons III. erinnern, spürt, daß sich hier eine ethnische Machtverschiebung zuungunsten der weißen Minderheit, der früheren Oberschicht vollzogen hat, die nicht mehr rückgängig gemacht werden kann.

Tief in der Nacht treffen sich die Ayamara-Indios unter Anleitung ihres Schamanen zum Fest ihrer alles beherrschenden heidnischen Göttin, der Pacha Mama, der Mutter Erde. Sie wird mit der Opferung von Lama-Föten besänftigt, und Menschenopfer sollen nicht ganz auszuschließen sein. Diese Kultversammlung ist sich bewußt, daß Mutter Erde nur mit Blut besänftigt werden kann.

Das Erbe der Portugiesen

Kehren wir zurück in das Jahr 1500, die Epoche der großen Entdeckungen, als die wagemutigen Portugiesen auch die Meere des Fernen Ostens als erste ansteuerten. Ein Kaiser der Ming-Dynastie, der diese Fremden wohlwollend empfing, ahnte wohl nicht, daß sein riesiges Reich der Mitte vier Jahrhunderte später im Boxerkrieg zur Beute des westlichen Imperialismus würde. Etwa zehn Jahre nachdem Cabral von den Küsten Brasiliens im Namen Portugals Besitz ergriffen hatte, drangen die lusitanischen Seefahrer auf der anderen Seite des Erdballs bis nach China vor. Und erhielten dort die einmalige Erlaubnis des Kaisers von China, einen winzigen Hafen namens Macao zu errichten. Damit erhielten sie auch das Monopol des Handels mit Japan und China. Aber die katholische Kirche wollte Macao als Sprungbrett benutzen für die Christianisierung des Reiches der Mitte. An der Spitze dieser Bewegung stand der Jesuitenorden, insbesondere der Pater Matteo Ricci. Und die Jesuiten perfektionierten sich in der chinesischen Sprache, vertieften sich in die Lehren des Konfuzius und errangen die Würde hohen Mandarinats am Hofe von Peking. Ja die Societas Jesu kam zu dem Schluß, daß durchaus eine Vereinbarkeit bestand zwischen den Dogmen der katholischen Kirche und den chinesischen Bräuchen. An der Kurie von Rom war man wohl anderer Meinung und unter dem Einfluß der Dominikaner und der Franziskaner entschloß sich am Ende dieses Ritenstreites der Papst Clement XI. zu einer Absage dieses heiligen Experiments. Die römische Kirche von heute, die so vielen Schwächungen ausgesetzt ist, würde auf einen solchen Kompromiß wahrscheinlich liebend gerne eingehen. Aber damals hat Rom eine große Chance der Bekehrung vermutlich versäumt.

Im Jahr 1999 wurde Macao der Volksrepublik China einverleibt, behielt aber, wie die ehemals britische Kronkolonie Hongkong, einen Sonderstatus. Von der langen lusitanischen Präsenz sind nur wenige Gebäude erhalten, vor allem die Fassade der zerstörten San-Francisco-Kirche. Zu deren Füßen erhebt sich die Statue des Jesuitenpaters Matteo Ricci als Künder des Evangeliums, aber auch als hoher chinesischer Mandarin und genießt weiterhin die Hochachtung der Behörden.

Das kommunistische Regime von Peking hat Wert darauf gelegt, daß der portugiesische Charakter dieser Konzession in sämtlichen Inschriften gewahrt bleibt, obwohl nur noch zwei

Prozent der Bevölkerung die portugiesische Sprache beherrschen. Schon immer, auch unter der Oberhoheit Lissabons, galt Macao als die große Spielhölle Ostasiens. Das hat sich ins Gigantische gesteigert. Die relativ bescheidene Stadt wird beherrscht von den Kolossalbauten der Spielkasinos. Dieses Gewerbe, das in der eigentlichen Volksrepublik streng verboten ist, hat seit 1999 nicht nur die von Spielleidenschaft besessenen Chinesen angezogen, sondern auch zahllose amerikanische Zocker. Der exzentrischen Phantasie eines amerikanischen Milliardärs ist es zu verdanken, daß im Herzen von Macao eine kitschige, artifizielle Nachahmung Venedigs entstand. Mindestens ebenso grotesk wirkt die in britischen Gardeuniformen angetretene Hotelwache, die in Rumänien rekrutiert wurde.

Von Macao aus hatten sich einst die untereinander rivalisierenden Orden bemüht, jenes geheimnisvolle riesige Reich der Mitte, von dem bisher nur die Berichte Marco Polos vorlagen und dessen Hofzeremoniell die Allmacht des Drachensohnes widerspiegelte, für den Glauben an die alleinseligmachende Kirche zu gewinnen. Am Ende hat sich jedoch in Macao ein krasser Materialismus und die Ausbeutung des Goldenen Kalbes durchgesetzt.

Ein Moloch namens Chongqing

Vollziehen wir einen großen Sprung in Raum und Zeit. Diese Bilder haben wir im Jahr 1980 in der zentralchinesischen Provinz Szetschuan, in der Millionenstadt Chongqing aufgenommen. Wir wohnten im kommunistischen China einem katholischen Gottesdienst bei. In Szetschuan, wo damals hundert Millionen Menschen lebten, hatten 300 000 Bürger der Volksrepublik an ihrem katholischen Glauben festgehalten. Aber Mao Zedong hatte vom Klerus verlangt, daß er sich von Rom und vom Papst lossagte und eine Nationalkirche gründete. In den Gesichtern der Gläubigen spiegelte sich der gewaltige ideologische Druck des offiziellen Atheismus, der auf ihnen lastete. Der Priester zelebrierte die Messe noch auf lateinisch, weil die Nationalkirche die Neuerungen des II. Vatikanischen Konzils nicht übernommen hat. Heute, so heißt es, hätten sich die Beziehungen zwischen dem Vatikan und Peking leicht entspannt, aber schon damals flüsterte mir der Geistliche auf lateinisch zu: »Credo in unam catholicam et apostolicam ecclesiam.«

Eine kleine verängstigte Schar war also übrig geblieben von dem großartigen Versuch der Societas Jesu, mit glühendem Eifer und geschmeidiger Kasuistik das gewaltige Imperium auf die Nachfolge Christi einzuschwören. Dreißig Jahre später, im Jahre 2010, ist die Kirche St. Joseph wie ein winziges Spielzeug eingeklemmt zwischen die kolossalen Turmbauten der neuen Architektur. Die Genehmigung zum Filmen der Sonntagsmesse wurde uns dieses Mal nicht erteilt.

Es lohnt sich, die Bilder aus dem Jahr 1980 wieder herauszuholen, die das damalige Elend und die kriegerischen Verwüstungen der Stadt Chongqing illustrieren. Die japanische Armee, die bis 1945 einen großen Teil Chinas besetzt hatte, war nicht bis nach Szetchuan vorgedrungen. Die Schluchten des gewaltigen Yangtse-Flusses hatten jeden Vorstoß vereitelt, so daß der Führer des nationalen Chinas, Chiang Kai-shek, in Chongqing sein Hauptquartier errichtete. Die Waffenlieferungen durch die amerikanische Luftwaffe mußten damals ein winziges Rollfeld benutzen, das sich auf einer Sandbank im Yangtse befand. Zum Schutz vor den ständigen Bombardierungen der japanischen Flieger hatte die Bevölkerung tiefe Tunnel in die Felsen getrieben.

Zur Zeit der Kulturrevolution tobten sich in Chongqing die Rotgardisten besonders hemmungslos aus, zerstörten sogar industrielle Anlagen, so daß die Arbeiter sich schließlich in Werkschutzeinheiten formierten. Am Ende griff auf höchsten Befehl die Volksbefreiungsarmee mit schweren Waffen ein, um die Ordnung wiederherzustellen.

Das erträumte China des Jahres 2000 wurde von den kleinen Leuten in einem Fotostudio vorweggenommen. Hier versammelte man sich zu einer Familien- oder Hochzeitsaufnahme vor einer Attrappenkulisse einer Wohnung voll mit Nippes.

Als Hintergrund dieser Zukunftsillusion diente damals eine erträumte Skyline mit Hochhäusern. Niemand hätte 1980 geahnt, auf welch phantastische Weise die moderne Stadt Chongqing in den Himmel wachsen würde. Eine kolossale, hypermoderne Stadt ist entstanden. Ihre Häuserschluchten öffnen sich auf schwindelerregende Abgründe. Die glänzenden Fassaden legen Zeugnis davon ab, daß die Umwandlung Chinas nicht, wie manche behaupten, auf die Küstenzonen beschränkt bleibt.

Der Umkreis von Chongqing wurde zu einem industriellen Städtekomplex zusammengefaßt, der dreißig Millionen Menschen zählt. Ein paar winzige Relikte der alten Elendsviertel warten noch auf den Abriß, und die Bewohner dieser Ruinen klammern sich mit seltsamer Nostalgie an die Überreste ihrer einstigen Misere. Andererseits birst diese Megapolis vor Dynamik. Der jugendliche Reigen, der sich hier formiert, ist mehr von Disneyland inspiriert als von maoistischer Strenge.

Im Jahr 1980 drängten sich ärmliche, in blaue Einheitstracht gekleidete Massen in dem extrem bescheidenen Warenhaus, wo Deng, gestützt auf den Provinzgouverneur Zhao Ziyang, den ersten Versuch eines freien Handels unternahm. Das Angebot war damals noch äußerst kläglich. Heute hinge-

240

gen ist alles im Überfluß vorhanden, und in den zahllosen Geschäften treffen die nach amerikanischem Modell gekleideten Chinesen ihre Wahl. Die blaue Einheitskluft ist verschwunden, und die meisten Mädchen tragen extrem knappe Shorts oder Miniröcke.

Vergeblich haben wir nach der gigantischen Mao-Statue gesucht, vor der 1980 die Studenten der Universität Chongqing ihre huldigenden Gymnastikübungen vollführten. Die Universität ist heute nicht mehr wiederzuerkennen. Das Ganze gleicht eher einem amerikanischen Campus. Von Mao ist keine Rede mehr. Das reichliche Essen, das in der Mensa serviert wird, ist als Zeichen des Erfolgs der landwirtschaftlichen Reformen zu werten, die seitdem unternommen wurden. Das bringt zu Bewußtsein, daß achtzig Prozent der Bevölkerung noch auf dem Land lebt und das fruchtbare Szetchuan stets als der Reisnapf Chinas galt. In den ländlichen Gebieten ist die Armut längst nicht überwunden.

Wenn die Nacht sich über Chongqing senkt, lebt die stikkige heiße Stadt auf. Zahllose Bars und Discos deuten auf eine Lockerung der Sitten seit der Prüderie der Mao-Jahre hin. An der Universität werden den Studenten Kondome umsonst verteilt. Die gleißenden Lichter der Riesenmetropole sind ein Symbol für die hemmungslose Sucht nach Gewinn und Bereicherung, die weite Teile der Bevölkerung erfaßt hat. Zwar wälzen sich in den exklusiven Kaufhäusern mit den teuersten ausländischen Luxusangeboten keine Käuferscharen. Aber die Eisbahn, die dort im obersten Stockwerk errichtet wurde, gibt Zeugnis von einem Höhenrausch, der nachdenklich stimmt.

Die vierte Modernisierung, die Deng 1980 auf den Weg bringen wollte, war die Modernisierung der Streitkräfte. In ihren grasgrünen Uniformen waren die einfachen Soldaten der Volksbefreiungsarmee von den Offizieren nicht zu unterscheiden. Es herrschte bei ihnen eine strikte ideologische Disziplin nach den Vorgaben des Großen Steuermannes. Als im Jahr 1979 jedoch die Divisionen der Volksbefreiungsarmee an der Südgrenze antraten, um dem vietnamesischen Nachbarn, der gerade Kambodscha erobert hatte, eine Lektion zu erteilen, erwies sich das strategische Konzept, mit dem Mao über Chiang Kai-shek gesiegt und die Amerikaner in Korea zurückgeworfen hatte, als ungeeignet, um die Erben Ho Chi Minhs in die Knie zu zwingen. Bei ihrem Rückzug aus dem Grenzstreifen Nordvietnams, den sie erobert hatten, täuschten die gealterten Generale des Großen Marsches damals einen Waffenerfolg vor. In Wirklichkeit hatte jetzt Deng ein zwingendes Argument, den Totalumbau und die Modernisierung der Streitkräfte durchzusetzen. Die militärischen Geheimnisse Chinas sind wohlgehütet, und die Manöver, die gelegentlich ausländischen Beobachtern vorgeführt werden, geben mit Sicherheit nicht den realen Stand der technischen Aufrüstung wieder.

Die Flotte der Ming-Dynastie

Das Pentagon blickt mit Sorge auf die militärische Erstarkung Chinas und läßt demonstrativ das gewaltige Flottenaufgebot der US Navy im Westpazifik und im Südchinesischen Meer kreuzen. Die Admiralität der USA beobachtet vor allem den Ausbau der chinesischen Kriegsmarine. Lange hatte man die maritimen Ambitionen Pekings gering eingeschätzt. Aber ein Blick in die Geschichte lehrt, welch für jene Zeit ungeheuerliches Flottenaufgebot das Reich der Mitte im 14. Jahrhundert unter der Ming-Dynastie aufzubieten vermochte. Diese Armada kreuzte entlang der indischen und afrikanischen Küsten, transportierte 28 000 Krieger und wäre den Karavellen der Portugiesen und Spanier weit überlegen gewesen. Heute wird die Erinnerung an den Admiral dieser Monsterflotte, den Eunuchen Zheng He, in ganz China hochgeehrt. Der Verzicht eines törichten Kaisers der Ming-Dynastie, der vor jedem überseeischen Abenteuer zurückschreckte und die eigene Flotte vernichten ließ, wird als nationales Unglück empfunden.

Die ungeheure Dynamik Chinas, seine kommerzielle Präsenz, ja Dominanz in allen Erdteilen, die ungezügelten Ambitionen dieser gigantischen Nation geben der übrigen Welt manches Rätsel auf. Da das Land keine Religion mehr anerkennt und der Buddhismus nur als Aberglaube des Volkes geduldet ist, richten sich die fragenden Blicke auf die Vollversammlungen der kommunistischen Partei, in deren höchsten Gremien alle Entscheidungen getroffen werden. Von einer Wiederbelebung des Konfuzianismus kann nicht die Rede sein, obwohl die Lehre von der Harmonie, die Meister Kong hinterließ, von den roten Mandarinen in Peking als eigene politische Richtschnur der Streitkultur den westlichen Demokratien entgegengesetzt wird.

Wie weit sind wir doch von den wütenden Exzessen der Kulturrevolution entfernt, als die jungen Rotgardisten unter dem Ruf »Pi Lin, Pi Kong« den Konfuzianismus für den Niedergang Chinas verantwortlich machten. Was die Chinesen aller Schichten zu einen scheint, ist das Gefühl der eigenen Überlegenheit und ein unbändiger Nationalismus, der auf die Ursprünge des Reiches der Mitte zurückgeht.

Keinem Kaiser wird in der Geschichtsdeutung so großer Respekt gezollt, keinem werden so viele historische Filme gewidmet wie dem Gründungskaiser Qin Shi Huangdi. Er lebte etwa 200 Jahre vor Christus, und auf ihn berief sich auch Mao Zedong in seinen Gewaltakten. Seine unbezwingbaren Kriegerscharen unterwarfen binnen kürzester Frist die widerstreitenden Königreiche. Er schuf die kulturelle Geschlossenheit Chinas nicht durch die Vereinheitlichung der Sprache, sondern durch die Einheitlichkeit der Schrift. Er ließ jene gewaltige Mauer bauen, die sein kolossales Imperium gegen den Ansturm der Nomadenhorden Zentralasiens abschirmen sollte. Er wachte darüber, daß man der Person des Kaisers nur mit dem kniefälligen Kotau begegnete.

Wer hätte vor dreißig Jahren geahnt, daß Shanghai heute im Begriff steht, New York zu überflügeln? Wer hätte sich vorstellen können, daß die USA gegenüber Peking in die Rolle des Schuldners gerieten? Aus der Höhe der monströsen Hochbauten, die in Pudong, einem Stadtteil Shanghais, entstehen, der dem Meer entrissen wurde, erscheinen die Trutzburgen des ehemals europäischen Kolonialismus, die einst am Bund, am Ufer des Huangpu-Flusses, die Überlegenheit des Westens demonstrierten, wie winziges Spielzeug.

Der symbolische Schlußakt europäischer Weltgeltung wurde an jenem regnerischen Tag des Jahres 1997 vollzogen, als in einer ergreifenden Zeremonie Großbritannien Abschied nahm von seinem fernöstlichen Kronjuwel Hongkong, als der Union Jack eingeholt wurde und die rote Flagge der Volksrepublik gehißt wurde. Einhundert Jahre zuvor war das britische Empire noch in weltweiter Expansion begriffen und wirkte unerschütterlich. Aber so rasant vollzieht sich der globale Wandel, daß die Hymne, die die britische Seemacht glorifizierte, seitdem nur mit einem Unterton von Nostalgie angestimmt werden kann.

Ohnmacht und Anmaßung

Als Schlachtfeld der Zukunft hatten wir lange vor dem Anschlag auf das World Trade Center die weitgehend unbekannten Regionen Zentralasiens bezeichnet. Seitdem hat das Ende der Sowjetunion völlig neue Strukturen und auch Gefahren verursacht. Das Scheitern Amerikas in zwei Regionalkonflikten hat die Welt verblüfft. Ein Aufbruch ins Ungewisse findet statt.

Als der kasachische Präsident Nursultan Naserbajew seine Hauptstadt aus Almaty im lieblichen Südosten in die trostlose Steppe verlagerte, haben das viele als Zeichen asiatischer Despotie und Willkür gedeutet. Die kolossalen, prätentiösen Bauten, die dort entstanden sind, legen den Vergleich mit den architektonischen Extravaganzen der Golf-Emirate nahe. Aber in Astana könnte sich das Zentrum einer neuen asiatischen Macht abzeichnen. Die ursprüngliche Hauptstadt Almaty lag für die Ambitionen Naserbajews wohl zu nahe an der chinesischen Grenze. Hier sollte auch gegenüber Rußland ein Zeichen kasachischer Souveränität gesetzt werden.

Eine bescheidene orthodoxe Kirche steht als Symbol für die geschwundene russische Präsenz. Die slawische Bevölkerung hatte durch die systematische Besiedlungspolitik der Zaren und vor allem die Neulandgewinnung Nikita Chruschtschows fast fünfzig Prozent der dortigen Bevölkerung ausgemacht. Heute ist eine Vielzahl der russischen und ukrainischen Pioniere wieder in ihre Heimatländer abgewandert. Verlassene Dörfer geben Kunde von diesem Exodus. Den Gesichtern der orthodoxen Gläubigen sieht man diese stillschweigende Verdrängung an.

Zur gleichen Zeit veranstaltet Naserbajew, der frühere Sekretär der kommunistischen Partei, Triumphfeiern zum elf-

245

ten Gründungstag der Hauptstadt Astana. Aus dem hohen Funktionär der KPdSU ist ein Emir und Sultan orientalischen Stils geworden, der gleichzeitig mit großem Aufwand seinen Geburtstag feiern läßt. Für die Nationalfahne seines nach dem Zusammenbruch der Sowjetunion gegründeten riesigen Steppenstaates hat er die blaue Standarte des mongolischen Eroberers Dschingis Khan gewählt. In den Gesichtern seiner Gardesoldaten spiegelt sich die Härte jener asiatischen Horden, die fast drei Jahrhunderte lang das europäische Rußland beherrscht hatten. Wer kann es den Untertanen Wladimir Putins verdenken, wenn das Trauma des Tatarenjochs im Unterbewußtsein weiterlebt? Und man sich daran erinnert, wie der Khan der Goldenen Horde, der sich zum Islam bekehrt hatte, die russischen Fürsten zu seinen Vasallen erniedrigt hatte.

Was wäre Kasachstan ohne seinen immensen Reichtum an Erdöl und Erdgas? Der Wüstenzone am Kaspischen Meer merkt man kaum an, welche politischen und wirtschaftlichen Spannungen sich anstauen. Moskau versucht natürlich, seinen Vorrang zu bewahren. Amerika wirkt auf Naserbajew ein, damit er seine Pipelines nach Westen ausrichtet. Inzwischen wurde jedoch auch eine Rohrverbindung gebaut, die durch die endlose Öde Kasachstans die Volksrepublik China mit diesen unentbehrlichen Rohstoffen beliefert. Ein letzter Eindruck am Rande: Im Zentrum dieses gewaltigen Erdölreservats erhebt sich eine bescheidene Moschee, deren Imam seine religiöse Ausrichtung im afghanischen Kundus erhalten hat. So weit reichen die zentralasiatischen Querverbindungen. Das gilt auch für Kirgistan.

In diesem Winkel Kirgistans, nahe der Stadt Osch, sind wir nur ein paar hundert Meter entfernt von China, von der Westprovinz Xingjiang. Und man mag das in der übrigen Welt glauben oder nicht: Hier ist ein gewaltiges geostrategisches Spiel wieder in Gang gekommen. »The great game«, hatte einst Kipling gesagt. Aber die Partner und Kontrahenten sind ganz andere. Großbritannien ist zu einem Vasallen der USA geworden. Und Rußland hat sich weit nach Norden zurückgezogen, nach Westsibirien bis auf den Ural, und kann sich glücklich schätzen, wenn die früheren Sowjetrepubliken Zentralasiens einen Damm bilden gegen das Vordringen des militanten Islamismus. Was Amerika nun betrifft: Petroleum hin, Petroleum her, man ist dort angewiesen auf die Nachschubwege durch die GUS-Staaten und durch Rußland für den Einsatz in Afghanistan, und das wird seine Folgen haben. Und schließlich, das mag man in Europa gerne hören oder nicht: Der wirkliche Hegemonialraum in diesem Raum ist die Volksrepublik China. Europa spielt hier keine relevante Rolle mehr.

Es bedarf blutiger Unruhen, um die Aufmerksamkeit der Medien aufzuschrecken. Im südlichen Marktzentrum Osch stoßen alle Gegensätze Zentralasiens aufeinander, vor allem die Feindschaft zwischen den beiden Völkerschaften der Kirgisen und der Usbeken, die Stalin einst nach dem Prinzip »Teile und herrsche« in unsinnige Staatsgrenzen gepreßt hatte. Von der Geschäftigkeit der Metropole Osch, wo einst alle Rassen Asiens wetteifernd ihren Handel trieben, ist heute wenig übrig geblieben. Osch befindet sich bereits in jenem Ferganatal, dessen größter Teil seinerzeit der Sowjetrepublik Usbekistan zugeschlagen wurde. Der Machtanspruch von 25 Millionen Usbeken lastet nicht nur auf Kirgistan. Im Ferganatal hatte sich der Widerstand der islamischen Gotteskämpfer, der Basmatschi, wie man sie nannte, bis in die 30er Jahre erhalten. Statt Dschingis Khan haben sich die Usbeken den fürchterlichen Eroberer und Schlächter Tamerlan auf den Sockel gehoben und feiern ihn mit pompösen Opern. Auf den Weideflächen von Kirgistan ist die Zeit stehengeblieben. Die Jurten der Nomaden gruppieren sich hier noch wie zu Zeiten Dschingis Khans.

Die Dämonen von Osch

Der Salomonberg, der die Stadt Osch überragt, ist bis auf den heutigen Tag ein Treffpunkt schamanistischer Bräuche geblieben. So soll hier von weißgekleideten Frauen eine von Dämonen Besessene von ihren bösen Geistern durch Stockschläge befreit werden. Von diesem Salomonberg aus war seinerzeit auch der Timuride Babur aufgebrochen, um sein indisches Großreich der Moguln zu errichten. Die Gegenwart ist ernüchternder. Da sammelt sich eine Hochzeitsgesellschaft, die von dem blühenden Sumpf der Korruption profitierte, vor dem soldatischen Ehrenmal aus der Sowjetzeit. Dann wandelt das Brautpaar auf die mächtige Leninstatue zu, die dem Wechsel der Zeiten bisher widerstanden hat.

In der Hauptstadt Kirgistans, in Bischkek, das einst Frunse hieß, sind andere Denkmäler aus der marxistischen Vergangenheit erhalten geblieben. Da reitet General Frunse, der mit den Brigaden seiner Roten Armee Zentralasien eroberte, weiterhin auf seinem stolzen Pferd. Und die kirgisische Kolchosführerin, die aufgrund ihrer kommunistischen Überzeugung vom islamischen Widerstand ermordet wurde, reißt sich mit trotziger Geste den Schleier vom Gesicht.

Wird das kleine Kirgistan den weit mächtigeren Nachbarstaaten auf Dauer gewachsen sein? Die bescheidenen Streitkräfte wären im Ernstfall wohl auf das Wohlwollen Moskaus angewiesen. Schon gewinnt die Religion des Propheten Mohammed in diesem bislang nur oberflächlich islamisierten Territorium an Zulauf. Bedrohlich für die jetzigen Machthaber, die sich in bitteren Fehden gegenüberstehen, ist die Tatsache, daß es vor allem junge Kirgisen sind, die sich hier zum Freitagsgebet in Bischkek versammeln.

Unmittelbar neben der Hauptstadt hat die US Air Force einen Stützpunkt eingerichtet. Die Basis von Manas ist unentbehrlich geworden für den Nachschub der amerikanischen Streitkräfte in Afghanistan. In einer gewaltigen Halle sind die jüngsten Verstärkungen aus USA in voller Kampfausrüstung angetreten. Sie stehen hier fast so unbeweglich wie die tönernen Grabwächter des chinesischen Gründungskaisers Qin Shi Huangdi in Xian. In den Gesichtern der GIs spiegelt sich die Ungewißheit über das Schicksal, dem sie am Hindukusch entgegensehen. Afghanistan ist gewissermaßen zum gordischen Knoten ganz Zentralasiens geworden. Und kein Alexander der Große ist in Sicht, der ihn mit seinem Schwert zerschlagen würde.

Hat wirklich alles mit der islamischen Revolution des Ayatollah Khomeini im Iran begonnen? In jenem Jahr 1979, als Khomeini seinen Gottesstaat gründete? Seit dieser Statthalter des Verborgenen Imam gestorben ist, ist auch der religiöse Eifer, zumindest in der Hauptstadt Teheran, zum Erliegen gekommen.

Als im Juni 2009 Hunderttausende auf die Straßen gingen, um gegen die Wiederwahl des Präsidenten Ahmadinejad zu protestieren, haben viele daran gezweifelt, ob die Islamische Republik Bestand haben würde. Aber sie stützt sich inzwischen auf andere Kräfte als die schiitische Geistlichkeit. In den Revolutionswächtern, in der ideologisch verhärteten Elitetruppe des Regimes, sehen die Experten ein Potential, das amerikanischen oder israelischen Luftangriffen widerstehen könnte.

Mit der Sperrung der Straße von Hormuz am Ausgang des Persischen Golfes würde der Iran über die Möglichkeit verfügen, die Weltversorgung durch Petroleum ernsthaft in Frage zu stellen. Im Westen wird immer wieder behauptet, die Islamische Republik Iran sei der große Brandstifter im Orient, und auch andere stehen ziemlich ratlos vor den Rätseln, die das

Regime von Teheran zweifellos aufgibt. Aber eines ist sicher: Als der Iran des Ayatollah Khomeini von Saddam Hussein angegriffen wurde, hat der Imam auf den Bau einer Atombombe verzichtet. Und es gibt auch eine Fatwa von höchster geistlicher Autorität, die besagt, daß die Atombombe unislamisch ist. Andere mögen hingegen denken, daß der Iran, der umgeben ist von mehr oder weniger feindseligen Staaten und Armeen, die über die Atombombe verfügen, seinerseits über ein nukleares Abschreckungspotential verfügen müßte. Der ganze Orient bewegt sich in Richtung auf einen Zustand von Chaos und Anarchie. Man denke nur an den Irak, wo nichts geregelt ist. Oder an Afghanistan, das am Rande des Abgrunds steht. Oder auch an Pakistan und die Nachfolgestaaten der Sowjetunion in Zentralasien. In diesem Umfeld erscheint die schiitische Republik Iran als ein Element der Stabilität, auf das man eines Tages vielleicht zurückgreifen muß, um eine Konsolidierung der ganzen Region zu erreichen. Aber um das zu erkennen, ist der Westen noch nicht reif.

Präsident Ahmadinejad ist in den Südlibanon aufgebrochen. Dort findet er bei den todesbereiten Kämpfern der schiitischen Hizbullah einen Verbündeten von besonderer Bedeutung vor. Die unmittelbare Nachbarschaft zu Israel, dessen Armee von der Hizbullah aus dem Südlibanon gezwungen wurde, heizt die allgemeine Gefahrensituation an. Der triumphale Empfang, der ihm in Bint Jbeil zuteil wurde, dürfte in Jerusalem und Tel Aviv böse Ahnungen geweckt haben.

Gehört Ahmadinejad jener schiitischen Sekte an, der Hodschatiye, die sich in Endzeitstimmung auf das messianische Erscheinen des Zwölften Imam und seines Reichs der Gerechtigkeit vorbereitet? Vor den Kuppeln der Moschee von Jamkaran sammeln sich die Anhänger dieser Bewegung, die man mit gewissen Evangelikalen Amerikas vergleichen kann. Die Masse der Iraner befindet sich nicht mehr in einem Taumel der Religiosität. Die Frage stellt sich heute, inwieweit diese schleichende Verweltlichung Auswirkungen auf den benachbarten Irak haben kann, wo weite Teile der Bevölkerung dem Kult des Verborgenen Imam noch näher stehen als die Perser.

Das Heiligtum von Samara, das von den Schiiten besonders verehrt wird, weil dort der Zwölfte Imam el Mehdi der Legende gemäß seinen Häschern entkam, wurde im Jahr 2006 durch einen Anschlag sunnitischer Sektierer gesprengt. Dadurch wurde ein konfessioneller Bürgerkrieg zwischen Schiiten und Sunniten ausgelöst, der unzählige Opfer forderte. Damals flüchteten die Angehörigen der jeweiligen Konfessionen in abgetrennte, stark betonierte Refugien, und der Irak stand am Rande des Abgrundes. Der amerikanische General Petraeus glaubte damals, das Schlimmste verhindert zu haben, indem er die sogenannte Surge, die Verstärkung der US-Streitkräfte um 30 000 Mann anordnete.

In Wirklichkeit nahm das Toben des mörderischen Wahnsinns ab, als die sunnitischen Stammesführer erkannten, daß der Abzug der Amerikaner aus dem Irak nur noch eine Frage von höchstens drei Jahren sein würde, während sie auf alle Zeiten dazu verurteilt wären, unter der Herrschaft der verhaßten schiitischen Mehrheit zu leben. So kam es zu einer Hinwendung der sunnitischen Partisanenverbände zur amerikanischen Besatzungsmacht, die sie vorher heftig bekämpft hatten. Das US-Commando seinerseits versuchte, mit seinen sogenannten Erweckungskomitees die sunnitischen Kampfverbände so zu stärken, daß sie den Schiiten Widerstand leisten könnten und damit auch dem drohenden Einfluß des schiitischen Iran auf Mesopotamien Einhalt geböten.

Am Grab des Imam Hussein

In der Pilgerstadt Kerbela, wo die glühend verehrte Heldenge-
stalt der Schiiten, der Imam Hussein unter einer goldenen Kuppel begraben ist, haben wir versucht, die wahren Absichten der
dortigen hohen schiitischen Geistlichkeit, die das Khomeini-
Modell weitgehend ablehnen, zu ergründen. Pilgergruppen aus
Iran säumten die Straßen, als wir unseren Weg zwischen Beton-
wänden suchten und den Großayatollah Mudarisi befragten.
Eine Aussage ist bei uns haftengeblieben: die gebieterische Forderung, daß die sunnitischen und kurdischen Minderheiten
zwar an der Regierung des Irak beteiligt sein sollten, daß aber
die letzte Entscheidung in allen staatlichen Angelegenheiten bei
einem schiitischen Politiker liegen müsse.

Auch die Stadt Kerbela, die Hochburg des schiitischen
Glaubenszweiges und ihres Märtyrerkults ist in eine betonierte Festung verwandelt worden. Zwei Fragen beschäftigen
heute hier den Klerus und die Bevölkerung. Da ist der Abzug
der Amerikaner, der natürlich von den meisten begrüßt wird
als eine Befreiung von einer fremden und bewaffneten Präsenz. Aber andererseits weiß man aus Erfahrung, daß das Ende
einer Besatzung meist mit blutigen inneren Wirren verbunden
ist. Und manche, gerade im Klerus, fürchten, daß die blutigste
Stunde für den Irak noch bevorsteht. Das andere Thema ist
der iranische Einfluß hier. Im Westen wird oft gesagt, daß der
eigentliche Nutznießer des Krieges, den George W. Bush auslöste, die Islamische Republik Iran sei. Hier ist das nicht ganz
so sicher, denn es gibt doch erhebliche Unterschiede zwischen
der Mentalität und sogar in der theologischen Ausdeutung seitens der arabischen Schiiten des Irak und der persischen Schiiten des Iran. So kompliziert ist der Orient.

Die verheerenden Bombenanschläge und Meuchelmorde haben in letzter Zeit wieder zugenommen, auch wenn sich die verbleibenden amerikanischen Soldaten meist in ihren Quartieren verschanzt halten. Wer durch die betonierten Straßen von Bagdad fährt und die unerträgliche Spannung spürt, die über der Bevölkerung lastet, kann der Erfolgspropaganda, die aus Washington immer wieder herübertönt, keinen Glauben schenken. Es war wohl ein Fehler Präsident Obamas, Afghanistan die Priorität vor dem Irak einzuräumen.

Mit gemischten Gefühlen kann man nur jene GIs betrachten, die bei ihrem Abzug über Kuwait grinsend behaupteten, sie hätten den Krieg gewonnen. Da tauchen dann wirklich Erinnerungen an die Räumung Südvietnams durch das Gros der amerikanischen Armee im Jahr 1973 auf. Auch wenn der Abmarsch aus Mesopotamien sich noch nicht zu der Forderung der Heimat vollzieht: Bring the boys home.

Den Medien zufolge hängt in Zukunft alles von Afghanistan ab. Deshalb sollte man einen Rückblick auf die vergangenen dreißig Jahre vornehmen, so wie ich sie selbst erlebt habe.

Als ich im Jahr 1981 die Mujahidin der Hezb-e-Islami in ihrem Feldzug gegen die Sowjetunion begleitete, riefen sie nicht nur »Allahu Akbar«, sondern ebenfalls »markbar Amrika«, »Tod den Amerikanern«. Eine absurde Kampfansage, so schien es, zu einem Zeitpunkt, als diese Gotteskrieger vom Pentagon und der CIA über Saudi-Arabien und Pakistan mit Geld und Waffen versorgt wurden. Der grundlegende Fehler der amerikanischen Orientpolitik war wohl von Anfang an die Vermutung, daß ein Gegner der Sowjetunion ein Freund Amerikas sein müsse. »La gharbi, la sharki, islami« – »weder Ost noch West, sondern nur der Islam«, so sangen damals meine Gefährten.

Eine Armee von Tagelöhnern

Heute setzt die westliche Allianz ihre Hoffnungen auf die afghanische Nationalarmee und den Ausbau einer Polizei, der niemand über den Weg traut. Aber auch in Gesprächen mit den Offizieren der Nationalarmee spürt man die Vorbehalte, als Tagelöhner der Ungläubigen gegen die eigenen Landsleute eingesetzt zu werden. Noch wird vom Kommando von ISAF die Behauptung aufrechterhalten, die nebulöse Organisation El Qaida fände ihr Refugium am Hindukusch. Längst haben sich jedoch die Schwerpunkte dieser zersplitterten Terroristenorganisation nach Pakistan, nach Jemen oder Somalia verlagert.

Der Faktor Islam wird immer noch falsch eingeschätzt. Erkennbar wird er in den verzückten Gesichtern der Betenden, wenn sie sich am Freitag zur Khutba versammeln. Für sie ist die Präsenz bewaffneter Ungläubiger auf islamischem Gebiet ein unerträglicher Verstoß gegen die Gesetze Allahs. Allen Dementis zum Trotz: Die Situation der westlichen Allianz verschlechtert sich von Woche zu Woche. Ohne Probleme kann man Bilder von Angriffen der Taleban – hier der Hezb-e-Islami – auf afghanische Regierungsstützpunkte käuflich erwerben. Die Provinz Nuristan, in der sich dieses Gefecht abspielt, ist von den Alliierten vollends geräumt worden.

In Kabul versucht Präsident Karzai verzweifelt, einen Waffenstillstand mit den Führern der Aufstandsgruppen zu erreichen. Die Amerikaner verfolgen diese Kontakte mit Argwohn. General Petraeus hatte hier ja eine Strategie nach irakischem Muster einleiten wollen, um vor allem in den Hochburgen der Taleban, in den Provinzen von Helmand und Kandahar, eine solche Stabilisierung zu erreichen, daß man mit der örtlichen Bevölkerung und ihren Stammesführern, ihren Malek, zu

254

einem friedlichen Nebeneinander kommt. In Helmand ist dieser Versuch bereist fehlgeschlagen, und die Menschen von Kandahar fürchten sich vor der Rache der allgegenwärtigen Taleban.

Die Deutschen in Afghanistan. Die ersten Jahre hatte die Bundeswehr wohl wirklich geglaubt, mit Verzicht auf Offensivaktionen, durch Brunnenbohrungen und Schulbau in den Dörfern die dortigen Stämme für sich zu gewinnen. Diese Stunde der Euphorie ist längst verflogen. Allenfalls können sie sich darauf berufen, daß in den Straßen von Kabul Mädchen in Uniform zur Schule gehen. In den meisten Provinzen ist das wohl kaum möglich.

Die in der Festung Mazar-e-Scharif stationierten Soldaten sind nicht einmal in der Lage, die Blaue Moschee zu besuchen. Vor allem der Stützpunkt Kundus ist zum Brennpunkt der unerwartet im Norden aufgeflammten Kämpfe geworden. Trotz amerikanischen Drängens ist die Aktivität dieser deutschen Militärbasen weiterhin überwiegend defensiv und mutet allzuoft bürokratisch an. Auf den asymmetrischen Krieg war die Bundeswehr nicht vorbereitet. Immerhin sind ein paar vorgeschobene Stellungen außerhalb der Festung Kundus ausgebaut worden. Allzuweit in das unsichere Feindesland hat man sich nicht vorgewagt.

Auf der Höhe 431

Beim Besuch der Höhe 431 wird man von den Soldaten mit der Bemerkung begrüßt: »Willkommen im Ersten Weltkrieg«. Mit ihren Schützengräben, Unterständen, schußbereiten Maschinengewehren und Mörsern erinnert dieser befestigte Hügel tatsächlich an den Stellungskrieg von 1914 bis 1918. Obligatorisch trägt jeder Soldat eine kugelsichere Weste von dreizehn Kilo, einen Helm, eine Brille und Handschuhe. Mit dem zusätzlichen Gewicht der Waffen und Munition kommt man auf eine Last von dreißig Kilo, die jeder Kämpfer im Einsatz mit sich schleppen müßte. Die Truppe ist dadurch weitgehend zur Unbeweglichkeit verurteilt.

Was nun den Kontakt zur Bevölkerung betrifft, deren Herzen und Gemüter man ja gewinnen sollte, »to win hearts and minds«, so wirkt die Situation vollends absurd. Die Bauern bearbeiten ihre Felder, die Kinder spähen neugierig zu den fremden Marsmenschen hoch. Der Dorfälteste, der nur eine schriftliche Beschwerde über die Beschädigung seines Hauses überreichen will, wird auf Distanz gehalten. Er könnte ja Träger einer Selbstmordbombe sein, und wer weiß, ob nicht sogar das eine oder andere Kind zu einer solchen Greueltat fähig wäre. Der alte Mann im weißen Gewand verneigt sich unterdessen zum Gebet nach Mekka. Die gepanzerten Fahrzeuge – Dingo, Luchs, Fuchs, Wolf und wie sie alle heißen mögen – bewegen sich fast im Schrittempo.

Weit größer als die Gefahr, die von den Kalaschnikows und den Panzerfäusten der Taleban ausgeht, ist die ständige heimtückische Bedrohung durch die Sprengsätze, die bisher die weitaus zahlreichsten Opfer gefordert haben. Diese IEDs, improvised explosive devices, die längst nicht mehr improvisiert, sondern mit großer technischer Perfektionierung funktionieren, bestimmen das Gesicht dieses Krieges im Norden und verurteilen die Patrouillen dazu, wie Schildkröten vorzugehen.

Wer die vorgeschobenen Stützpunkte aufsucht, die die deutsche Militärbasis Kundus nach Süden hin in Richtung auf die aufsässige Provinz Daghlan abschirmt, gewinnt einen neuen Eindruck von der Strategie, die die amerikanischen Generale

Petraeus und auch noch McCrystal entworfen haben. Die Formel lautet »clear and hold«, ein Ausdruck, der übrigens aus Vietnam bekannt ist. »Clear and hold« bedeutet, daß man eine Region erst mal von feindlichen Elementen mit ausreichenden Mitteln freikämpft, und daß man dann durch ständige freundliche Präsenz versucht, den Kontakt zur Bevölkerung herzustellen, und eine nachhaltige Befriedung der Region erzielt. Auf die Dauer kann man natürlich nicht die deutschen Elemente dort verstreut lassen. Sobald wie möglich sollen sie von afghanischer Polizei und Militär ersetzt werden. In Vietnam hat sich »clear and hold« nicht bewährt. Und die Frage bleibt bestehen, ob sie in Afghanistan am Hindukusch von Erfolg gekrönt sein wird.

Warum ist die deutsche Schutztruppe im Norden so plötzlich zum gefährdeten Vorfeld des Krieges geworden? Starke amerikanische Kampfverbände sind dorthin verlegt worden, denn der Nachschub für die US-Armee ist auf seinen bisherigen Transitrouten in Pakistan durch Überfälle bedroht und muß heute das Gebiet der ehemals sowjetischen Republiken Zentralasiens und sogar den Luftraum und die Schienenstränge Rußlands benutzen. Daß sich daraus eine Abhängigkeit vom Wohlwollen Moskaus ergibt, liegt auf der Hand. Man hätte manches lernen können von dem achtjährigen Feldzug, den die Sowjetunion am Hindukusch führte. Ein Blick auf die zerstörten Panzerwracks im Pandschirtal wäre überaus aufschlußreich gewesen. General Petraeus dürfte von dem Bild des sowjetischen Oberbefehlshabers General Gromow belastet sein, der immerhin würdiger als die Amerikaner in Vietnam als letzter Soldat seiner Armee die Brücke über den Amu Darja in Richtung auf die Heimat verließ.

Man hat die Situation am Hindukusch oft mit jenem Great Game, dem großen Spiel verglichen, das sich das britische Weltreich und das zaristische Rußland vor ungefähr einhundert Jahren in Zentralasien um Einfluß und Besitz lieferten. Aber die Akteure sind heute ganz andere. An die Stelle der Europäer sind die Amerikaner getreten, und bei all ihrer Macht und Technologie wissen die klugen Generale des Pentagon, daß es hier nicht mehr um einen Sieg geht, sondern um einen halbwegs ehrenvollen Rückzug in einigen Jahren. Die wichtigen Mächte, die bodenständigen Mächte, sind nun einmal jene islamischen Massen, 1,3 Milliarden, die sich untereinander streiten und bekämpfen, die aber durch ihre Demographie, durch ihre erdrückende Bevölkerungszahl Europa mehr beängstigen dürften als durch ihre gelegentlichen Terroranschläge. Es bleibt vor allem in unmittelbarer Nachbarschaft von Afghanistan das Reich der Mitte, die Volksrepublik China, die die ganze Gegend mit ihren Verkehrswegen durchzieht und darauf bedacht ist, die Rohstoffe dieser immensen Region für sich zu pachten.

In der unheimlichen Abendstimmung liegt die Festung Kundus streng abgetrennt vom rührigen Treiben der Stadt in öder Erwartung. Zu ihren Füßen schlängelt sich der Kundus-Fluß, und dahinter dehnt sich die Tatarensteppe. Der Auftrag Europas zu imperialer Größe ist endgültig in Afghanistan erloschen. Was belastet die Stimmung bei den deutschen Soldaten? Es mag einerseits die erzwungene Untätigkeit sein, die Lähmung, die ihnen auferlegt ist.

Aber wofür droht ihnen der Tod am Rande der Piste? Für Gott und Vaterland wird längst nicht mehr gefochten. Und die ritterlichen Ehrenbegriffe, denen man sich einst verpflichtet fühlte, haben keinen Platz in diesem heimtückischen Partisanenkrieg. Wer gegen die glaubenstrunkenen Krieger Allahs antritt, bringt kaum noch Verständnis auf für einen militärischen Choral, der die Macht der Liebe verherrlichte.

DER WEG INS UNGEWISSE
2011-2012

Die ersten Wirren in Tunesien

24. 01. 2011

Niemand hätte den Tunesiern zugetraut, daß sie als erstes Volk der arabischen-islamischen Welt die brutale Diktatur abschütteln würden, der sie seit Jahrzehnten ausgeliefert waren. Daß sie es fertigbrachten, ihren korrupten Präsidenten Ben Ali in die Wüste zu schicken.

Ob ihr Mut zum offenen Widerstand zur Umgestaltung ihres kleinen Staates in unmittelbarer Nachbarschaft Siziliens führen kann, ist ungewiß. Niemand weiß, ob aus diesem Tumult am Ende nicht doch eine neue Zwangsherrschaft, eventuell gar die Machtergreifung des Militärs stehen wird. Ben Ali hat sämtliche Opponenten systematisch in seinen Kerkern verschwinden lassen oder ins Exil gezwungen. In Tunesien ist kein volkstümlicher, charismatischer Politiker in Sicht, der die Kräfte der Erneuerung bündeln könnte.

Der gestürzte Diktator hat zunächst beabsichtigt, Asyl in Frankreich zu beantragen, wo Präsident Sarkozy sich bislang opportunistisch um seine Freundschaft bemüht hatte. Aber Paris hat ihm die Grenzen nicht geöffnet. Hingegen fand Ben Ali im Königreich Saudi-Arabien bereitwillige Aufnahme. Und sein östlicher Nachbar, der libysche Tyrann Muammar el-Qadhafi, solidarisierte sich öffentlich mit seinem tunesischen Gesinnungsgenossen.

Ein gehöriger Schock muß all denen in die Glieder gefahren sein, die ähnlich wie Ben Ali ihre Zwangsregime mit Hilfe der allgegenwärtigen Geheim- und Polizeidienste sowie privilegierten, manipulierbaren Armee-Einheiten zu verewigen suchten. Das bedeutet allerdings nicht, daß im marokkanischen Rabat, in Algier oder in Amman das tunesische Aufbegehren des Volkes automatisch Schule machen wird. Die Apparate verfügen über eine lange Praxis der Vergewaltigung der eigenen Untertanen und werden – solange sie sich als wakkere Kämpfer gegen den militanten Islamismus präsentieren – von den USA nachhaltig unterstützt.

Immerhin hat sich in Tunis ein Wandel eingestellt, der unlängst noch für unmöglich gehalten wurde. Man war davon ausgegangen, daß die hochtechnische Überwachung eines jeden verdächtigen Individuums es den arabischen Satrapen Amerikas erlaubt, mit Hilfe grob gefälschter Wahlen und der Unterdrückung der Meinungsfreiheit unbegrenzte Macht ausüben zu können. Um diese dann – wie es üblich geworden ist – an ihre Söhne weiterzureichen. Die gleichsam dynastische Erbfolge scheint in Tripolis, Damaskus und Kairo zur Norm arabischer Staatsführung zu werden. Der französische Präsident Sarkozy brachte vor ein paar Jahren das bizarre Projekt einer Mittelmeer-Union aufs Tapet. Dies war eine Konstruktion, die schon aufgrund der abgrundtiefen Feindschaft in Palästina, aber auch einer fast kriegerischen Auseinandersetzung zwischen Marokko und Algerien um den Besitz der ehemals spanischen Westsahara keine Chance auf Verwirklichung besaß. Sarkozy wurde für seine Idee denn auch vor allem von deutschen Politikern und Medien beinahe beleidigend in seine Schranken gewiesen.

Bundeskanzlerin Angela Merkel, deren außenpolitisches Augenmerk weit mehr auf Skandinavien und das Baltikum gerichtet war als auf die Südküste, reiste zunächst nach Grönland, bevor sie sich den EU-Mitgliedern Malta und Zypern zuwandte. Die grauenhaften Gemetzel, die in den 90er Jahren in Algerien begangen wurden, waren in Berlin kaum zur Kenntnis genommen worden. In Zukunft müssen die Europäer sich jedoch bewußt sein, daß die Vorgänge im benachbarten nordafrikanischen Maghreb den eigenen Kontinent weit schicksalhafter belasten dürften als der sinn- und endlose Partisanenkrieg im fernen afghanischen Hindukusch.

Fluchtpunkt Europa

21. 02. 2011

Terrorismus wird stets als die größte Gefahr für Europa beschrieben. Die Konfliktsituation, in die unser Kontinent in Zukunft geraten dürfte, resultiert jedoch weniger aus dem religiösen Fanatismus vereinzelter Bombenzünder – die USA sind seit 9/11 durch kein einziges islamistisches Attentat heimgesucht worden –, sondern aus der demographischen und gesellschaftlichen Diskrepanz, wie sie sich zwischen dem Nord- und dem Südufer des Mittelmeers auftut. Die rasante Bevölkerungszunahme in den benachbarten nordafrikanischen und arabischen Ländern, verbunden mit einem wachsenden Notstand breiter hungernder Schichten, heizt explosive Spannungen an, wie sie vor allem in Frankreich, Italien und Spanien bereits zu verspüren sind.

Man muß sich vor Augen halten, daß der Irak im Jahre 1950 ungefähr fünf Millionen Einwohner hatte und diese Zahl heute in Mesopotamien auf mehr als dreißig Millionen angeschwollen ist. Oder Algerien, das 1960 von acht Millionen Arabern und Berbern besiedelt war, zählt heute mehr als drei-

261

ßig Millionen Einwohner. Bisher waren diverse Mitglieder der EU, die von der verzweifelten Nord-Süd-Migration unmittelbar betroffen waren, bemüht, mit den jeweiligen Machthabern ein Stillhalteabkommen auszuhandeln. Die jeweiligen außereuropäischen Regierungen verpflichteten sich, den Massenexodus ihrer Bürger oder den Transit aus dem Sahelgürtel zu kontrollieren und notfalls durch Polizeimethoden einzudämmen. Ein wenig ruhmvolles Beispiel dafür stellt das bilaterale Abkommen zwischen Italien und Libyen dar, demzufolge die Schergen Qadhafis jede illegale Einschiffung verhindern sollen und dafür jährlich 4,3 Milliarden Euro von Rom kassieren.

Doch diese Absprachen drohen gegenstandslos zu werden, wenn – wie im Falle Tunesiens – der Freiheitsdrang der Volksmassen zwar die Unterdrückung des Generals Ben Ali abschüttelt, gleichzeitig jedoch durch die Auflösung des verhaßten Polizei- und Sicherheitsapparats sich jeder Disziplinierung entzieht. Seit Mitte dieses Monats haben mehr als 5000 Tunesier als illegale Einwanderer die italienische Küste erreicht. Die Insel Lampedusa, die von Nordafrika durch eine Meerenge getrennt ist, platzt aus den Nähten, seit sich dort die Zuwanderer aus dem Maghreb drängen. Daß so mancher dieser Unglückseligen bei seinem Versuch, dem heimischen Elend zu entrinnen und in Westeuropa ein Trugbild von Wohlstand zu finden, auf gestohlenen Fischerbooten den Tod findet, wird offenbar als normales Risiko in Kauf genommen.

Das Machtvakuum, das in Tunesien entstanden ist, könnte demnächst auf andere Staaten Nordafrikas übergreifen. In diesem Fall sähe sich Präsident Sarkozy gezwungen, die französische Kriegsmarine für die Absperraktion einzusetzen, die im Maghreb zu Haß- und Wutausbrüchen führen würde. Selbst die Grenze zwischen dem europäischen Westzipfel der Türkei in

Ost-Thrakien und Griechenland war noch unlängst eine Art Sieb, durch das die Zuwanderer aus Anatolien gegen Zahlung hoher Bestechungssummen ihren Weg nach Deutschland fanden.

Europa steht nicht allein mit diesem Überfremdungsproblem. Wenn die USA seit 1940 ihre Einwohnerzahl auf 300 Millionen verdoppeln konnten, so verdankt das Land diese Zunahme nur in geringem Maße der größeren Gebärfreudigkeit seiner alteingesessenen Staatsbürger, sondern im wesentlichen einer lateinamerikanischen Migrantenflut. Es ist errechnet worden, daß heute unter den dreijährigen US-Kindern die Abkömmlinge exotischen Ursprungs ebenso zahlreich sind wie die Nachfahren europäischer Einwanderer. Die Bedeutung der »White Anglo-Saxon Protestants«, auf die sich der »American way of life« einst gründete, schrumpft von Jahr zu Jahr. Das Rußland Wladimir Putins sieht sich seinerseits dem Andrang einer asiatischen Völkerwanderung ausgesetzt.

Wenig beachtet werden die Tragödien, die sich in der Sahara abspielen, wo eine Masse Afrikaner einem modernen Sklavenhandel ausgesetzt sind. Vom Zentrum Agades in der Republik Niger brechen Lastwagen mit Menschen überladen in Richtung Mittelmeer auf, nachdem Schlepper ihnen exorbitante Transportgebühren abgenommen haben. Auf halbem Wege wird dann die Fahrt oft wegen angeblichen Benzinmangels oder Motorschadens abgebrochen. Die menschliche Fracht wird ihrem Schicksal überlassen, während die skrupellosen Transporteure sich bereits um eine neue, einträgliche Fracht bemühen. Diejenigen, die es tatsächlich schaffen, die libyschen Häfen zu erreichen, sind dort der Ausbeutung durch die Untertanen Qadhafis ausgesetzt. Trotzdem setzen sich angeblich jeden Monat bis zu 15 000 Hungerleider aus Schwarzafrika diesen Gefahren aus.

Die EU will nun – angesichts der sich verschärfenden Krise

– ein großzügiges Hilfsprogramm starten, das den darbenden Menschen der Sahelzone erlauben würde, im eigenen Land ein bescheidenes Auskommen zu finden, statt die mörderische Wüstenroute in Richtung auf das trügerische europäische Asyl anzutreten. Doch – so wie die Dinge stehen – würden solche Zuwendungen von Brüssel vor allem den korrupten Behörden Afrikas zugute kommen und das Elend der Bedürftigen kaum mildern.

Libyen am Abgrund

21. 03. 2011

Wie immer der Kampf um Libyen ausgeht, er hat bereits eine immense diplomatische Dimension angenommen. Das militärische Vorgehen war vom französischen Präsidenten Sarkozy angeregt worden, und Großbritannien schloß sich erstaunlich schnell an. In den USA versuchte zwar Verteidigungsminister Gates, diese Pläne zu durchkreuzen, mußte sich am Ende jedoch dem Interventionsbefehl Obamas beugen.

Zunächst hatte man angenommen, daß die Resolution im Weltsicherheitsrat, Qadhafi zu stürzen, am Veto Rußlands und Chinas scheitert. Aber diese Mächte gewährten der NATO durch Stimmenthaltung freie Hand. Es geschah sogar etwas völlig Unerwartetes: Die Arabische Liga, die in solchen Fällen meist für ihre »Brüder« eintritt und die USA oft des Imperialismus beschuldigt, nahm nachdrücklich und eindeutig Stellung gegen Qadhafi. Es war Deutschland, das sich als einziger Staat der EU mit Russen und Chinesen gemeinmachte und das Vorgehen der Westmächte gegen Qadhafi zwar nicht rundum ablehnte, aber durch seine Stimmenthaltung zu verstehen gab, es wolle sich in das libysche Abenteuer in keiner Weise verwickeln lassen.

Man kann nur Vermutungen anstellen über die Gründe, die Angela Merkel und ihren Außenminister Westerwelle bewegt haben, der atlantischen Solidarität den Rücken zu kehren. Und, was schwerer wiegt, als einziger Staat der EU den Einheitsbestrebungen unseres Kontinents einen Dolchstoß zu versetzen. Glaubte die Regierung von Berlin, der viele schwierige Landtagswahlen bevorstehen, sie könne ähnlich taktieren wie seinerzeit der sozialdemokratische Kanzler Schröder, der sich 2003 weigerte, am Feldzug Iraqi Freedom teilzunehmen? Mit diesem populären Entschluß hatte er die Bundestagswahl knapp für sich entschieden. Doch George W. Bush hatte damals mit so viel Täuschungen operiert, daß die Ablehnung Frankreichs und Deutschlands der jeweiligen Staatsräson entsprach.

Die Situation in Libyen ist verworren. Es hatte viel Naivität auf seiten der westlichen Allianz dazugehört, an das Versprechen des Obersts Qadhafi zu glauben, er wolle einen Waffenstillstand einhalten. Statt dessen drangen seine Truppen in Bengasi ein. Die Rebellen hatten vielleicht zu früh gefeiert, als die Resolution des Weltsicherheitsrates bekannt wurde, die den Weg frei machte für die Sperrung des libyschen Luftraums und auch für andere Interventionen der diversen alliierten Flugzeuge.

Wäre die Aktion der USA, Englands und Frankreichs einige Tage früher erfolgt, hätte man die Panzerkolonnen des libyschen Diktators und seine Truppenaufgebote leicht aus der Luft lahmlegen können. Die platte, nackte Wüste entbehrt jeder Tarnung und würde der konventionellen Kriegsführung zum Verhängnis.

Sollte sich Qadhafis Clan behaupten, wäre es schlecht bestellt um jene gefeierte Umsturzbewegung, die man als »Arabischen Frühling« oder »Jasmin-Revolution« verherrlichte. Warum sollte dann die ägyptische Generalität ihren Regierungseinfluß und ihre immensen Privilegien preisgeben? Selbst in Tunesien ist ja noch nichts geregelt, und das Resultat der dort angekündigten Wahlen bleibt überaus ungewiß.

Den größten Vorteil aus der Brutalität Qadhafis kann im Persischen Golf die Dynastie Al Khalifa auf der Insel Bahrain für sich verbuchen. Als die Palastwache des dortigen sunnitischen Königs durch die schiitische Bevölkerungsmehrheit, die er stets drangsaliert hatte, hinweggefegt zu werden drohte, kamen ihm die Panzer Saudi-Arabiens zur Hilfe. Auf der Südhälfte Bahrains befindet sich – streng abgeschirmt – die Basis der Fünften amerikanischen Flotte. Und diese einmalige strategische Position, die ein Übergreifen der Islamischen Republik Iran auf die von Schiiten bewohnten reichsten Erdölreviere der Saudis verhindert, bleibt für Washington von unschätzbarem Wert. Also hat sich am Potomac kaum eine Stimme erhoben, um gegen diese Verletzung der Menschenrechte durch die saudische Monarchie zu protestieren.

Dieses Mal hat die Bundesrepublik sich in eine leichtfertige Isolation begeben. Die Argumente gegen eine ohnehin minimale militärische Beteiligung in Libyen klingen wie klägliche Ausflüchte. Der deutsche Bruch mit NATO und EU könnte von vielen als ein Symptom von »Feigheit vor dem Feind« gedeutet werden. Begreift man in Berlin denn nicht, daß ein deutsches Engagement im Mittelmeer sehr viel zwingender sein kann als die sinnlose Verstrickung in das heillose Chaos am Hindukusch?

Der Untergang Qadhafis

Interview, 22. 03. 2011*

Die alliierten Streitkräfte bombardieren seit dem Wochenende Ziele in Libyen. Schlittert der Westen nach dem Irakkrieg und Afghanistan in den nächsten großen Konflikt mit der islamischen Welt?

Wir wissen noch nicht, ob das ein großer Konflikt wird. Es besteht ja durchaus noch die Möglichkeit, daß Qadhafi gestürzt wird. Das muß allerdings sehr schnell geschehen. Wenn Qadhafi nicht innerhalb der nächsten Wochen gestürzt wird, droht er sich zu konsolidieren. Und wir hätten dann wieder einen Staat, der viele andere Staaten als Feinde betrachten würde.

Wie schwer wird es jetzt werden, Qadhafi zu besiegen?

Qadhafi hat natürlich relativ viel militärisches Material, auch russisches. Aber seine Boden-Luft-Abwehr ist durch die Cruise-Missiles der Amerikaner ziemlich lahmgelegt worden. Seine Luftwaffe kann nicht mehr operieren. In dem Moment aber, wo man die Lufthoheit über Libyen hat, kann man auch die libyschen Panzer abschießen. Die Frage ist, wie stark Qadhafi noch in der Hauptstadt Tripolis ist, wo ein Drittel der libyschen Bevölkerung lebt.

Den Aufstand im eigenen Land hätte er ohne Intervention von außen niederhalten können, oder?

* Münchner Merkur

In dem Moment, als Qadhafi mit seinem überlegenen, teils vom Westen gelieferten Material antrat, als er seine geschulten Soldaten und Söldner einsetzte, hatten diese Amateure in der Cyrenaika im Osten des Landes keine große Chance. Ohne ausländische Intervention wäre Bengasi in drei Tagen besetzt gewesen – und der Aufstand vorbei. Und Qadhafi hätte dann wieder fest im Sattel gesessen.

Welche Rolle spielt die Wüste für den Krieg?

Diese libysche Wüste ist ja ein ganz plattes Terrain und eignet sich nicht für die Entfaltung von konventionellen Streitkräften. Qadhafi ist aber darauf angewiesen, einen konventionellen Krieg zu führen – und da ist er natürlich kraß unterlegen. Er kann in der Wüste keinen Partisanenkrieg führen, wie es der Vietcong oder die Afghanen getan haben, die dann praktisch unschlagbar waren.

Wann wird sich Qadhafi ergeben?

Gar nicht. Er wird sich bis zuletzt wehren. Ob er wie Hitler im Bunker umkommen will, weiß ich nicht. Aber er hat ja noch Tricks auf Lager: Er bietet zum Beispiel immer mal wieder einen Waffenstillstand an. Die Westmächte sind auch nicht scharf darauf, ihn umzubringen und zum Märtyrer zu machen. Es genügt aber nicht, daß Muammar el-Qadhafi entfernt wird, es muß vielmehr der ganze Clan entfernt werden. Sein Sohn Saif el-Islam ist ein begabter Mann: Er ist klüger als sein Vater – aber nicht vertrauenswürdiger.

Sie sind Qadhafi in den 1970er Jahren erstmals begegnet. Wie wirkte er damals auf Sie?

268

Das war auf einer christlich-islamischen Konferenz in Tripolis, damals machte er einen ganz munteren Eindruck. Er war selbstbewußt, ein bißchen arrogant, und er zog sich noch vernünftig an. Auch war er ganz höflich im Umgang.

Sie haben ihn noch öfter getroffen. Wie hat er sich verändert?

Er leidet inzwischen zweifellos an Paranoia. Vielleicht ist er auch schizophren. Es gab aber eine Zeit, als er gut aussah. Wenn er dann auf seinem weißen Schimmel angeritten kam, fielen ihm die Herzen der europäischen Damen zu. Heute sieht er aus, als würde er Drogen nehmen. Das heißt aber nicht, daß er nicht noch ganz gute Reflexe und Instinkte hätte.

Qadhafi hat jetzt einen »langen Krieg ohne Grenzen« angekündigt. Steigt damit die Terrorgefahr außerhalb Libyens?

Das ist doch alles Geschwätz. Qadhafi hat auch keine Beziehungen zu El Qaida, mit der er jüngst gedroht hat – die gibt es sowieso allenfalls noch rudimentär.

Den Krieg zum Schutz der Zivilbevölkerung hat erst die UNO mit der Resolution 173, dann auch die Arabische Liga erlaubt – ungewöhnlich, oder?

Das war wirklich eine große Überraschung. In der UNO gab es nicht das Veto von China und Rußland, womit man gerechnet hatte. Beide Staaten haben sich enthalten – was Deutschland in schändlicher Weise mitgemacht hat. Und dann war zur Überraschung aller die Arabische Liga auch dafür, daß da eingegriffen wird.

Inzwischen rudert die Liga aber wieder zurück.

269

Die Araber sehen jetzt, daß es bei einem solchen Krieg zivile Opfer gibt – das ist nun mal so. Der jeweilige Machthaber, in diesem Fall Qadhafi, legt es ja auch darauf an.

Sie kritisieren die deutsche Enthaltung. Warum?

Die deutsche Enthaltung war eine sagenhafte Dummheit. Außenminister Guido Westerwelle hat sich zuerst auf dem Tahrir-Platz in Ägypten umjubeln lassen, dann ist er verbal gegen Qadhafi zu Felde gezogen. Aber als es darum ging, einer Flugverbotszone zuzustimmen, um die zivile Bevölkerung vor Bomben zu schützen, da enthielt er sich im Auftrag von Frau Merkel der Stimme. Das wirkte von außen wie eine Feigheit.

Was hatte das denn für Folgen?

Deutschland war der einzige Staat der Europäischen Union, der nicht zugestimmt hat. So wurde die europäische Solidarität, die ja ohnehin gering ist, in militärischer Hinsicht zunichte gemacht. Noch dazu hat man die Amerikaner brüskiert – und zwar völlig unnötigerweise.

Aber hätte sich Deutschland bei einem Ja nicht militärisch beteiligen müssen?

Deutschland war nicht verpflichtet, irgendwelche Soldaten oder Flugzeuge einzusetzen. Noch ist Deutschland ja ein halbwegs souveräner Staat. Wie sehr man sich engagiert, darüber hätte der Bundestag abgestimmt. Das Groteskeste war, daß die Deutschen als Ausgleich für Libyen ein paar AWACS-Überwachungsflugzeuge für Afghanistan ausrüsten wollen – als ob der Krieg in Afghanistan eher zu vertreten wäre als die Interven-

270

tion in Libyen. Dabei wird eines vergessen: Unsere Nachbarschaft ist das Mittelmeer – und nicht der Hindukusch.

Jetzt ist der Westen auch noch uneins: Es gibt einen Streit darum, wer den Einsatz führen soll. Wirkt sich das auch auf Deutschlands Position aus?

Für Deutschland ist das alles ein schwerer Bruch in den Außenbeziehungen. Das wäre unter Helmut Kohl nicht passiert – und unter Helmut Schmidt auch nicht. Sarkozy hat mit seinem Engagement ja auch für die kommenden Wahlen in Frankreich seine Position stärken wollen – und kommt ganz gut an im Land. Es ist für Frankreich aber auch eine Notwendigkeit, einigermaßen zu wissen, was jenseits des Mittelmeers passiert. Die Engländer liegen ja auf der gleichen Linie wie Frankreich. Es ist schon erstaunlich, daß sich da wieder eine Art Entente cordiale wie 1904 bildet, ein neues Bündnis zwischen England und Frankreich. Das geht natürlich auf Kosten des deutsch-französischen Verhältnisses. Und man darf nicht vergessen: Merkel hat mit der Enthaltung auch die Amerikaner vor den Kopf gestoßen.

Die sind allerdings fast schon wieder auf dem Weg raus aus Libyen, oder?

Die Amerikaner sind nur temporär da und nur für sehr begrenzte Aufgaben. Sie haben noch die Irakfrage am Hals, sie wissen nicht, wie sie aus Afghanistan herauskommen. Noch dazu fürchten sie, daß Pakistan explodiert, das ist im Moment die größte Gefahr. Da wollen sie sich nicht noch unnötig am Mittelmeer binden. Aber sie haben mit ihren Cruise-Missiles die Voraussetzung geschaffen für die Flugverbotszone.

*Hand aufs Herz: Haben Sie vor ein paar Monaten damit gerechnet,
daß es in der arabischen Welt so viel Aufruhr geben könnte?*

In Tunesien kam es für mich völlig überraschend. Die Tunesier gelten als ein mildes, beinahe schwächliches Volk. Die Araber sagen unter sich: Die Tunesier sind die Frauen, die Algerier sind die Männer und die Marokkaner sind die Krieger. Daß ausgerechnet die Tunesier die Sache in Gang brachten, war schon erstaunlich. Bei Ägypten war ich weniger überrascht.

Kann die revolutionäre Dynamik die ganze arabische Welt erfassen?

Eine einheitliche Bewegung wird es nicht geben. Die arabischen Staaten sympathisieren untereinander nicht sonderlich, sind teilweise sogar verfeindet. Es hat eine Aufwallung der jungen Generation gegeben, eine Unzufriedenheit mit den wirtschaftlichen Verhältnissen. Auch das Internet hat eine Rolle gespielt – auch wenn man das nicht überschätzen sollte.

Pulverfaß Nahost

16. 05. 2011

Der »Arabische Frühling«, der in der westlichen Welt so viel Hoffnung weckte, droht in einen arabischen Herbst umzuschlagen. Ein paar Wochen sah es so aus, als wäre in den verkrusteten Zwangsregimen jenseits des Mittelmeers ein gründlicher Wandel eingetreten. Zwei Faktoren schienen den Weg in eine Zukunft der Freiheit zu weisen.

Die Masse der Jugendlichen war es leid, sich von korrupten

Despoten bevormunden zu lassen. Allzu viele junge Männer und Frauen sahen sich um ihre Zukunftschancen betrogen. Als zusätzliches Instrument des revolutionären Aufbäumens schufen die elektronischen Kommunikationsmittel eine quasi anonyme Solidarität, auf die die Repressionsapparate nicht vorbereitet waren.

Endlich schienen sich die südlichen Anrainer des Mittelmeers auf die Forderung nach individueller Freiheit und auf Säkularismus auszurichten, statt die gewohnten Wutschreie gegen Kreuzzügler und Zionisten auszustoßen.

Der Aufruhr in Tunis, Ägypten, Libyen und Syrien hat den Europäern vor Augen geführt, daß die große islamische Gemeinschaft in ihre unmittelbare Nachbarschaft reicht und nichts am fernen Hindukusch entschieden wird. Das südliche Ufer des Mare nostrum war von der deutschen Regierung ignoriert und von den USA mit Hilfe gefügiger Despoten in die trügerische Liga des Kampfes gegen den Terrorismus eingereiht worden.

Nun blickt der Westen mit Ernüchterung auf Nordafrika. Über die italienische Insel Lampedusa ergießt sich ein Flüchtlingsstrom in Richtung Italien und Frankreich, der unter der harten Fuchtel des Diktators Ben Ali auf ein Minimum reduziert worden war. Tunesien ist – so hoffen wir – die endlose Tyrannei losgeworden. Doch mit dem Zusammenbruch des Touristengeschäfts, der Haupteinnahmequelle des Landes, wächst die Zahl derjenigen, die nicht mehr als Asylanten wegen politischer Willkür, sondern als gewöhnliche Wirtschaftsmigranten an den Verlockungen des europäischen Wohlstandes teilhaben wollen. Es zeigt sich, daß den mutigen Rebellen weder strukturierte Parteien noch überzeugende Führungspersönlichkeiten zur Verfügung stehen. In Erwartung einer neuen Verfassung sowie der angekündigten Präsidial- und Parlamentswahlen, auf die die jungen Helden des

273

Tahrir-Platzes in keiner Weise vorbereitet sind, steht das Niltal weiterhin unter der Autorität des Generalstabschefs Tantawi; diese Funktion hatte er bereits unter Mubarak ausgeübt.

Als einzige Formation, die unter den achtzig Millionen Ägyptern Wurzeln geschlagen hat und für ihre Wahlkampagne über die Kanzeln zahlloser Moscheen verfügt, drängen sich nun die Muslim-Brüder in den Vordergrund. Sie haben längst darauf verzichtet, gewalttätigen Extremismus im Namen Allahs auszuüben. Und finden starke Unterstützung beim Mittelstand und bei den zahllosen Fellachen, der frommen Bauernschaft.

Die Arabische Liga hat dem Vorhaben der NATO, Libyens paranoiden Qadhafi zu stürzen, ihre Zustimmung erteilt. Doch in seinem Verzweiflungskampf hat dieser beachtlichen Kampfgeist und strategisches Geschick bewiesen. Wer auf ihn folgen wird, ist ungewiß. Schon wird befürchtet, daß sich zwischen den unterschiedlichen Landesteilen ein Bürgerkrieg entfachen könnte. Manche reden gar von der Möglichkeit somalischer Anarchie in der Nachbarschaft Siziliens.

Ob sich in Damaskus der syrische Präsident Assad, auf den manche große Hoffnungen gesetzt hatten, gegen die Auflehnung der sunnitischen Bevölkerungsmehrheit behaupten kann, bleibt ungewiß. Nach dem blutigen Präzedenzfall in Libyen ist keineswegs sicher, daß das brutale Vorgehen der mächtigen syrischen Sicherheitsorgane am Ende nicht doch den Ausschlag geben wird. Der Westen hütet sich, gegen das Regime von Damaskus ähnlich forsch vorzugehen wie gegen Libyen. Präsident Obama sieht sich am Hindukusch, im Irak, neuerdings in Pakistan und im ewigen Streit um Palästina sonst schon riesigen Problemen ausgesetzt.

Eine entschlossene Abkehr der westlichen Allianz von ihrer heuchlerischen Bevorzugung bequemer Vasallen ist nicht zu erwarten, solange Saudi-Arabien den unentbehrlichen Erdöllieferanten und ein Bollwerk gegen die wachsende Macht der Islamischen Republik Iran darstellt. Die Niederknüppelung der schiitischen Bevölkerungsmehrheit durch saudische Panzertruppen in Bahrain wird auch unter Präsident Obama akzeptiert. Es geht um die vitalen wirtschaftlichen und strategischen Interessen der USA in dieser gefährlichen Krisenregion am Persischen Golf.

Deutschland isoliert sich

11. 06. 2011

Der deutschen Bundeskanzlerin wurde Anfang der Woche die höchste zivile Auszeichnung der USA, die Friedensmedaille des Präsidenten, verliehen. Gleichzeitig aber vermerkt ein deutsches Magazin, daß die deutsch-amerikanischen Beziehungen einen Tiefpunkt erreicht haben. Die Kumpelhaftigkeit oder grundsätzliche Solidarität, die George W. Bush und Angela Merkel auf seltsame Weise verband, ist unter Obama einer gegenseitigen Abneigung gewichen.

Als Bush junior im Weißen Haus amtierte, hatte die damalige Generalsekretärin der CDU den Entschluß des deutschen Kanzlers Schröder kritisiert, nicht am Feldzug Iraqi Freedom teilzunehmen, und hätte – wenn es nach ihr gegangen wäre – ein deutsches Kontingent geschickt. Bush sah in Merkel, die die Tyrannei des Kommunismus erlebt hatte und sich nunmehr die Prinzipien westlicher Demokratie zu eigen machte, ein Exempel dafür, wie weltweit alle übrigen Bürger diktatorischer Regime zur Freiheit finden könnten.

Barack Obama scheint erkannt zu haben, daß nicht mehr der atlantische Raum für die Gestaltung des Jahrhunderts maßgeblich sein wird, sondern daß am asiatischen Gegenufer des Stillen Ozeans die Weichen gestellt und die USA in eine unerbittliche Kraftprobe gezogen werden. Überraschend ist es nicht bei einem Präsidenten, der auf Hawaii zur Welt gekommen und in Indonesien aufgewachsen ist. Bei Merkel hingegen gewinnt man den Eindruck, daß ihre Erziehung in der DDR ihre außenpolitische Sicht prioritär auf Ost- und Nordeuropa ausgerichtet und ihre globale Wahrnehmung eingeengt hat. Die lateinische und katholische Welt bleibt ihr fremd, und die USA, die sie wie die meisten ehemaligen DDR-Bürger nach der Wende als gesellschaftliches Vorbild verklärte, scheinen sie gründlich ernüchtert zu haben.

Deutschland erlebt zur Zeit ein wirtschaftliches Wachstum, eine schrumpfende Arbeitslosigkeit und eine soziale Sicherheit, die Merkel höchste Popularitätsraten einbringen müßten. Statt dessen sinkt ihr Stern im Ansehen der Bürger. Das liegt an der heillosen Koalition, die sie mit Guido Westerwelle und der FDP eingegangen ist. Niemand konnte ahnen, daß diese Partei in der Gunst des Publikums so schnell und so gründlich absacken würde. Heute hegt man bereits Zweifel, ob die FDP im nächsten Bundestag überhaupt noch vertreten sein wird. Der Bündnispartner ist für die Christlich Demokratische Union zu einem Klotz am Bein geworden, während die Sozialdemokratische Partei Deutschlands, die »Erfolgspartei« par excellence, mit ihrer bislang treuen Wählerschaft befürchten muß, daß sie von den siegestrunkenen Grünen überholt wird. Wäre Verteidigungsminister zu Guttenberg nicht über die Plagiate in seiner Doktorarbeit gestrauchelt, hätte man fast mit Sicherheit darauf setzen können, daß ihm beim nächsten Urnengang die Kanzlerschaft in den Schoß gefallen wäre. Aber seitdem ist keine überzeugende Führungspersönlichkeit in Sicht, und das innenpolitische Gezerre, das bei jeder Landtagswahl neu angeheizt wird, droht sich für die anstehenden großen Entscheidungen lähmend auszuwirken.

Während Deutschland noch vor zwei Jahren als Motor der europäischen Einigung gepriesen wurde, sieht sich das Land, dessen Politiker und Medien das Interesse am kontinentalen Zusammenschluß verloren zu haben scheinen, einer plötzlichen Isolation ausgesetzt. Fatal wirkt sich aus, daß die Berliner Koalition als einzige Regierung Europas und der NATO sich – im Verbund mit China und Rußland – der Stimme enthielt, als es darum ging, im Sicherheitsrat das Flugverbot über Libyen zu verhängen. Seither gilt Berlin in Paris, aber vor allem auch in Washington als unsicherer Faktor, zumal Merkel gehofft hatte, durch den Affront gegen das westliche Bündnis eine Mehrheit der Wählerschaft bei der Landtagswahl in Baden-Württemberg hinter sich zu bringen.

Die radikale Absage des deutschen Bundestages an die Atomenergie, die unter der Schockwirkung von Fukushima zustande gekommen ist, hinterläßt bei manchen Partnern der internationalen Gemeinschaft den Eindruck, als solle am deutschen Wesen die Welt genesen. Auf der Welle dieses mit religiöser Inbrunst vorgetragenen Verzichts auf die Nuklearwirtschaft ist die Partei der Grünen zu einem unverzichtbaren Koalitionspartner von morgen geworden, ja manche hegen die Hoffnung, sie könnte den künftigen Bundeskanzler stellen. Bei dieser Frontstellung gegen das Atom – für das es gute Gründe gibt – wurde jedoch übersehen, daß die nuklearen Waffenarsenale der Streitkräfte der USA, Rußlands, Chinas, Frankreichs, Pakistans und vor allem Israels für die Staaten unverzichtbar bleiben, daß diese atomaren Systeme von Zeit zu Zeit erneuert werden müssen und mindestens so viel radioaktiven Restbestand erzeugen wie die zivilen Atommeiler.

Hinzu treten wirtschaftliche Spannungen. Man war es gewohnt, daß die USA der Dumping-Politik Chinas vorwarfen, die amerikanische Außenhandelsbilanz negativ zu beeinflussen. Nun werden ähnliche Vorwürfe – wenn auch mit anderen

Argumenten – an die Adresse der blühenden Exportwirtschaft Deutschlands gerichtet. An dieser Stelle kehrt man in Berlin zu Recht eine gewisse Gereiztheit gegenüber Washington heraus. Zu vermerken ist ebenfalls, daß die deutsch-französische Militärkooperation, die sich in hoffnungsvollem Fortschritt befand, unter der Kanzlerschaft Merkel fast zum Erliegen gekommen ist, während zwischen London und Paris, den alten Partnern der Entente cordiale, eine gemeinsame strategische Planung konkret voranschreitet.

Was bleibt vom American Dream?

08. 08. 2011

Nur die Ältesten unter uns erinnern sich an die ersten Jahre nach dem Krieg – damals galt es als schick, einen amerikanischen Dodge Studebaker zu fahren. Heute würde man sich in Europa lächerlich machen, mit einem solchen Automobil zu protzen.

Wer hätte sich in den 50er Jahren vorstellen können, daß der europäische Flugzeugbauer Airbus in einen erfolgreichen Wettstreit mit der absolut dominanten amerikanischen Firma Boeing treten würde? Und daß letztere das Rennen vielleicht verloren hätte, wenn sie nicht durch Rüstungsaufträge der US Air Force auf den letzten Stand gebracht worden wäre. Es ist jedenfalls bezeichnend, daß bei der Begleichung von Rechnungen in China oder Rußland der Euro – so bedroht er heute auch erscheinen mag – dem US-Dollar vorgezogen wird.

Die Beispiele mögen nichts Endgültiges aussagen über die nach wie vor vorhandene Wirtschaftskraft der USA und die führende Rolle, die Wall Street weiterhin auf den internationalen Finanzmärkten beansprucht. Aber es gibt andere gravierende Faktoren, die uns besorgt nach Washington blicken lassen. Die Stabilität Amerikas bedeutet auch für die Währungen der übrigen Welt eine gewisse Garantie – oder aber ein ungeheures Risiko. Mit knapper Not hat Präsident Obama seine Budgetvorschläge, an denen er starke Abstriche vornehmen mußte, durch den Kongreß gebracht. Sonst hätten die USA vor der Zahlungsunfähigkeit, fast vor dem Bankrott gestanden.

Jeder Abgeordnete, jeder Senator hätte sich bewußt sein müssen, daß es bei diversen schmerzlichen, aber notwendigen Begrenzungen des Haushaltsdefizits um eine Frage eminenten nationalen Interesses ging. Aber zwischen den verschiedenen Fraktionen der Republikaner und Demokraten ist in letzter Zeit eine solche an Haß grenzende Gegnerschaft aufgekommen, daß die Regierungsfähigkeit der Supermacht in Frage gestellt wird.

US-Präsident Obama, den die Europäer wie einen Erlöser gefeiert hatten, verfügt in seinem eigenen Land längst nicht über die gleiche Zustimmung. Inzwischen drängt sich der Eindruck auf, daß die USA ihre alten Rassengegensätze doch nicht so glorreich überwunden haben, wie wir das erhofften. Und daß ein starker Prozentsatz der dortigen reaktionären Wähler vor allem ein Ziel verfolgt: nämlich so schnell wie möglich den schwarzen Mann aus dem Weißen Haus zu vertreiben. Der jetzige Präsident hat die republikanische Opposition gegen sich aufgebracht und stößt bei den demagogischen Anstiftern der sogenannten Tea Party auf geradezu hysterische Feindschaft. Auch bei den eigenen Parteigängern, vor allem den liberalen Demokraten, blickt man mit Sorge auf den unsicheren Kurs des Staatschefs, der die Vollmachten, die ihm sein hohes Amt gewährt, nicht voll zu nutzen weiß.

Die angekündigte Terrorwelle ist nicht über die Vereinigten Staaten hereingebrochen. Osama Bin Laden ist nach zehnjähriger Suche zur Strecke gebracht worden. Aber in Afghanistan geht es längst nicht mehr darum, wie man die dortigen Taleban besiegen und einen verspäteten Kolonialkrieg gewinnen könnte. Sondern nur noch darum, wie die amerikanische Truppenpräsenz schrittweise abgebaut und der Rückzug aus diesem Feldzug ohne großen Prestigeverlust vorgenommen werden kann.

Amerika hat die Blamage von Vietnam überlebt. Doch der wirtschaftliche Niedergang der USA, die enorm wachsende Zahl der Arbeitslosen, die unzureichende Sozialversorgung können sich weit negativer auswirken als die Unfähigkeit des US-Kolosses, bei aller technischer Perfektionierung die Tücken des sogenannten asymmetrischen Krieges zu bestehen. Es ist kein gutes Zeichen, daß die Euro-Währung, die bei ihrer Einführung mit 0,80 US-Dollar gehandelt wurde, längst auf 1,40 Dollar gestiegen ist.

In der modernen Technologie ist die amerikanische Produktion – soweit sie sich auf militärische Rüstung ausrichtet – bis auf weiteres kaum zu übertreffen. Aber es sollte den amerikanischen Kongreß zutiefst beunruhigen, daß die minder- und mittelwertigen Waren, die in »God's own country« angeboten werden, überwiegend aus China stammen, während die Luxusobjekte in Europa fabriziert werden.

Auf unglaubliche Weise hat sich die bisherige amerikanische Führungsmacht gegenüber China verschuldet. Peking verfügt über amerikanische Schatzanleihen in Höhe von 1,2 Billionen Dollar. Die einzige Chance Washingtons liegt darin, daß China weiterhin auf den amerikanischen Markt angewiesen bleibt und ein Sturz des US-Dollars eine drastische Entwertung der eigenen Devisenmasse auslösen könnte. In einem sollten sich Bewunderer und Kritiker der USA einig sein: Von einem amerikanischen globalen Herrschaftsmonopol kann nicht mehr die Rede sein. Wie die multipolare Welt von morgen aussieht, weiß niemand zu sagen.

Sarkozys Krieg

05. 09. 2011

Natürlich geht in Libyen nun die Frage um, auf welche Weise der Diktator Muammar el-Qadhafi zur Strecke gebracht wird. Steht ihm das Schicksal des Irakers Saddam Hussein bevor, der nach langen Monaten einer unermüdlichen Jagd in seinem Erdversteck aufgespürt wurde und dann am Galgen endete? Oder wird er sterben wie Osama Bin Laden, der nach zehnjähriger Suche in Pakistan von einem Seal-Commando der Amerikaner überrascht und erschossen wurde?

Ein Teil der Familie des gestürzten Machthabers hat in gepanzerten Limousinen die Grenze nach Algerien passiert. Und es gibt auch einige Staaten im südlichen Afrika, die bereit wären, dem libyschen Revolutionsführer, der sie während ihrer Unabhängigkeitskämpfe mit Geld und Waffen unterstützte, Asyl zu gewähren.

Die Gegenwehr der libyschen Regierungstruppen gegen die Hammerschläge der NATO-Luftwaffe hat gezeigt, daß Qadhafi in seinem Land über eine beachtliche Zahl von Anhängern verfügt. Die Rebellion gegen den Diktator hatte in der ersten Phase in dem an Ägypten grenzenden Territorium begonnen und in Bengasi die Macht an sich gerissen. Dort hatte stets eine aufsässige Stimmung gegen Qadhafi geherrscht. In dieser Region ist weiterhin die fromme islamische Bruderschaft der Senussi beheimatet.

Die Revolution hat in Libyen gesiegt. Aber die Probleme des

riesigen Wüstenlandes, das durch seinen Ölreichtum und seine strategische Lage eine globale Bedeutung beanspruchen kann, sind in keiner Weise geregelt. Panzertruppen Qadhafis standen unmittelbar vor den Toren von Bengasi und hätten den dortigen Aufstand im Blut erstickt, wenn nicht der französische Staatschef Nicolas Sarkozy seine Kampfflugzeuge gegen die vorrükkenden Kolonnen der Regierungstruppen ausgeschickt hätte. Durch die systematische Vernichtung des gepanzerten Angriffskeils aus der Luft wurde der Angriff zum Stehen gebracht.

Schon nennt man die Kämpfe in Libyen Sarkozys Krieg. In Paris sind sämtliche Parteien stolz darauf, daß die eigene Luftwaffe im Verbund mit der britischen Royal Air Force eine militärische Entscheidung erzwang, während die Amerikaner zwar die unentbehrliche logistische Unterstützung lieferten, sich an den Bombardierungen jedoch nur sporadisch beteiligten. In den ersten Monaten war es nicht erwiesen, daß Qadhafi in der Schlacht um Tripolis den kürzeren ziehen würde, zumal er sich auf afrikanische Söldner aus dem Tschad und aus Mali stützte: Er besaß sogar eine Chance gegen die chaotisch operierenden Freiheitskämpfer, wenn nicht Briten und Franzosen mit Spezialtrupps ihrer Elite-Kommandos die strategischen Ziele signalisiert und eine militärische Planung entworfen hätten. Ganz ohne infanteristische Unterstützung kommt ein Luftkrieg nicht aus, zumal wenn er sich den Schutz von Zivilisten zum Ziel gesetzt hat.

Mit Sicherheit werden Großbritannien und Frankreich nicht der fehlerhaften US-Strategie verfallen und mit einem massiven Truppenaufgebot in die bevorstehenden Wirren Libyens eingreifen. In Bengasi hat sich zwar ein Nationaler Übergangsrat gebildet. Die entscheidende Frage aber lautet: Wird er von den unerschrockenen Partisanenführern akzeptiert, die dem Granatenhagel der Qadhafi-Armee widerstanden und schwere Verluste erlitten haben? Bei den meisten Mitgliedern des Übergangsrates handelt es sich um Personen, die während der Diktatur hohe Ämter eingenommen hatten. Der Präsident des Rates etwa war Justizminister, als die schändliche Inhaftierung der bulgarischen Krankenschwestern stattfand.

Man kann nur hoffen, daß die Stammesloyalitäten der Libyer und ihre religiösen Gegensätze nicht in eine interne Kraftprobe, ja in einen Bürgerkrieg abgleiten. Manche Beobachter verweisen bereits besorgt auf den erschreckenden Präzedenzfall der somalischen Anarchie.

Wie auch immer: Der Umsturz von Tripolis hat Auswirkungen auf die Nachbarschaft im Maghreb sowie auch in der breiten, von schwarzen Muslimen bevölkerten Sahelzone südlich der Sahara. Zwischen Algerien, das ein Wiederaufleben der internen Gemetzel befürchtet, und den provisorischen Behörden von Tripolis zeichnen sich heftige Spannungen ab. Die Gefolgsleute, über die Qadhafi bei den kriegerischen Wüstennomaden der Tuareg verfügte, könnten dafür sorgen, daß die Wirren Libyens auch in den Sahelstaaten Mali, Niger und Tschad Widerhall finden. Schon hat der Jihad auf einige muslimische Nordprovinzen von Nigeria übergegriffen. Damit besteht die Gefahr, daß ganz Westafrika ins Wanken kommt.

»El Qaida existiert nicht mehr«

Interview, 10. 09. 2011*

Der 11. September 2001 hat die Welt verändert. Wo besonders?

Er hat vor allem die Machtposition der Vereinigten Staaten von Amerika verändert. So zutiefst tragisch ein Anschlag mit nahezu 3000 Toten auch ist: Die Weltmacht USA hat darauf in geradezu hysterischer Art und Weise reagiert, im Grunde aber nicht die Maßnahmen getroffen, die man hätte treffen sollen.

Was wurde aus Ihrer Sicht falsch gemacht?

Daß aus einer Spontanreaktion heraus der Blitzfeldzug in Afghanistan geführt wurde, ist durchaus verständlich. El Qaida, soweit es dort existierte, wurde aus Afghanistan vertrieben. Dann aber hätte man die Afghanen sich selbst überlassen müssen, so schwierig das auch gewesen wäre. Man hätte nicht am Hindukusch bleiben dürfen.

Und der Kampf gegen den Terrorismus?

Man hätte erkennen müssen, daß die Anschläge kein afghanisches Unternehmen waren, sondern ein saudiarabisches. Es war kein Afghane beteiligt. Und was Osama Bin Laden betrifft: Er hätte aus Afghanistan heraus nicht die Möglichkeit gehabt, ein Unternehmen wie die 9/11-Anschläge zu planen und zu koordinieren. Man hätte in den USA also in eine ganz

* Münchner Merkur

andere Richtung denken müssen. Aber Bin Laden hat dort Zuflucht gefunden. Aus alter Verbundenheit. El Qaida aber hat dort nie eine Rolle gespielt. Stammesführer sagten mir bei Besuchen in Dörfern des Hindukusch, daß sie den Namen El Qaida zum ersten Mal nach den Anschlägen gehört haben.

Wie sehr hat sich die arabisch-islamische Welt in dieser Zeit verändert?

Ohne den Amerikanern, deren Waffensysteme und Ausrüstung hervorragend sind, einen Vorwurf machen zu wollen: Die heutigen Partisanenkriege werden asymmetrisch geführt, und damit ist ihnen niemand mehr gewachsen. Mit dieser Form der Kriegsführung werden die Russen im Kaukasus nicht fertig, die Amerikaner wurden es im Irak nicht, und selbst die Israeli sind damit 2006 im Südlibanon nicht fertig geworden. Die USA stehen mit einem ungeheuren Waffenarsenal und einer ungeheuren Hochtechnologie ziemlich hilflos der neuen Entwicklung gegenüber.

Welche Schlüsse sind daraus zu ziehen?

Die Amerikaner können es sich heute – auch aus finanziellen Gründen – nicht mehr leisten, in einen weiteren Kriegsschauplatz einzusteigen. In Libyen halten sie sich auch deshalb sehr zurück. Und an ein militärisches Vorgehen gegen Syrien ist überhaupt nicht zu denken.

Zu den 9/11-Folgen gehört ein seit zehn Jahren tobender Krieg am Hindukusch. Was ist Ihr Urteil?

Das gesamte Konzept dieses Krieges hat nie gestimmt. Das begann damit, daß man sich auf Artikel 5 des NATO-Vertrags berufen hat, der bei Angriffen durch einen anderen Staat greift. Die Angreifer waren aber kein Staat, es war eine Bande. Deutschland hat aus Verbundenheit – die auch aus Zeiten des Kalten Krieges herrührt – mitgemacht. Aber man hätte wissen müssen, daß man gegen Terror keinen Krieg führen kann.

Und das bedeutet …

Daß man sich auf eine Operation eingelassen hat, die weder geographische noch temporäre Grenzen hat. Wir sprechen also von einer Auseinandersetzung, deren Abschluß nicht absehbar ist.

Als Kopf der Anschläge vom 11. September 2001 gilt Bin Laden …

Das bezweifle ich. Osama Bin Laden war zweifelsohne ein charismatischer Mann und ein sehr guter Redner. Und er hat sicher in Afghanistan gelegentlich auch ganz wacker gekämpft. Man darf nicht vergessen, daß seine militärische Rolle begonnen hat, als er in Zusammenarbeit mit der CIA und dem pakistanischen Geheimdienst den Widerstand gegen die Sowjets in Afghanistan organisierte. Damals hat er mit Riesensummen, die ihm in Saudi-Arabien zur Verfügung standen, die grünen Legionen, die man El Qaida nennt, mit Männern aus aller Welt zusammengestellt. Daß er kein Freund der Amerikaner werden würde, war klar. Bin Laden hat nie einen Hehl daraus gemacht, daß er sich wie gegen die Sowjets auch gegen die USA stellen würde. 9/11 aber hätte er von Afghanistan oder Pakistan aus nicht organisieren können.

Getötet wurde er aber in Pakistan.

Er wurde wegen seiner USA-feindlichen Haltung in Saudi-Arabien ausgebürgert, ging zunächst in den Sudan und kehrte von dort aus nach Afghanistan zurück. Wo er Freunde und Helfer hatte. Zudem haben die Paschtunen ein striktes Gesetz zum Schutz ihrer Gäste. Deswegen haben sie ihn auch nicht an die USA ausgeliefert. Dann ging Bin Laden nach Pakistan – was ohne Zustimmung des nahezu allmächtigen Geheimdienstes nicht denkbar gewesen wäre.

Warum hat es so lange gedauert, bis Osama Bin Laden erwischt worden ist?

Das zeigt eben doch die Begrenztheit der Mittel, über die wir verfügen. Der Mann hatte in den letzten Jahren keinen nennenswerten Einfluß mehr auf Terroroperationen gehabt. Weder in Afghanistan noch in Pakistan. Er war zudem darauf angewiesen, seine wenigen Aussagen per Boten zu übermitteln. Und diese Boten sind nach und nach identifiziert worden. Der erste Versuch der Amerikaner, Bin Laden zu töten, ging schief, als er sich in den Tora-Bora-Höhlen in Afghanistan versteckte. Die Amerikaner haben den Fehler gemacht, nicht mit eigenen Truppen vorzugehen, sondern die afghanischen Verbündeten vorzuschicken. Die aber spielen immer auf zwei Schultern und Osama Bin Laden ist entkommen.

Und auch viele seiner Weggefährten sind tot. Was bedeutet dies für sein Gedankengut, für seine Ideen?

Überhaupt nichts. Es hat nach Bin Ladens Tod und dem der Gefolgsleute auch keine großen Kundgebungen gegeben. Außer in Pakistan, aber dort wurde eher gegen die Verletzung der Souveränität des Landes protestiert als gegen die Tötung Bin Ladens. Er wurde schließlich auf pakistanischem Gebiet erwischt, ohne daß die Pakistani darüber informiert wurden.

Hat sich im Denken des Westens der Islamismus so sehr verankert,
daß wir beginnen, andere Gefahren wie den Rechts- oder den Links-
extremismus zu unterschätzen?

Man sollte nicht vergessen: Es hat die schrecklichen Angriffe
vom 11. September in den USA gegeben – und dann nichts
mehr. Irgendwie hat man El Qaida bei weitem überschätzt. Alle
anderen Anschläge haben nichts mit El Qaida zu tun. Der Terror von Madrid zum Beispiel geht auf das Konto von Marokka-
nern, das war kein Befehl von Osama Bin Laden. Die Terrorbe-
wegung im Norden Afrikas nennt sich zwar »El Qaida des
Maghreb«, aber es gibt kein Zentralkommando von außen. Die
Gruppen sind sehr auf ihre Eigenständigkeit bedacht. Ein Saudi
jemenitischen Ursprungs wie Bin Laden hätte im Maghreb ohnehin nicht viel zu sagen.

Kann man von einer Art Islamophobie in Europa und den USA
sprechen?

Davor sollte man sich hüten. Man neigt ja dazu, so ziemlich
jedes Attentat den Islamisten in die Schuhe zu schieben. Die
Mehrzahl der Morde und Anschläge in Europa und Amerika
gehen aber auf das Konto von Nicht-Muslimen. Wobei
Deutschland allerdings das Glück hatte, daß die bekannt ge-
wordenen Attentäter Dilettanten waren und aufgeflogen sind.
Und nebenbei gesagt: Es waren konvertierte Deutsche.

Der islamische Fundamentalismus ist in den vergangenen Jahren
also schwächer geworden?

Im Grunde genommen ist der Fundamentalismus immer
falsch verstanden worden. Er richtete sich nicht so sehr gegen
die Amerikaner und Europäer. Er richtete sich vorrangig ge-

gen jene arabischen Herrscher und Potentaten, Diktatoren und Militär-Junten, die nach Ansicht der Fundamentalisten, der Salafisten, den wahren Islam verraten haben. Etwa, indem sie mit Israel kooperiert haben, wie das bei Präsident Mubarak in Ägypten der Fall war. Ober bei den Saudis, deren engste Freunde und Verbündete die Amerikaner sind.

Behindert die islamische Religion den Weg des Orients in die Moderne?

Nun, es wird nicht unsere Moderne sein. Es wäre auch vermessen, den Arabern den Rat zu geben, ein Parlament etwa nach dem Muster unseres Bundestags und Bundesrats zu installieren. Also eine parlamentarische Demokratie einzuführen. Das funktioniert nicht. Die arabischen Länder brauchen eine straffe Führung. Wenn das ohne Horrorfiguren an der Spitze wie etwa Qadhafi funktioniert, um so besser. Sollten sich – um ein Beispiel zu nennen – in Syrien extremistische Kräfte durchsetzen, dann werden die rund zehn Prozent Christen, die dort leben, dem Assad-Regime noch nachtrauern.

9/11 ist bis heute nicht definitiv aufgeklärt. Es gibt kein amtliches, ja nicht einmal ein vorläufiges Untersuchungsergebnis der US-Regierung. Warum?

Gewisse Dinge werden nun mal nie aufgeklärt. Ich neige jedenfalls nicht jenen zu, die an eine Verschwörung glauben.

Wobei es an Verschwörungstheorien in der Tat nicht mangelt.

Ja, die einen sagen, das war die CIA gewesen, weil man einen Vorwand brauchte, um gegen Saddam Hussein vorzugehen. Andere meinen, der israelische Geheimdienst Mossad steckt dahinter, um die Kluft zwischen der christlichen Allianz und den Arabern zu vergrößern. Nein, es waren in den USA sehr gut etablierte Saudis. Die Perfektion dieser Anschläge entspricht nicht dem arabischen Temperament.

Haben die Amerikaner die Zeit nach 9/11 genutzt, um ihren Einfluß in der arabischen Welt auszubauen und sich den Zugriff auf die dortigen Öl-Lagerstätten zu sichern?

Das ist schwer zu sagen. Sie hatten in Ägypten mit Präsident Mubarak bereits eine einmalige Chance mit Blick auf die Sicherheit Israels. Wie eng die Zusammenarbeit mit Ägypten war, zeigt die Tatsache, daß am Hindukusch gemachte Gefangene der Amerikaner in ägyptische Gefängnisse eingeliefert wurden. Man ist in Washington nach 9/11 wohl auch davon ausgegangen, daß man als Supermacht überall auf der Welt alles bestimmen kann. Das ist das Ergebnis einer trotz exzellenter Denkfabriken schlecht informierten US-Diplomatie. Und nun unterliegt auch die US-Armee einer Überstrapazierung – und verursacht dadurch Kosten, an denen das US-Budget scheitert.

Wären die Revolutionen in Tunesien, Ägypten, Libyen und Syrien ohnehin gekommen, oder sind sie eine Spätfolge von 9/11 und der darauffolgenden westlichen Aktionen?

Nein. Ein Beweis dafür ist, daß auf dem Tahrir-Platz in Kairo, dem zentralen Ort des ägyptischen Aufstandes, keine einzige amerikanische oder israelische Fahne verbrannt wurde. Der Wutschrei der Bevölkerung richtete sich gegen Mubarak und dessen unmittelbare Umgebung. Die Muslimbrüderschaft, die nach der Armee die zweitstärkste Kraft ist und mit der wir eines Tages wohl werden reden müssen, ist bisher nicht in Erscheinung getreten.

Warum halten sich die Muslimbrüder zurück?

Sie warten erst einmal ab. So, wie es auch die Schiiten im Irak gemacht haben, die nicht gegen die Amerikaner kämpften, sondern sie aufforderten, für ehrliche Wahlen zu sorgen – und dann als Mehrheit der Bevölkerung auch die Mehrheit im Parlament stellten. Auch in Ägypten spekulieren die islamischen Parteien, und das sind vor allem die Muslimbrüder, daß ihnen auf demokratische Weise die Macht zufällt.

Und der Westen ist nach Beginn der Aufstände rasch auf Distanz zu Despoten gegangen, die man zuvor gehätschelt hatte. Hatte das Auswirkungen?

Diese Leute waren ohnehin unter großem Druck. Es gibt auch in arabischen Ländern divergierende Meinungen. Es gibt liberale und es gibt streng islamische Flügel, die deshalb aber noch lange nicht kriminell sein müssen. Wir müssen aufpassen, daß wir nicht alles in einen Topf werfen. Daß die Revolution sich von Tunesien ausgehend wie ein Lauffeuer ausgebreitet hat, ist dennoch bemerkenswert. Interessant sind die Ausführungen des nordafrikanischen Geschichtsphilosophen Ibn Khaldun. Er wurde 1332 in Tunis geboren und ist 1406 in Kairo gestorben. Khaldun hat ein System errechnet, wonach ein arabisch-islamisches Regime etwa drei bis vier Generationen überleben kann. Dann aber kommt der Umbruch, weil das Regime, das meist im Zuge einer religiösen Erneuerung an die Macht gekommen ist, der Sünde erliegt und vom rechten Glauben abfällt. Und durch eine Revolution des Volkes abgeschafft wird. Das war in den letzten Jahrzehnten natürlich leichter zu verhindern, weil die Kontrollmechanismen der Staaten perfektioniert wurden.

*Lassen Sie uns nach vorne blicken: Ist anläßlich des zehnten Jahres-
tages ein Aufflammen der Gewalt zu befürchten? Wird El Qaida
versuchen, sich in das Bewußtsein der Menschen zurückzubomben?*

Das glaube ich nicht, denn nach meiner Ansicht gibt es El
Qaida praktisch nicht mehr. Es gibt eine ganze Reihe von militanten Gruppen, die ähnliche, aber nicht die gleichen Züge
aufweisen und die trotzdem zusammenarbeiten. Die Gruppen
im Jemen und in Somalia kooperieren zwar gelegentlich, aber
sie stehen nicht unter einem einheitlichen Kommando. Bei
denen ist 9/11 längst vergessen. 9/11 ist für den Westen ein
viel bedeutenderes Ereignis, als es für die arabisch-islamische
Welt jemals war.

*Würden Sie eine Prognose für die kommenden Jahre wagen? Was
wird sich zwischen Orient und Okzident verändern?*

Man sollte dem Westen den Rat geben, sich in die innenpoli-
tischen Verhältnisse der orientalischen Länder so wenig
wie möglich einzuschalten. Das ist deren Angelegenheit. Sie
wollen ihr Schicksal selber gestalten – auch wenn es zum Teil
sehr chaotisch werden dürfte. Wir sollten nicht immer mit
unserer Tugendhaftigkeit antreten, denn so tugendhaft sind
wir nun auch wieder nicht. Wären wir es, würden wir kaum
200 Leopard-Panzer an Saudi-Arabien liefern, also an das
reaktionärste und christenfeindlichste Regime, das es in der
islamischen Welt gibt. An Saudi-Arabien gemessen, ist die Islamische Republik Iran ein demokratischer und toleranter
Staat.

*Sie sagten zu Beginn unseres Gesprächs, der 11. September 2001
habe die Machtposition der USA verändert. Geht das amerikanische
Zeitalter zu Ende?*

Das ist zu Ende. Was nicht bedeutet, daß die USA nun macht-
los wären. Werden sie an die Wand gedrängt, sind sie – wie die
Briten – natürlich in der Lage, sich noch einmal gewaltig auf-
zuraffen. Ein Monopol der Macht aber gibt es nicht mehr.
Und in zwanzig bis dreißig Jahren ist damit zu rechnen, daß
China die USA als Weltmacht hinter sich gelassen hat.

Obamas zweiter Anlauf

03. 10. 2011

Kaum ein Amerikaner würde darauf wetten, daß Barack Obama noch eine zweite Amtszeit als Präsident der Vereinigten
Staaten von Amerika antreten wird. Die allgemeine Verärge-
rung über den jetzigen Bewohner des Weißen Hauses steigert
sich bei vielen Republikanern bis zur Hysterie und äußert sich
bei den Demokraten als bittere Enttäuschung – das liegt nicht
nur daran, daß dieser Stabschef und Commander-in-Chief
von vielen als fremder Eindringling empfunden wird.

Natürlich spielen seine Gegner den islamischen Vornamen
Hussein immer wieder in den Vordergrund und führen eine
Verleumdungskampagne, die seine amerikanische Staatsbür-
gerschaft in Zweifel zieht. Leider läßt sich ein beachtlicher
Teil der Wählerschaft durch solche Behauptungen beein-
drucken. Es wäre naiv, zu glauben, daß alle Weißen der Süd-
staaten ihre rassistischen Vorurteile über Bord geworfen haben.

Beklemmender, ja, fatal wirkt sich für Obama aus, daß er
seine begeisterten Anhänger von einst gegen sich aufgebracht
hat. Der Ausspruch »Yes, we can« kann heute nur mit bitterer
Ironie zitiert werden. Fast keine seiner Verheißungen, zum

Beispiel in den USA ein Minimum an sozialer Ausgewogenheit zu realisieren, hat sich umsetzen lassen. Im Kongreß hat sich eine feindselige, ultrakonservative Mehrheit herausgebildet. Und schon erscheint der anfangs so dynamisch auftretende Staatschef wie ein Gefangener jenes militärisch-industriellen Komplexes, gegen den sogar der siegreiche US-Oberbefehlshaber des Zweiten Weltkrieges, Dwight D. Eisenhower, nach seiner Wahl zum Präsidenten im Jahr 1952 zu Felde ziehen wollte.

Gewiß, Barack Obama ist nicht verantwortlich für die ungeheure Finanzvergeudung, die mit dem amerikanischen Anspruch auf strategische Dominanz in einer multipolaren Welt einhergeht. Fakt ist, daß das abgründige Schuldenloch vor allem Folge einer maßlosen militärischen Überanstrengung ist. Dagegen mag man einwenden, daß die Spitzentechnologie, in der die Amerikaner immer noch führend sind, die alte griechische Erkenntnis zu bestätigen scheint, wonach der Krieg Vater aller Dinge sei. Aber diese Wunderwaffen, mit denen das Pentagon die übrige Welt immer wieder überrascht, erscheinen problematisch, wenn sie sich als unfähig erweisen, primitive Partisanentrupps auszuschalten oder eine dauerhafte Befriedung zu garantieren. Der Verdacht stellt sich ein, daß die maßlose Geldverschwendung der Rüstungsindustrie vor allem einer exklusiven Schicht der Finanzhaie und Spekulanten zugute kommt, die die unsinnigsten kriegerischen Unternehmen als Quelle ihrer persönlichen Bereicherung nutzen.

Diese Überlegungen sind dem Durchschnittsamerikaner fremd. Weder die militärischen Fehlleistungen noch die zunehmende außenpolitische Isolation, die den USA langfristig droht, beeinflussen das breite Publikum. Bei der kommenden Schlacht ums Weiße Haus kommt es darauf an, wie hoch die Zahl der Arbeitslosen ist. Und ob die USA noch in der Lage sind, bei der Produktion von Konsumgütern der chinesischen Konkurrenz standzuhalten.

Man mag sich in Washington und an der Wall Street über die Hilflosigkeit der Europäischen Union und vor allem der Euro-Zone mokieren. Aber im Grunde wäre der Zustand Amerikas mit dem Griechenlands zu vergleichen, wenn man in den USA nicht über die Möglichkeit verfügte, ständig neue Dollar-Milliarden zu drucken. In Peking könnte eines Tages der Stab gebrochen werden über eine immer noch weitverbreitete Überzeugung, das Schicksal der Märkte werde in New York entschieden.

Immerhin hat Obama eingesehen, daß er den chinesischen Koloß nicht frontal angehen kann. So versucht er, die eigene Serie von Pleiten und Insolvenzen auf die Europäer abzuwälzen und diese zu infizieren. Die Begeisterung für ihn ist bei den Europäern längst erloschen, seit die amerikanischen Großbanken mit seinem Segen einen regelrechten Diffamierungsfeldzug gegen ihre europäischen Konkurrenten angetreten haben.

An dieser Stelle soll daran erinnert werden, daß die Finanzkrise von 2008 durch die Betrügereien der Bank Lehman Brothers ausgelöst wurde. Bedenkt man im Land der unbegrenzten Möglichkeiten, daß das verschuldete Griechenland den Hafen Piräus für dreißig Jahre an China verpachtet hat und auch andere Staaten der Euro-Zone auf die Idee kommen könnten, in Peking jene Milliardenkredite zu suchen, die dort im Überfluß gehortet sind?

Europas Versagen

24. 10. 2011*

Jenseits des Mittelmeers und im ganzen Orient hat sich eine verblüffende Serie von politischen Umbrüchen vollzogen, der die Europäer ratlos gegenüberstehen und die von ihnen hoffnungsvoll »Arabischer Frühling« genannt wurde. Meine Absicht ist es nicht, die jüngsten Ereignisse in ihren Einzelheiten darzustellen. Vielmehr möchte ich eine Momentaufnahme skizzieren vom jetzigen Stand der sogenannten Arabellion. Bei näherem Zusehen wird sich die ursprüngliche Begeisterung des Westens über den »Arabischen Frühling« schnell eintrüben.

Um mit Tunesien zu beginnen: Dort kündigt sich innerhalb einer Myriade von Partei-Neugründungen die traditionelle islamische Bewegung »En Nahda« – zu deutsch »Aufschwung« oder »Erneuerung« – laut Meinungsumfragen als die stärkste Formation an.

In Ägypten hat der Verteidigungsminister des gestürzten Diktators Mubarak, Feldmarschall Tantawi, die Macht übernommen und die Euphorie des Tahrir-Platzes einer kalten Dusche ausgesetzt. Vom Ausgang der angekündigten Wahlen hängt es ab, ob die straffe Organisation der Muslimbrüder sich als bedeutendste politische Kraft durchsetzen wird. Unklar bleibt, welches Verhältnis sich zwischen dem politischen Islam und dem herrschaftsgewohnten Militär herausschälen wird.

Zur Stunde ist nicht entschieden, ob Libyen durch tribale Gegensätze und den Streit über das Verhältnis von Staat und Religion auf einen Bürgerkrieg zutreibt.

---

* Focus

Das gleiche gilt in stärkerem Maß für die Arabische Republik Syrien, wo die Ausschaltung des Präsidenten Bashar el-Assad und seiner alawitischen Glaubensbrüder unübersehbare Folgen nach sich zöge.

Seltsamerweise hat sich innerhalb der westlichen Allianz keine Stimme von Gewicht gemeldet, um die extrem reaktionäre und unduldsame Dynastie Saudi-Arabiens an den Pranger zu stellen, obwohl sich inzwischen erwiesen hat, daß aus den Reihen der fanatischen Wahhabiten, die dort die höchste religiöse Autorität ausüben, die Terrorgruppen von El Qaida hervorgegangen sind.

Zur völkerrechtswidrigen Invasion gegen die revoltierende Insel Bahrain durch saudische Panzerkolonnen hat sich kaum eine Stimme des Protests erhoben. An dieser Stelle hüllen sich die westlichen Prediger von Menschenrechten und freier Volksentscheidung in das bislang praktizierte heuchlerische Schweigen.

Wundert es da, wenn ein hoher Funktionär der Nationalen Befreiungsfront, die einst die Unabhängigkeit Algeriens von Frankreich erkämpfte, dem damals noch in Tripolis ausharrenden Qadhafi zu Hilfe kam und sich vor laufender Kamera zu dem Ausruf hinreißen ließ: »Allah möge die Demokratie verfluchen«, eine Äußerung, die im Westen als Gotteslästerung empfunden wird.

Statt dessen ist eine ganz andere Figur wie ein mächtiger Magier und Hoffnungsträger auf den Plan getreten. Der türkische Regierungschef Erdogan hat die Schauplätze der »Arabellion« aufgesucht. Er verfügt im Vergleich zu europäischen Staatsmännern über den immensen Vorteil, sich inmitten einer ergriffenen Masse gläubiger Muslime beim gemeinsamen Gebet in Richtung Mekka verneigen zu können. Eine neue tragende Rolle der Türkei ist plötzlich sichtbar geworden, und Erdogan scheint an die Größe des Osmanischen Reiches anknüpfen zu wollen. Schon wird von einer Achse Ankara–Kairo gesprochen.

In Saudi-Arabien könnte dabei die Erinnerung an jene Strafexpeditionen zu Beginn des 19. Jahrhunderts aufkommen, die der Vizekönig und Khedive Mohammed Ali von Ägypten im Auftrag des Sultans und Kalifen von Istanbul gegen den Beduinenaufstand der Wahhabiten-Sekte in die Einöde des Nedjd ausschickte. Diese Wüstenkrieger, aus denen die Dynastie des Hauses el-Saud hervorging, standen damals im Verdacht, die heiligen Stätten von Mekka und Medina besetzen zu wollen.

Wenn sich in Zukunft eine Interessengemeinschaft zwischen Türken und Ägyptern gegen Saudi-Arabien herausbilden sollte, ginge es nicht um die Heilige Kaaba und das Grab des Propheten, sondern um den ungeheuerlichen Erdölreichtum dieses Königreichs, der bislang zur schamlosen Erpressung und Korrumpierung all jener Staaten, der USA zumal, benutzt wurde, deren Energiebedarf nicht zu sättigen ist.

Gewiß, das sind Spekulationen. Die Amerikaner können im Falle einer konsequenten Abkehr von ihrer nahöstlichen Einflußsphäre eine Schwerpunktverlagerung zum Pazifik vollziehen oder in einen Isolationismus zurückfallen, der lange genug ihre außenpolitische Richtschnur war.

Für die Europäer hingegen, für die unmittelbaren Nachbarn dieser orientalischen Tumulte, geriete der Übergang des »Arabischen Frühlings« in einen frostigen arabischen Winter zu einer Belastung, der der zerstrittene Kontinent nicht gewachsen wäre. Das Abendland ist in keiner Weise gewappnet, den arabischen Ungewißheiten mit Gelassenheit, Selbstbewußtsein, Sachkenntnis und auch mit der nötigen Sympathie zu begegnen.

»Gott allein weiß es«

Interview, 28. 10. 2011*

Herr Professor Scholl-Latour, was derzeit in Nordafrika geschieht, muß für Sie unglaublich aufregend sein. Hat Sie der »Arabische Frühling« überrascht?

Es war eine freudige Überraschung. Aber von Frühling kann nicht mehr die Rede sein. Es bleibt zu hoffen, daß der arabische Herbst nicht in einen frostigen Winter umschlägt.

Wieso sagen Sie das?

Weil die anfängliche Begeisterung Enttäuschung gewichen ist. In Tunesien sind die wirtschaftlichen Probleme nicht geringer, im Gegenteil. Obwohl nach dem Sturz des Tyrannen Ben Ali und seiner Kleptokraten die tunesische Jugend eine neue Gesellschaft in Würde und Selbstbestimmung hätte aufbauen können, floh sie in kleinen Barken übers Mittelmeer. Und wie zu erwarten war, ist die islamische Bewegung »En Nahda« als Sieger aus den Wahlen hervorgegangen.

Wie konnte es dazu kommen?

Die Tunesier sind freundliche und friedliche Menschen. Sie haben hundert neue Parteien gegründet, die weder ein Programm noch Führungspersönlichkeiten haben. Die jungen Leute, die die Jasmin-Revolution begonnen haben, sind zersplittert.

* Neues Deutschland

Eine wahre demokratische Erneuerung ist also ungewiß?

Das französische Kolonialregime in Tunesien war relativ lasch. Aber demokratische Formen konnten sich nicht entwikkeln. Ich weiß auch gar nicht, ob es empfehlenswert wäre für die Tunesier wie überhaupt die Nordafrikaner, unsere Demokratie zu kopieren. Sie können es selbst nicht wollen, wenn sie sehen, welche wirtschaftlichen und sozialen Probleme uns zu schaffen machen und wie ohnmächtig unsere Parlamente sind.

Sie müssen eine ganz andere, originäre Demokratie entwickeln?

Es muß dort eine Neugründung stattfinden. Da kann man nicht auf frühere Formen der Demokratie zurückgreifen. Die westliche Überlegenheit stützte sich auf das kapitalistische Wirtschaftsmodell. Doch dieser Kapitalismus degeneriert jetzt, ist nicht mehr der calvinistische, puritanische, sondern ein spekulationssüchtiger Kasino-Kapitalismus. Den kann man den Menschen in Nordafrika wirklich nicht anempfehlen. Welche Gesellschaftsform für sie gut ist, müssen sie selbst herausfinden.

In Ägypten stehen die Wahlen noch an. Werden diese die Muslimbrüder gewinnen?

Wenn es zu freien Wahlen kommt, voraussichtlich ja. Noch aber hat in Ägypten der Verteidigungsminister des gestürzten Diktators Mubarak, Marschall Tantawi, das Heft fest in der Hand. Das Militär regiert das Land, beinah noch totaler als unter Mubarak. Tantawi ist im Grunde mit mehr Vollmachten ausgestattet als Mubarak vordem.

Die Muslimbrüder hatten einst die Ärztekammer, die Anwalts-

300

kammer, die Handelskammer beherrscht. Das hat Mubarak gedämpft, er hat ihnen Einfluß entzogen. Die Muslimbrüder sind inzwischen relativ vernünftige Leute, keine Halsabschneider mehr.

Die neuerlichen Übergriffe in Kairo Anfang Oktober auf Christen lassen aber Schlimmes fürchten.

Die Überfälle auf die christlichen Kopten sind meiner Ansicht nach gezielte Manöver einer gewissen Gruppe, die eine gemäßigt islamische Entwicklung verhindern will. Und das sehe ich als sehr gefährlich an, wie ich überhaupt die wahhabitische Richtung aus Saudi-Arabien als größte Gefahr für die islamische Welt ansehe. Die Fellachen in den Dörfern, die ja nicht auf dem Tahrir-Platz in Kairo waren, hören auf den Imam, der am Freitag seine Predigt hält. Und die wurde früher von Mubarak vorgeschrieben. Heute ist das nicht mehr der Fall.

Und deshalb könnten sich radikale Islamisten durchsetzen?

Wenn die Haßprediger aus Saudi-Arabien erfolgreich sind, könnte die noch gemäßigte islamische Bewegung in eine militante Salafiya abgleiten. Es ist für mich unverständlich, daß das reaktionäre Regime in Riad vom Westen hofiert wird.

Auch Qadhafi hat der Westen lange unterstützt.

Daß der Auftraggeber des »La Belle«- und des Lockerbee-Attentats plötzlich vom »bad guy« zu einem »good guy« wurde, gehört für mich zu den schändlichsten Kapiteln der heuchlerischen Menschenrechtsdiplomatie des Westens.

Als der Beschluß über die Flugverbotszone fiel, hieß es, das Ziel sei nicht der Sturz von Qadhafi.

Das ist natürlich eindeutig das Ziel gewesen. Nur die deutsche Regierung bzw. die FDP hatte gemeint, sie könnte den Coup von Schröder beim Irakkrieg wiederholen. Und daß die Bevölkerung ihnen dies zugute halten wird. Diese Haltung hat in Washington einen miserablen Eindruck gemacht. Bemerkenswert ist auch, wie eng die Engländer und Franzosen zusammengearbeitet haben.

Sarkozy und Cameron kümmerten sich nicht um die ursprüngliche Auftragsbegrenzung der Vereinten Nationen. In aller Heimlichkeit waren ihre Elite-Kommandos zu den »Thuwar« gestoßen, den »Revolutionären«, wie sich die Aufständischen selbst nennen. Sie haben ihnen die Grundregeln des bewaffneten Kampfes beigebracht. Für sie wurden Munition und Granatwerfer an Fallschirmen abgeworfen. Die Aufständischen hätten ohne diese massive Hilfe Qadhafis Truppen nicht standgehalten. Viele Rebellen sind im »friendly fire« gestorben, als sie, unkoordiniert, die Küstenstraße vorpreschten, auf der schon Rommels Afrikakorps nach Kairo durchbrechen wollte.

Die NATO-Interventen wollten sicher schnell an die Ölquellen.

Natürlich ging es beim Einsatz um Erdöl und Erdgas, aber vielleicht auch um heroische Reminiszenzen. Die Franzosen mögen sich an die kleine Schar »Forces françaises libres« des Generals de Gaulle erinnert haben, die auf afrikanischem Boden gegen die Achsenmächte Deutschland und Italien kämpfte. Und vielleicht hat der Einsatz in Tripolitanien auch bei den Briten nostalgische Erinnerungen geweckt, an die Schlacht bei El Alamein und das verflossene Empire.

Aber auch Obama hat die NATO-Intervention mitgemacht.

Die Amerikaner haben sich aber relativ zurückgehalten. Sicher ist jedoch: Ohne deren Logistik und Spezialwaffen wäre die Operation nicht erfolgreich gewesen. Ich habe die Bombeneinschläge gesehen. Das war ziemlich präzise Arbeit.

Sie waren vor Ort?

Ja. In Tripolis sieht man keine großen Zerstörungen, außer in Bab el-Aziziya. Aber Misrata ist durch den Häuserkampf total zerstört worden. Wir sind dort nachts um drei Uhr angekommen, haben kein Hotel gefunden und irgendwo in einer Ecke geschlafen. Am nächsten Tag haben wir dann das totale Chaos gesehen. Unglaublich.

Sie reisen noch forsch in Kriegs- und Krisengebiete. Haben Sie keine Angst, entführt zu werden?

Wer entführt einen 87jährigen?!

Wer herrscht jetzt in Tripolis?

Der starke Mann dort ist Abdel Hakim Bel Haj, ein El-Qaida-Terrorist und Salafist, der in Guantánamo saß, von den USA an Qadhafi überstellt und dann von einem seiner Söhne amnestiert worden ist. Bel Haj hat sich nach der Eroberung von Tripolis als Oberkommandierender der sogenannten Freiheitskämpfer durchgesetzt und wird zweifellos noch eine entscheidende Rolle spielen. In unserem Hotel in Tripolis saßen viele freundliche Leute in Tarnuniformen und reichlich mit Waffen bestückt. Ich fragte: »Zu welcher Gruppe gehört ihr?« Sie sagten: »Zu Bel Haj.«

Warum sagen Sie sogenannte Freiheitskämpfer?

Weil ich nicht weiß, für welche Freiheit sie kämpfen. Es gibt in Libyen vierzig Kataeb, Militärformationen, die wer weiß wem gehorchen. Als ich von Misrata zur tunesischen Grenze gefahren bin, wurde ich alle zwei Kilometer von anderen bewaffneten Einheiten kontrolliert.

Sie meinen, die Entscheidung ist in Libyen noch nicht gefallen?

In keinster Weise.

In der Übergangsregierung sind viele vom alten Regime ...

Ja, aber die gibt es wohl überall. Man hatte sich darauf geeinigt, nach der Einnahme von Sirte eine neue Regierung zu bilden. Wer wird in ihr sitzen? Welche Stämme werden vertreten sein? Ich habe niemanden gefunden, der mir sagen konnte, wie stark zum Beispiel die kriegerische Bruderschaft der Senussi ist, die in der Vergangenheit in der Cyrenaika immer wieder zur Rebellion aufgerufen hat und die Qadhafi noch unterdrücken konnte.

Wie stark sind noch Qadhafis ehemalige Gefolgsleute?

Auch das ist fraglich. Es ist doch erstaunlich, wie lange sie Widerstand geleistet haben, obwohl ihre letzten Bastionen völlig eingekreist waren, ohne Zufuhr von Nahrungsmitteln oder Munition. Es könnte noch lange ein Guerrillakampf toben. Selbst die Wüste eignet sich dafür. Die Gefahr eines Bürgerkrieges ist durchaus real.

Meine größte Sorge ist jedoch, daß sich diese Unruhe ausbreiten könnte auf die Sahelzone. Sie greift schon auf Niger,

Tschad und Mali über. In Bamako erschien ein Internetartikel:
»Tripolis o. k. – Sahel k. o.«. Wenn die Söldnerscharen, die für
Qadhafi kämpften, zurückströmen, könnten die ethnischen
und religiösen Konflikte in der Sahelzone eskalieren. Die Sahara ist keine unüberwindliche Barriere mehr, sondern durch-
lässig wie zur Zeit von Ibn Battuta und den Sklavenkarawanen.

*Kommen wir zum unmittelbaren Nachbarn von Libyen, dem noch
ruhigen Algerien.*

Ich war im Mai dort. Das Land scheint nach außen ruhig, aber
wenn man in die Kabylei fährt, spürt man die Spannung. Bei
Tizi Ouzou hört die Gemütlichkeit auf. Da wird einem höflich beschieden: »Da fahren wir nicht weiter.« Kurz nach meinem Besuch in Tizi Ouzou und Tipaza explodierten Sprengsätze, die Soldaten und Zivilisten töteten.

Algerien könnte also auch von Gewalt erfaßt werden?

In Algerien ist der Bürgerkrieg der 90er Jahre noch in frischer
Erinnerung, als fast 200 000 Leute umgekommen sind. Dieses
starke Trauma erklärt die relative Ruhe zwischen Constantine
und Oran.

Jüngst hat sich Ben Bella wieder zu Wort gemeldet, einer
der Führer des Unabhängigkeitskrieges und erster Präsident
Algeriens, den Boumedienne 1965 heimtückisch stürzte. Der
heute über 90jährige, immer noch charismatische Ben Bella
hat ganz gute Ideen. Er sagt, die Sunna erlaubt eine Anpas-
sung des ewigen Wortes Allahs an veränderte Umstände; jeder fromme Muslim soll sich um das Gemeinwohl und eine
progressive Auslegung des Korans bemühen.

Und wie steht es in Syrien?

Wir wissen nicht, was dort wirklich passiert. Syrien bleibt geheimnisvoll. Der junge Charles de Gaulle sagte, als er in das französische Mandatsgebiet abkommandiert wurde: »In den komplizierten Orient brach ich mit einfachen Vorstellungen auf.«

In Syrien hat es immer Spannung gegeben. Ich war 1982 dort, als das Massaker von Hama stattfand, 20 000 Menschen umgebracht worden sind. Das waren Auseinandersetzungen zwischen den schiitischen Alawiten, zu denen die Oberschicht und der Clan Assad gehören, und den Sunniten, die achtzig Prozent der Bevölkerung ausmachen. Aber auch da gibt es inzwischen eine Mittelschicht, die vor allem unter Bashar el-Assad ganz gut gelebt hat, von Schul- und Wirtschaftsreformen und Bankenmodernisierung profitierte. »Ehrenmorde« wurden unter Strafe gestellt. Jetzt hatte diese Mittelschicht das Bild Libyens vor Augen und ist nicht mehr so begeistert von einem totalen Umsturz.

Orientexperten haben nicht an einen Umsturz in Libyen geglaubt.

Weil der Lebensstandard der Libyer höher war als der aller anderen Afrikaner. Bildung und Emanzipation der Frau sind weiter gediehen. Ähnlich wie im Irak unter Saddam Hussein. Aber das könnte sich jetzt alles wieder ändern. Keiner kann sagen, ob die im Übergangsrat vertretenen Intellektuellen sich gegen die »Freiheitskämpfer« behaupten können. Werden die Verfechter einer »Zivilgesellschaft«, was immer damit gemeint ist, gegen eine im Volk stark verwurzelte Religiosität ankommen? Wird es zu Fehden unter den Stämmen, zum Auseinanderdriften von Tripolitanien und Cyrenaika kommen? Werden somalische Verhältnisse das Land in den Würgegriff nehmen? Ich kann nur sagen: Allah wahduhu ya'rif. Gott allein weiß es.

Die Macht der Stämme

31. 10. 2011

Allmählich werden die genauen Umstände bekannt, wie der libysche Despot Muammar el-Qadhafi zu Tode kam. Qadhafi hat nicht wie der tunesische Machthaber Ben Ali bei der reaktionären Dynastie Saudi-Arabiens Asyl gesucht. Er hat sich auch nicht, wie der ägyptische Präsident Mubarak, auf einem Krankenbett im vergitterten Käfig des Justizpalastes vorführen lassen. Der libysche Beduinensohn hat bis zum Ende in der belagerten Stadt Sirte mit den Kriegern seines Stammes ausgeharrt.

Dadurch werden die Verbrechen und der blutige Terror, die Qadhafi während seiner 40-jährigen Willkürherrschaft ausübte, in keiner Weise gemildert. Aber all jene, die den Sturz dieses Gewaltmenschen herbeisehnten und eine Normalisierung der Verhältnisse in Libyen erhofften, entdecken mit Enttäuschung, daß die Rachegelüste der »Thuwar«, der Revolutionäre, mit der gleichen Unerbittlichkeit ausgetragen werden wie die Zwangsmaßnahmen des früheren Regimes. Angesichts der im Orient vorherrschenden Mentalität ist daher nicht auszuschließen, daß in etwa zwanzig Jahren dem heute geschmähten Tyrannen Qadhafi als Vorkämpfer der nationalen Unabhängigkeit gehuldigt wird.

Die provisorische Übergangsregierung, die sich unter dem ehemaligen Justizminister Mustafa Abdel Jalil recht willkürlich und ohne demokratische Legitimation in Bengasi konstituierte, ist sich bewußt, daß sie ohne das massive Eingreifen französischer und britischer Kampfflugzeuge den Qadhafi-treuen Panzerkolonnen niemals hätte standhalten können. Jetzt fürchtet sie offenbar, daß die »Loyalisten« auch in Zukunft über eine starke Anhängerschaft verfügen könnten.

Acht Monate hat sich die Übergangsbehörde gesetzt, um die Ausarbeitung einer Verfassung und die Ausschreibung von freien Wahlen in Gang zu bringen. In dieser Phase des Übergangs ist mit dem Schlimmsten zu rechnen. Die großen Verkehrsachsen, die den riesigen Wüstenstaat durchziehen, werden durch wilde Kriegerhaufen kontrolliert, von denen niemand weiß, welcher Autorität sie unterstehen. Auf keinen Fall werden diese »Katibas«, die nur darauf warten, ihre ererbten Stammesgegensätze mit der Waffe auszutragen, sich jenen Zufallsbehörden unterordnen, die der Vorsitzende des »Transitional Council« Abdel Jalil im ganzen Land aufstellen möchte.

140 Stämme und ihre Verzweigungen bilden die gesellschaftliche Grundstruktur Libyens. Der bedeutendste, der Stamm der Warfalla, zählt ungefähr eine Million Angehörige, während der Gruppe der Gaddafa von Oberst Qadhafi 125 000 Menschen angehören. Dazu kommen die religiösen Bruderschaften, in Nordafrika »Zawiyan« genannt, deren mächtigste die Senussi-Gemeinde ist. Deren Einfluß reicht bis weit in die Sahelzone südlich der Sahara, sie hängt einer extrem strengen Auslegung der koranischen Botschaft und der Scharia an.

In der südlichen Wüstenregion des Fezzan haben die verschleierten Kamelreiter der Tuareg und der Tubu sich stets gegen jede Form von Zentralverwaltung gestemmt. Heute bilden die gefürchteten Tuareg ein Element der Unsicherheit.

Es wird sich in den kommenden Monaten zeigen, ob in Libyen eine staatliche Ordnung entstehen kann oder ob die Vielzahl der ethnischen und religiösen Gegnerschaften chaotische Zustände bis hin zum Bürgerkrieg auslösen wird. Da der Präsident des Übergangsrates über keine populistische oder gar charismatische Ausstrahlung verfügt, richtet sich der Blick der Bevölkerung auf jene Warlords, die über eine lange Erfahrung der Verschwörung und des Partisanenkampfes verfügen.

Unter diesen erprobten Kämpfern, die ihre Erfahrung bei den Mujahidin Afghanistans gewonnen haben, gilt der strenggläubige Islamist Abdel Hakim Bel Haj als herausragende Persönlichkeit. Bel Haj übt bereits in der Hauptstadt Tripolis mit seinen Kampf- und Kontrollgruppen entscheidenden Einfluß aus. Für die Amerikaner ist er kein unbeschriebenes Blatt, war er doch längere Zeit in den Verhörzellen von Guantánamo eingesperrt.

Während in Tunesien die islamische En Nahda-Bewegung bei den ersten freien Wahlen als führende Kraft erstarkte, läßt sich eine vergleichbare Entwicklung auch in Libyen voraussagen. Aber es ist bezeichnend, daß der als gemäßigt und säkular eingeschätzte Übergangsrat von Bengasi als eine seiner ersten Anordnungen die Ausrichtung der neu zu gründenden Republik Libyen auf die koranische Gesetzgebung, auf die Scharia, vorschreibt.

Eiszeit im »Arabischen Frühling«

Interview, 25. 11. 2011*

In Ägypten eskaliert erneut die Gewalt. Ist der »Arabische Frühling« in Gefahr?

Vom »Arabischen Frühling« kann inzwischen keine Rede mehr sein. Es ist ein Wandel eingetreten, und es hat eine tiefe Erschütterung in der gesamten arabischen Welt gegeben. Von einer hoffnungsvollen Perspektive kann dabei im Moment aber keine Rede sein.

* Münchner Merkur

Auch dann, wenn wir über die Grenze Ägyptens hinausblicken?

Das ruhigste Land ist im Moment zweifelsohne Tunesien. Auch die Wahlen sind dort regelmäßig verlaufen und friedlich über die Bühne gegangen. Libyen hingegen, das ich erst vor wenigen Wochen besucht habe, steuert auf schwere Unruhen und vielleicht sogar auf einen Bürgerkrieg zu. Es sind Stammeskriege und auch religiöse Auseinandersetzungen zu erwarten, die wir nicht werden kontrollieren können. Dann haben wir noch Syrien, den Jemen und auch Bahrain, wo Gewaltexzesse an der Tagesordnung sind. Und dann ist da auch noch der Irak, von dem derzeit kein Mensch mehr redet, der aber – wenn die Amerikaner Ende des Jahres komplett abziehen – ebenfalls explodieren wird. Es gibt also wirklich keinen Grund, von einem Frühling zu reden.

Kommen die neuen Gewaltausbrüche in Ägypten für Sie überraschend?

Allein die Tatsache, daß es in Ägypten überhaupt zu einem Aufstand gekommen ist – ich meine die ersten Proteste im Januar und Februar dieses Jahres –, war für alle Spezialisten überraschend. Ich war wenige Tage vor Beginn der ersten Unruhen noch in Kairo gewesen und habe mit sehr erfahrenen, perfekt arabisch sprechenden westlichen Experten gesprochen. Mit Leuten, die teilweise seit vierzig Jahren dort leben und von denen einige sogar zum Islam konvertiert sind. Sie alle äußerten sich überzeugt: Bei uns gibt es keine Unruhen. Und dann explodierte die Lage doch.

Und inzwischen?

Inzwischen haben die Proteste eine Eigendynamik entwickelt. Ich würde nachträglich sagen, daß moderne elektronische Medien wie Facebook die Sache mit ins Rollen gebracht haben, mittlerweile aber kaum noch eine Rolle spielen.

Sind die am Montag beginnenden Parlamentswahlen in Gefahr?

Natürlich sind sie das. Kein Mensch kann sagen, wie ehrlich und fair diese Wahlen verlaufen werden. In diesem Land sind – falls es Wahlen gegeben hat – immer Traumergebnisse für die jeweilige Regierungspartei von über neunzig Prozent erzielt worden. Es waren irrelevante Resultate. Diese Praktiken auszumerzen wird schwierig. Außerdem: Wer soll die anstehenden Parlamentswahlen in einem Land, in dem die Bevölkerung zum Großteil aus Analphabeten besteht, denn überwachen? Unregelmäßigkeiten – um es schonend zu formulieren – sind auf jeden Fall zu befürchten.

Droht eine Wahlfarce?

Von vornherein davon auszugehen wäre voreilig. Es gibt ja einen Präzedenzfall: die Parlamentswahlen von 1991 in Algerien. Auch dort haben die Militärs – die seit der Unabhängigkeit 1962 das Land regieren – Wahlen zugelassen. Und zu ihrer großen Überraschung hat die oppositionelle islamische Heilsfront FIS gewonnen. Eine Partei also, die eigentlich kaum Einfluß hatte, auch nicht fanatisch war und sich im Volk vor allem durch karitatives Engagement beliebt gemacht hat. Die FIS hätte die absolute Mehrheit im Parlament gehabt, wenn das Militär nicht geputscht hätte.

Sie haben eben mit der FIS das Stichwort Fundamentalismus gegeben: Welchen Stellenwert haben die Muslimbrüder oder radikale Gruppen wie die Salafisten in Ägypten? Wie groß ist ihr Einfluß?

Hier muß man einen großen Unterschied machen – und ich fürchte, daß dies im Westen nicht geschieht. Die Muslimbrüder, die ursprünglich eine Bewegung gegen die britischen Besatzer waren – Ägypten war ja bis zum Zweiten Weltkrieg ein britisches Protektorat –, haben einen Aufstand sowohl religiöser als auch nationaler Art ausgelöst. Damals waren sie noch sehr stark islamistisch und im religiösen Sinne extrem geprägt. Das hat sich inzwischen aber stark abgemildert.

Wie sind die Muslimbrüder heute einzustufen?

Inzwischen ist ein großer Teil des mittleren Bürgertums und sogar der Eliten in der Bruderschaft vertreten. Sie waren unter Nasser total verboten und wurden teilweise sogar in Lagern interniert. Unter Sadat und Mubarak wurden sie zumindest halbwegs geduldet und haben sich zu einem relativ gemäßigten Element entwickelt. Sollten sie an die Macht kommen – was vorauszusehen ist –, sollte sich der Westen nicht groß aufregen. Dann ist dies eine Entscheidung der ägyptischen Bevölkerung – und die ist zu respektieren. Wir müssen uns allmählich daran gewöhnen, daß in unserer Nachbarschaft und in den islamischen Ländern auch islamische Regierungen an der Macht sind.

Das ist aber nur eine Seite des religiösen Spektrums.

Ja, es gibt auch eine andere Richtung, und die ist sehr gefährlich. Es gibt in Ägypten auch die extrem radikalen Gruppen, die bereits vor längerer Zeit blutige Massaker angerichtet haben. Auch unter Touristen, wie etwa 1997 vor dem Hatschepsut-Tempel bei Luxor. Das taten sie allerdings nicht, um speziell ausländische Touristen oder den Westen im allgemeinen zu treffen, sondern um den Tourismus als wichtige Einnahmequelle des Regimes auszutrocknen und auf diesem Weg die Mubarak-Diktatur zu schwächen. Diese Gruppen existieren weiter. Zudem gibt es seit neuestem eine Gruppe, die sich NUR nennt, und das sind die Salafisten.

Welche religiösen Vorstellungen haben diese radikalen Gruppen?

Sie vertreten radikal-religiöse Ideen, wie sie in Saudi-Arabien vorherrschen. Das dortige Wahhabiten-Regime ist es auch, das die Salafisten, die für einen intoleranten und fanatischen Islam stehen, finanziert und unterstützt. Man sollte hoffen, daß sich die Muslimbrüder – die diese Extremisten ebenfalls ungern sehen – und nicht die Salafisten durchsetzen.

Eine dubiose Situation!

Ja, sie ist absurd. Die wirkliche Gefahr, die uns droht – in Ägypten, auch in anderen Ländern, sogar in Bosnien –, geht von den extremistischen saudischen Wahhabiten aus.

Der Militärrat in Kairo spricht inzwischen von einem schnellen Übergang zur Demokratie. Wie glaubwürdig sind derartige An-kündigungen und auch das Versprechen, die Macht am 1. Juli 2012 an eine Zivilregierung abzutreten?

Im Moment erleben wir von seiten des Militärs eine große Enttäuschung. Marschall Hussein Tantawi, der Vorsitzende des Militärrats, hat mehr Vollmachten, als sie Mubarak je hatte. Und er geht mindestens ebenso brutal gegen jede Form von Opposition vor wie einst Mubarak.

Als die Menschen im Januar auf den Tahrir-Platz gingen, jubelte der Westen. Auch, weil sich das Militär zurückgehalten hat.

Ja, man jubelte, weil weder israelische noch amerikanische Flaggen verbrannt wurden und auch keine »Allah ist groß«- Rufe zu hören waren. Die Menschen wollten Freiheit und Demokratie und standen uns dadurch sehr nahe. Daß diese Leute – und das ist sogar in Tunesien festzustellen – weder ein Programm noch Führungspersönlichkeiten, noch eine zugkräftige Partei hatten und haben, wurde übersehen. Ihr Rückhalt in der Bevölkerung ist auch deshalb minimal. Die islamistischen Parteien hingegen, auch die gemäßigten, verfügen in jedem Dorf über ein eigenes Wahlbüro – und das ist die Moschee, wo der Iman sie bei jeder Freitagspredigt natürlich auffordert, eine islamische Partei zu wählen.

Militärchef Tantawi ist zur neuen Haßfigur der Ägypter geworden. Würde sein Rücktritt die Lage denn entschärfen?

Kaum. Die Armee hat sich daran gewöhnt, ungeheure Privilegien zu genießen. Die Militärs haben die Proteste gegen Präsident Mubarak nur geduldet, weil er zu alt und zu krank war und zudem seinen Sohn als Nachfolger installieren wollte. Deshalb hat das Militär seinen Sturz zugelassen. Doch das bedeutet nicht, daß es die Hand, die es noch immer schützend über Mubarak hält, zurückziehen wird. Um sein Leben muß der gestürzte Diktator nicht fürchten – jedenfalls nicht vor Gericht.

Stichwort Privilegien.

Die Militär-Oberen verfügen nicht nur über eine beachtliche Armee, sondern beherrschen auch weite Teile der Wirtschaft. Damit bilden sie einen Staat im Staate. Auf die daraus resultierenden, auch finanziellen Möglichkeiten und andere Vergünstigungen wird die Generalität ungern verzichten. Das hat sie ja auch schon klargemacht. Allerdings: Dieses Verhalten bringt große Teile der Bevölkerung und die muslimischen Massen zur Weißglut – und das kann noch zu großen Auseinandersetzungen führen.

Gibt es denn überhaupt eine Kraft, die stark genug wäre, um die Armee auszuhebeln?

Wenn die Armee geschlossen bleibt, dann kann das passieren, was in Algerien passierte: eine unerbittliche militärische Repression und am Ende eine Militärherrschaft. Es gibt aber auch die Möglichkeit, daß junge Offiziere ihre mehr oder weniger korrupten Generale allmählich satt haben und daß aus der Armee heraus eine Gegenbewegung erwächst. Sonst ist die Macht der Armee kaum zu brechen.

Lassen Sie uns noch kurz auf den Iran blicken. Welche Sprengkraft birgt der Streit um das Atomprogramm des Landes, und sind Sanktionen sinnvoll?

Nun, Sanktionen haben noch nie etwas gebracht. Das lehrt die Erfahrung. Unter Sanktionen, das haben wir im Irak gesehen, leidet nicht das Regime, sondern die Zivilbevölkerung. Was im Irak passierte, war grauenvoll. Die Sterblichkeit unter Kleinkindern schnellte nach oben; diese Sanktionen waren ein Verbrechen gegen die Menschlichkeit. Sollten gegen den Iran Sanktionen verhängt werden, dann sollte neben vielem anderen auch bedacht werden: Wenn das dort geförderte Erdöl nicht in den Westen fließt, dann wird es nach China verkauft.

Wie gefährlich sind der Iran und sein Atomprogramm?

Daß der Iran an einer Atombombe bastelt, will ich nicht in Abrede stellen. Ayatollah Khomeini war nicht dafür, er hat die

Bombe stets abgelehnt. Aber seit er gestorben ist, wird wohl daran gebastelt. Allerdings: Eine Atombombe baut man ja nicht, um Europa, Amerika oder Israel damit anzugreifen. Es ist eine Abschreckungswaffe. Sogar Martin van Crefeld, Professor für Militärgeschichte an der Hebräischen Universität in Jerusalem, hat mir gesagt: ›Wenn ich Iraner wäre, würde ich mich auch um eine Atombombe bemühen.‹ Die Iraner sind von mit Atomwaffen bestückten Staaten umgeben, die ihnen nicht gerade wohlgesinnt sind. Also …

Wie groß sind die Einflußmöglichkeiten des Westens. Nicht nur im Iran, sondern in der gesamten islamischen Welt?

Man sollte endlich aufhören, den Leuten im Orient ständig mit unseren Vorstellungen von Demokratie und Marktwirtschaft zu kommen. Die Völker dort unten müssen für sich selbst entscheiden. Besonders deutsche Politiker sind ja außerordentlich begabt im ewigen Predigen von Tugenden, die teilweise nicht einmal im eigenen Land praktiziert werden. Wir legen zudem auch im Orient verschiedene Maßstäbe an. Von Bahrain etwa redet in Deutschland kaum jemand, obwohl die Vorgänge dort mindestens so schlimm sind wie die Ereignisse in Ägypten, in Libyen oder Syrien.

Die Demokratie ist also nicht der Exportartikel, wie viele hier glauben?

Wir sollten endlich verinnerlichen, daß – um ein weiteres Beispiel zu nennen – unsere Form der parlamentarischen Demokratie im Nahen Osten nicht anwendbar ist. Die entscheidenden Punkte sind dort Stammes- und religiöse Fragen. Wir sollten nicht glauben, daß unser Modell sowohl in der Politik als auch in der Wirtschaft und auch auf militärischem Bereich noch immer das weltweit beherrschende ist.

Was uns viele andere Länder ja bereits bewiesen haben.

Ja, China hat vorgeführt, wie man aus bitterster Armut kommend binnen weniger Jahre zu einer doch relativ wohlhabenden Weltmacht wird. Auch Südkorea, Taiwan und Singapur, die gerne als positive Beispiele angeführt wurden, sind ja nicht auf dem Boden der Demokratie gediehen. Also nochmals: Hören wir endlich auf mit den Tugendpredigten.

Enigma Nordkorea

24. 12. 2011

Selbst die chinesische Diplomatie, die wohl den besten Einblick in die düsteren Verhältnisse Nordkoreas besitzt, hat stets betont, daß das Regime von Pjöngjang auch für sie extrem unberechenbar bleibt. Die Amerikaner standen den Vorgängen ohnehin ziemlich ratlos gegenüber. Nun muß man in Washington, wo Präsident Obama dem pazifischen Raum seine vorrangige Aufmerksamkeit schenken will, mit zusätzlichen Komplikationen rechnen.

Ein Herzversagen hat den nordkoreanischen Despoten Kim Jong Il im Alter von 69 Jahren dahingerafft. Auf den »lieben Führer«, wie der kommunistische Diktator sich offiziell nennen ließ, schließt sich nahtlos die Machtübernahme seines Sohnes an, der sich bereits den Titel »großer Erbe« zugelegt hat. Bei den Trauerfeierlichkeiten gibt er sich als Staatschef zu erkennen, ohne daß irgendjemand wüßte, auf welchen Säulen diese einzigartige kommunistische Dynastie sich stützen kann.

Der »große Erbe«, das erfuhr man immerhin, ist erst 27 Jahre alt. Mancher altgediente Armeekommandeur in diesem Staat, der den Streitkräften alle nur denkbaren Privilegien gegenüber einer hungernden, verarmten Bevölkerung gewährt hat, dürfte mit bitteren Gefühlen dieses Possenspiel pseudomonarchischer Kontinuität beobachten.

Kim Jong Un, der neue Herrscher, so behauptet man, habe unter falscher Identität eine Zeit lang in der Schweiz studiert. Zurück in seiner Heimat, wurde er einer intensiven militärischen Ausbildung unterzogen. Vater Kim Jong Il zeichnete sich durch schwächlichen Wuchs, pathetische Häßlichkeit und eine scheußliche Einheitskleidung aus. Sohn Kim Jong Un ist zwar stattlicher gewachsen, und er tritt im Mao-Look auf, aber sein vorzeitig verfettetes Gesicht drückt Brutalität aus, der mißtrauische stechende Blick wirkt furchterregend.

Der Gründer der Dynastie, Kim Il Sung, dessen Größenwahn nicht zu überbieten war und der sich auch für die Zeit nach seinem Tod zum Präsidenten der nordkoreanischen Volksrepublik auf Ewigkeit glorifizieren ließ, hatte immerhin eine stattlichere Figur abgegeben und genoß nach Abschluß des Waffenstillstandes im Jahr 1953 bei seinen Untertanen einen gewissen unterwürfigen Respekt, nachdem die US-Divisionen von der chinesischen Volksbefreiungsarmee auf die heutige Demarkationslinie am 38. Breitengrad zurückgeworfen worden waren. Kim Il Sung hatte sich bereits gegen die Japaner als Partisanenführer bewährt. Darüber hinaus hatte er eine technische Leistung vollbracht, die seinem rückständigen Land niemand zugetraut hätte: Er entwickelte nicht nur ein relativ wirksames Raketensystem, sondern legte die Grundlagen der nordkoreanischen Atombombe. Dank diesem apokalyptischen Arsenal war Nordkorea in der Lage, gegenüber dem japanischen Erzfeind, gegenüber der verhaßten Republik Südkorea und sogar gegenüber den USA ein Abschreckungspotential vorzuweisen, das bis auf den heutigen Tag das strategische Gleichgewicht in Fernost bestimmt.

Der Gedanke, daß nun ein 27jähriger Dilettant und politischer Ignorant über diese Instrumente des Schreckens verfügt, dürfte das Pentagon, vor allem jedoch das von Fukushima traumatisierte Japan zu völlig neuen Dispositionen zwingen. Wieder einmal richten sich die Blicke auf China, das den Tod von Kim Jong Il immerhin mit einer Beileidsadresse quittierte und als einzige Macht über die Mittel verfügt, die nordkoreanischen Hasardeure von selbstmörderischen Abenteuern abzuhalten. Jahrzehnte hindurch war das »Land der Morgenstille«, wie Korea einst hieß, ein Vasallenstaat des Reiches der Mitte gewesen. Die roten Mandarine, die heute in Peking das Sagen haben, mögen für Pjöngjang unentbehrlich sein, aber beliebt sind sie dort nicht.

Die Republik Südkorea, die eng mit Washington zusammenarbeitet, hat bei der Nachricht vom Ableben des »lieben Führers« ihre Streitkräfte in höchste Alarmbereitschaft versetzt. In Tokio könnte die Versuchung reifen, aus Gründen der eigenen Sicherheit und trotz Fukushima zur Produktion von Nuklearwaffen überzugehen. Für Nippon wäre das – aufgrund seiner extrem hochentwickelten Technologie – nur eine Frage von ein paar Wochen. Jedenfalls ist das große Einkreisungsmanöver, das Washington gegen die chinesische Volksrepublik in letzter Zeit eingeleitet hat, durch die totale Ungewißheit beeinträchtigt worden, der der ganze Ferne Osten durch die unberechenbare Willkür des neuen Paranoikers an der Spitze Nordkoreas ausgesetzt ist.

Mitt Romneys erster Auftritt

23. 01. 2012

Grand Old Party: Als große alte Partei treten die Republikaner noch heute zum Wahlkampf um die amerikanische Präsidentschaft an. Sie verweisen mit Stolz auf ihr Wappentier, den Elefanten, der sich neben dem Esel der rivalisierenden Demokraten sehr vorteilhaft ausnimmt. Wenn die Republikaner ihre Chancen, die ihnen die schwierige Wirtschaftslage und die verbreitete Enttäuschung über Barack Obama bieten, leichtsinnig, ja geradezu töricht aufs Spiel setzen, haben sie das dem Fehlstart zu verdanken, mit dem sie in die Primaries, in die Wahl ihres Präsidentschaftskandidaten, gestolpert sind.

Zur Stunde profiliert sich der Milliardär Mitt Romney, ehemaliger Gouverneur von Massachusetts, als republikanischer Favorit. Er hat in Ohio, einem unbedeutenden Agrarstaat des Mittelwestens, mit acht Stimmen über seinen spießigen Konkurrenten Rick Santorum gesiegt und liegt seither deutlich in Führung. Romney, dem das Businesslächeln ins Gesicht gemeißelt scheint, ist jedoch alles andere als ein ideales Zugpferd. In der amerikanischen Presse tauchen Karikaturen auf mit dem Werbeplakat: »Wählt Romney! Er ist nur halb so bescheuert wie die anderen.«

Sieben Kandidaten der Grand Old Party waren in Ohio vor den Fernsehkameras angetreten, um ihr Heilsrezept für die Vereinigten Staaten zu verkünden. Ihre Äußerungen hätten manchem Kabarett Ehre gemacht, wenn es nicht um die Wahl des wichtigsten Mannes der Welt gehen würde. Immerhin waren die Repräsentantinnen Sarah Palin und Michele Bachmann aus dem Rennen ausgeschieden, die auf den Tea-Partys mit ihren ultrareaktionären Aufrufen eine beängstigend starke Anhängerschaft gefunden hatten.

Die sieben Anwärter von Ohio überboten sich mit absurden Angeboten: radikale Steuersenkung, vor allem für Reiche, Verzicht auf Staatsprogramme, Abschaffung der Notenbank sowie die zwangsweise Einführung der biblischen Schöpfungslehre an allen Schulen. Die Bombardierung des Iran, ein Handelskrieg gegen China und ein gigantischer Mauerbau an der Südgrenze, um jede Einwanderung von Latinos zu verhindern, gehörten ebenfalls dazu.

Die rhetorischen Entgleisungen stimmen um so bedenklicher, als in der Geschichte aus der Republikanischen Partei große, kompetente Präsidenten hervorgegangen sind. Sie war in der Vergangenheit auch nicht nur ein Sprungbrett für Plutokraten mit immensem Vermögen. In Ohio schien es, als würden die Bewerber ihre eigene Borniertheit als Volksnähe empfinden. Einige von ihnen, wie der afro-amerikanische Pizzeria-König Herman Cain, dem sexuelle Übergriffe vorgeworfen wurden, sind inzwischen ausgeschieden.

Schlecht steht es auch um den bulligen Politprofi Newt Gingrich, dessen Tugendboldauftritte als Serienheuchelei kommentiert wurden. Als bezeichnend für das erschreckend tiefe Niveau gilt der Verzicht des moderaten Kandidaten Jon Huntsman, des Exgouverneurs von Utah. Er hatte als US-Botschafter in China dadurch geglänzt, daß er sich fließend auf Mandarin ausdrücken konnte. Die Tatsache, daß er die Sprache des chinesischen Todfeindes beherrscht, machte ihn aber in den Augen der extremen Chauvinisten verdächtig – genauso wie es damals John Kerry in seiner Auseinandersetzung mit Georg W. Bush schadete, daß er zu europäisch wirkte und französisch sprach.

Mitt Romney mag die Vorwahlen in Ohio, New Hampshire, South Carolina und gar in Florida gewinnen. Aber schon läuft eine Diffamierungskampagne an, die dank der elektronischen Medien zu einer Schlammschlacht sondergleichen werden könnte. Die Tatsache, daß Romney Mormone ist, wird ihm bei der Masse der Evangelikaner heftige Gegnerschaft einbringen. Schon heißt es, Romney habe als Manager einer Industriegesellschaft Geschäftsmethoden praktiziert, die man in Deutschland als »Heuschrecken-Kapitalismus« bezeichnete. Das könnte Gewicht haben in einem Land, in dem die Illusion des American Dream allmählich verlorengeht.

Einig sind sich alle republikanischen Wortführer in ihrer fanatischen Ablehnung Barack Obamas, den man sozialistischer Tendenzen bezichtigt, dem man vorwirft, Klassenkampf und Staatsdirigismus zu fördern, kurz: sich auf europäische Modelle auszurichten. Aufgrund seiner selbst verschuldeten Rückschläge wegen gebrochener Versprechen schien Obama noch unlängst nicht die geringste Aussicht zu haben, eine neue Amtszeit als Präsident erringen zu können. Jetzt dürften ihn ausgerechnet seine erbittertsten Gegner zuversichtlicher stimmen, zumal wenn er als Kandidatin für die Vizepräsidentschaft die beliebte und fähige Außenministerin Hillary Clinton benennen sollte.

Der Diktator der Alawiten

20. 02. 2012

Wie lange sich das Regime des syrischen Präsidenten Bashar el-Assad gegen das Kesseltreiben seiner Nachbarn und die zunehmend militante Opposition seiner eigenen Bevölkerung behaupten kann, ist ungewiß. Die Volksbefragung über eine neue liberale Verfassung, die Assad angeboten hat, wird ihm wenig helfen können. Immerhin wird jetzt offiziell eingestanden, daß die sogenannte Syrische Freiheitsarmee, die sich gegen die regierende Baath-Partei in Damaskus erhoben hat und sich angeblich aus Deserteuren der regulären Streitkräfte zusammensetzt, vom Ausland – sei es der Libanon, Jordanien, die Türkei und vor allem die Anbar-Provinz des Irak – nicht nur mit humanitärer Hilfe, sondern auch mit Waffen beliefert wird.

Es besteht nicht der geringste Grund, die blutrünstige Diktatur der Assad-Dynastie zu verharmlosen oder gar in Schutz zu nehmen. Aber angesichts des chaotischen Zustandes, auf den sich Ägypten seit dem Aufstand auf dem Tahrir-Platz zubewegt, angesichts auch der grausamen Stammesfehden, die das vom Tyrannen Qadhafi befreite Libyen belasten, muß man sich fragen, wie die zu Recht entrüsteten Prediger von Demokratie und Meinungsfreiheit sich die Zukunft Syriens vorstellen. Die inneren Gegensätze – konfessioneller und ethnischer Art – wurden hier bislang nur durch die eiserne Faust des jetzigen Machthabers und seines Clans zusammengehalten und gezähmt. Ohne Kenntnis der vielfältigen Spaltungen, denen die Republik von Damaskus ausgesetzt ist, läßt sich die jetzige Situation nicht analysieren. Seit dem Putsch des Luftwaffengenerals Hafez el-Assad, des Vaters des jetzigen Staatschefs, im Jahr 1970 kontrolliert nämlich die geheimnisvolle Sekte der Alawiten fast alle Schlüsselpositionen in Armee und Verwaltung. Bei den Alawiten, die höchstens zwölf Prozent der Gesamtbevölkerung Syriens ausmachen, handelt es sich nicht – wie oft behauptet wird – um einen Zweig der schiitischen Glaubensgemeinschaft, sondern um eine okkulte Gemeinde, die – ähnlich wie die Aleviten der Türkei – präislamischen, fast schamanistisch anmutenden Bräuchen anhängt. Für die rechtgläubigen Sunniten sind sie ein Greuel der Ketzerei. Unter der langen osmanischen Herrschaft wurden die Alawiten immer wieder massakriert. Erst das französische Völkerbundsmandat hat ihnen die Chance des sozialen Aufstiegs geboten.

Zwar darf ein Alawit seine religiösen Überzeugungen verheimlichen und sogar – wie die Familie Assad es praktizierte – den Übertritt zum sunnitischen Islam proklamieren. Aber die konfessionellen Gräben wurden dort längst nicht zugeschüttet. Sie brechen heute mit extremer Virulenz wieder auf. Zu erwähnen sind auch die Christen Syriens, die unter der säkularen Staatsdoktrin der allmächtigen Baath-Partei, die übrigens von einem orthodoxen Christen gegründet wurde, eine weit größere Toleranz genießen, als das bei einem politischen Durchbruch der Sunniten der Fall wäre. Zu erwähnen sind ebenfalls die Minderheit der Drusen – auch eine kuriose Geheimreligion – sowie ein relativ starkes Kontingent von Kurden, die an der Grenze zur Türkei siedeln und dort für Unruhe sorgen. Wer sich heute im Westen vorstellt, ein Sturz des Assad-Regimes würde das Entstehen harmonischer und demokratischer Zustände zur Folge haben, irrt ebenso gründlich wie jene Ignoranten, die ein paar Wochen lang geglaubt hatten, die Millionen von liberalen Intellektuellen vom Tahrir-Platz in Kairo würden sich gegen die beiden wirklichen Machtfaktoren im Niltal, gegen die Armee und gegen die Islamisten, mit ihren fortschrittlichen Idealen durchsetzen. Syrien steht am Rande eines grauenhaften Bürgerkriegs. Wenn auch eine Vielzahl gemäßigter Sunniten des Mittelstandes sich von extremistischen Stellungnahmen fernhalten, so könnte es dennoch zu einer unerbittlichen Auseinandersetzung zwischen den »Jihadisten«, den sunnitischen Kämpfern des Heiligen Krieges, und der zum Äußersten entschlossenen alawitischen Gemeinde kommen. Den Alawiten stände nicht nur der Machtverlust bevor, sondern es käme zum Abschlachten dieser von vielen verhaßten Außenseiter.

Wer dem noch jungen Präsidenten Bashar el-Assad begegnet, entdeckt einen hochgewachsenen, höflichen Gesprächspartner. Seine Gegner verhöhnen ihn als die »Giraffe«. An die

Spitze des Staates ist er nur gelangt, weil sein Bruder Basil bei einem Autounfall ums Leben kam. Er selbst ließ sich in London zum Augenarzt ausbilden und besaß keine politischen Ambitionen. Aufsehen erregte seine Frau Asma Assad, eine in England geborene sunnitische Syrerin, deren angesehene Familie aus der heute heiß umkämpften Stadt Homs stammt. Asma Assad verfügte beim Volk über hohes Ansehen. Sie galt als relativ liberal und sozial engagierte Intellektuelle. Wenn sie sich heute vorbehaltlos auf die Seite ihres Mannes stellt, so liegt das wohl an der Tatsache, daß sie ihm das Schicksal des zu Tode gefolterten Libyers Qadhafi ersparen will. Es mutet ja auch seltsam an, daß gerade die reaktionärsten und intolerantesten Staaten der Arabischen Liga – gestützt auf El Qaida – eine Kampagne gegen Syrien betreiben, an deren Ende der Zerfall des Staates sowie ein Blutbad sondergleichen stehen dürften. Unweigerlich würde sich der konfessionelle Konflikt auf die Nachbarstaaten Libanon und Irak ausweiten. Darüber hinaus wird in Syrien die fundamentale Feindschaft ausgetragen, die zwischen dem Königreich Saudi-Arabien – mit Hilfe der USA – und der Islamischen Republik Iran um die Vorherrschaft am Persischen Golf entbrannt ist – eine Konfrontation von globaler Bedeutung.

Der wiedergewählte Zar

19. 03. 2012

Wladimir Putin sei ein »lupenreiner Demokrat«, hatte seinerzeit der frühere deutsche Bundeskanzler Gerhard Schröder behauptet und damit einen Sturm der Belustigung ausgelöst. Die Freundschaft zwischen den beiden Männern wurde zusätzlich ins Zwielicht gerückt, als Schröder nach seinem Ausscheiden aus dem Amt des Regierungchefs eine prominente Position im allmächtigen russischen Energiekonzern Gasprom übernahm. Seit der letzten Präsidentschaftswahl in Rußland, die Putin mit 64 Prozent gewonnen hat, werden die westlichen Kanzleien und Kommentatoren nicht müde, auf den flagranten Wahlbetrug zu verweisen, der ein solches Ergebnis angeblich ermöglicht hat. In Washington, London und Berlin hat man wohl vergessen, daß in diversen Ländern des islamischen Orients groteske Erfolgsmeldungen der dortigen Diktatoren, die an 100 Prozent heranreichen, mit resigniertem Achselzucken akzeptiert werden, soweit die dortigen Machthaber sich den Wünschen und Forderungen der westlichen Allianz gefügig zeigten.

Ob alles mit rechten Dingen zugegangen ist zwischen Kaliningrad und Wladiwostok, mag dahingestellt bleiben, aber wer die Stimmung der russischen Bevölkerung auf dem Land und in den Provinzstädten kennt, kommt zum Schluß, daß die Manipulation sich in Grenzen gehalten hat. Die Protestkundgebungen, die in Moskau stattfanden, erinnern in mancher Beziehung doch allzusehr an die redliche, aber dilettantische Facebook-Revolution, die sich auf dem Tahrir-Platz von Kairo abspielte. Als es dann wirklich zu freien Wahlen im Niltal kam, erwiesen sich diese Schwärmer für Freiheit und Demokratie als eine führungs- und programmlose Minderheit, die den islamistischen Massenbewegungen eine erdrückende Mehrheit im Parlament überlassen mußte.

Mit den westlichen Vorstellungen politischer Gestaltung ist in Rußland nicht viel Staat zu machen. Die Sowjetunion ist ja vor zwanzig Jahren am überstürzten Versuch Gorbatschows zerbrochen, unter den Losungen von Perestroika und Glasnost einen radikalen Reformkurs einzuschlagen. Die russische Bevölkerung wurde damals in unsagbares Elend gestürzt, während eine kleine Ausbeutergruppe von Oligarchen sich auf unglaubliche Weise bereicherte. Der Mehrzahl der Russen dürfte die eiserne Disziplin, die Wladimir Putin seinem Volk auferlegt, nach diesem Experiment wie eine Wohltat erscheinen. In Zukunft wird es für den wiedergewählten Zaren darum gehen, die Mißstände in Wirtschaft und Infrastruktur, die Rußland weiterhin belasten, mit Hilfe seines immensen Reichtums an Rohstoffen und in Zusammenarbeit mit den hochtechnisierten Staaten Westeuropas auf den Weg einer längst fälligen Modernisierung zu bringen. Die erstrebenswerte Meinungsfreiheit der Bevölkerung mag dann wohl noch ein wenig auf sich warten lassen.

Wer waren denn schon die Rivalen, die Wladimir Putin entgegentraten? Am besten hatte der Altkommunist Sjuganow mit 17 Prozent der Stimmen abgeschnitten, aber dieser ehrbare Dinosaurier des Marxismus-Leninismus entbehrt jeder charismatischen Ausstrahlung. Da tauchte auch ein vielfacher Milliardär namens Prochorow auf, dessen ungeheures Vermögen kaum auf ehrliche Weise zustande gekommen sein dürfte. Geradezu grotesk wirkte die Figur des ultranationalistischen Tribuns Schirinowski, der es auf kümmerliche sechs Prozent brachte. Was nun den in bürgerlichen Kreisen hochgeschätzten Liberalen Grigori Jawlinski betrifft, so findet er im Ausland mehr Zustimmung als bei seinen Landsleuten.

Die Präsidentschaftswahl in Rußland in diesem Jahr war der Auftakt zu einer ganzen Reihe von Volksbefragungen, die weltweit in Frankreich, in den USA, in diversen deutschen Ländern und sogar innerhalb der widerstrebenden Fraktionen der kommunistischen Einheitspartei Chinas bevorstehen. Sehr rühmlich erscheinen diese Auseinandersetzungen nicht. Ein Blick auf die jämmerliche Kandidatenriege der Republikanischen Partei in den USA wirkt vollends ernüchternd und bestätigt jene Kritiker, die ein Abgleiten der amerikanischen Demokratie in eine krasse Form der Plutokratie beanstanden. Auch in diversen Unionsstaaten des riesigen indischen Subkontinents werden in diesem Jahr die Gegensätze zwischen Kongreß-Partei und hinduistischen Ultra-Nationalisten ausgetragen, aber wer die dortige zum Himmel schreiende Misere der Massen und die unerbittliche Diskriminierung des Kastensystems zur Kenntnis nimmt, kann es nur als Hohn empfinden, wenn Indien in den westlichen Medien immer wieder als die »größte Demokratie der Welt« gefeiert wird.

Der Wahlsieg Wladimir Putins dürfte der riesigen Landmasse zwischen Polen und Japan zumindest eine gewisse Stabilität verleihen, die weite Teile der übrigen Welt schmerzlich vermissen. Eines ist sicher: Der neu bestätigte Kremlchef wird mit allen Mitteln versuchen, Rußland wieder den Rang einer Großmacht zu verleihen. Im Verbund mit China wird Moskau dem amerikanischen Hegemonialanspruch resolut entgegentreten und ihn in seine Schranken weisen. Den Europäern stände es gut an, wenn sie ihre anmaßende Rolle als demokratische Moralapostel reduzieren und sich der Bedeutungslosigkeit bewußt würden, die ihnen innerhalb der neuen globalen Mächtekonstellation droht.

Wahlkampf in Frankreich

16. 04. 2012

Nur noch wenige Tage verbleiben Frankreich bis zur Präsidentenwahl am 22. April. Aber trotz der Ungewißheit des Ausgangs erscheint die Bevölkerung wenig engagiert und schon gar nicht aufgeregt. Die Umfragen haben ergeben, daß die beiden aussichtsreichsten Kandidaten, der amtierende Präsident Nicolas Sarkozy und der ehemalige Generalsekretär der Sozialistischen Partei, François Hollande, mit 29 und 28,5 Prozent im ersten Wahlgang praktisch eine gleich große Anhängerschaft aufbieten können.

Bei der wirklichen Entscheidung, die im zweiten Wahlgang vierzehn Tage später gefällt wird, räumen die Prognosen jedoch dem sozialistischen Anwärter einen Vorsprung ein. Er würde Sarkozy, dem nur 40 Prozent der Stimmen zugerechnet werden, mit 55 Prozent deutlich überflügeln.

Dennoch bleiben viele Fragen offen. Die mangelnde politische Leidenschaft, mit der die Franzosen dieses Duell verfolgen, läßt vermuten, daß die Stimmenthaltungen dieses Mal weit über den bisherigen Umfang hinausgehen werden. Dies, so meinen die Experten, könnte dem jetzigen Staatschef zugute kommen, falls die bürgerliche Mitte zusätzliche Wähler mobilisieren und die Angst vor sozialistischen Experimenten schüren kann. Mit seinem Vorschlag, die Einkommenssteuer für Großverdiener auf 75 Prozent zu erhöhen, hat Hollande die Befürchtung geweckt, einen strammen Linkskurs steuern zu wollen.

Keineswegs entschieden ist andererseits die Orientierung, die die Gefolgschaft jener beiden Kandidaten einschlagen wird, die beim ersten Urnengang am 22. April mit 14,5 beziehungsweise 15 Prozent einen bemerkenswerten Erfolg verbuchen könnten. Es handelt sich um den jakobinisch auftretenden Europakritiker Jean-Luc Mélenchon auf der Linken und die ultranationalistische Amazone Marine Le Pen, die Tochter des Gründers des Front National. Schon verkünden die Auguren, daß die Mehrheit der Wähler der Links-Front Mélenchons sich am Stichtag für Hollande ausspricht, während die Gefolgschaft Marine Le Pens zu einem weit geringeren Prozentsatz für Sarkozy Stellung bezieht. Seinen schwindenden Chancen tritt Sarkozy in der letzten Runde mit einer Dynamik und einer Eloquenz entgegen, neben denen François Hollande recht blaß erscheint. Die Würfel sind also noch nicht gefallen.

Wer hätte gedacht, daß Marine Le Pen bei ihrem Feldzug gegen die verkrusteten Eliten und die lähmende Routine bei den Jugendlichen zwischen 18 und 24 Jahren an erster Stelle liegt? Andererseits hat sich erwiesen, daß die Beeinflußung der Wähler durch die Medien einem zeitgemäßen Wandel unterworfen ist. Noch liegt das Fernsehen als politische Bühne an erster Stelle. Doch dann folgen Internet und Facebook mit klarem Abstand vor dem Hörfunk, während der Einfluß der Printmedien auf zehn Prozent absackt.

Was Sarkozy betrifft, so glaubt jedermann zu wissen, welches seine Stärken und seine Schwächen sind. Um möglichst weit in das Feld Marine Le Pens einzudringen, ist er gezwungen, populistische und extrem patriotische Töne anzuschlagen. Zu seinem Nachteil wirkt sich jedoch die unerfreuliche Wirtschaftssituation aus, in der Frankreich sich zur Zeit befindet, sowie der relativ hohe Stand der Arbeitslosigkeit.

Außenpolitisch ist er auf die Europapolitik und die enge Zusammenarbeit mit Deutschland eingeschworen. Angela Merkel hat ihre Präferenz für den amtierenden Staatschef Frankreichs deutlich zu erkennen gegeben. Aber auch der Sozialist François Hollande hütet sich, irgendeine Polemik gegen die kontinentale Einigung anzustimmen. Er hatte sich sogar geleistet, den Vorsitzenden der deutschen Sozialdemokraten, Sigmar Gabriel, zu einer seiner Wahlveranstaltungen einzuladen.

Es sind keine Abgründe, die sich in Frankreich auftun, wie auch immer die Entscheidung der Wählerschaft am Ende ausfallen mag. Bei Hollande wäre allenfalls eine gewisse Schwerfälligkeit beim Anpacken der dringenden internationalen Probleme und bei der Begrenzung der verhängnisvollen Krise zu

330

befürchten, die jenseits des Mittelmeers im arabisch-islamischen Raum zu einem Flächenbrand auszuarten droht. Auch
die Beziehungen zu Washington wären dann weniger eng als
in der jüngsten Phase enger französischer Zusammenarbeit
mit der Atlantischen Allianz.

Für temperamentvolle Auftritte und bissige Erheiterung haben in diesem Wahlkampf bisher nur zwei Personen – wohl-
gemerkt: zwei Frauen – gesorgt. Da steht auf der einen Seite
die schlagfertige Bretonin Marine Le Pen, während sich im
Gefolge Sarkozys die unermüdliche Ministerin für Berufsaus-
bildung, Nadine Morano, hervortut. Letztere schreckte nicht
davor zurück, die Sozialisten mit dem Verweis auf die sexuellen Eskapaden ihres ursprünglichen Lieblingskandidaten,
Dominique Strauss-Kahn, zu attackieren und damit bei ihrem
Publikum Gelächter und Spott auszulösen.

Der Neue im Élysée-Palast

14. 05. 2012

Die Präsidentschaft Nicolas Sarkozys hatte mit einer Reihe
von Mißklängen begonnen. Statt sich unmittelbar nach seiner
Wahl vor fünf Jahren der Masse seiner Anhänger auf der Place
de la Concorde zuzugesellen, hatte er mit der Spitze der französischen Finanzen im Nobelrestaurant Le Fouquet's geta-
felt. Statt – wie angekündigt – ein paar Tage der Meditation in
einem Kloster zu verbringen, entdeckte man Sarkozy auf der
Luxusjacht eines befreundeten Milliardärs im Mittelmeer.
Seine Ehefrau und enge Vertraute Cécilia verließ ihn, was
Sarkozy damit kompensierte, daß er das extravagante italienische Model Carla Bruni – aus reichster Familie stammend –

heiratete. Immerhin hat sich diese kapriziöse schöne Frau im Elysée-Palast wider Erwarten diskret und unauffällig verhalten. Aber der Staatschef, dessen Eltern aus Ungarn und Griechenland stammen, ist den Ruf, ein »Bling-Bling-Präsident« zu sein, wie es im Volksmund heißt, nie wieder losgeworden.

Um so bemerkenswerter war die würdige und versöhnliche Form, mit der Sarkozy seine hohe Funktion niedergelegt hat. Dem erfolgreichen Rivalen, dem Sozialisten François Hollande, wünschte er Glück und Erfolg. Am Feiertag des Kriegsendes fand er sich fast brüderlich neben seinem Nachfolger ein, um am Grab des unbekannten Soldaten gemeinsam ein riesiges Blumengebinde niederzulegen.

Jetzt richten sich alle Blicke auf François Hollande, der – wie man am Pariser Triumphbogen feststellte – kaum größer gewachsen ist als Sarkozy, den seine Gegner als Gartenzwerg verspotteten. Die Staatschefs der Fünften Republik – mit Ausnahme ihres Gründers, des Generals de Gaulle – sind durch ihre diversen außerehelichen Liebschaften aufgefallen, was ihnen niemand übel nahm. François Mitterrand wurde sogar als geheimer Bigamist entlarvt, als er gegen Ende seiner Amtszeit seine uneheliche Lieblingstochter Mazarine vorstellte. Doch der unscheinbare und extrem brav wirkende François Hollande, der wirklich nicht der Vorstellung eines Don Juan entspricht, hat alle gesellschaftlichen Normen gesprengt, die bislang in Frankreich eingehalten wurden.

Lange Jahre hat Hollande – Sproß einer wohlhabenden Arztfamilie aus der Normandie, dessen Vater mit der rechtsradikalen Action française sympathisierte – mit der früheren sozialistischen Präsidentschaftskandidatin Ségolène Royal, eine durchaus stattliche Erscheinung, eine »wilde Ehe« geführt und vier Kinder gezeugt. Nachdem Ségolène ihrem François den Laufpaß gegeben hatte, war der jetzige Staatschef sehr bald eine neue Liaison eingegangen und hat die Journalistin

Valérie Trierweiler, auch eine recht ansehnliche Person, zu seiner Lebensgefährtin erkoren. Schon tritt sie bei den ersten offiziellen Anlässen als »Première Dame de France« auf. Auch im Elysée-Palast ist also eine »Patchwork-Ehe« entstanden, die den bisherigen Usancen widerspricht, aber jenseits des Rheins in der Bundesrepublik Deutschland über eine Art Spiegelbild verfügt. Dort hat sich der frisch gekürte Bundespräsident Joachim Gauck – ein protestantischer Pfarrer zumal –, ohne sich von seiner bisherigen Frau scheiden zu lassen, ebenfalls mit einer ehemaligen Journalistin zusammengefunden und sie als Schloßherrin in seine Residenz Bellevue in Berlin eingeführt.

Nun sind die Tage vorbei, in denen man über solche Eskapaden die Nase rümpfte. Aber der Einfluß, den diese Frauen ausüben, ist nicht zu unterschätzen. Valérie Trierweiler zumal hat dafür gesorgt, daß der allzu rundliche Hollande »abgespeckt« hat und sich neuerdings um elegante Kleidung bemüht. Vor allem hat sie dazu beigetragen, daß dieser phlegmatische und versöhnliche Absolvent der höchsten französischen Verwaltungsschule in der Auseinandersetzung mit Sarkozy einen kämpferischen Ton anschlug, den man ihm gar nicht zutraute.

Über das präzise Programm des sozialistischen Wahlsiegers zu spekulieren wäre vor den kommenden Parlamentswahlen im Juni verfrüht. Aber als deklarierten Gegner hat Hollande bereits die Mächte der Großfinanz ins Visier genommen. Die bislang privilegierte Oberschicht Frankreichs ist sich des bevorstehenden Aderlasses voll bewußt. Dort – wie unlängst in Deutschland – richten sich die unerbittlichen Blicke der Steuerbehörden bereits auf die umfangreichen Geheimkonten, die angeblich in Schweizer Banken gehortet sind. Zwar wird der künftige französische Finanzminister nicht wie der forsche deutsche Ex-Minister Steinbrück die eidgenössischen Banken mit Indianern und seine argwöhnischen Steuerfahnder nicht mit der US-Kavallerie von Fort Yuma vergleichen. In Paris wird man sich eines vornehmeren Tones befleißigen. Doch der Wille zur finanziellen Sanierung wird vermutlich zu ähnlichen Transaktionen führen, wie sie zwischen Berlin und Bern bereits stattfanden. Der historisch gewachsenen freundschaftlichen Bindung zwischen der Confoederatio Helvetica und der République Française dürften diese Scharmützel jedoch keinen dauerhaften Schaden zuführen.

Ägyptens Generale

Interview, 21. 05. 2012*

Herr Scholl-Latour, welcher Kandidat hat die besten Aussichten, neuer Präsident Ägyptens zu werden?

Nur drei können ernst genommen werden: Amr Moussa, der frühere Generalsekretär der Arabischen Liga, der unter Mubarak Außenminister gewesen ist. Abul Futuh, ein früheres Mitglied der Muslimbrüder, der aber sehr gemäßigt ist und dem Verein nicht mehr angehört. Und Mohammed el-Mursi von den Muslimbrüdern.

Wer ist der Kandidat des Militärs?

Es kann sein, daß die Generale heimlich Amr Moussa unterstützen. Als Mann des alten Regimes wäre er für sie wohl akzep-

* Focus

tabel. Wer gewinnt, hängt vor allem davon ab, ob die Wahlen getürkt werden.

Sehen Sie Anzeichen dafür, daß die Wahl manipuliert werden soll?

Es wird immer manipuliert! Ich halte es für sehr wahrscheinlich. Ich kenne das aus dem Sudan: Da schickt der Westen wieder hundert Beobachter, und die fahren in ihren Land Rovern durch die Gegend und haben keine Ahnung, was wirklich passiert.

Wenn es zu einer Manipulation kommen sollte – wer würde dahinterstecken?

Die Militärs. Die Parlamentswahlen sind ja offenbar ehrlich verlaufen – und da haben sich die islamischen Parteien durchgesetzt. Das war nicht in ihrem Sinne.

Ägypten wählt seinen Präsidenten, bevor die neue Verfassung steht. Was bedeutet das?

Das ist ein großes Problem. Denn man weiß noch gar nicht, mit welchen Vollmachten dieses Amt ausgestattet sein wird. Die größte Frage ist, welche Rolle die Scharia in der neuen Verfassung spielt.

Wie groß ist die Gefahr, daß Ägypten ein islamischer Staat wird?

Das ist doch keine Gefahr! Das ist der Irrtum des Westens, daß wir glauben, wir könnten ihnen vorschreiben, wie sie abzustimmen haben. Und die Salafisten in Ägypten sind immer noch gemäßigter als die Wahhabiten in Saudi-Arabien, die ja

335

bekanntlich unsere Verbündeten sind und denen wir Panzer liefern, damit sie den Aufstand in Bahrain niederkämpfen.

Was wird aus Ägypten als Tourismusziel, wenn die Muslimbrüder das Sagen haben?

Ob Sie sich dann noch im Bikini an den Strand legen können, ist fraglich. Und auch ein Alkoholverbot würde eine muslimische Regierung wohl befürworten. Aber was soll man machen? Wenn die Leute diesen Wirtschaftszweig kaputtmachen wollen, können wir sie auch nicht daran hindern!

Deutsche U-Boote für Israel

11. 06. 2012

Die Lieferung deutscher U-Boote an Israel wird noch weite Kreise ziehen. Dabei geht es nicht so sehr um die deutsche Öffentlichkeit, die sich überwiegend mit kleinlichen internen Parteiquerelen herumschlägt. Das strategische Gleichgewicht im Nahen und Mittleren Osten ist aus den Fugen geraten. Und die zusätzliche nukleare Aufrüstung der israelischen Streitkräfte, kurz »Zahal« genannt, eröffnet völlig neue geostrategische Perspektiven.

Die Argumente der Regierung Netanjahu sind aus israelischer Sicht einleuchtend. Der Judenstaat lebt unter dem Alptraum der nuklearen Vernichtung. Die Befürchtung, daß eines Tages die Islamische Republik Iran zu einem solchen Schlag ausholen würde, ist in weiten Teilen der israelischen Bevölkerung traumatisch verankert – obwohl eine solche Hypothese

336

absurd erscheint, weil sie die Auslöschung Irans durch die amerikanische Overkill-Kapazität zur Folge hätte.

Das Territorium des Staates Israel, nicht größer als das deutsche Bundesland Hessen, könnte theoretisch durch den Einschlag zweier Thermonuklearbomben in Tel Aviv und in Haifa in eine radioaktive Trümmerstätte verwandelt werden, während die großen Flächenstaaten, wenn sie über ein Nukleararsenal verfügen, zum Gegenschlag gegen den potentiellen Aggressor ausholen könnten. In normalen Situationen ist die Atomwaffe kein Instrument blindwütiger Zerstörung, sondern dient der Abschreckung. Die Franzosen haben deshalb ihre »force de frappe« in »force de dissuasion« umbenannt. Das nukleare Patt zwischen den beiden feindlichen Giganten des Kalten Kriegs, den USA und der Sowjetunion, hatte dafür gesorgt, daß die Regionalkonflikte nie in eine mörderische Konfrontation großen Stils ausarteten.

Wenn andererseits Pakistan von den weit überlegenen konventionellen Streitkräften des indischen Erzfeindes nicht überrannt wurde, so ist das im wesentlichen auf die Tatsache zurückzuführen, daß nicht nur Neu-Delhi ein beachtliches Nukleararsenal besitzt, sondern auch die Generale von Islamabad über eine steigende Zahl von Atombomben und die dazugehörigen Lenkwaffen verfügen.

In Ermangelung territorialer Tiefe verlagert Israel konsequenterweise seine Fähigkeit zum nuklearen Gegenschlag, zur »second strike capability«, auf das Meer und stattet die aus Deutschland gelieferten hypermodernen U-Boote der Dolphin-Klasse mit Abschußrampen für nukleare Sprengköpfe aus. Es sichert sich damit die Fähigkeit zu einem vernichtenden Gegenschlag. In Reichweite des iranischen Staatsgebietes und selbst der Hauptstadt Teheran werden diese Instrumente einer nuklearen Apokalypse deshalb auf Lauer liegen und – im höchst unwahrscheinlichen Extremfall – in der Lage sein, aus den Gewässern des Indischen Ozeans ihre Geschosse abzufeuern.

In einer Rede vor dem israelischen Parlament hatte Angela Merkel die in Deutschland umstrittene Formel benutzt, die Sicherheit Israels sei Teil der »deutschen Staatsräson«. Ein Gedicht von Günter Grass, der von israelischen Erwägungen fabuliert, mit Hilfe deutscher U-Boote unter den Persern ein fürchterliches Massaker zu veranstalten, hat in Deutschland zu einer giftigen Debatte geführt. Meinungsumfragen haben allerdings ergeben, daß die Sympathie der deutschen Bevölkerung für die Politik des Judenstaates, die als Reueakt für den Horror des Holocaust gewertet werden kann, in der jüngsten Zeit merklich geschrumpft ist.

Amerikaner und Europäer werden versuchen, den Iran mit allen erdenklichen Sanktionen zu belegen, um die Mullahkratie von der befürchteten Fertigung eigener Atomwaffen abzubringen. So hofft man, die Luftwaffe der »Zahal« von jenem Bombardement der iranischen Nuklearfabriken abzubringen, von denen in radikalen zionistischen Kreisen hartnäckig die Rede ist.

Was würde eine solche Präventivaktion überhaupt bringen, falls es den Kampfflugzeugen mit dem Davidstern tatsächlich gelänge, ihre Ziele zu erreichen? Die gewaltigen Felsmassen, die den unterirdischen Nuklearanlagen des Iran Schutz bieten, würden vermutlich auch durch die mächtigsten aus den USA gelieferten »Bunker Busters« nicht zum Einsturz gebracht. Ein Zeitgewinn von zwei bis drei Jahren, wie in Jerusalem argumentiert wird, brächte nur einen kleinen Vorteil.

Ein solches Vorgehen würde im übrigen genau das bewirken, was die westliche Allianz zu verhindern sucht, nämlich eine zusätzliche Atomaufrüstung in der arabisch-islamischen Welt. Erwähnen wir nur das Beispiel Ägypten: Das gesamte

Niltal mit seiner Bevölkerung von achtzig Millionen Menschen droht in einer wahren Sintflut unterzugehen, falls eine feindliche Atombombe den Assuan-Staudamm zerstören würde und die ungeheuren Wassermassen des Nassersees sich bis ins Delta und nach Alexandria ergössen. Angesichts der totalen Ungewißheit, die seit dem »Arabischen Frühling« in Kairo vorherrscht, ist nicht auszuschließen, daß die immer noch mächtige Generalität Ägyptens in aller Heimlichkeit versuchen wird, eine eigene nukleare Abschreckung gewissermaßen als verzweifelte Lebensversicherung zu erwerben.

Befreier oder Terroristen

Interview, Juni 2012*

Herr Scholl-Latour, seit Anfang 2011 haben der steckengebliebene »Arabische Frühling« und andere Bewegungen Unruhe in viele arabische Länder gebracht. Derzeit steht Syrien im Zentrum der Aufmerksamkeit. Wie sind die Informationsbröckchen, die Europa erreichen, einzuordnen?

Was Syrien betrifft, so wird in der Presse vieles hochgespielt und maßlos übertrieben. Verglichen mit seinem Vater ist der jetzige syrische Präsident Assad ein harmloser Mann, so schrecklich auch die Ereignisse sind. Dagegen verliert die Presse die Entwicklung in anderen Ländern völlig aus dem Blick. Im Libanon und Iran beispielsweise.

---

* Projektmanagement aktuell

Um was geht es bei diesen Konflikten, von denen immer wieder zu lesen ist? Wo liegen die Grundmotive?

Nicht um Menschenrechte, das ist Unsinn! In diesem Punkt irrt die deutsche Politik, die mit erhobenem Zeigefinger moralisiert. Ganz im Gegenteil, sogar in der liberalen Mittelschicht der arabischen Länder wird die Befreiungsbewegung vielfach skeptisch gesehen. Viele lehnen die Bewegung der sympathischen jungen Menschen ab. Sie vermissen Führungspersonen und vor allem ein Programm.

Wo liegen also die Wurzeln?

Die eigentliche Auseinandersetzung dreht sich um handfeste Interessen, gewaltige Interessen. Es geht bei alledem, was wir beobachten, um die Frage: Wer bekommt die Vorherrschaft am Persischen Golf?

Es wird kolportiert, letztlich gehe es um Erdöl.

Selbstverständlich geht es auch um Erdöl. China steht vor der Tür am arabischen Golf, man will China hinausdrängen. Warum hat im Sudan Omar el-Bashir seinen Kredit verspielt? Doch nicht wegen seiner blutigen Niederschlagung der Rebellion von Darfur. Der Mann hat sein Öl an die Chinesen verkauft, dies war der Grund. Die Machthaber in diesem Raum können sich die schlimmsten Verbrechen erlauben, solange sie den geostrategischen und vor allem auch den wirtschaftlichen Interessen des Westens folgen. Dies macht die Reaktion von Europa so heuchlerisch.

Geht es nur um Erdöl?

Nicht nur! Neben dem Erdöl spielen andere Motive in den Konflikt hinein. Viele in Europa nehmen an, hinter dem Konflikt von Syrien steht der Ruf nach Freiheit und Menschenrechten. Das ist Unsinn. Bei diesem Konflikt geht es um die Frage, ob die Iraner eine Verbindung zum Mittelmeer bekommen – und zwar über Irak, Syrien und den Libanon. Dies bildet den Hintergrund der Aktionen gegen den syrischen Präsidenten.

Immerhin vermutet man, daß Iran an seiner Atombombe baut.

Die Atombombe wird überschätzt – falls Iran sie überhaupt baut.

Zumindest schaffen die Iraner die Voraussetzungen für den Bau.

Dies mit Sicherheit. Aber die Bombe ist nicht gedacht, um Israel auszulöschen oder sie gar auf Europa abzuschießen. Ich habe Putin nie so lachen hören wie an dem Tag, als man ihm weismachen wollte, der für Europa diskutierte Raketenschutzschild sei gegen den Iran gerichtet. Bei der iranischen Atombombe würde es sich um reine Abschreckung handeln. Ich kenne keinen Staat, der seine Atombombe mit der Absicht für einen Abwurf gebaut hat. Auch Israel verwendet seine Bomben nur zur Abschreckung.

Angenommen, Israel würde den Iran angreifen, um den möglichen Bau einer Atombombe zu unterbinden …

Ich glaube nicht mehr an einen Angriff Israels auf den Iran.

Falls doch?

Israel würde mit konventionellen Waffen angreifen, nicht mit Atomwaffen. Ob diese konventionellen Bomben allerdings den Schutz der iranischen Bunkeranlagen durchschlagen, ist in keiner Weise gewiß. Man darf eines nicht vergessen: Der Iran hat sich zu einer wichtigen Macht im mittelöstlichen Raum entwickelt. Auch ohne Atombombe stellt er ein beachtliches Potential dar. Er wird von der westlichen Welt derzeit völlig unterschätzt.

Die teils aggressiven außenpolitischen Ankündigungen von Präsident Mahmud Ahmadinejad bereiten westlichen Sicherheitspolitikern Sorgen. Die Politiker machen nicht den Eindruck, daß sie Ahmadinejad unterschätzen.

Daß der iranische Präsident über die Atombombe verfügen kann, sollte diese eines Tages existieren – dies ist doch eine völlige Fehleinschätzung des Westens. Die letzte Entscheidung liegt beim höchsten geistlichen Führer, Ali Khamenei, und vor allem bei den Revolutionswächtern, den Pasdaran. Die Revolutionswächter sind die wirkliche Macht im Staat, die wahrscheinlich noch stärker ist als der Klerus.

Verfügt der Iran über eine wirksame konventionelle Streitmacht?

Über eine sehr wirksame Streitmacht. Man sollte das militärische Potential Irans nicht unterschätzen. Auch nicht unterschätzen sollte man die iranische Wirtschaft und die Entwicklung des Lebensstandards in diesem Land.

Die Armut und das Elend, von denen immer wieder geredet wird …

… das gibt es dort nicht. Der Iran baut beispielsweise eigene Autos, die die Iraner preiswert und zu günstigen Ratenkrediten kaufen können. Ich habe wirklich zahllose dieser Autos im Iran gesehen! Und noch etwas: In Teheran, wo die Mittel- und Oberschicht recht groß ist, sind die Menschen die Mullahs leid. Die Mullahs werden auf den Straßen Teherans sogar offen angepöbelt. Auch ich glaube nicht, daß Ahmadinejad so viele Wahlstimmen erhalten hat, wie bekannt gemacht wurde. Aber er hat eine Mehrheit bekommen, wenn auch nicht in dem Maße wie behauptet.

In den Provinzstädten Irans dürfte sich vermutlich ein anderes Bild abzeichnen?

Dort geht es traditioneller und frommer zu. Vielfach bestimmt der Imam in seiner Freitagspredigt, wie die Gläubigen bei Wahlen stimmen sollen.

In den vergangenen Jahren hat der Westen im arabischen Raum Niederlagen hinnehmen müssen. Nach zwei Kriegen sollte der Irak der Leuchtturm der Demokratie werden …

… dies war in der Tat der Traum von US-Präsident George W. Bush. Er hat fest daran geglaubt und ähnlich gedacht, wie beispielsweise Francis Fukuyama es formulierte. Er dachte, das Ende der Geschichte sei erreicht. Die Menschheit habe nun die ideale Gesellschaftsform gefunden, nämlich die amerikanisch-europäisch ausgerichtete Form mit Demokratie und Marktwirtschaft. Und es sei gut, wenn die ganze Welt dieses Modell übernehmen würde.

Immerhin haben die Amerikaner im Irak frei wählen lassen.

Dies haben sie, ja. Was ist danach geschehen? Siebzig Prozent der Bevölkerung im Irak sind Schiiten, die durchaus den Schiiten im Iran nahestehen, wenn es zum Schwur kommt. So haben die Amerikaner heute einen schiitischen Präsidenten und eine schiitische Parlamentsmehrheit. Das ist ihnen alles andere als recht.

Was daran ist für die USA problematisch?

Die Amerikaner pflegen ihre Zwangsvorstellung, daß der schiitische Iran ihr Todfeind sei, seit 1979 der Schah im Iran gestürzt worden ist und die Geiselnahme in der amerikanischen Botschaft stattgefunden hat. Eine ähnliche Vorstellung haben auch die Israeli. Weshalb, verstehe ich nicht. Denn Israel wird mit der Alternative zu den Schiiten – den Sunniten und Salafisten – auch keine Freunde haben.

Was befürchten die USA?

Sie befürchten eine durchgehende schiitische Allianz von der Grenze Afghanistans über den Irak, Iran, Syrien bis zur Mittelmeerküste des Libanons. Jetzt wird mit allen Mitteln dagegen gekämpft, daß der schiitische Iran zur beherrschenden Macht in der Region und vielleicht das Zentrum dieser Allianz wird.

Auch hier wieder das Grundmotiv des Kampfs um Öl?

Der Iran und der Irak verfügen bereits für sich über gewaltige Erdölvorkommen. Und die immensen Ölvorräte des sunnitisch beherrschten Saudi-Arabiens liegen ausgerechnet in der an Kuwait grenzenden Region – wo die schiitische Minderheit des Landes lebt. Der schiitische Iran als Großmacht in dieser Region hätte also einen nahezu monopolitischen Zugriff auf die Erdölvorkommen des Orients. Genau dies wollen die USA mit allen Mitteln verhindern. Ihr Verbündeter dabei ist Saudi-Arabien, das von seinen amerikanischen Verbündeten maßlos aufgerüstet wurde.

Auf der einen Seite stehen also schiitisch beherrschte Länder wie Iran und der Irak, auf der anderen sunnitisch beherrschte Länder wie Saudi-Arabien. Schiiten und Sunniten sind seit vielen Jahrhunderten verfeindet.

Ja. Diese Feindschaft können Sie sehr gut im Irak erkennen. Unter den Arabern im Irak waren über lange, lange Zeit die Sunniten praktisch vorherrschend. Die Masse der Iraker waren aber immer Schiiten, sie wurden geknechtet und geknebelt. Dies hat sich über die Jahrhunderte kaum verändert. Während der Kolonialzeit haben sich die Briten immer an die Sunniten gehalten, und Saddam Hussein war ebenfalls Sunnit. 1991 hat Saddam Hussein eine massive Revolte der Schiiten im Süden des Irak blutigst niedergeschlagen. Die Amerikaner hatten die Schiiten damals zum Aufstand gegen Hussein aufgerufen und dann fallenlassen.

Wie wirkt sich dieser Konflikt heute aus?

Derzeit läuft vieles auf eine Konfrontation im Irak zwischen Sunniten und Schiiten hinaus. Mir haben Schiiten berichtet, sie würden umgebracht, wenn sie in den sunnitischen Teil des Irak gehen; man erkenne sie dort am Akzent ihrer Sprache.

Nochmals zu Iraks Nachbarland Syrien. Syrien ist ein sunnitisches Land.

Ein sunnitisches Land mit einer Minderheit von Alawiten, die aber in der Armee und den mächtigen Geheimdiensten stark vertreten ist. Zudem leben in Syrien noch Christen verschiedener Konfessionen, etwa zehn Prozent der Bevölkerung, von denen bei uns niemand redet. Die Christen haben die berechtigte Angst, daß ihnen das bevorsteht, was den Christen im Irak passiert ist. Dort sind die Hälfte der zwei Millionen Christen bereits geflohen. Saddam Hussein hatte die Christen in seinem Land geschont, er hat ihre Religion sogar gefördert. Er ließ Klöster aus der christlichen Frühzeit wieder aufbauen. Ich habe einen christlichen Kongreß im Irak besucht. Nach seinem Sturz hat sich die Lage für die Christen Iraks massiv verschlechtert.

Wie war die Lage der Christen bislang in Syrien?

Den Christen ging es bislang sehr gut in Syrien. Syrien wird ja von der säkularen Baath-Partei regiert, die sich religiös tolerant verhält. Christen hatten in Syrien zwar nie die höchsten Ämter inne. Sie hatten aber bisher ein wirtschaftlich gutes Auskommen in diesem Land. Die Christen sagen sich jetzt natürlich: So gut wie bisher wird es uns unter einer streng islamischen, vielleicht sogar salafistischen Regierung nicht mehr gehen. Genau dies könnte aber die Alternative zu Assad sein. Viele Christen stehen deshalb auf der Seite von Assad, auch wenn sie in die Kämpfe nicht involviert sind.

Moment! Präsident Assad ist doch Alawit, nicht Sunnit wie die Bevölkerungsmehrheit. Wie verträgt sich dies?

Man hört immer wieder, das Alawitentum sei eine Form des Schiitentums. Dies ist nicht ganz richtig, das Alawitentum ist eine Geheimlehre mit schamanistischen Elementen. Entscheidend für uns ist: In bestimmten Situationen der Bedrohung dürfen Alawiten ihre Religion verleugnen. Assad dekla-

346

riert sich als Sunnit und hat sich auch offiziell vom Großmufti
zum Sunniten erklären lassen.

*Wie steht die syrische Bevölkerung zu der Befreiungsbewegung, die
derzeit gegen Assad kämpft?*

Syrien ist, obwohl es wenig Erdöl hat, ein relativ wohlhaben-
des Land. Es gibt eine bedeutsame syrisch-sunnitische Mittelschicht. Sie will sich nicht mit einer Bewegung einlassen, die
weder Programm noch Führung hat – dies ist ja die Schwäche
des gesamten »Arabischen Frühlings«. Die Mittelschicht hält
sich eher an Assad, er läßt sie in Ruhe ihre Geschäfte machen.
Vor allem hat die Mittelschicht das vor Augen, was die Revolution Libyen eingebracht hat.

Inwiefern Libyen?

Nach dem Sturz Qadhafis fiel Libyen ins Chaos. Zum Glück
ist Libyen ein sehr reiches Land. Die Menschen werden jetzt
nicht verhungern. Libyen wird mit seinem Erdöl immer einen
ordentlichen Lebensstandard für seine Bevölkerung erreichen
können. Unter Qadhafi hatte Libyen den höchsten Lebensstandard der gesamten arabischen Welt.

*Viele Syrer befürchten also chaotische Verhältnisse wie in Libyen,
wenn sich die Machtverhältnisse in ihrem Land ändern?*

Nicht nur wie in Libyen. Auch der algerische Bürgerkrieg der
90er Jahre ist den Syrern noch immer in schlimmer Erinnerung. Die machthabenden Militärs hatten seinerzeit in Verkennung der Lage freie Wahlen ausgeschrieben. Die Wahlen
wurden auch relativ ehrlich durchgeführt. Zum Entsetzen der
Militärs kam eine islamische Mehrheit an die Macht, die Isla-

347

mische Heilsfront. Dies endete damals im Chaos, die Militärs haben geputscht. Es gab einen Bürgerkrieg mit 200 000 Toten. Dies alles wollen die Syrer nicht in ihrem Land.

Wie viele Syrer stehen gegen Assad?

Meiner Einschätzung nach die Hälfte der Syrer, mehr nicht. Die Situation steuert auf einen entsetzlichen Bürgerkrieg zu. Die Fronten verlaufen dann zwischen der sunnitischen Mehrheit und den Alawiten, die bei den Schiiten der Nachbarländer begrenzte Unterstützung finden, während die sunnitischen Rebellen von Saudi-Arabien, Qatar, der Türkei und den USA stark aufgerüstet werden.

Was befürchten die Alawiten?

Die Alawiten wissen: Bei einem Sieg der radikalen Salafisten und auch der »Muslimbrüder« verlieren sie nicht nur ihre wirtschaftlichen Vorteile und Machtposition, sondern womöglich auch ihr Leben. Ein solcher Sieg könnte für sie ein unglaubliches Gemetzel werden.

Stehen sich denn auch die Sunniten und Alawiten verfeindet gegenüber?

Ich habe vor zwei Jahren die Region von Homs besucht. Dort gibt es streng geteilt alawitische und sunnitische Viertel. Man hatte mich eindringlich vor den Schußwechseln zwischen den Vierteln gewarnt. Wie gesagt, dies schon vor zwei Jahren! Saudi-Arabien ist die treibende Kraft hinter der sunnitischen Bewegung. In der syrischen Befreiungsarmee befinden sich viele von Saudi-Arabien ausgebildete Kämpfer und sogar erfahrene Veteranen von El Quaida. Die sunnitischen Provinzen des Irak grenzen unmittelbar an Syrien. Auch von dort kommen freiwillige Kämpfer und Waffen nach Syrien.

Welches Gewicht hat Saudi-Arabien in diesem Kräfteverhältnis?

Ein großes! Die Amerikaner haben Saudi-Arabien maßlos aufgerüstet, wie gesagt. Es wird mit allen Mitteln unterstützt. In der Königsfamilie gibt zur Stunde die proamerikanische Fraktion den Ton an.

Aber?

In Saudi-Arabien findet sich die strengste islamische Ausrichtung. Manche in Europa empören sich darüber, daß Frauen in Saudi-Arabien nicht Auto fahren dürfen. Daß man keine Bibel und kein christliches Kreuz nach Saudi-Arabien bringen darf – davon redet hier niemand. Christlichen Priestern droht in Saudi-Arabien die Verhaftung. Dort arbeitende Christen dürfen keiner Messe beiwohnen. Kein Jude darf nach Saudi-Arabien einreisen, es sei denn, er heißt Henry Kissinger. Andere Muslime, etwa aus der Türkei, distanzieren sich resolut von den in Saudi-Arabien herrschenden Salafisten.

Ist dies im Iran anders?

Im Iran leben ungestört knapp 30 000 Juden, die ihre Religion frei ausüben können; Zionisten dürfen sie natürlich nicht sein. Auch Syrien steht uns Europäern näher als Saudi-Arabien. In Syrien braucht sich keine Frau zu verschleiern; Frauen fahren dort Auto und sind in den Städten vergleichsweise emanzipiert. Ähnlich liberal war Libyen bei den Frauenrechten. Frauen waren an den Hochschulen zahlreicher als Männer. Dies gilt auch teilweise für den Iran. Frauen tragen in Teheran den Tschador am Hinterkopf und schminken sich, auch, um die Mullahs zu provozieren.

Vorhin sprachen Sie von einer durchgehenden schiitischen Allianz, die von Afghanistan bis zum Mittelmeer reicht. Der an Syrien grenzende Libanon müßte sich dieser Allianz anschließen, damit sie wirklich bis ans Mittelmeer gelangt. Wie wahrscheinlich ist dies?

Der Libanon wird bereits von den Schiiten beherrscht.

Von Schiiten beherrscht – inwiefern?

Die Hizbullah ist eine schiitische Organisation. Und die Hälfte der Libanesen sind heute Schiiten. Sie üben die wirkliche Macht im Libanon aus.

Ist die Hizbullah tatsächlich so einflußreich?

Sie hat eine schlagkräftige Partisanenarmee aufgestellt, die vielleicht weltbeste Partisanenarmee. Ich kenne die Leute gut. Bei uns gilt diese Organisation als verbrecherisch, das ist völliger Unsinn. Die Hizbullah geht darauf zurück, daß die dortigen Schiiten jahrhundertelang unterdrückt und verachtet wurden. Seitdem haben sie sich zu einer mächtigen Bewegung zusammengeschlossen. Vor sechs Jahren ist der israelische Angriff auf den Südlibanon wenige Kilometer hinter der Grenze steckengeblieben und am Widerstand der Hizbullah gescheitert.

Wie kam es dazu?

Die Hizbullah hat Waffen entwickelt, mit denen sie den angeblich unverwundbaren Panzern Israels schwere Verluste zufügte. Heute hat sie außerdem weitreichende Raketen aus iranischer Produktion in ihren Arsenalen, mit denen sie problemlos Tel Aviv erreichen könnte. Diese Raketen hielt die Hizbullah bislang unter Verschluß, um ihre Verbindung zum Iran nicht zu offenbaren. Kommt es zum israelischen Angriff auf den Iran, stehen sie zum Abschuß bereit.

Wie wird es Ihrer Einschätzung nach im arabischen Raum weitergehen? Welche Prognose geben Sie?

Zweifellos steuern wir in Syrien auf einen sehr, sehr blutigen Bürgerkrieg zu. Er wird auf den Irak übergreifen, dort schwelt er ja schon. Bagdad ist längst eingemauert in feindlich gesonnene schiitische und sunnitische Viertel. Auch die heiligen Stätten umgeben sich mittlerweile mit Betonmauern zum Schutz vor Attentaten.

Würde sich der Iran aus diesem Bürgerkrieg heraushalten?

Nein, dies tut er ja schon heute nicht. Bisher hat er sich jedoch erstaunlich zurückgehalten. Der Iran hat die von den Amerikanern im Irak eingesetzten Regierungschefs anerkannt und Beziehungen mit ihnen aufgenommen. Ich bin mir aber sicher, daß die Iraner heute schon über den Irak Waffen an die Alawiten nach Syrien liefern.

Angenommen, es käme zu einem Angriff auf den Iran – welche Optionen hat dieses Land?

Die iranischen Revolutionswächter verfügen über eine Vielzahl hochgerüsteter Schnellboote mit Raketen und Torpedos.

Damit wird man gegen die amerikanischen Flugzeugträger im Persischen Golf wenig ausrichten können ...

In diesem Punkt wäre ich mir nicht so sicher. Aber abgesehen davon – der Iran braucht nicht einmal die amerikanische Flotte anzugreifen. Es reicht, ein paar die Meerenge von Hormuz passierende Tanker in Brand zu stecken.

Vierzig Prozent des maritimen Erdöltransports passieren die Küste Irans.

Eben! Überdies verfügen die Iraner über treffsichere, tief im Gestein eingebunkerte Raketen. Man sollte nicht blind darauf vertrauen, daß bei einem Angriff diese Raketen komplett ausgeschaltet werden. Würden sie gezielt auf die nahen saudischen und kuweitischen Erdölfelder oder Verschiffungsanlagen abgefeuert, würde der Erdölpreis weltweit ins Unermeßliche steigen.

Vorhin sagten Sie, ein solcher Angriff auf den Iran sei wenig wahrscheinlich.

Zumindest ein Angriff der USA ist kaum vorstellbar. Die USA haben eine Kette von Rückschlägen hinnehmen müssen – etwa im Irak, in Afghanistan oder in Somalia. Ich rechne nicht mehr mit einem massiven amerikanischen Eingreifen.

»ICH NEIGE NICHT ZUR SENTIMENTALITÄT.«

»Das Böse existiert wirklich«

Interview, 17. 12. 2008*

Herr Scholl-Latour, was war das schlimmste Leid, dessen Zeuge Sie in Ihrem Reporterleben geworden sind?

Das geschah, bevor mein Reporterleben überhaupt begann. Am Ende des Krieges war ich drei Monate in Gestapohaft und habe in einen Abgrund von Grauen geblickt. Persönlich möchte ich auf diese Erfahrung nicht verzichten. Sie hat auf mich wie ein Stahlbad gewirkt und mich gegen alle anderen Prüfungen abgehärtet. Ich habe in jenen Tagen entdeckt, daß das Böse wirklich existiert, im Christlichen würde man von der Erbsünde sprechen. Um einigermaßen gesittet zu leben, bedarf der Mensch wohl einer gewissen Zucht, einer Strenge, also einer Religion, wie immer man das nennen will.

Und nach der Nazizeit, als Journalist, was hat Sie da am grauenhaftesten berührt?

Ich entrüste mich nicht leicht. Aber ich glaube, daß die Massaker, die zur Zeit wieder am Kongo Millionen Opfer fordern, die größte menschliche Tragödie unserer Tage darstellen.

* Die Zeit

Daran gemessen sind die schrecklichen Ereignisse vom 11. September 2001 in New York nur eine tragische Episode.

Haben Sie es erlebt, daß Sie am liebsten nicht mehr beobachtet und berichtet, sondern selbst eingegriffen und geholfen hätten?

Da sind die Möglichkeiten begrenzt. Ich will nur ein Beispiel nennen, das bei der französischen Truppenlandung im Jahr 1946 im indochinesischen Hafen Haiphong stattfand. Drei Soldaten meiner Truppe, die sich unvorsichtig entfernt hatten, fanden wir in einem Kanal wieder. Man hatte ihnen die Augen ausgestochen, und sie waren entsetzlich verstümmelt. Dann ist es sehr schwer, bei der Truppe die Disziplin aufrechtzuerhalten, sie zu hindern, im verdächtigen Dorf Rache auszuüben und sich auszutoben. Ich erwähne den Vorfall, weil die Bundeswehr in Afghanistan heute bereits in einen Partisanenkrieg verwickelt ist und die Führung auf unkontrollierte Reaktionen der eigenen Soldaten vorbereitet sein muß.

Als Autor wollen Sie keinen Einfluß nehmen?

In meinen Büchern versuche ich natürlich, auf die schreiendsten Skandale hinzuweisen. Ich betrachte mein Buch »Afrikanische Totenklage« als eines meiner, sagen wir, mitfühlsamsten Bücher. Ob das etwas bewirkt?

Soll Politik sich von Empfindungen des Mitgefühls leiten lassen, von den Bildern des Elends, die uns zum Handeln treiben können?

Gerade bei der Bildberichterstattung gibt es gezielte Irreführungen. Die Ereignisse in Darfur sind schrecklich, aber wenn ganze Annoncenseiten in Zeitungen finanziert werden, um eine Sache hochzuputschen, bin ich mißtrauisch. In den meisten Fällen stecken auch die Interessen des sogenannten Raubtierkapitalismus hinter solchen Kampagnen. Im Sudan, den ich gut kenne, geht es um Erdöl. Was in Darfur passiert, ist so alt wie Kain und Abel. Dort handelt es sich um den ewigen Kampf der Nomaden, der Hirtenvölker, gegen die Ackerbauern. Aber diesmal hat nicht Kain den Abel ermordet, sondern Abel ist dabei, den Kain umzubringen.

Kain und Abel – das klingt nach ewigem, mythischem Verhängnis. Heißt das: Es hat keinen Sinn, etwas dagegen zu tun?

Meist sind wir dazu gar nicht in der Lage. Nehmen wir ein Beispiel: Wer könnte den Bundestag dazu bewegen, Kampftruppen nach Darfur zu entsenden? Eine punktuelle Intervention würde ja nicht ausreichen, die Soldaten müßten dauerhafte Präsenz zeigen. Das sind die Gesetze der »counter-insurgency«, der Aufstandsbekämpfung.

Manchmal hört man die These, es wäre besser, diese Konflikte – mit einem schrecklichen Wort gesagt – »ausbluten« zu lassen.

Das passiert leider häufig genug. Der libanesische Bürgerkrieg hat fünfzehn Jahre gedauert, und er ist zu Ende gegangen, weil am Ende ein totaler Erschöpfungszustand erreicht war. Die militärische Schlichtungsoperation von Amerikanern und Franzosen im Jahr 1982 ist kläglich und extrem blutig gescheitert.

Wenn Politik an humanitäre Gefühle appelliert, vermuten Sie Unkenntnis oder Heuchelei.

Was mich stört, ist die selektive Auswahl der Entrüstung. Nehmen Sie zum Beispiel Tibet: Die Tibeter werden von den

Chinesen demographisch in die Minderheit gedrängt. In Lhasa stellen sie nur noch vierzig Prozent der Bevölkerung. Sie werden drangsaliert, aber es findet keine flagrante Form militärischer Unterdrückung statt wie zum Beispiel in Kaschmir. Dort geht die indische Armee mit Brutalität gegen die überwiegend muslimische Bevölkerung vor. Aber Indien ist wohl eine heilige Kuh.

Üben die modernen Massenmedien einen schädlichen moralischen Druck aus? Auf dem Balkan etwa mußten die Regierungen geradezu militärisch intervenieren, weil die westliche Öffentlichkeit von den Vorgängen schockiert war.

Nehmen wir das Kosovo. Die Kosovaren wurden natürlich von den Serben unterdrückt. Ihr Aufstand war verständlich. Aber die Zwangsevakuierung, die von Milošević im Kosovo angeordnet wurde, läßt sich auf keinen Fall mit Auschwitz vergleichen, wie das der damalige deutsche Außenminister tat, um die Zustimmung seiner Partei für diesen Kriegseinsatz zu gewinnen. Die albanische Bevölkerung des Kosovo wurde in Autos, in Zügen, in Bussen nach Mazedonien abgeschoben. Einige fuhren auf den eigenen Traktoren. Der Vergleich mit Auschwitz war wirklich unangemessen.

Sie haben von dem Mitgefühl gesprochen, das in Ihrem Buch »Afrikanische Totenklage« steckt. Woher kommt die Anteilnahme?

Ich kenne die Kongolesen gut und mag sie. Auch dort habe ich kritische Situationen erlebt, und gelegentlich hat man mir das Gewehr auf die Brust gesetzt. Aber die Kongolesen sind ein heiteres, liebenswertes Volk. Vor ein paar Jahren bin ich nach Kisangani gelangt, das frühere Stanleyville. Ich war der einzige Ausländer außer ein paar Mitarbeitern des Roten

Kreuzes. Da ist mir ein alter elender Mann begegnet, und ich habe ihn, wie dort üblich, gefragt: »Wie geht's?« Ein Kongolese antwortet dann eigentlich immer: »Es geht« oder »Es geht gut« oder »Es geht so leidlich«. Aber dieser Alte sagte: »Es geht schlecht, Monsieur.« Da hatte ich plötzlich den Eindruck, in seinem Gesicht den Horror zu entdecken, den Joseph Conrad einst in »Herz der Finsternis« beschrieb.

Manchmal klingen Sie wie ein harter Realist – und dann merkt man doch wieder, daß die Dinge Sie anfassen und bewegen.

Ich neige nicht zur Sentimentalität. Auch wenn ich schwere persönliche, familiäre Verluste erlitte, glaube ich nicht, daß ich weinen würde. Das vermindert meine Trauer nicht. Mir hat ungeheuer imponiert, was ich im libanesischen Dorf Bikfaya erlebt habe, als der christlich-maronitische Politiker Bashir Gemayel ermordet wurde. Ich war zutiefst bewegt, als diese Gemeinde, die mir sehr vertraut ist, den Sarg hoch auf den Schultern trug, zum Klang des freudigen libanesischen Dapke-Tanzes. Sie haben dabei geweint – aber sie haben getanzt.

Ein rauschhaftes Leben?

Interview, 15. 03. 2009*

Herr Scholl-Latour, was nehmen Sie auf jeden Fall immer mit?

Eine Reihe von Medikamenten gegen Durchfall.

Schade eigentlich, daß Sie nie in der Fremdenlegion waren. Dieser Mythos ist zu schön, um nicht wahr zu sein.

Nein, ich war nie Fremdenlegionär. Ich kannte sie, das war eine gute Truppe. Aber ich besitze die doppelte Staatsangehörigkeit, deshalb durfte ich in einer französischen Elitetruppe dienen, als ich mich 1945 für den Indochinakrieg meldete.

Abgesehen davon: In jungen Jahren wirkte der Ruf eines ehemaligen Legionärs auf die Damen immer ganz faszinierend.

Sie zogen mit 21, gerade dem Horror des Zweiten Weltkriegs entkommen, in den Indochinakrieg. Andere fahren in diesem Alter ans Mittelmeer.

Ach, wissen Sie, Europa war damals nicht so attraktiv. Ich wollte diese Traurigkeit hinter mir lassen und suchte ein Abenteuer. Es waren die Jahre des Existentialismus, das große Erleben. Als ich in Hanoi landete, herrschte da noch pure Exotik. Es gab keine Klimaanlagen, keine Kühlschränke, nicht mal Hubschrauber. Das war ein kolonialer Traum, wie in ei-

---

* Frankfurter Allgemeine Sonntagszeitung

358

nem Roman von Kipling. Indochina bleibt die schönste Erinnerung meines Lebens. Vor ein paar Jahren war ich wieder da und besuchte den General Giap. Im Krieg war er als Oberbefehlshaber der vietnamesischen Guerilla mein Feind. Er trat in seiner Uniform an, ich stand stramm. Das gefiel ihm. Nach ein paar Sätzen klopfte er mir auf die Schulter. Es war ein beinahe freundschaftliches Gespräch.

Haben Sie eine Schwäche für die Romantik des Partisanentums?

Ja, das hat mich geprägt. Was man heute den »asymmetrischen Krieg« nennt, das brachten uns damals in Indochina die Vietnamesen bei. Und auch wir Kolonialsoldaten nutzten diese Taktik, wir sind in Gruppen von zwölf Mann durch die Reisfelder gezogen.

Wären Sie selbst gern Partisan geworden? In den letzten Tagen des Zweiten Weltkriegs wollten Sie sich immerhin Titos Untergrundarmee anschließen.

Mir blieb damals nichts anderes übrig. Im Westen konnte ich nicht zu den Alliierten durchkommen, also probierte ich es im Südosten. Die Gestapo verhaftete mich in Graz, es war eine dilettantische Flucht. Heute nennt mich meine Frau aus Jux manchmal »Opi Partisan«, wenn ich wieder nach Afghanistan aufbreche oder in den Irak.

Wie viele Tote haben Sie in Ihrem Leben gesehen?

Ich habe sie nicht gezählt. Und darüber rede ich auch nicht.

Sie waren 1973 eine Woche in Gefangenschaft beim Vietcong.

Der Vietcong ging sehr anständig mit uns um, obwohl die uns zunächst für CIA-Agenten hielten. Unsere Leute hatten Malaria, und deshalb gab man uns ein paar Tabletten. Die waren natürlich wirkungslos, aber es war eine nette Geste. Man hat uns auch gesagt: »Laufen Sie nicht raus, da liegen Minen, da gehen Sie hoch!« Als sie begriffen, daß wir wirklich Journalisten waren, wurden wir als Gäste behandelt. Da entspann sich eine regelrechte Komplizenschaft.

Spätestens seit Ernst Jünger gibt es den Mythos, daß an den Brennpunkten dieser Erde das rauschhafte Leben gedeiht. Stimmt das?

In Vietnam habe ich von Zeit zu Zeit Opium geraucht, das erste Mal bei den Thai-Partisanen im Hochland an der Grenze zu China. Dort oben gab es keine Europäer, das war noch eine Schamanenkultur. Opium wirkt sehr angenehm, gleichzeitig bekam ich eine Massage. Aber ich hatte kein tolles Erlebnis dabei, keinen Rausch, keine erotischen Visionen. Auf einem Hausboot in Kaschmir habe ich mal Haschisch genommen. Da ich Nichtraucher bin, habe ich den dicken grünen Klumpen einfach im Tee aufgelöst. Ich hatte einen richtigen Horrortrip. Wenn ich nach der Gabel langte, griff ich völlig daneben. Vor allem hatte ich das unangenehme Gefühl, den Verstand zu verlieren und ihn eventuell nicht wiederzufinden. Es brauchte Tage, bis ich aus dieser Hölle wieder ganz herauskam. Ich würde es nicht wieder tun.

In jungen Jahren nannte man Sie »Scholl-L'Amour«.

Das Verhältnis zu Indochina war für jeden vernünftigen Menschen ein erotisches. Ich habe Vietnam auch nie als eine Hölle empfunden. Erst die Amerikaner haben Saigon dann in einen einzigen Puff verwandelt.

Sie haben im Dschungel gekämpft, dann kehrten Sie ins zivile Leben zurück. Ging das ohne Probleme?

Nach meiner Rückkehr habe ich zunächst mein Studium aufgenommen, Politikwissenschaft an der »Science Po« in Paris. Als das Geld knapp wurde, probierte ich das Schreiben aus: Ich drang über die grüne Grenze in die sowjetische Besatzungszone ein, die spätere DDR – und schrieb auf französisch einen Artikel, der auf der ersten Seite von »Le Monde« erschien. Für mich ist der Journalismus immer bloß Mittel zum Zweck gewesen.

Zu welchem?

Damit bekam ich das Geld zusammen, das ich brauchte, um auf Reisen zu gehen. Meinen Durchbruch hatte ich im Hörfunk, als ich 1960 während der Kongo-Krise nach Afrika kam. Das waren herrliche Jahre als Hörfunkkorrespondent, mit meinem alten Maihak-Tonbandgerät. Das mußte man noch von Hand ankurbeln.

Sie haben einmal gesagt, mit ein bißchen Pech wären Sie bis zur Pensionierung Redakteur bei der »Saarbrücker Zeitung« geblieben, wo Sie volontierten.

Ja, das wäre nicht gutgegangen. Man kann im Saarland durchaus leben, aber ich hätte Depressionen bekommen.

Im Lauf Ihrer Karriere haben Sie eine Reihe von Diktatoren kennengelernt. Was fasziniert Sie so an Gewaltherrschern?

Ich habe mich nie an die großen Gestalten herangeschmissen, und von Interviews halte ich nichts. Wenn ich Osama Bin La-

361

den träfe, brauchte ich den nicht zu fragen: »Was haben Sie vor?« Weiß ich doch alles: Er will ein Kalifat gründen, er will einen reinen Islam, er will die Regime stürzen, die mit Amerikanern zusammenarbeiten. Was mich interessiert, ist der Mann selbst.

Die Deutschen versuchen seit Hegel, dem Gang der Geschichte einen Sinn zu verleihen. Bei Ihnen klingt das alles eher hoffnungslos.

Fatalismus ist nicht falsch. Mit dem Terrorismus zum Beispiel kann man leben. Immerhin gab es in Amerika nach dem 11. September kein einziges Attentat. Die Engländer haben über Jahrzehnte mit ihrer IRA gelebt, die Spanier mit ihrer ETA. Die wirkliche Gefahr liegt in der Demographie. Vor fünfzig Jahren machte die europäische Bevölkerung noch zwanzig Prozent der Weltbevölkerung aus, heute sind es vier. Bei uns vermehrt sich im wesentlichen die zugewanderte Bevölkerung. Das ist heute die Bürde des »Weißen Mannes«.

Klingt wie bei Spengler, wo die Politik den langen Rhythmen der Naturgeschichte gehorcht.

Der Mensch ist das schlimmste Raubtier, das die Evolution hervorgebracht hat, im Darwin-Jahr wird man daran wohl erinnern dürfen. Es gibt kein Biest auf der Erde, das es mit uns aufnehmen kann.

Sie wurden von Jesuiten erzogen. Fühlen Sie sich unwohl in der gottfernen Moderne?

Mein Glaube ist ein Akt des Willens. Wo es keine Gewißheit gibt, muß man sich eine schaffen. Soll ich mich etwa buddhistischen Spinnereien hingeben oder einen Diener vor dem

Dalai Lama machen? Oder als Hindu im Darm eines Hundes wiedergeboren werden? Ich bin ein Mensch des Abendlandes.

Gehen Sie noch zur Beichte?

Normalerweise nicht. Die Katholiken haben fast alle Traditionen abgeschafft und die Sakramente vermasselt. Ich bin tief enttäuscht über die Eindeutschung der Messe. Meine letzte Kommunion habe ich letztes Jahr zu Ostern an einem indonesischen Jesuitenkolleg in Jogjakarta empfangen.

Aber Sie lesen noch Latein, oder?

Nur kirchliche Texte. Ich bete auch auf Latein. Und manchmal falle ich meiner Frau auf die Nerven, wenn ich Vergil zitiere.

In Frankreich haben Sie den Urknall des modernen Hedonismus miterlebt, den Mai 1968. Sie standen als Gaullist auf der Gegenseite.

Das war ein phantastisches Fest. In Deutschland waren alle so verbissen: Ho-Ho-Ho-Tschi-Minh! In Frankreich war das viel lyrischer, eine romantische Angelegenheit. Im Innenhof der Sorbonne sang man die Lieder der Französischen Revolution, nicht die Internationale. Es gab auch keine politischen Morde.

Sie reisen immer noch viel. Sind Sie im Alter empfindlicher geworden, was schlechte Hotelstandards angeht?

Heute kann ich es mir erlauben, auf Langstrecken erster Klasse zu fliegen. Und natürlich steige ich im besten Hotel ab. Aber wenn ich mal im Dreck liegen muß, dann macht mir das

363

nichts aus. Als ich zuletzt in Afghanistan war, in Wardak südlich von Kabul, gab es nur ein einziges Bett für mich und meinen Chauffeur. Tagsüber schlief er darin, nachts ich. Es gab
nur Steine, um sich den Hintern abzuputzen. In Indochina
hatten wir wenigstens englisches Klopapier. Das war grün,
damit man es im Dschungel nicht sah.

Wohin geht es als nächstes?

Lateinamerika, im Frühjahr. Zuerst Brasilien. Diese Mischge-
sellschaft ist die Zukunft: Wir werden eine totale Vermi-
schung der Rassen erleben. Dann will ich noch nach Kuba
und nach Venezuela, vielleicht Herrn Chávez treffen. Und
nach Bolivien zu Herrn Morales. Das ist der lateinamerikani-
sche Obama, ein reiner Indianer. Mindestens so revolutionär
wie die Präsidentschaft eines Mulatten.

Reporter ohne Grenzen

Reportage, 19. 06. 2011*

Peter Scholl-Latour schaut skeptisch auf die bunte Weltkarte
herab. »Ein bißchen klein, nich?« Dabei bedeckt sie den gesamten Frühstückstisch im »Casa Italiana«, einem italieni-
schen Restaurant in Charlottenburg.
    Die Länder, die hier abgebildet sind, hat Scholl-Latour alle
besucht, die meisten mehrmals. Als letztes Land kam 2008
Osttimor hinzu.

* Berliner Morgenpost

Deshalb habe ich die Weltkarte mitgebracht, als Orientierungshilfe für den Spaziergang mit dem 87 Jahre alten Mann. Meine Kaffeetasse bedeckt Rußland nur halb, seine steht auf Australien, der Kaffeelöffel wirft einen Schatten auf Neuseeland. Sein Frühstück (Spiegelei mit Speck) steht mitten im Atlantischen Ozean, genau zwischen Montevideo und dem Kap der Guten Hoffnung. Wenn er später von einer Reise erzählt, legt er das Besteck zur Seite und fährt mit dem rechten Zeigefinger über die Regionen. Er hat Wohnungen in Berlin, Paris, Nizza, aber auf dieser Karte ist er eigentlich zu Hause.

Peter Scholl-Latour hat vor dem Treffen angekündigt, daß er nur noch wenig spazierengeht. Zum Zeitungsladen, zum Lieblingsitaliener, zu einer Hotelbar um die Ecke, für einen Whiskey im Sommer. Doch dazu ist es zu früh. Vor 17 Uhr trinkt er nie Alkohol. Er hat Regeln in seinem Leben: Er ißt nur morgens und abends etwas, er betet jeden Tag auf Latein und absolviert täglich 25 Kniebeugen, zwanzig Liegestütze, zehn Sit-ups. Den Rest seiner Zeit erklärt er in Talkshows die Konflikte dieser Welt, plant seine nächste Reise, die nach Libyen gehen soll, wo Qadhafi gerade Krieg gegen sein eigenes Volk führt. Er will dort für sein 31. Buch recherchieren.

Fast alle seine Bücher waren Bestseller, »Der Tod im Reisfeld« von 1979 verkaufte sich 1,2 Millionen Mal, ist derzeit vergriffen. Bei den Recherchen ist er dem Tod oft begegnet. Als Soldat im Krieg in Indochina, als Journalist danach im Kongo, Kosovo und in Kaschmir. In seinen Büchern erzählt er immer aus der Position des staunenden Reisenden, flicht Anekdoten ein, verbindet mit wenigen Worten die Kontinente, so, als hänge ganz selbstverständlich alles mit allem zusammen.

Mein Türklingeln am Morgen an seiner Charlottenburger Wohnung ist also eigentlich eine Störung bei dieser Arbeit der

Weltverknüpfung, aber er lächelt trotzdem sein grimmiges Lächeln, als er die Tür öffnet. Er trägt ein blaues Hemd und ein Halstuch, passend für eine Wüstenexpedition und einen Dinnerabend. Hinter ihm steht seine Frau Eva, ungefähr halb so alt wie er, und sagt: »Eigentlich ist es gerade der falsche Zeitpunkt.« Sie seien eben aus München zurück und wollen bald nach Nizza aufbrechen. Sie trägt eine Stoffhose mit grünem Militärtarnmuster, passend für ein Dschungelversteck – und die Wohnung eines Kriegsreporters. Er: »Wo ist mein Telefon?« Sie: »Warte, ich ruf dich an.« Es klingelt im Obergeschoß. Seufzend läuft er die Treppen hinauf.

Eva Scholl-Latour erzählt so lange etwas über die Kunst. Gleich neben der Tür hängt zum Beispiel das Gemälde einer verhüllten Frau in einem roten Raum, neben ihr eine kleine schwarze Katze. »Das ist aus Aserbaidschan«, sagt sie. »Mir gefällt die Katze.« Das Tier sei so klein und dominiere trotzdem das Bild. Als er zurückkommt, erinnert sie ihn: »Ich bin wahrscheinlich nicht da, wenn du zurückkommst.« – »Ja, ist gut.«

Die beiden sind seit 26 Jahren ein eingespieltes Team, auf Reisen, auf Empfängen und am liebsten allein abends zu Hause mit einem Glas Weißwein (sie) und Rotwein (er). Statt eines Ehrings trägt er rechts einen silbernen Armreif, den sie ihm geschenkt hat, eine Schlange der chinesischen Miao, ein Volk, das in Südchina lebt. Aber er hat Miao auch in Minneapolis getroffen. Die Miao sind überall.

Der Fahrstuhl ist so eng, daß nur gute Freunde entspannt nebeneinander die vier Stockwerke hinter sich bringen. Ich lenke auf ein weit entferntes und für ihn so naheliegendes Thema: die arabische Revolution. »Ich hätte nicht gedacht, daß es in Tunesien beginnt«, sagt er sofort. »Die Tunesier sind eigentlich ein friedliches Volk.« Das Wichtige an der Revolution sei, daß die Aufständischen eine Partei gründen. Es fehlten die Anführer, auf dem Land die Unterstützung für den Aufstand. Sein letzter Satz: »Und die Libyer müssen sehen, daß sie keine somalischen Verhältnisse bekommen, nich wahr.«

Mindestens zwei Länder in einem Satz und ein »nich wahr« am Ende – das war sein Markenzeichen in Talkshows. Doch Peter Scholl-Latour ist sonst nicht wie im Fernsehen, spricht viel deutlicher, schaut nicht vor sich hin, sondern immer in die Augen – und sagt eben nicht mehr »nich wahr«. Unser erstes Ziel ist der Zeitungsladen an der Nestorstraße, hundert Meter entfernt. Draußen greift er zur »International Herald Tribune« (Titelthema: Syrien), zur »Frankfurter Allgemeinen« (Libyen) und zur »Bild« (Kachelmann). »Guten Morgen, Herr Scholl-Latour«, sagt drinnen die Verkäuferin. »Wie immer 5,70 Euro.« Er hält ihr die hohle Hand hin, sie nimmt Münzen daraus. Zu dem »Bild«-Titel fällt ihm ein, daß er den Wettermoderator schon aus der Schweiz kannte. »Ich habe ihn als angenehm in Erinnerung, höflich, zurückhaltend.« Zu den Vorwürfen sagt er nichts. Klatsch interessiert ihn nicht. Auch das Interview mit Horst Köhler, das auf der »Zeit« beworben wird, will er sich nur vielleicht durchlesen. Zu dessen Abgang sagt er: »Mein Gott, so was muß man doch aushalten können.«

Kritik an seiner Arbeit ist Scholl-Latour lange gewöhnt. Manche seiner Bücher sind unter Wissenschaftlern umstritten, die »taz« nannte ihn »Steinzeitjournalist« und hat ihm eine veraltete Weltsicht vorgeworfen. Doch solche Kritik berührt ihn nicht. Warum soll man nicht einmal mehr »Eingeborener« schreiben dürfen? »Die Deutschen sind verrückt. Das ist doch ein normales Wort.« Heute schreibt er hin und wieder für die »Junge Freiheit«, ein Wochenblatt, das zur »Neuen Rechten« gezählt wird. »Das sind sehr höfliche junge Männer«, sagt er, »aber politisch bin ich nicht auf ihrer Linie.« Er habe sich auch mit Gregor Gysi gut verstanden.

Mit den Zeitungen in der Hand läuft er vorbei an einem schnauzbärtigen Mann, auf dessen Weste bunte Touristenaufnäher aus Brasilien und Indien kleben. Der Mann bleibt stehen und geht auf Peter Scholl-Latour zu. »Bleiben Sie schön gesund«, sagt er und klopft ihm auf die Schulter. Scholl-Latour brummt: »Ja, das machen wir.« Der Mann blickt ihm hinterher, als habe er der Weltgeschichte persönlich auf die Schulter geklopft.

Peter Scholl-Latour ist wohl genau das für viele Deutsche. Seit den 60er Jahren hat er für Zeitungen geschrieben sowie Filme und Nachrichtenbeiträge aus Kriegsgebieten moderiert. Nicht nur in Charlottenburg wird er erkannt, sagt er, auch in Teheran, Damaskus und Beirut gibt es Taxifahrer, die von ihm kein Geld nehmen würden. Für viele Fernsehzuschauer war er jahrzehntelang das Tor zur Welt. Sicher auch, weil es beruhigend ist, jemanden zu sehen, der nicht »Es könnte so oder so kommen« sagt, sondern: »Das habe ich doch genau so vorausgesagt.«

Nach ein paar Metern bleibt Peter Scholl-Latour wieder stehen. Sein Telefon klingelt. Umständlich fummelt er sich am Ohr herum, murmelt »Scheißhörgerät«, dreht sich zur Seite. Die Frequenzen der Geräte vertragen sich nicht, und es fiept laut, während er spricht. Er sagt: »Jaja« und »Ich dachte da an etwas mit ›Flächenbrand‹«. Er legt auf, steckt sein Hörgerät ins Ohr und grummelt, das sei sein Verleger gewesen. Es geht um das neue Buch, das auch von der arabischen Revolution handeln wird. Seine Biographie will er schreiben, wenn er im Rollstuhl sitzt. Der Vertrag sei fertig, das Vorwort auch.

Im Restaurant angekommen, wird er wie ein alter Freund begrüßt. Bevor sein Spiegelei kommt, lege ich die Weltkarte auf den Tisch. Europa liegt genau zwischen uns. Jetzt beginnt der eigentliche Spaziergang.

Ich zeige auf Kopenhagen.

Er: »Eine schöne Stadt.«

Mehr fällt ihm nicht ein?

»Ich bin überzeugter Europäer, aber ich war immer gegen diese Erweiterung.«

Gut, dann weiter weg: Nordkorea?

»Dort war ich erst vor vier Jahren. Eine gespenstische Vision, man fühlt sich in einer anderen Welt, total fremd. Ich bin zur Demarkationslinie gefahren, habe nach Südkorea geblickt. Die Nordkoreaner wußten nicht, daß ich schon einmal auf der anderen Seite gestanden habe, 1952.«

Er zeigt auf Mali.

»In der Hauptstadt Bamako hatte ich in den 80er Jahren ein sehr seltsames Erlebnis. Innerhalb eines Tages habe ich überraschend drei Menschen wiedergesehen: einen Libanesen, bei dem ich gewohnt habe, einen korsischen Offizier, den ich aus Indochina kannte – und eine Französin, die meine Doktorarbeit abgetippt hat.«

Fünf Nationen in einem Satz. Rekord. Ich zeige auf Venezuela.

»Auch dort war ich erst vor kurzem. Ein sehr mitteilsamer Indianer hat mich mit einer kleinen Propellermaschine in die grüne Hölle an den Orinoko geflogen. Er hielt gerade auf eine Steilwand zu und hat das Flugzeug erst im letzten Moment abgedreht. Ich dachte damals, das war's.«

Heute ist für Peter Scholl-Latour der Tod ein »normaler Akt«, auch wenn er nicht gern auf Beerdigungen geht. »Das ist lästig, dieses Rumstehen in der zugigen Luft.« Er selbst wäre beinahe sehr früh gestorben. Im Jahr 1945 geriet er im heutigen Slowenien in Gestapo-Haft, wurde von Graz nach Prag überführt, selbst als Häftling ein Reisender. Er wurde nach Berlin geschickt. »Das wäre mein Tod gewesen.« Ausgerechnet Flecktyphus rettete ihm das Leben, er mußte nach Graz zurück. Scholl-Latour nennt die Zeit »Stahlbad«, er habe in Abgründe geblickt. »Da sehen Sie, daß das Böse existiert.« Ein Wärter in Prag kam mit einem Teller in die Zelle: »Hier, wir haben einen Juden geschlachtet.«

Hat er Menschen gehaßt?

»Nein. Auf einige war ich sehr böse, aber gehaßt, nein.«

Hat er Menschen getötet?

»Ja, aber darüber spricht man nicht.«

Warum nicht?

»Es gehört sich nicht.«

Für ein Land haben wir noch Zeit. Er nimmt seinen Kaffeelöffel zur Seite und tippt auf Neuseeland. Dort, am anderen Ende der Welt, wohne sein Sohn Roman. »Er hat mit seiner Frau zweimal die Erde umrundet und dann eine Farm aufgebaut.« Peter Scholl-Latour war kürzlich dort. Schön sei es da, und das Haus liege ganz in der Nähe einer heiligen Stätte der Maori. Sein Sohn hat den schwarzen Gürtel in Taekwondo und gibt den »Eingeborenen« Unterricht. Streit hätten die beiden nur einmal gehabt, wegen der langen Haare des Sohns. Der Vater gab damals klein bei. »Aber inzwischen hat er wieder kurze Haare.« Auf lange Sicht hat Peter Scholl-Latour gewonnen.

Von seinem Sohn hat er viel über das Internet gelernt, das ihm aber noch immer suspekt ist, eine E-Mail-Adresse hat er nicht. Ein Freund hatte ihm abgeraten: »Da kommt nur Mist.« Skeptisch ist er auch bei Facebook (»Da lesen auch Diktatoren mit«) und dem iPad (»Wie ist es da mit Autorenrechten?«). Zum ersten Mal sagt der 87jährige, der im Herbst Soldaten in Afghanistan bei ihrer Patrouille begleitet hat: »Dafür bin ich zu alt.«

Auf dem Weg zurück wird er noch einmal von Passanten erkannt: Sie wollen ihm ihre Bewunderung aussprechen. Er nickt und sieht aus, als wäre er lieber in Algerien. Im engen Fahrstuhl frage ich ihn, ob er noch Arabisch spricht. Seine Antwort klingt ungefähr so: »Bismi lahi rahmani rahim, al-hamdu li-lahi rabbi

l'alamin, Ar-rahmani r-rahim Maliki yaumi d-din.« Es ist die
erste Sure des Korans, der Text ruft Gott an, zu helfen, den
geraden Weg im Leben zu finden. Muslime beten so für die
Seelen der Verstorbenen.

Als er die Tür öffnet, steht Eva Scholl-Latour in ihrer Mili-
tärhose da und sagt: »Du kannst Gott danken, daß deine liebe
Frau hier war.« Ein Kurier habe etwas abgegeben. Peter
Scholl-Latour murmelt, grummelt, brummt: »Wir haben
doch einen Briefkasten.« Was er danach sagt, ist dann doch
schwer zu verstehen, aber es klingt wie: »Danke.«

»Ich war nie Pazifist«

Gespräch, 30. 09. 2007*

*Schon als Jugendlicher sollen Sie davon geträumt haben, Entdecker
und Forschungsreisender zu werden. Wie kamen Sie auf die Idee?*

Das habe ich meinem Vater zu verdanken. Als ich elf Jahre alt
wurde, hatte ich schon alle Bücher von Karl May gelesen und
war gerade in die Schmöker von Edgar Wallace vertieft. Da
meinte mein Vater, es wäre an der Zeit, etwas Vernünftiges zu
lesen, und gab mir Bücher über Entdeckungsreisen von Henry
Morton Stanley, Sven Hedin und der spanischen Conquistadoren. Diese Bücher haben mich fasziniert, und ich träumte
davon, selber Entdecker zu werden. Die Neugier auf fremde
Welten ist vielleicht der Grund, warum es mich so oft in Krisenherde gezogen hat. In extremen Situationen kehrt ein

* Gespräch mit Gregor Gysi im Deutschen Theater, Berlin

Land zu einer gewissen Ursprünglichkeit zurück. Da trifft man dann keine Touristen mehr, sondern kann noch wirkliche Entdeckungen machen. Wenn man beispielsweise am Tanganjikasee in Afrika mit den Maj-Maj-Kriegern konfrontiert ist, die immer noch glauben, das Wasser von Zauberern bilde ein Schutzschild gegen Kugeln, kommt man sich wie in der Steinzeit vor.

Von 1936 bis 1940 haben Sie ein strenges katholisches Jesuitenkolleg besucht. Waren das für Sie furchtbare oder spannende Jahre?

Dort herrschten wirklich äußerst strenge Regeln. Wir machten regelmäßig Exerzitien und wurden besonders nach den Ferien richtig in die Mangel genommen. Trotzdem habe ich die Geistlichen sehr geschätzt und sogar ihre Strenge in angenehmer Erinnerung behalten. Ich glaube, ich habe mich dort geborgen gefühlt.

1945 haben Sie versucht, sich der Partisanenarmee im damaligen Jugoslawien anzuschließen. Was hat Sie zu diesem Vorhaben bewogen?

Ich wollte mich nicht Tito anschließen – ich habe zu keiner Zeit meines Lebens Sympathien für die Kommunisten gehegt –, sondern ich wollte einfach aus Deutschland raus! Ich hatte zuvor bereits zweimal versucht, im Westen über die Grenze zu kommen, aber beide Male ging es schief. Darum versuchte ich es beim dritten Mal an der slowenischen Grenze. Aber dort wurde ich von der Gestapo aufgegriffen. Sie brachten mich nach Prag in das Gefängnis des SS-Sicherheitsdienstes. Das war die Hölle. Was ich dort sah, war grauenhaft. Alles, was danach in meinem Leben passierte, war dagegen die reinste Erholung. Dann kam die russische Oder-Offensive, und es hieß: »Alle wieder an den Ausgangspunkt zurück.« Also wurden alle Gefangenen von Prag abtransportiert, und ich landete im Gestapo-Gefängnis von Wien. Als ich in die Zelle kam, schlug mir ein Mithäftling auf die Schulter und sagte: »Mein Name ist Stefan Gynrek, du bist hier in der Wiener Intelligenzzelle.« Er war ein gestandener Kommunist, der dann auch versuchte, mich zum Kommunismus zu bekehren. Das hat er nicht geschafft. Statt dessen infizierte ich mich mit Flecktyphus.

Das hätte tödlich ausgehen können.

Von Flecktyphus sagt man: Entweder man stirbt daran, oder man wird verrückt. Ich habe eine dritte Lösung gefunden und bin gesund geworden. Sie brachten mich dann in ein Lager nach Graz, wo ich mehrfach zusammengebrochen bin. Da am Ende des Krieges alles nicht mehr ganz so streng war, wurde ich in ein Krankenhaus eingeliefert und kam zu den Nonnen vom Orden des heiligen Vinzenz von Paul. Als ich die Vinzentinerinnen mit ihren weißen Flügelhauben sah, war ich ein glücklicher Mensch. Die Schwestern meinten, sie hätten noch nie einen solchen Kranken wie mich gesehen. Ich war todkrank – und lächelte die ganze Zeit. Eine der Schwestern gab mir jeden Abend ihr Abendessen, damit ich wieder zu Kräften käme.

Wann war das?

Das war im April 1945. Ich war noch im Krankenhaus, als in der Zeitung die große Schlagzeile »Der Führer ist gefallen« zu lesen war. Um den Artikel herum war ein großer schwarzer Rand. Im Rundfunk wurde das Deutschlandlied in der elegischen Fassung von Joseph Haydn gespielt. Das war schon sehr ergreifend. Dann folgte der Rückzug der SS-Division Wiking, die bis dahin die ungarische Front gehalten hatte. Sie zog in perfekter Ordnung ab. Damit war der Krieg zu Ende. Ich bekam dann von französischen Besatzern einen Stempel in meine Papiere und sollte eine kleine Truppe Franzosen zurück nach Frankreich führen. Dort meldete ich mich beim Militär.

Von 1945 bis 1947 zogen Sie als Fallschirmjäger für Frankreich in den Indochina-Krieg. Warum wollten Sie so kurz nach Ihrer Genesung in den Krieg ziehen?

Ich war nie Pazifist. Ich wollte damals gegen Japan kämpfen und habe mich deshalb freiwillig zum Militär gemeldet. Ich wurde dann gefragt, ob ich auch nach Indochina gehen würde, was ich bejahte. Die Entdeckung Indochinas wurde für mich zu einem großen Abenteuer. Indochina war damals noch völlig unberührt, es war eine exotisch-asiatische Welt, wie man sie sich eigentlich nur erträumen kann. Ich war in einer Spezialeinheit. Wir hatten nicht die Macht der Amerikaner, sondern mußten andere Taktiken anwenden. Das hat mir im Hinblick auf das heutige Kriegsgeschehen und die asymmetrische Kriegsführung viel geholfen. Außerdem waren die Frauen sehr schön! Es war auch ein erotisches Abenteuer.

Ab 1948 haben Sie dann in Mainz und Paris studiert.

Das stimmt so nicht. In Mainz war ich nur ein einziges Mal mit meinem Vetter in einer Vorlesung. Seitdem steht aber in allen meinen Biographien, daß ich in Mainz studiert hätte. In Paris hingegen habe ich wirklich studiert und am Institut National des Sciences Politiques – das ist immerhin eine der Grandes Écoles – mein Diplom in Politikwissenschaft gemacht. Im Anschluß daran habe ich an der Sorbonne promoviert.

Während Ihrer Zeit in Paris unternahmen Sie eine illegale Reise durch die Sowjetische Besatzungszone. Ihre Erlebnisse schrieben Sie in einem Artikel für die Tageszeitung »Le Monde« nieder. Ist es korrekt, daß Sie aufgrund dieses Artikels ein Volontariat bei der »Saarbrücker Zeitung« bekamen?

Ganz am Anfang meiner Pariser Zeit hatte ich sehr wenig Geld. Mein Sold vom Indochina-Krieg war noch nicht ausgezahlt worden, es ging mir wirklich dreckig. Ich habe dann diese Reise durch die Sowjetische Besatzungszone unternommen. Das hat damals niemand gemacht, schon gar kein Franzose. Ich besuchte alte Schulfreunde, von denen zum Beispiel einer Stalingrad überlebt hatte. In Görlitz wurde ich verhaftet. Ich hatte aber meine Papiere gut vorbereitet, so daß ich nach dem Verhör aus Bautzen wieder rauskam. Zurück in Paris, schrieb ich dann einen Artikel über meine Erlebnisse während der Reise. Den Text bot ich verschiedenen Zeitungen an, aber keine wollte ihn. In meiner Verzweiflung ging ich dann zu der Zeitung, die ich am meisten verehrte: »Le Monde«. Der Redakteur, der für die Deutschlandpolitik verantwortlich war, sagte: »C'est très interessant« – »Das ist sehr interessant.«

Der erste Artikel, den ich je geschrieben habe, erschien dann tatsächlich auf der ersten Seite von »Le Monde«. Ich dachte mir daraufhin: »Mit dem Pfund kannst du wuchern«, und ging nach Saarbrücken zur »Saarbrücker Zeitung«, wo ich sofort als Volontär engagiert wurde. Daß ich eine strenge katholische Erziehung genossen hatte, sprach auch für mich.*

---

* Der damalige Chefredakteur war nämlich der bayerische Graf Montgelas.

*Seitdem sind Sie Journalist. Von 1954 bis 1956 waren Sie Regie-
rungssprecher des saarländischen Ministerpräsidenten Johannes
Hoffmann. Das Saarland war damals als Saarprotektorat eine autonome Region, Sie setzten sich intensiv dafür ein, daß es weiterhin
autonom blieb. Warum?*

Ministerpräsident Johannes Hoffmann führte Anfang der 50er
Jahre ein autonomes Saarland in Wirtschaftsunion mit Frankreich. Das Saarland mußte nach dem Krieg ja irgendwie klar-
kommen, und die Franzosen boten aufgrund ihrer
einigermaßen stabilen Wirtschaftslage einige Vorzüge. Hoff-
manns eigentliches Ziel war es, dem Saarland zu einer be-
sonderen Rolle in Europa zu verhelfen. Persönlich hatte ich
keine sehr enge Beziehung zu ihm – er war der Urtyp eines
katholischen Bergmannssohns aus dem Saarland. Aber er war
ein intelligenter Mann und kein Separatist. Unsere Wunsch-
vorstellung war eine Art »District of Columbia«. Ein großer
Teil der europäischen Behörden sollte nach Saarbrücken
kommen.

Ich war von dieser europäischen Lösung begeistert. Es
wurde sehr lange verhandelt, und meine Aufgabe auf seiten der
Regierung war es, als Pressesprecher diese Idee aktiv in der Öffentlichkeit zu vertreten. Wir dachten damals, die Partie sei
gewonnen, aber bei der Volksabstimmung 1955 stimmten
dann zwei Drittel der Saarländer für die Rückkehr des Saar-
lands nach Deutschland. Das Nationalgefühl im Saarland war
eben doch stark – die jungen Männer hatten ja alle in der Wehrmacht gedient. Heute würden sich die Saarländer wahrscheinlich mit einer großen Mehrheit für die Autonomie entscheiden … Nach der Abstimmung blieb ich noch für die Interimszeit
Pressesprecher, dann ging ich zurück zur »Saarbrücker Zeitung«.

*1956 verließen Sie Deutschland in Richtung Libanon, um in Beirut
Hocharabisch zu studieren. Hocharabisch ist nicht ganz leicht zu
lernen. Sind Sie ein Sprachgenie?*

Das ist fünfzig Jahre her, ich habe inzwischen sehr viel vergessen. Damals konnte ich Hocharabisch lesen und schreiben. Im
Examen mußten wir auch kurze Aufsätze verfassen, darin war
ich ziemlich gut. Wir hatten ganz verschiedene Professoren,
darunter Sunniten, Christen und Schiiten. Den Koranunter-
richt leiteten seltsamerweise Jesuiten. Das war eine hochinter-
essante Zeit.

Aber wenn man im Libanon Hocharabisch spricht, ist es so,
als würde man in Italien Latein sprechen. Verschiedene Zitate
aus dem Koran habe ich dennoch behalten. Es kann lebensret-
tend sein, wenn man ein paar Sätze aus dem Koran zitieren
kann. Als ich mit den Mujahidin in Afghanistan unterwegs war,
und sie schrien »Allahu akbar«, »Gott ist groß«, konnte ich
problemlos mitschreien. Das hilft sehr. Einmal kam ein Greis
auf mich zu und umarmte mich: »Bist du der Mensch, der die
Sprache des Propheten studiert hat?« Ich befand mich damals
bei den Mujahidin in völliger Sicherheit und stand quasi unter
dem Schutz von Gulbuddin Hekmatyar, dem Führer der
Hezb-e-Islami, der härtesten islamischen Partei Afghanistans.
Damals war der Krieg gegen die Sowjetunion in vollem Gange.

*Ich habe mal ein Interview mit dem Unterhaltungskünstler Hans
Rosenthal gehört. Er war während der Nazizeit als Jude in Berlin
versteckt gewesen. Nach der Befreiung 1945 lief er ganz glücklich
durch die Straßen Berlins und traf auf eine sowjetische Patrouille.
Die Sowjets dachten, er sei ein SS-Mann, und wollten ihn standes-
rechtlich erschießen. Er sagte: »Nein, ich bin Jude, ich habe mich
zwei Jahre lang versteckt.« Aber sie glaubten ihm nicht. Zum Glück
war einer der sowjetischen Soldaten ebenfalls Jude und forderte ihn*

*auf, auf hebräisch zu beten. Rosenthal betete, und sie ließen ihn ge-
hen. Mich hat das sehr beeindruckt. Was ich trotzdem noch nicht
ganz verstanden habe: Wie kommt man als junger Mann mit einem
lukrativen Job auf die Idee, von Saarbrücken nach Beirut zu gehen,
um Arabisch zu studieren?*

Ich war politischer Redakteur bei der »Saarbrücker Zeitung«,
und wenn ich nicht gestrampelt hätte, wäre ich bis zu meinem
65. Lebensjahr dort geblieben und heute pensionierter Redakteur dieser Zeitung. Aber ich hatte wahnsinniges Glück. Mein
Chefredakteur war Luxemburger, und da ich sehr gute Beziehungen zu den Franzosen hatte, befürchtete er, daß ich eventuell einmal seinen Platz einnehmen würde. Also schickte er
mich auf Reisen quer durch die ganze Welt.

*Sie haben fast alle Länder dieser Erde bereist. Sie gelten unter an-
derem als Nahost-, Afrika- und Vietnam-Experte. Wie erobern Sie
sich ein Land?*

Zunächst einmal mache ich meine Hausaufgaben. Ich lese alle
Bücher, die ich bekommen kann, ich pauke regelrecht. Und
ich muß ehrlich sagen, daß mir mein Pariser Studium der Politikwissenschaft immer wieder geholfen hat. Bereits da habe
ich gelernt, daß es im Südsudan drei mächtige schwarze
Stämme gibt: die Nuer, die Schilluk und die Dinka. Trotzdem
versuche ich, ohne vorgefaßte Meinung in ein fremdes Land
zu reisen. Das ist ganz wichtig. Außerdem sollte man eine gewisse Sympathie für die Menschen eines Landes mitbringen.
Ich hege zum Beispiel eine ganz besondere Sympathie für die
Kongolesen. Die mag ich einfach, auch wenn ich sie schon in
einem schrecklichen Zustand erlebt habe.

In Afghanistan war ich lange mit den Mujahidin unterwegs.
Wenn man das gemacht hat, zögert man, bevor man die Worte

»Verbrecher« oder »Terrorist« in den Mund nimmt. Das waren hochmotivierte Leute. Der Führer unserer Gruppe war eine Art Heiliger. Er war eben nach einem anderen Weltbild als dem unseren geformt. Er war Prediger, politischer Führer und Krieger – das entspricht dem Bild des Propheten. Das ist übrigens der Unterschied zwischen Jesus und Mohammed: Mohammed war Feldherr und Krieger. Das darf man nie vergessen.

Das heißt also, Sie lesen sich in die Materie ein, und wenn Sie vor Ort sind, sprechen Sie mit möglichst vielen Einheimischen und versuchen, deren Alltag kennenzulernen.

Genau, wobei ich sagen muß, daß die offiziellen Interviews im allgemeinen nicht viel hergeben. Wenn die wichtigen Leute dieser Welt etwas zu sagen haben, rufen sie sich ein Kamerateam und sagen genau das, was sie sagen wollen, mehr nicht. Sie sind darin geschult, allen weiteren Fragen auszuweichen.

Neulich verbrachte ich dreieinhalb Stunden mit Wladimir Putin in Sotschi am Schwarzen Meer. Wir waren eine kleine Gruppe von amerikanischen, britischen und deutschen Politologen. Wir aßen mit ihm zu Abend und führten auf der Terrasse Gespräche. Diesen Mann zu beobachten, der sich ungeheuer natürlich verhalten hat, war hochinteressant. Da kann man dann schon eine Charakterstudie machen. Allerdings kann ich nicht behaupten, daß ich – wie der amerikanische Präsident Bush – durch ihn hindurchgesehen und eine ehrliche Haut erkannt hätte. Ich fand auch nicht unbedingt, daß er ein lupenreiner Demokrat ist, wie Gerhard Schröder das mal geäußert hat.

Von 1963 bis 1969 waren Sie für die ARD als Korrespondent in Paris. Es wird behauptet, Sie hätten den Deutschen Frankreich nähergebracht. Heute ist völlig vergessen, daß es in Deutschland eine starke

Antipathie gegenüber Frankreich gab, und zwar nicht nur im Ersten Weltkrieg, sondern auch bei den Nazis und in den Nachkriegsjahren. Wie haben Sie es hingekriegt, diese Vorurteile abzubauen?

Ich habe 1963 das erste Büro des Deutschen Fernsehens in Paris eröffnet. Ich hatte großes Glück mit meinem damaligen Intendanten Klaus von Bismarck, obwohl er im Gegensatz zu mir kein Gaullist war. Aber Charles de Gaulle war nun einmal in Frankreich an der Macht, und seine Handlungen mußten interpretiert werden. Ich versuchte, seine politischen Ideen zu vermitteln, wenngleich sie im völligen Gegensatz zur öffentlichen Meinung in Deutschland standen. Es ging ja nicht darum, was die Deutschen über de Gaulle dachten, sondern darum, was de Gaulle vorhatte. Dann passierte ein kleines Wunder: Obwohl ich nicht unbedingt wie ein deutscher Held aussehe, wurde ich innerhalb von drei Monaten zum beliebtesten Korrespondenten des Deutschen Fernsehens. Die Leute meinten zwar, daß ich mit meinem Gaullismus ein bißchen spinne, aber sie achteten mich und gestanden mir eine gewisse Autorität zu.

Warum bewunderten Sie eigentlich Charles de Gaulle?

Mit de Gaulle hatte ich ein mythisches Anfangserlebnis. Ich war ja als Jugendlicher in einem katholischen, französischsprachigen Internat. Dort waren alle zutiefst frankophil. Der Zusammenbruch Frankreichs 1940 war für alle die totale Niederlage. Einer meiner Mitschüler kam dann mit einer Ausgabe der Zeitung »La Liberté« zu mir. Er deutete auf einen Artikel über einen Auftritt Charles de Gaulles in London und sagte: »Dieser General hat zum Widerstand aufgerufen. Er heißt Charles de Gaulle, Karl von Gallien. Wenn einer so einen Namen trägt, muß der liebe Gott etwas Großes mit ihm vorhaben.« Das hat sich mir eingeprägt.

380

*Wie würden Sie heute das Verhältnis zwischen Frankreich und
Deutschland beschreiben?*

Die Franzosen sind von Natur aus fremdenfeindlich, aber
wenn sie ein Land einigermaßen schätzen und ertragen, dann
ist es Deutschland. Ich finde es wirklich bedauerlich, daß die
Deutschen nicht wahrnehmen wollen, daß die Franzosen ihnen wohlgesonnen sind. Ich hoffe, daß das nicht für immer so
bleibt.

*Sie wurden dann für zwei Jahre Direktor des WDR. 1971 wechsel-
ten Sie allerdings überraschend von der ARD zum ZDF. Wie kam es
dazu?*

Ich habe mich damals im WDR wahnsinnig wohlgefühlt, auch
wenn in den Medien immer etwas anderes behauptet wird.
Mein Intendant Klaus von Bismarck und ich verstanden
uns prima. Mein Wechsel zum ZDF hatte folgenden Hintergrund: Ich wollte eigentlich nie Fernsehdirektor werden.
Ich war viel lieber Korrespondent, konnte reisen, und alles war
gut.

Aber dann fanden sie beim WDR keinen neuen Fernsehdirektor. Von Bismarck lud mich daraufhin zu einem Frühstück,
packte mich beim »porte épée« und teilte mir mit, daß ich den
Posten übernehmen müsse. Ich hatte keine Wahl, ich mußte
das Angebot annehmen. Also wurde ich Fernsehdirektor und
machte das, glaube ich, auch gut. Es war eine fabelhafte Zeit,
bis Klaus von Bismarck verkündete, er sei Preuße und würde
gerne rechtzeitig die Nachfolge für seinen Posten als WDR-
Intendant regeln. Ich sei dazu auserkoren, alle Parteien würden für mich stimmen. Ich war damals gerade 47 Jahre alt, und
der Gedanke, den Rest meines Lebens in der Verwaltung der
ARD zu verbringen, war mir ein Greuel. Also ging ich unter

Bruch meines Vertrages von einem Tag zum anderen zum ZDF, wo ich nach eigenem Gutdünken meine Reportagen auswählen konnte.

Im August 1973 gerieten Sie in Vietnam in Gefangenschaft der südvietnamesischen Freiheitskämpfer, also der Vietcong. Wie konnte das passieren?

Das war in der Zeit, als zwischen den Vietcong und Südvietnam ein trügerischer Waffenstillstand herrschte. Kein Mensch wußte, wie die Lage war, niemand hatte eine Ahnung, wo sich die Vietcong genau befanden. Also stieg ich mit meinem Team in zwei Autos, und wir machten uns auf den Weg. Siebzig Kilometer nördlich von Saigon fuhren wir an einer Stellung der Südvietnamesen vorbei in feindliches Territorium. Eigentlich hätten sie uns aufhalten müssen, aber sie dachten wohl, wir seien Amerikaner, und ließen uns passieren. Dann sah ich das Schild der Vietcong und sagte: »Hier halten wir an und drehen eine kurze Moderation.« Während ich noch vor der Kamera stand, raschelte es plötzlich im Gebüsch. Heraus kamen kleine grüne Männer mit Gewehren.

Zu diesem Zeitpunkt waren die echten Vietcong so gut wie ausgerottet. Diese Kämpfer waren reguläre Nordvietnamesen und glaubten, wir seien CIA-Agenten und keine Journalisten. Nun kannte ich die Vietnamesen, ich mochte sie auch und wußte, daß man am besten freundlich grinst und dann versuchen muß, ihnen die Hand zu schütteln, so daß sie ihr Gewehr in die linke Hand nehmen und nicht mehr schießen können. Wir verhandelten mit ihnen, und ich merkte, daß es ordentliche Leute waren. Sie konfiszierten unser Material und gaben uns sogar eine Quittung darüber – da wußte ich, daß uns nicht viel passieren würde. Sie führten uns dann in einem sehr langen Marsch zu ihrem Dschungellager. Als wir dort ankamen, gaben sie uns Pillen und meinten, ein Drittel von ihnen habe Malaria, wir sollten lieber vorbeugen. Dann erklärten sie uns, daß sie wenig zu essen hätten, woraufhin ich meinte, daß das kein Problem sei, wir würden auch Reis mit Fischsoße essen. Aber nicht einmal das hatten sie, es gab nur Reis mit Salzwasser. Als sie nach drei Tagen sicher waren, daß wir wirklich Journalisten waren, durften wir die Kamera rausholen und im Lager Aufnahmen machen. Wir haben uns sogar mit ihnen angefreundet und am Ende noch eine Flasche Wodka aus Hanoi bekommen.

Das Schwierigste auf dem Rückweg war dann der Übergang nach Südvietnam, denn dort war alles vermint. Als wir auch das geschafft hatten, wollten uns die Südvietnamesen verhören. Doch dann wurde die deutsche Botschaft aktiv – und am Abend waren wir frei.

Der Film, den Sie dort im Lager gedreht haben, erregte weltweit Aufmerksamkeit.

Es war eine ziemlich einmalige Geschichte. Wir konnten die Übungen und die ideologischen Schulungen der Vietcong filmen. Das lief dort im Grunde wie in einem Priesterseminar ab. Alles war von einer absoluten Korrektheit im Umgang miteinander geprägt. Einer unserer Betreuer war ein echter Vietcong aus dem Süden, der überlebt hatte. Wir nannten ihn »Pater«, weil er uns wie ein Geistlicher betreute.

Ab wann wußten Sie, daß der Vietnamkrieg falsch war?

Als die amerikanischen Marines 1965 in Vietnam einfielen, bekam ich einen Anruf vom WDR und flog sofort hin. Ich sah mir die Situation an und sagte: »Das geht schief. Der Krieg wird auf dem Boden entschieden, da sind die Amerikaner ein-

383

fach nicht gut genug.« Ich hatte ja zum einen die Erfahrung des französischen Indochina-Krieges. Zum anderen war ich immer wieder als Journalist in Vietnam gewesen.

In Deutschland herrschte damals eine große Amerika-Euphorie. Es war fast schon ungehörig, an einem Sieg der Amerikaner zu zweifeln. Das war übrigens eines der wenigen Male in meinem Leben, in denen die Politik versuchte, Einfluß auf meine Berichterstattung zu nehmen. Das Auswärtige Amt unter dem damaligen Außenminister Gerhard Schröder intervenierte bei Klaus von Bismarck und forderte ihn auf, mich zu stoppen. Sie hielten meine Ansichten für antiamerikanisch. Meine Berichte waren nicht antiamerikanisch, im Gegenteil – wenn die Amerikaner auf mich gehört hätten, wäre es vielleicht besser gewesen … Klaus von Bismarck nahm mich dann zwei Stunden lang ins Gebet. Am Ende sagte er kurz und preußisch: »Machen Sie weiter.« So etwas wäre heute nicht mehr möglich.

Ich würde gerne mit Ihnen über die kurze Phase sprechen, in der Sie Herausgeber und Chefredakteur des Magazins »Stern« waren. Sie kamen zum »Stern«, weil das Heft durch die Affäre mit den gefälschten Hitler-Tagebüchern schwer angeschlagen war. Sie sollten das Image wieder aufpolieren. Warum ist das schiefgegangen? Sie haben die Redaktion ja bereits nach einem Jahr wieder verlassen.

Ich paßte nicht in deren Raster. Die meisten »Stern«-Redakteure waren ehemalige 68er. Bei denen war zum Beispiel eine Zeitlang das Waldsterben ein großes Thema – inzwischen gibt es mehr Wald als jemals zuvor in Deutschland. Das war eine ähnliche Hysterie wie heute bei der Debatte um den Klimaschutz. Als ob wir darauf wirklich Einfluß hätten, da müßten wir schon zur Sonne fliegen oder zum lieben Gott beten.

In diese Zeit fiel auch die Flick-Affäre. Ich hatte nie Innenpolitik gemacht, sie war mir ein Greuel. Die Politiker, die in die Flick-Affäre involviert waren, kannte ich alle ziemlich gut. Als dann die Journalisten mit ihren Enthüllungen zu mir kamen, sagte ich: »Ich zahle keinen Pfennig dafür.« – »Brauchen Sie auch nicht«, hieß es, »die Staatsanwaltschaft Düsseldorf liefert die Informationen frei Haus.« Da hatte ich keine Argumente mehr und mußte die Geschichte veröffentlichen. Aber ich konnte danach nicht mehr in den Spiegel schauen und kam mir ganz komisch vor.

Als nächstes folgte die große Debatte um die Nachrüstung. Ich war dezidiert für die Nachrüstung. Ich sagte mir: »Wenn die Russen ihre SS-20 aufbauen, müßen wir etwas dagegensetzen.« Heute betrachte ich mit heiterem Grimmen diejenigen, die sich damals vor die Kasernen gelegt haben, um die Ankunft der Pershing II zu verhindern. Das sind dieselben Herren, die heute schreien, daß man in Afghanistan noch zehn Jahre draufhauen müsse. Sie sind zu Bellizisten geworden. Vor einem Mann wie Hans-Christian Ströbele habe ich allerdings hohe Achtung. Der ist sich immer treu geblieben. Alle anderen sind »Kriegslustige«, um ein Wort von Ernst Jünger zu gebrauchen. Und Jünger war nun wirklich kein Pazifist. Wir werden im Moment von Kriegslustigen regiert, die zudem von nichts Ahnung haben.

Sie haben nicht nur für das Fernsehen und die Printmedien gearbeitet, sondern parallel dazu auch unzählige Sachbücher geschrieben. Ihren Einstand als Sachbuchautor gaben Sie 1961 mit »Matata am Kongo«. Darin erzählen Sie die spektakuläre Geschichte um den Aufstieg und die Ermordung des antiwestlichen Regierungschefs des Kongo, Patrice Lumumba. Wie war Ihre Begegnung mit ihm?

Ich bin einer von den Leuten, die Lumumba wohl am nächsten gekommen sind. Ich war der letzte, der ihn sah, bevor er umgebracht wurde. Als die Kamera aus war, sagte er: »Vielleicht muß ich sterben, damit Afrika einen Helden hat.« Das hat mich sehr berührt.

1979 haben Sie das Buch »Der Tod im Reisfeld« veröffentlicht. Es wurde zum erfolgreichsten Sachbuch, das nach 1945 in Deutschland erschienen ist. Danach begannen Sie, sich auch in Ihren Büchern intensiv mit dem Islam zu beschäftigen. 1983 veröffentlichten Sie »Allah ist mit den Standhaften – Begegnungen mit der islamischen Revolution«. Um welche Wirklichkeit ging es Ihnen in diesem Buch?

Damals gab es zwei Thesen zum Islam. Die eine besagte, daß der Islam eine Religion sei, die säkularisiert werden müsse. Das war die vorherrschende Schule, die auch von den meisten deutschen Orientalisten vertreten wurde. Die andere These stammte von Annemarie Schimmel, die wirklich eine bewundernswerte, hochintelligente Frau ist. Sie beschrieb einen mystischen Islam, einen Islam der Derwischorden und der weltumspannenden Liebe. Ich nannte das immer den Herz-Jesu-Islam. Ich hingegen vertrat eine dritte These, nämlich daß ein strenger, rigoroser und fundamentalistischer Islam kommen wird.

Damals stand ich mit meiner Meinung ziemlich alleine da. Ich wurde von den deutschen Orientalisten auf das allerheftigste bekämpft. Orientalisten sind im Grunde Philologen, von Politik verstehen sie nichts. Sie haben auch beim Irakkrieg völlig versagt. Keine einzige Stimme eines deutschen Orientalisten hat sich gegen die grauenhaften Dinge, die im Irak passiert sind, erhoben. Sie sind alle ganz still geworden. Jetzt kommen sie allmählich wieder aus ihren Löchern heraus.

In Ihrem leidenschaftlichen Werk »Der Fluch des neuen Jahrtausends« vertreten Sie die These, daß der Einfluß der Religionen

386

heutzutage sehr viel stärker ist als früher und daß es bei zahlreichen Kriegen nicht um nationale, sondern um religiöse Konflikte geht.

Die These, daß die Religionen immer einflußreicher werden, habe nicht ich erfunden, sondern schon André Malraux, einer der am meisten bewunderten Autoren meiner Jugend. Er prophezeite: Das 21. Jahrhundert wird religiös sein, oder es wird nicht sein. Es ist tatsächlich so gekommen. Die Wiedergeburt des Islam ist in vollem Gange. Der säkulare Islam, die Zeit von Kemal Atatürk, ist vorbei. In fünf Jahren wird die Türkei eine islamische Republik sein. Auch in Amerika findet eine Wiedergeburt des Religiösen statt. Das Wort »Fundamentalismus« stammt ja von dort, es trat erstmals im Zusammenhang mit der von dem amerikanischen Erweckungsprediger Reuben Archer Torrey herausgegebenen Schriftenreihe »The Fundamentals. A Testimony to the Truth« auf, die sich gegen die liberale Theologie wendet. Eine Umfrage in den USA ergab kürzlich, daß die Mehrheit der Leute der Meinung ist, daß es in Ordnung sei, wenn eine Frau, ein Schwarzer oder ein Schwuler Präsident würde. Aber 87 Prozent der Leute sagen: »Ein Gottloser kann auf keinen Fall Präsident der Vereinigten Staaten werden.« Auch in Rußland gibt es keine wichtige Veranstaltung mehr ohne ein hohes Mitglied der orthodoxen Hierarchie. Putin bekreuzigt sich, wann immer er kann. China ist der einzige Sonderfall. Die konfuzianische Lehre ist eine Sittenlehre, die nicht transzendent ist.

Gibt es in Ihren Büchern und Reportagen eigentlich eine Botschaft, die Sie transportieren möchten?

Ich habe meine Tätigkeit niemals als das Überbringen einer Botschaft verstanden. Ich habe mich darauf beschränkt, die Dinge möglichst wirklichkeitsnah zu beschreiben. Ich glaube, das reicht schon. Das Wort »Wahrheit« möchte ich dabei gar nicht in den Mund nehmen. Aber wenn ich schon eine Botschaft haben sollte, dann ist es diese: Wir unterliegen einer so massiven Desinformation, daß ich mit meinen Büchern dagegen antreten möchte. Ich werde jetzt polemisch: Unsere Politiker, die Parlamentarier und Minister, sind voll informiert über das, was in Afghanistan vor sich geht. Spätestens seit 2003 haben sie die Berichte von den örtlichen Kommandeuren vorliegen, aber sie nehmen sie nicht zur Kenntnis. Sie sitzen in den Talkshows und reden blühenden Unsinn, während gleichzeitig jemand wie der ehemalige Bundeswehr-Oberstarzt Reinhard Erös, der in einer der übelsten Ecken von Afghanistan ein Krankenhaus und Schulen aufgebaut hat und die Lage vor Ort wirklich kennt, neben ihnen sitzt und sagt: »Ich habe verlangt, daß sich im Umkreis von zehn Kilometern um das Krankenhaus kein amerikanischer Soldat sehen läßt, damit wir in Sicherheit sind. Die Truppe schützt nicht, sie gefährdet.« Solche Geschichten muß man zur Kenntnis nehmen.

Sie waren in Ihrem Leben Zeuge vieler kriegerischer Auseinandersetzungen. Gibt es eine Chance, daß die Menschheit irgendwann von der Politik der Kriege wegkommt?

So wie es im Moment aussieht, leider nicht. Die deutsche Sicht der Dinge ist dadurch getrübt, daß das Land im Gegensatz zu fast allen anderen Ländern der Welt sechzig Jahre Frieden hinter sich hat. Deshalb meint man hier, daß Frieden der normale Zustand der Menschheit sei. Aber ich glaube, daß der normale Zustand leider die kriegerische Auseinandersetzung ist.

Peter Scholl-Latour
ARABIENS STUNDE DER WAHRHEIT
Aufruhr an der Schwelle Europas

»Scharfe politische Analysen, so spannend wie ein Abenteuerbericht.«

Frankfurter Allgemeine Zeitung

ISBN 978-3-548-37467-3

Die arabische Welt ist in Aufruhr. Ob in Ägypten, Libyen oder Tunesien – überall begehrt das Volk gegen korrupte Regierungen und despotische Regime auf. Wie kein Zweiter kennt Peter Scholl-Latour die wechselvolle Geschichte dieser Länder, die er seit den 50er Jahren bereist. In *Arabiens Stunde der Wahrheit* verknüpft er auf bewährte Weise seine Erfahrung als Chronist des Weltgeschehens mit aktuellen Eindrücken seiner jüngsten Reisen nach Nordafrika und Nahost.

Auch als ebook erhältlich
e-book

www.ullstein-buchverlage.de

Peter Scholl-Latour
DER TOD IM REISFELD
Dreißig Jahre Krieg in Indochina
Mit einem aktuellen Vorwort des Autors

Peter Scholl-Latour kennt Indochina wie kaum ein anderer, er ist mit allen Ländern zwischen dem Golf von Bengalen und dem Golf von Tonking vertraut: Vietnam, Kambodscha, Laos, Thailand, Burma und Singapur. Seit er 1945 zum ersten Mal dorthin reiste und Augenzeuge der indochinesischen Tragödie wurde, hat er seine Erlebnisse und Erfahrungen zu einer Folge eindrucksvoller Bilder verdichtet. Eine Reportage höchsten Ranges.

Auch als ebook erhältlich

www.ullstein-buchverlage.de

»Der letzte Welterklärer« *Der Spiegel*

Peter Scholl-Latour
DIE ANGST DES WEISSEN MANNES

Ein Abgesang

ISBN 978-3-548-37359-1
www.ullstein-buchverlage.de

Die Wahl eines amerikanischen Präsidenten mit afrikanischen Wurzeln und pazifischer Heimat ist Sinnbild eines tiefgreifenden Wandels, der weit über die USA hinausweist. Der fünfhundertjährige Siegeszug des »weißen Mannes« ist Geschichte. Die ehemals koloniale Welt ist im Aufbruch begriffen und wendet sich vom Westen ab.
Mit dem ihm eigenen Gespür für welthistorische Veränderungen schildert Peter Scholl-Latour seine jüngsten Reiseeindrücke vor dem Hintergrund seiner sechzigjährigen Erfahrung als Chronist des Weltgeschehens.

ullstein

Michael J. Sandel
GERECHTIGKEIT
Wie wir das Richtige tun

Anhand von Beispielen aus dem realen Leben, aber auch aus Literatur und Weltgeschichte diskutiert Michael J. Sandel die für jede Gesellschaft entscheidende Frage: Gibt es ein allgemeines Kriterium für gerechtes Handeln? Er prüft die Tauglichkeit moralischer Normen und stellt bedeutende Philosophen wie Aristoteles, Kant und Rawls einander gegenüber. Zudem erläutert er sein eigenes Konzept, in dem das Gemeinwohl und der konkrete Nutzen für den Menschen im Zentrum allen Tuns stehen.

www.ullstein-buchverlage.de

Shlomo Sand
Die Erfindung des jüdischen Volkes

Israels Gründungsmythos
auf dem Prüfstand
ISBN 978-3-548-61033-7

Gibt es ein jüdisches Volk? Nein, sagt der israelische Historiker Shlomo Sand und stellt damit den Gründungsmythos Israels radikal in Frage. Vertreibung durch die Römer? Exodus? Rückkehr nach 2000 Jahren ins Land der Väter? Alles Erfindungen europäischer Zionisten im 19. Jahrhundert, schreibt Sand in seinem aufsehenerregenden Buch, das in Israel und Frankreich zum Bestseller wurde und heftige Kontroversen ausgelöst hat.

»Eines der faszinierendsten und provozierendsten Bücher seit langem« *Tom Segev*

www.list-taschenbuch.de

List